Marina Lewkowicz, Andreas Lob-Hüdepohl (Hrsg.)

# Spiritualität in der sozialen Arbeit

Marina Lewkowicz,
Andreas Lob-Hüdepohl (Hrsg.)


Spiritualität in der sozialen Arbeit


Lambertus

**Bibliografische Information Der Deutschen Bibliothek**

Die Deutsche Bibliothek verzeichnet diese Publikation in der
Deutschen Nationalbibliografie; detaillierte bibliografische Daten
sind im Internet über http://dnb.ddb.de abrufbar.

Alle Rechte vorbehalten
© 2003, Lambertus-Verlag, Freiburg im Breisgau
Umschlag, Satz, Layout: Ursi Anna Aeschbacher, Biel-Bienne (Schweiz)
Herstellung: Franz X. Stückle, Druck und Verlag, Ettenheim
ISBN 3-7841-1440-7

# Inhalt

# Vorwort

Marina Lewkowicz, Andreas Lob-Hüdepohl

„‚Spiritualität' ist eine geheimnisvolle Sache,
die nur schwer ins Wort zu bringen ist
und als intensiver Selbstvollzug des Christlichen
im einzelnen Menschen unvermeidlich
sehr verschieden ist."
(Karl Rahner)

Wenn ein Meister des gesprochenen wie des geschriebenen Wortes, wie es
Karl Rahner als Prediger, Ordensmann und Theologe unzweifelhaft war,
das zentrale Sujet dieser Publikation so behutsam charakterisiert, sollte dies
Mahnung wie Ermutigung zugleich sein. Die Rede von Spiritualität, die in
der deutschen Alltagssprache erst eine kurze Geschichte besitzt und dennoch vielfältige, manchmal sogar gegenläufige Assoziationen auslöst, diese Rede von Spiritualität entzieht sich jedem eindeutigen und definitori-
schen Zugriff. Über Spiritualität, zumal die Spiritualität des Christlichen zu
reden (und zu schreiben) gleicht mehr einem vielstimmigen Klangbild als
einer klaren begrifflichen Vermessung. Dies ist gleichwohl dem „Gegenstand" angemessen. Über Spiritualität verfügen wir nicht als festes Instrument unserer Lebensführung. Eher schon ergreift uns Spiritualität, wider-
fährt sie uns als nie abgeschlossenes Geschehen der eigenen Umwandlung.
Sie stellt sich ein, macht sich bemerkbar in den verschiedensten Phasen und
Stationen unserer persönlichen Lebensgeschichte. Sie kann sich zu erkennen geben in den großen wie kleinen Erfahrungen unseres Lebens, in denen
wir das überraschend Neue oder auch die ungeahnte Tiefe unserer Beziehungen zu Mitmenschen und Mitgeschöpfen erleben und darin eben das
Göttliche in der geschöpflichen Welt entziffern können.
In der sozialen Arbeit kann Spiritualität die Erfahrung sein, im obdachlosen
Menschen der eigenen Unbehaustheit und zugleich einer gemeinsamen
Heimat zu begegnen; ähnlich im behinderten Menschen die eigene Behinderung und zugleich eine gemeinsame Unversehrtheit zu erkennen. Die innere Glaubenserfahrung führt zu einer anderen Begegnung mit der „Klien-
tel". Im persönlichen Austausch kann es gelingen, miteinander und füreinander „Sprache zu finden" und nach strukturellen Lösungen zu suchen. Der

meditative Weg nach „innen" verbindet sich mit dem aktiven Weg nach „außen", in die Welt der sozialen Institutionen. Diese können sich „von innen heraus" zu „Lernenden Organisationen" entwickeln, in denen die in ihnen arbeitenden Menschen beginnen, ihre eigentlichen, „wahren" Ziele zu verwirklichen, eine gemeinsame Vision zu entwickeln und so im Sinne des Ganzen zu handeln.

Dieses Bild möglicher Verknüpfung von Spiritualität und sozialer Arbeit entspricht offenbar nur selten der Realität. Die Quelle, aus der Caritas und Diakonie einst wie selbstverständlich schöpften, scheint weitgehend versiegt zu sein. Auswirkungen dieser Entwicklung zeigen sich in Orientierungslosigkeit, „Burn out" oder auch in der Dominanz von Management- und Marktorientierung. Dies alles sind Zeichen dafür, das „etwas" fehlt oder wenigstens nach neuen Formen sucht: die Erfahrung des Ergriffenwerdens von einem Geist, der die eingewöhnten Arbeitsabläufe und professionellen Betrachtungsmuster unterbricht und dem beruflich-sozialen Engagement Sinn, Perspektive und vor allem Kraft verleiht.

Wie kann ein Zugang zu dieser unverzichtbaren Quelle beruflich-sozialen Handelns gefunden werden – in den einzelnen Personen, aber auch in den organisatorischen Strukturen und Prozessen, ohne dass zugleich die „alten Gespenster" von Uniformität, Zwang und Kontrolle wieder auferstehen? Rahners Kurzformel christlicher Spiritualität macht uns für diese Suche durchaus Mut: Mag „Spiritualität" für sich genommen nur schwer ins Wort zu bringen sein, mag sie als intensiver Selbstvollzug des Christlichen im einzelnen Menschen unvermeidlich sehr verschieden sein, so ist es doch gerade diese unvermeidliche Reichhaltigkeit höchst individueller Selbstvollzüge, die dazu verhelfen kann, den vielfältigen Erfahrungsräumen der Spiritualität in der gelebten Alltagspraxis dieser Menschen auf die Spur zu kommen und sie für andere ansichtig zu machen.

Deshalb versammelt die vorliegende Publikation Reflexionen sehr unterschiedlicher, gleichwohl für die Praxis Sozialer Arbeit typischer Handlungsfelder, in die die Autorinnen und Autoren ihre Erfahrungen von Spiritualität einbringen. So machen Carmen Tatschmurat, Barbara Seipp und Susanne Drewes in ihren Beiträgen Spiritualität als eine zusätzliche, ja unverzichtbare Ressource bei der professionellen Begleitung von Studierenden, Suchtkranken und Familien sichtbar. Auf der Grundlage eines systemischen Beratungskonzepts stellt sich die Grundhaltung der Beraterinnen und Berater als entscheidender Faktor heraus, die wiederum, wie insbesondere Carmen Tatschmurat aufzeigt, aus dem transformierenden Geschehen des Gehens eines persönlichen Weges entsteht. Um diese Grundhaltung geht es auch im recht andersartigen Handlungsfeld von Gemeinwesenarbeit. Leo J. Penta fasst, fußend auf langjähriger Erfahrung im „Organizing", pointiert Elemente eines Habitus praktizierter Solidarität zusammen, und Johannes Fischer beschreibt in einem Seminarkonzept, wie eine solche Haltung grundgelegt und eingeübt werden kann. Wiederum gänzlich anders konturiert sind Handlungsfelder, in denen Betreuer und Betreute zusammen leben und arbeiten. Spiritualität wird in der „Arche" von Ruth Joseph zur Grundlage einer existenziellen Partnerschaft von behinderten und nicht behinderten Menschen; auch in der selbst verantworteten Arbeit von und mit alten Menschen von Franziska Müller-Härlin bildet Spiritualität den Grundstein und die Mitte des vorgestellten Modells. In den Beiträgen von Anna Gamma, Simone Honecker und Martin Lechner sowie Matthias Hugoth wird ersichtlich, wie Spiritualität in der Bildungsarbeit religiöser Institutionen zu Innovationen führen, bzw. auch gesellschaftliche und institutionelle Veränderungsprozesse widerspiegeln und anregen kann.

Die im dritten Teil vorgestellten Überlegungen zur Spiritualität in Institutionen gelten der Frage, ob, und gegebenenfalls in welcher Weise Spiritualität, die ja, nach dem Worte Rahners, eine persönliche Angelegenheit ist, doch auch einen institutionellen Aspekt hat. Joachim Wanke widmet sich in seinem Beitrag der Frage nach dem „Kerngeschäft" kirchlichen sozialen Handelns. Zum gleichen Aspekt berichtet Stephan Reimers über Innovationen in der Obdachlosenarbeit des Diakonischen Werkes. In einem sehr persönlich gehaltenen Vortrag legt Jutta Isis Herzog Zeugnis ab darüber, wie ihr der Beruf der Unternehmensberaterin zur Berufung wurde. Aus der Praxis der Unternehmensberatung flicht sie Konzepte und Vorgehensweisen ein, die zeigen, wie gerade in diesem Gebiet, für viele überraschend, mehr und mehr eine implizit-spirituelle Grundhaltung zur Grundlage des Erfolges wird.

Mit diesen Beiträgen aus verschiedenen Handlungsfeldern möchte die Publikation auch grundsätzliche Reflexionen über die Vielfalt des Phänomens der Spiritualität in der sozialen Arbeit anstoßen. In diesem Sinne skizzieren Michael Plattig und Willigis Jäger die Weite eines religiös bzw. christlich dimensionierten Verständnisses von Spiritualität und arbeiten insbesondere das Prozesshafte und die Erfahrungstiefe persönlich gelebter Spiritualität heraus. Walter Lesch und Andreas Lob-Hüdepohl gehen sodann der Frage nach, in welcher Weise die Dimensionen gelebter Spiritualität im Horizont der Sittlichkeit sozialen Handelns insgesamt sowie vor dem Professionsverständnis Sozialer Arbeit im Besonderen verantwortet oder sogar eingefordert werden können. Der Beitrag von Andrea Tafferner schließlich widmet sich der Aufgabe, systematische Aspekte des Zusammenhangs von Spiritualität und Sozialer Arbeit theologisch-anthropologisch zu entfalten. Wir haben uns, trotz mancher Bedenken, entschlossen, diese eher theoretischen Zugänge zu einer Spiritualität Sozialer Arbeit den Reflexionen aus der Praxis Sozialer Arbeit voranzustellen. Wenn dadurch der Eindruck entstünde, dass – allen Beteuerungen zum Trotz – die einzelnen Praxiserfahrungen lediglich Anwendungsbeispiele sind, die die grundsätzlichen Überlegungen zur Spiritualität nur besser veranschaulichen wollen, so wäre dies schlicht unzutreffend. Liegen doch gerade auch den Beiträgen aus der Praxis sozialer Arbeit je individuell bestimmte Grundauffassungen von Spiritualität zugrunde. Die Vielfalt begrifflicher Vorverständnisse zeigt die Fruchtbarkeit des Nachdenkens und praktischen Umgehens mit Spiritualität an. Gleichwohl sind manche Erwartungs- oder auch Abwehrhaltungen gegenüber einer Rede von Spiritualität im Felde beruflicher Sozialer Arbeit sehr diffus. Aus diesem Grunde haben wir die eher grundsätzlichen Überlegungen vorangestellt, um dann die Orte Sozialer Arbeit, in denen sich Spiritualität im Plural gelebter Praxis von Menschen als unverzichtbare Lebens- wie Arbeitsdimension zu erkennen gibt, vorzustellen.

Viele Beiträge der vorliegenden Publikation entstanden auf der Grundlage von Vorträgen und Werkstattgesprächen, die auf einer zweitägigen Fachtagung aus Anlass des zehnjährigen Bestehens der Katholischen Fachhochschule Berlins gemeinsam mit der Katholischen Akademie in Berlin gehalten bzw. durchgeführt wurden. Deshalb danken die Herausgeberin bzw. der Herausgeber nicht nur allen Autorinnen und Autoren für die Überlassung ihrer Manuskripte, sondern allen weiteren Personen und Institutionen, die durch materielle wie immaterielle Hilfe zum Gelingen der vorliegenden Publikation wie der Fachtagung insgesamt beigetragen haben. Den Verlag beglückwünschen wir zu seiner Entscheidung, diese wichtigen Überlegungen zur Spiritualität Sozialer Arbeit auch zur eigenen Profilierung zu veröffentlichen.

Berlin, im Juni 2002

Marina Lewkowicz                              Andreas Lob-Hüdepohl

10

# I.
# Theoretische Zugänge zu einer Spiritualität sozialen Handelns

# „Was ist Spiritualität?"

## Michael Plattig

Die schlichte Frage des Titels könnte den Eindruck erwecken, es gäbe eine ebenso schlichte Antwort oder eine allgemein akzeptierte Definition von Spiritualität. Dies ist natürlich nicht so, die Frage entpuppt sich als höchst komplex und kompliziert und das nicht, weil es Theologinnen und Theologen eigen ist, Dinge zu verkomplizieren, sondern weil der Gebrauch des Begriffs Spiritualität vor allem in den letzten Jahren inflationär und schlicht unüberschaubar geworden ist.[1]
Dabei ist der Begriff im deutschen Sprachraum relativ neu. Die zweite Auflage des LThK Bd. 9 von 1964 hat den Begriff als Stichwort, jedoch lediglich mit dem Verweis siehe Frömmigkeit.
Das Verzeichnis der Deutschen Nationalbibliothek nennt für die Jahre 1945-1971 nur 16 Titel zum Stichwort Spiritualität und 111 zum Stichwort Frömmigkeit. Für die Jahre 1972-1985 sind es 146 Titel zu Spiritualität, 1986-1992 finden sich 224 Nennungen und 1993-1997 bereits 283 Titel. Für die Jahre 1997/98 werden allein 196 Titel aufgezählt.
Bereits 1966, als der Begriff Spiritualität nach und nach den Begriff Frömmigkeit ablöste, der als verstaubt und eng und im Sinne von frömmlerisch verstanden wurde, spricht Josef Sudbrack von einem Modewort.[2] G. Tischler stellt fest, dass die inhaltliche Füllung des Begriffs problematisch ist, denn wenn man „genau wissen möchte, was mit diesem Wort eigentlich gemeint sei, tappt (man) oft im Dunkeln."[3]
Schließlich veranlasst der inflationäre Gebrauch des Wortes U. Schmälzle zu Überlegungen unter dem Titel: „Leerformel oder Zauberformel? Die Wiederentdeckung des Spiritualitätsbegriffs".[4] Dabei bleibt festzustellen,

---

[1] Eine ganz gute Übersicht liefert Hahnen P., Das „Neue Geistliche Lied" als zeitgenössische Komponente christlicher Spiritualität, TuP 3, Münster 1998, 19-56.
[2] Vgl. Sudbrack J., Vom Geheimnis christlicher Spiritualität: Einheit und Vielfalt, in: Geist und Leben 39(1966), 24-44, hier 27.
[3] Tischler G., Spiritualität und Postmoderne, in: Katechetische Blätter 117(1992), 872-876, hier 872.
[4] Vgl. Schmälzle U., Leerformel oder Zauberformel? Die Wiederentdeckung des Spiritualitätsbegriffs, in: Bibel und Liturgie 67 (1994), 102-106.

dass wie P. Hahnen betont die christlich-theologische Verwendung des Begriffs nicht ganz unschuldig an der Begriffsverwirrung ist, speiste sich seine Faszination und Tauglichkeit im theologischen Kontext oft aus einem unverbindlichen Assoziationspotential.[5] Da also eine erschöpfende Antwort auf die Frage Was ist Spiritualität? in einem kurzen Beitrag nicht möglich ist, möchte ich eine Definition vorstellen und erläutern, die wir am Institut für Spiritualität an der Philosophisch-Theologischen Hochschule Münster, eine Ordenshochschule in Trägerschaft der Kapuziner, entwickelt haben und unserer Arbeit zugrunde legen. Das gilt für den Grundkurs Spiritualität im Rahmen der Erwachsenenbildung, für die Fortbildung am Institut und für den Lizentiatsstudiengang Theologie der Spiritualität an der Hochschule.

In einem zweiten Teil möchte ich dann versuchen, die Definition auf das Thema Spiritualität in der sozialen Arbeit anzuwenden.

Unsere Definition lautet: Spiritualität ist die fortwährende Umformung eines Menschen, der antwortet auf den Ruf Gottes.[6]

Umformung ist der zentrale Begriff dieser Definition und macht deutlich, dass Spiritualität einen Prozess, ein Geschehen beschreibt, das fortwährend, auf Zukunft hin offen und unabgeschlossen ist. Diese Prozesshaftigkeit ist ein wesentliches Merkmal jüdisch-christlichen Gottesglaubens. Alle Geschichten von Gottesbegegnungen im Alten und Neuen Testament und in der spirituellen Tradition sind Aufbruchs- oder Umformungsgeschichten.

Teresa von Avila begründet dies mit folgenden Worten: „Wenn ihr nicht nach Tugenden trachtet und euch nicht tätig darin übt, werdet ihr immer Zwerge bleiben. Ja, Gott gebe, dass das Wachstum nimmer stockt; denn ihr wisst doch: Wer nicht wächst, schrumpft ein. Ich halte es für unmöglich, dass die Liebe sich damit begnügt, ständig auf der Stelle zu treten."[7]

Das Stichwort der Liebe unterstreicht den dialogischen Charakter der Definition. Spiritualität ist als Prozess eine Antwort auf den ergangenen Ruf Gottes, der zum Heil, zur Erlösung ruft.

Gott, der die Toten lebendig macht und das, was nicht ist, ins Dasein ruft (vgl. Röm 4,17), ist ein verwandelnder, befreiender und umformender Gott.

---

[5] Vgl. Hahnen P., a.a.O., 20.

[6] Institut für Spiritualität (Hg.), Grundkurs Spiritualität, Stuttgart 2000, 10.

[7] Teresa von Avila, Seelenburg VII,4; zitiert nach: Teresa von Avila, Die innere Burg, hrsg. und übers. v. F. Vogelgsang, Zürich 1979, 210f.

13

Im Lauf der Geschichte finden sich unterschiedliche Bilder und Vergleiche, verschiedene Systematisierungen, um diesen Umformungsprozess zu beschreiben.[8] Allen gemeinsam ist die Charakterisierung als positive Entwicklung im Sinne einer persönlichen Vervollkommnung bzw. im Sinne einer Intensivierung der Begegnung mit Gott. Dabei geht es nicht um glatte, stets aufsteigende Biographien, im Gegenteil, zum jüdisch-christlichen Wachstumsverständnis gehören notwendigerweise Brüche, Sprünge und Umwege. Krisen auf dem geistlichen Weg, mit dem Fachbegriff als Dunkle Nacht oder Trockenheit bezeichnet, sind nicht ein Betriebsunfall der Spiritualität, sondern notwendige Durchgangsphasen und oft erst Auslöser eines nächsten Reifungsschrittes.[9]

Der Führer auf diesem Weg, auch das ist allen Entwürfen christlicher Spiritualität gemeinsam, ist Gott selbst bzw. ist der Hl. Geist (vgl. Mt 28,20; Gal 4,6; 5,18-25; Röm 8,15f. u.a.).

Daraus ergibt sich allerdings die Frage nach der Unterscheidung der Geister: „Liebe Brüder, traut nicht jedem Geist, sondern prüft die Geister, ob sie aus Gott sind; denn viele falsche Propheten sind in die Welt hinausgezogen" (1 Joh 4,1).[10] Daher mahnt Paulus: „Prüft alles, und behaltet das Gute!" (1 Thess 5,21) und zählt die Gabe der Unterscheidung der Geister zu den Charismen (vgl. 1 Kor 12,10).

Umformung an sich ist also noch kein Kriterium des Geistlichen, dieser Prozess ist näher zu qualifizieren als Wachstum geleitet vom guten Geist Gottes, er wird dadurch spirituell, zur Spiritualität. Dieses zu qualifizieren und zu unterscheiden entwickelten sich in der christlichen Spiritualitätsgeschichte verschiedene Kriteriologien. Diese darzustellen würde den Rahmen hier sprengen.[11]

---

[8] Vgl. dazu die prägnante und übersichtliche Darstellung in: Weismayer J., Leben in Fülle. Zur Geschichte und Theologie christlicher Spiritualität, Innsbruck/Wien 1983, bes. 54-67.

[9] Vgl. dazu: Plattig M., Die „dunkle Nacht" als Gotteserfahrung, in: Studies in Spirituality 4(1994), 165-205; Schneider M., Krisis. Zur theologischen Deutung von Glaubens- und Lebenskrisen, Frankfurter Theologische Studien 44, Frankfurt 1995.

[10] Die Stellen aus der Bibel sind nach der Einheitsübersetzung zitiert.

[11] Eine umfassende Darstellung findet sich: Guillet J. – Bardy G. u.a., Discernement des esprits, in: Dsp III, 1222-1291; Switek G., „Discretio spirituum". Ein Beitrag zur Geschichte der Spiritualität, in: Theologie und Philosophie 47(1972), 36-76.

Johannes vom Kreuz mahnt die Geistlichen Begleiter (in seiner Zeit praktisch ausnahmslos Kleriker), diejenigen also, die Menschen auf dem Weg der Umformung begleiten: „Es mögen doch jene, die Seelen führen, beachten und bedenken, dass der Haupthandelnde und Führer und Beweger der Seelen bei diesem Unternehmen nicht sie sind, sondern der Heilige Geist, der die Sorge für sie nicht aufgibt, während sie nur Werkzeuge sind, um sie durch den Glauben und das Gesetz Gottes an der Vollkommenheit auszurichten, entsprechend dem Geist, den Gott einem jeden immer mehr gibt. Und so sollte es ihre ganze Sorge sein, sie nicht ihrer Weise und der ihnen eigenen Art anzupassen, sondern zu schauen, ob sie erkennen, wohin Gott sie führt; und wenn sie es nicht wissen, sollen sie sie in Ruhe lassen und nicht verwirren. Entsprechend dem Weg und Geist, wohin Gott sie führt, sollen sie versuchen, sie an immer größerer Einsamkeit und Freiheit und Gelassenheit des Geistes auszurichten, indem sie ihnen Weite gewähren ..."[12] Der Aspekt, der mir im Zusammenhang unseres Themas wichtig scheint, ist die Beschreibung der Umformung als ein Wachsen in der Freiheit, die Charakterisierung also des Wirkens des Geistes als einen Prozess zunehmender Befreiung von unterschiedlichen Abhängigkeiten und Knechtungen und damit zunehmender Reifung. Dabei ist für Johannes vom Kreuz festzuhalten, dass er unter Freiheit die innere Haltung der restlosen Offenheit für die Liebe Gottes versteht, „die einerseits Vorbedingung für jede tiefere Gotteinung, andererseits aber auch Geschenk der wachsenden Gotteinung ist. Die anfängliche Erfahrung der Liebe Gottes befähigt den Menschen, um wachsende Freiheit von Unvollkommenheiten und Fehlhaltungen zu ringen und sich von allem freizumachen, was ihn auf unfruchtbare Weise an sich selbst bindet und an der Gotteinung hindert."[13] Das Anfängerstadium ist dabei oft gekennzeichnet durch ein Leiden am bestehenden Leben, die gegenwärtige Not-, Mangel- und Abhängigkeitssituation wird angesichts der Sehnsucht nach dem Leben in Fülle (vgl. Joh 10,10) nicht länger verdrängt. Menschen, die beginnen ihrer Sehnsucht zu trauen, brechen auf und machen sich auf den Weg.

---

[12] Johannes vom Kreuz, Die lebendige Liebesflamme III, 46; zitiert nach: Johannes vom Kreuz, Die lebendige Liebesflamme, vollständige Neuübersetzung, Gesammelte Werke Band 5, Freiburg 2000, 147.
[13] Johannes vom Kreuz, Die lebendige Liebesflamme, vollständige Neuübersetzung, Gesammelte Werke Band 5, Anhang: Erklärung wichtiger Begriffe, Freiburg 2000, 197.

Für Karl Rahner gilt grundsätzlich: „Überall dort, wo ein letzter radikaler Selbstvollzug des Menschen in Geist und Freiheit geschieht und so der Mensch in Endgültigkeit über sich verfügt, darf angenommen werden, dass ein solcher Selbstvollzug, der auch, wenn auch nicht allein, in einer mystischen Transzendenzerfahrung geschehen kann, faktisch auch immer durch das getragen wird und radikalisiert ist, was man in christlicher Theologie Heiliger Geist, übernatürliche Gnade, Selbstmitteilung Gottes nennt, auch wenn diese Gnadengetragenheit als solche selbst in diesem Vorgang nicht reflektiert und thematisiert wird."[14]

Die Entwicklung von Selbststand und Selbstbewusstsein sind unabdingbar gerade auch in der Gottesbeziehung. Gott will, so beschreiben es geistliche Lehrerinnen und Lehrer durch die Jahrhunderte, Gott will ein Du, eine erwachsene Partnerin, einen reifen Partner, der antwortet auf seinen Ruf und keine Wickelkinder, gefangen in regressiver Sehnsucht nach dem wärmenden Mutterschoß, nach dem religiösen Feeling.

Die Führung Gottes dabei beschreibt Johannes vom Kreuz so: „Die Umgangsform der Anfänger auf dem Weg zu Gott ist noch sehr von Unzulänglichkeit, Eigenliebe und Wohlgeschmack durchsetzt. Gott aber will sie weiterführen und aus dieser unzulänglichen Liebe zu einer höheren Stufe der Gottesliebe heraufholen und sie von der unzulänglichen Übungsweise im Sinnenbereich und den Gedankengängen befreien, womit sie so berechnend und unangebracht Gott suchten, wie wir sagten. Er möchte sie in die Übung des Geistes stellen, wo sie sich ausgiebiger und schon mehr befreit von Unvollkommenheiten mit Gott austauschen können. ... Da Gott spürt, dass sie bereits ein klein bisschen gewachsen sind, nimmt er sie von der süßen Brust weg, damit sie nun erstarken und aus den Windeln herauskommen, lässt sie von seinen Armen herab und gewöhnt sie daran, auf eigenen Füßen zu gehen. Dabei verspüren sie etwas ganz Neues, denn für sie hat sich alles auf den Kopf gestellt."[15]

Johannes vom Kreuz gebraucht für die Prozessbeschreibung die Worte „librar" und „más libres", also beschreibt den von Gott initiierten und damit geistgeleiteten Prozess als befreiend.

---

[14] Rahner K., Transzendenzerfahrung aus katholisch-dogmatischer Sicht, in: Schriften zur Theologie Bd. XIII, Einsiedeln 1978, 207-225, hier 216.

[15] Johannes vom Kreuz, Die Dunkle Nacht I,8,3; zitiert nach: Johannes vom Kreuz, Die Dunkle Nacht. Vollständige Neuübersetzung, Freiburg 1995, 59f.

16

Einen spirituellen Weg gehen, sich auf die fortwährende Umformung einzulassen heißt also erwachsen werden. Zu unterscheiden sind regressive
und darin oft fundamentalistische Tendenzen, die durchaus Kennzeichen
verschiedener gegenwärtiger spiritueller Ansätze sind, und die schöpferische Gestaltung einer Beziehung im rechten Verhältnis von Abhängigkeit,
Freiheit und Selbstständigkeit.

Selbsterkenntnis und Gotteserkenntnis gehören in der christlichen Spiritualität untrennbar zusammen. Das Ich erfährt sich als Teil dieser Welt und
damit auch als unvollkommen, unfertig, angefochten, sündhaft, begrenzt,
endlich und gleichzeitig erlebt das Ich sich darin von Gott angenommen.
Das ist die Basis für Wachstum und Entwicklung hin zu mehr Vollkommenheit, um der liebenden Beziehung willen, nicht als asketische oder moralische Kraftmeierei.

Clemens von Alexandrien hatte bereits deutlich gemacht, dass der Mensch
von der Selbsterkenntnis zur Gotteserkenntnis aufsteigt: „Es ist also, wie es
scheint, die wichtigste von allen Erkenntnissen, sich selbst zu erkennen;
denn wenn sich jemand selbst erkennt, dann wird er Gott erkennen."[16]
Ähnlich schreibt Nilus in einem Brief an einen jungen Mönch: „Vor allem
erkenne dich selbst. Denn nichts ist schwieriger, als sich selbst zu erkennen,
nichts mühevoller, nichts verlangt mehr Arbeit. Doch wenn du dich selbst
erkannt hast, dann wirst du auch Gott erkennen können."[17]
Der Mensch erkenne sich selbst von der Größe Gottes her, die sich in ihm
widerspiegelt. Der Mensch ist Bild Gottes. Dieses Verständnis der menschlichen Selbsterkenntnis findet sich vor allem bei Origenes. Durch einen
Übersetzungsfehler der Septuaginta in Hld 1,7f. wurde aus „Wenn du es
nicht weißt ..." ein „Wenn du dich nicht selbst erkennst ...", was den Aus-
legern Anlass gab, das „delphische Orakel ... christlich zu interpretieren:
Der Christ muss sein Brautsein erkennen."[18] Origenes sieht im Zwiege-
spräch des Hohenliedes den Dialog zwischen der Kirche als der Gemeinschaft der gläubigen Seelen und Christus, ihrem geliebten Bräutigam, vor-
gebildet. Christus selbst verheißt der Seele die höchste Glückseligkeit,

---

[16] Clemens von Alexandrien, Der Erzieher III;1, zitiert nach: Clemens von Alexandrien, Der Erzieher, übers. v. O. Stählin, München 1934, 134.
[17] Nilus, Epist. III, 314 (PG 79, 536 C); deutsche Übersetzung zitiert nach: Grün
A., Gebet und Selbsterkenntnis, Münsterschwarzach 1979, 9.
[18] Origenes und Gregor der Große, Das Hohelied, eingel. U. übers. V. K.S. Frank,
Einsiedeln 1987, 54 Anm. 17.

wenn sie sich selbst erkennt.[19] Christus, der Bräutigam, so Origenes in seinen Homilien zum Hohenlied, fordert die Seele, die wirklich selbst Kirche ist, auf, ihre Schönheit zu erkennen.[20] In den Apophthegmata Patrum hat Selbsterkenntnis mit Demut zu tun und mit der Anerkenntnis der eigenen Versuchbarkeit und Schwäche. „Ein Bruder wandte sich an den Altvater Sisoes: ‚Ich sehe an mir, dass das Denken an Gott dauernd in mir ist.' Der Greis sagte dazu: ‚Das ist nichts Großes, wenn dein Denken bei Gott ist. Groß ist es vielmehr, einzusehen, dass man unter allen Geschöpfen steht. Das und die körperliche Mühe führen zur Gesinnung der Demut'" (Sisoes 13) (Apo 816).[21]

---

[19] Vgl. Origenes, Comm. in Cant. 1,7f.; der Hinweis ist entnommen: Reiser M., Erkenne dich selbst!, Selbsterkenntnis in Antike und Christentum, in: Trierer Theologische Zeitschrift 101(1992), 81-100, hier 90 Anm. 45.

[20] „9. Nach diesen Worten droht ihr der Bräutigam und sagt zu ihr: ‚Entweder wirst du dich selbst erkennen.' denn du bist die Braut des Königs, ‚du bist schön und von mir schön gemacht, denn ich habe mir die herrliche Kirche zugeführt, ohne Makeln und Runzeln' (Eph 5,27), oder wisse, weil du dich nicht selbst erkannt hast und deine Würde nicht erfasst hast, deshalb wirst du das folgende erleiden. Was ist das? ‚Wenn du dich nicht selbst erkennst, o Schöne unter den Frauen, so gehe du den Spuren der Herden nach, und weide dann nicht die Herde der Schafe, nicht der Lämmer, sondern deine Böcke' (vgl. Cant 1,8). Er wird nämlich die Schafe zur Rechten, die Böcke zur Linken stellen (Mt 25,33). ‚Wenn du dich nicht selbst erkennst, o Schöne unter den Frauen, so gehe den Spuren der Herden nach und weide deine Böcke in den Zelten der Hirten' (Cant 1,8). In den Spuren der Hirten, sagt er, wirst du die letzte sein, nicht unter den Schafen, sondern unter den Böcken. Wenn du dich bei diesen aufhältst, kannst du nicht mit mir sein, das heißt, mit dem guten Hirten.
10. ‚Meiner Reiterei an den Wagen des Pharao habe ich dich verglichen' (Cant 1,9). Wenn du begreifen willst, o Braut, wie du dich selbst verstehen musst, dann erkenne, mit wem ich dich verglichen habe. Dann wirst du sehen, dass du so bist, dass du dich nicht zu schämen brauchst, wenn du deine Schönheit wahrnimmst. Was heißt das also: ‚Meiner Reiterei an den Wagen des Pharao habe ich dich verglichen?' Ich weiß, dass der Bräutigam ein Reiter ist, sagt doch der Prophet: ‚Sein Reiten ist Heil' (Hab 3,8?). Verglichen bist du also meiner Reiterei an den Wagen des Pharao. Wie sehr unterscheidet sich ‚meine Reiterei', deren Herr ich bin, und der ich den Pharao, seine Generäle, seine Reiter, seine Pferde und seine Wagen ins Meer werfe; wie sehr, sage ich, unterscheidet sich ‚meine Reiterei' von den Pferden des Pharao. So sehr bist du besser als alle Töchter, du Braut, du Seele in der Kirche, als alle Seelen, die nicht in der Kirche sind" (Origenes, Hom. in Cant. 1,9f., zitiert nach: Origenes und Gregor der Große, Das Hohelied, a.a.O., 54f.).

Beide Aspekte gehören zur menschlichen Selbsterkenntnis: der Mensch ist Gottes Bild. Er soll seine Würde erkennen und seine Schönheit. Und zugleich gilt es, den Kampf mit dem Dämonischen im Menschen aufzunehmen, seine Leidenschaften wahrzunehmen, mit ihnen umgehen zu lernen, die Sünde zu bereuen und zu bekennen. Im Gebet wenden sich die Wüstenväter Gott zu und erfahren immer wieder, dass Gott den Betenden auf sich selbst zurückwirft, er soll sich zuerst mit dem eigenen Herzen beschäftigen. Das Gebet ist kein Fluchtweg. Deshalb tauchen gerade beim Gebet immer wieder die versucherischen Gefühle und Gedanken auf und legen den eigenen inneren Zustand bloß. Abbas Nilos sagt vom Gebet: „Alles, was du aus Rache gegen einen Bruder tust, der dich beleidigt hat, wird in der Stunde des Gebetes in deinem Herzen auftauchen" (Neilos 1) (Apo 546). Und ein Altvater hält alles Beten, das nicht mit der eigenen Wirklichkeit konfrontiert, für zwecklos: „Wenn sich ein Mensch in seinem Gebet nicht an seine Handlung erinnert, bemüht er sich mit seinem Beten ins Leere" (III, 202) (Apo 1125). Es ist also eine Erfahrungstatsache der alten Mönche, dass das Gebet zur Selbsterkenntnis führt. Die Väter geben dafür auch Gründe an: Sobald man anfängt zu beten, werden die Dämonen eifersüchtig und suchen den Beter am Beten zu hindern, indem sie schlechte Gedanken, Leidenschaften und Emotionen in ihm hervorrufen. Der Mönch soll sich nicht darüber wundern, sondern es als normal ansehen, ja sogar darauf warten, wie Evagrios Pontikos meint:

„Wenn du betest, wie es sich ziemt, erwarte, was sich nicht ziemt, und halte tapfer stand!"[22]

Das Gebet wurde so auch zu einem Mittel der Selbsterkenntnis. Die Untersuchung der Gedanken, die die Mönchsväter immer wieder fordern, geschieht nicht vor oder nach dem Beten, sondern im und durch das Gebet. So besteht die Kunst des verständigen Gebetes in der Selbstbeobachtung während des Betens. Indem der Mensch über sich nachdenkt und seine Gedanken von Gott hinterfragen lässt, betet er. So versteht es auch Evagrios Pontikos, wenn er einem Mönch rät:

---

[21] Alle Zitate aus den Apophthegmata Patrum zitiert mit Name und Ordnungsnummer, so wie mit der Abkürzung Apo und der Ordnungsnummer nach: Weisung der Väter. Apophthegmata Patrum, Einl. W. Nyssen, Übers. B. Miller, 3. unveränderte Aufl., Trier 1986.
[22] Evagrios Pontikos, De oratione XLVIII (PG 79, 1177A). Übers. v. Verf.

„Er soll die Gedanken beobachten, ihre Dauer wahrnehmen, ihr Nachlassen, ihre Verwicklungen und Zusammenhänge, ihre Zeiten und welche Dämonen sie bewirken. Dann: welcher Dämon welchem folgt, wer wen nicht begleitet. Und von Christus verlange er ihre Ursachen und Gründe zu erfahren."[23]
Ziel des Gebetes ist die Gottesschau. Damit der Mensch aber als der, der er ist, Gott begegnen kann, darf er sich selbst nichts vormachen, sondern muss erst seine Gedanken und Gefühle vor Gott erforschen. Selbsterkenntnis ist darin bereits Gotteserkenntnis, weil sie im Gebet, im Gespräch mit Gott geschieht.
Ähnliches konstatiert G. Fuchs für die mittelalterliche und neuzeitliche Mystik: „Die entscheidende Lebenswende beginnt damit, dass der Mensch aufhört, vor sich selbst zu fliehen, und seinem Inneren standzuhalten. ‚Nimm dich selbst wahr' so lautet entsprechend die Empfehlung von Meister Eckart, Johannes Tauler und so vielen anderen ... Die eigentliche Pointe dabei ist natürlich, dass diese Art Selbsterkenntnis und Ver-inner-lichung immer schon im Gegenüber zu Gott geschieht, orientiert an Jesus Christus, und dies im Fortgang des Weges immer ausdrücklicher ... Das prozessual und dynamisch verstandene Geschehen von Selbsterkenntnis und Gotteserkenntnis hat deshalb nicht zufällig die Form des Gebetes. Das erste ‚Stück' Welt jedenfalls, das der Wandlung und Veränderung fähig und bedürftig ist, bin immer Ich selbst."[24]
Auf diesem Weg der Selbst- und Gotteserkenntnis geht es nicht um Leistung und letztlich auch nicht um das Ableisten bestimmter Übungen, sondern um die Änderung der inneren Haltung.
„Einer von den Vätern erzählte: In der Kellia lebte ein arbeitsfreudiger Mönch, der hatte nur eine Matte an. Er ging fort und kam zum Altvater Ammonas. Wie der Alte sah, dass er nur eine Matte anhatte, sagte er zu ihm: ‚Das nützt dir nichts!' Und der Greis fragte ihn: ‚Drei Gedanken beschäftigen mich: Soll ich in der Wüste umherwandern – oder soll ich in die Fremde gehen, wo niemand mich kennt – oder soll ich mich in ein Kellion einschließen, mit niemandem zusammentreffen und nur alle zwei Tage essen?'[25] Der Altvater Ammonas antwortete ihm: ‚Keines von den drei

---

[23] Evagrios Pontikos, Capita practica ad Anatolium XXXI (PG 40, 1229C); deutsche Übersetzung zitiert nach: Grün A., Gebet und Selbsterkenntnis, a.a.O., 19.
[24] Fuchs G., „Die Arbeit der Nacht" und der Mystik-Boom. Zum unterscheidend Christlichen, in: Lebendige Seelsorge 39(1988), 341-349, hier 342f.

Dingen nützt dir etwas. Viel besser ist es: setzt dich in dein Kellion, iss täglich ein wenig und habe allezeit das Wort des Zöllners im Herzen (Lk 18,13)[26] – so kannst du das Heil gewinnen'" (Ammonas 4) (Apo 116).

Evagrios Pontikos „definiert" die zu erwerbende Haltung des Mönches in seiner Schrift „De oratione": „Ein Mönch ist ein Mensch, der sich von allem getrennt hat und sich doch mit allem verbunden fühlt."[27] A.K. Wucherer-Huldenfeld übersetzt etwas anders und kommentiert diesen Satz: „Der ‚Monachos', d.h. der ‚Geeinte', der ‚getrennt ist von allem und vereint ist mit allen'. ‚Sitzend in Deiner Zelle nehme Dich im Vermögen Deines Aufnehmens ... zusammen',[28] d.h. hole Dich zurück aus der Zerstreuung und Verirrung und sammle Dich, werde anwesend, gesammelt offen und frei für alles und so eins mit der einigenden ‚Einheit' ... Gottes."[29] „Das Getrenntsein meint ein Zurücktreten, Platz machen, Raum geben und so aktiv Erscheinen- und Seinlassen, was gerade deshalb verbindet."[30] Die Gottsuche, so wurde deutlich, vereinigt prozesshaft Selbst- und Gotteserkenntnis zu einer Bewegung. Doch damit nicht genug, es geht den Altvätern nicht einfach um einen spirituell überhöhten, weltabgewandten Prozess, sondern dieser Prozess muss zu einem sozialen Verhalten der Nächstenliebe führen,[31] soll er der Reifung des Menschen dienen. Die Nächstenliebe, der Bezug und die Haltung anderen Gegenüber wird zum Maßstab der Reife eines Menschen, zum Prüfungskriterium für die positive Fortentwicklung eines Mönches.[32] Evagrios Pontikos: „Selig ist der Mönch, der in allen Menschen Gott sieht."[33]

---

[25] Diese Aufzählung bezieht sich auf drei Formen des Mönchtums, das Wandermönchtum, die Fremdlingschaft und das Inklusentum (Eingeschlossensein für immer).

[26] „Gott sei mir Sünder gnädig."

[27] Evagrios Pontikos, De oratione CXXIV (PG 79, 1193C), deutsche Übersetzung zitiert nach: Evagrios Pontikos, Praktikos. Über das Gebet, Münsterschwarzach 1986, 117.

[28] Rerum monachalium rationes IX, PG 40, 1261AB.

[29] Wucherer-Huldenfeld A.K., Maskierte Depression und „Trägheit" in der klassischen Achtlasterlehre. Zur Aktualität der Frühgeschichte christlicher Spiritualität und „Psycho-therapie", in: Evangelische Theologie 57(1977), 338-363, hier 345.

[30] A.a.O., Anm. 26.

[31] Vgl. Viller M. /Rahner K., Aszese und Mystik in der Väterzeit. Ein Abriss der frühchristlichen Spiritualität, unveränderte Neuausgabe, Freiburg 1939/1989, 121.

21

Von Abbas Agathon erzählt man: „Er kam einmal in die Stadt, um Ware zu verkaufen. Da fand er einen Fremden, der auf die Straße geworfen war. Er war ohne alle Kraft, und niemand nahm sich seiner an. So blieb denn der Greis bei ihm, suchte für ihn eine Mietwohnung und bezahlte von seiner Handarbeit die Miete, und den Rest verwendete er für den Bedarf des Kranken. Vier Monate blieb er bei ihm, bis der Kranke gesund war. Dann kehrte der Alte in sein Kellion zurück, in Frieden" (Agathon 27) (Apo 109).

„Als einmal der Altvater Agathon in eine Stadt kam, um kleine Gefäße zu verkaufen, fand er neben dem Wege einen Aussätzigen. Der fragte ihn, wohin er gehe. Altvater Agathon antwortete: ‚In die Stadt, um Gefäße zu verkaufen.' Da sprach er zu ihm: ‚Tu mir die Liebe und bring mich dort hin.' So nahm er ihn auf und trug ihn in die Stadt. Er sprach zu ihm: ‚Da, wo du deine Gefäße verkaufst, da lege mich hin.' Und Agathon tat so. Nachdem er ein Gefäß verkauft hatte, fragte ihn der Leprose: ‚Um wieviel hast du es verkauft?' Er antwortete: ‚Um soundsoviel ...' Und der Leprose bat ihn: ‚Kaufe mir einen Kuchen!' Er kaufte ihn. Und wiederum verkaufte Agathon ein Gefäß, und der andere fragte: ‚Um wieviel das?' ‚Um soviel ...' Und er sprach zu ihm: ‚Kaufe mir das ...' Und er kaufte es. Nachdem er alle Gefäße verkauft hatte und heimkehren wollte, sagte der Kranke zu ihm: ‚Du gehst?' Er antwortete: ‚Ja.' Da sprach er zu ihm: ‚Tu mir den Gefallen und bring mich wieder dahin, wo du mich fandest.' Agathon nahm ihn auf die Schulter und brachte ihn an seinen Ort. Der Aussätzige aber sprach: ‚Gesegnet bist du, Agathon, vom Herrn im Himmel und auf Erden.' Als Agathon seine Augen erhob, sah er niemanden. Denn es war ein Engel des Herrn, der gekommen war, ihn zu prüfen" (Agathon 30) (Apo 112).

---

[32] Einschränkend ist hier darauf zu verweisen, dass allerdings der Impuls zur Nächstenliebe der Prüfung und Unterscheidung bedarf, er kann nämlich auch Flucht vor sich selbst sein und eine Wirkung der Akedia. „Der Geist des Überdrusses [der Akedia] vertreibt den Mönch aus seiner Zelle, wer aber Ausdauer besitzt, wird allzeit Ruhe haben. Besuche von Kranken schützt der Überdrüssige vor, tatsächlich aber befriedigt er nur seinen eigenen Zweck. Ein überdrüssiger Mönch ist flink zu Diensten und hält für ein Gebot seine eigene Befriedigung. Eine schwache Pflanze biegt ein leichter Hauch, und die Vorstellung des Weggehens zieht den Überdrüssigen mit" (Evagrios Pontikos, De octo spiritibus malitiae XIII (PG 79, 1157D-1160A); deutsche Übersetzung zitiert nach: Evagrios Pontikos, Über die acht Gedanken, eingel. U. übers. v. G. Bunge, Würzburg 1992, 68).

[33] Evagrios Pontikos, De oratione CXXIII (PG 79, 1193C), deutsche Übersetzung zitiert nach: Evagrios Pontikos, Praktikos. Über das Gebet, a.a.O., 117.

Selbst wenn die Motivation für das soziale Handeln nicht lauter ist, so Amma Sarrha, Gutes zu tun steht trotzdem unter dem göttlichen Wohlgefallen:

„Auch der Menschen wegen Almosen zu geben, ist gut. Denn wenn es auch nur wegen der Beliebtheit bei den Menschen geschieht, so geht es dennoch schließlich auf das göttliche Wohlgefallen hinaus" (Sarrha 7) (Apo 890).

Das Ziel des geistlichen Weges im frühen Mönchtum ist die Gotteserkenntnis, die Gottesschau, die die Selbsterkenntnis und die Auseinandersetzung mit seinen Schatten, Emotionen, Erfahrungen, seiner eigenen hellen und dunklen Geschichte sowie seiner Befindlichkeit einschließt. Dieser Prozess führt zu größerem Selbststand, zu mehr Offenheit für Gott und für die Belange des Nächsten.

Nach H. Luther birgt gerade eine die Transzendentalität des Menschen einbeziehende Selbstreflexion die Chance zu radikaler Selbsterkenntnis in sich, weil all das Ungewisse und Rätselhafte, das Differente Platz darin hat und auf- bzw. angenommen ist. „In den Augen Gottes," so H. Luther, „der um sein Alles weiß, ahnt das Ich seine vollständige Individualität, in der auch das Widersprüchliche und Differente aufgehoben ist."[34] „Am Ende einer (implizit) religiös angelegten Autobiographie steht also nicht eine (fiktiv hergestellte) Identität, nicht die Aufhebung der Differenz, sondern die erkannte und angenommene Differenz."[35]

Luther plädiert für eine fragmentarische Ich-Identität, die einerseits die Gebrochenheiten menschlichen Lebens ernst nimmt und anderseits sich aufgrund dieser Gebrochenheiten die Fähigkeit zu Trauer, Hoffnung und Liebe bewahrt.

Es geht um einen nüchternen, partnerschaftlich begründeten Realismus, der nichts anderes beschreibt als das, was im Alten Mönchtum Demut hieß. Die Demut lässt zu, das Mögliche zu erkennen und zu tun und das Unmögliche zu lassen. Sie vermeidet dabei sich selbst oder andere ständig zu überfordern.

Im Verhältnis zum Mitmenschen führt sie zu einem sanftmütigen Umgang mit ihnen. Im Blick auf eigene Unzulänglichkeiten werden die des anderen nach wie vor als Unzulänglichkeiten erlebt, aber es ist ein barmherzigerer Umgang damit möglich. Die Frucht dieses Prozesses ist Gelassenheit, nicht zu verwechseln mit Apathie oder frommer Faulheit.

---

[34] Luther H., Religion und Alltag, Stuttgart 1992, 144.
[35] Luther H., a.a.O., 149.

Gelassenheit aufgrund spiritueller Erfahrung ist das realistische Erkennen der Möglichkeiten, der positiven Ansätze, der partiellen Erfolge, der schon möglichen Bruchstückerfahrung von Himmel. Gleichzeitig aber auch das Erkennen der Bruchstücke von Himmel und deren Mangel an Ganzheit, die für den Menschen nicht machbar ist. Darin besteht schließlich die Spannung in der diese Gelassenheit steht, es ist nicht entspannte Gelassenheit, nicht gänzliches Abfinden mit der Welt, es ist nicht Aufgehen im Weltverbesserungsprojekt christlicher Ethik, so wichtig auch diese Aspekte sind, denn es bleibt die bis zum Schmerz und Leiden an der Welt sich steigernde Sehnsucht nach Gott. Dieser Schmerz ist als Leiden an der Endlichkeit der Welt nicht masochistisch, sondern realistisch: denn nichts in dieser Welt ist Gott, und „Gott allein genügt" wie es Johannes vom Kreuz auf einem kleinen Zettel, den er Teresa von Avila schenkte, ausgedrückt hat. K. Rahner sieht in der Aufrechterhaltung der gelassenen Gespanntheit auch eine wesentliche Aufgabe von Verkündigung:

„Soll die Predigt der Kirche heute Glauben weckend und fördernd sein, muss sie sich hüten, Evangelium und Glaube indiskret und in einem unechten Optimismus zu einfach als eine das Leben siegreich gestaltende und erhellende Macht darzustellen. ... Im Grunde ist die ‚Lösung' aller Lebensfragen durch das Christentum deren entschlossene Offenhaltung ohne den Kurzschluss des radikalen Pessimismus und Skeptizismus und ohne einen lügnerischen Optimismus, der meint, die Lösung jetzt schon zu ‚haben', ist ‚Hoffnung wider alle Hoffnung', Bergung aller Unbegreiflichkeiten nicht in eine durchschaubare Lösung, sondern in das unbegreifliche Geheimnis Gottes und seiner Freiheit. Damit ist nichts ‚gelöst', sondern jene ‚Unlösbarkeit' des Geheimnisses bedingungslos angenommen, das Gott heißt. Und eben das heißt: glauben und hoffen und lieben."[36]

Diese Haltung ist ideologiekritisch, sie nimmt ernst, dass „nie alle Verlust- und Mangelerfahrungen in diesem Äon beseitigt werden können. Dies kann der Mensch einfach nicht, es bleibt Gottes universaler Erlösung vorbehalten, was den Menschen vor Resignation und Gewaltanwendung bewahrt und ihm Geduld und Barmherzigkeit verleiht. Denn wer über der Veränderung der Welt das Mitleiden mit den jetzt an (vielleicht noch) Unveränderbarem Leidenden außer Acht lässt oder gar (angeblich vorübergehend) eine Verschärfung des Leidens in Kauf nimmt, dem ist auch für die Zukunft kei-

---

[36] Rahner K., Glaubensvollzug und Glaubenshilfe heute, in: Ders. (Hrsg.), Handbuch der Pastoraltheologie, Bd. 3, Freiburg 1968, 518-528, hier 524f.

ne humanisierende Umgestaltung der Verhältnisse zuzutrauen, weil er jetzt bereits herzlos ‚über Leichen' geht."[37] Letztlich geht es um die Akzeptanz der Feststellung Franz Overbecks: „Im Christentum ist das Interessanteste seine Ohnmacht, die Tatsache, dass es die Welt nicht beherrschen kann."[38] In dieser Situation wird die Frömmigkeit bescheiden und karg sein: „Wenn einer es heute fertig bringt, mit diesem unbegreiflichen, schweigenden Gott zu leben, den Mut immer neu findet, ihn anzureden, in seine Finsternis glaubend, vertrauend und gelassen hineinzureden, obwohl scheinbar keine Antwort kommt als das hohle Echo der eigenen Stimme, wenn einer immer den Ausgang seines Daseins freiräumt in die Unbegreiflichkeit Gottes hinein, obwohl er immer wieder zugeschüttet zu werden scheint durch die unmittelbar erfahrene Wirklichkeit der Welt, ihrer aktiv von uns selbst zu meisternden Aufgabe und Not und von ihrer immer noch sich weitenden Schönheit und Herrlichkeit, wenn er es fertig bringt ohne die Stütze der ‚öffentlichen Meinung' und Sitte, wenn er diese Aufgabe als Verantwortung seines Lebens in immer erneuter Tat annimmt und nicht nur als gelegentliche religiöse Anwandlung, dann ist er heute ein Frommer, ein Christ."[39] Wer sich auf Gott einlässt, wer ihn als den erkennt und bekennt, der immer schon unterwegs ist auf der Suche nach Mensch und Welt wird erfahren müssen, dass „nicht nur Licht, sondern auch Finsternis, nicht nur Gutes, sondern auch Böses, nicht nur Einheit, sondern auch Vielfalt, nicht nur Klarheit, sondern auch Wirrnis – alles von Ihm geprägt ist, dessen Gegenwart leben- und sterbenslang wahrgenommen und eingeübt sein will."[40] Gegen jede Erfahrungssucht und Erleberei ist festzuhalten, dass Erfahrung und Nicht-Erfahrung gleichermaßen zur Gottesbegegnung gehören und dass sich das Geheimnis Gottes jeglicher Machermentalität entzieht. Mystische Erfahrung, so dringend notwendig auch immer, „wird sie doch als reines Geschenk bezeugt und realisiert. Der, der darin Gott heißt, ist weder

---

[37] Fuchs O., Art.: Trösten/Trost, in: Schütz C. (Hrsg.), Praktisches Lexikon der Spiritualität, Freiburg 1988, Sp. 1307-1315, hier 1313f.

[38] Zitiert nach: Peters T. R., Mystik – Mythos – Metaphysik. Die Spur des vermissten Gottes, Gesellschaft und Theologie: Forum politische Theologie; Nr. 10, Mainz/München 1992, 66.

[39] Rahner K., Frömmigkeit früher und heute, Schriften zur Theologie Bd.VII, Einsiedeln 1966, 11-31, hier 21.

[40] Fuchs G., „Die Arbeit der Nacht", a.a.O., 341.

zu machen noch zu haben – und ‚Gotteserfahrung' ist deshalb christlich ein höchst ambivalentes Wort."[41]

## SPIRITUALITÄT IN DER SOZIALEN ARBEIT

Immer wieder wird im Rahmen von Seelsorge die Frage nach dem Spezifikum christlicher Seelsorge im Unterschied zur Begleitung von Menschen etwa in nicht-christlichen Einrichtungen anderer freier Träger oder in säkularisierten Einrichtungen, wie kommunalen Krankenhäusern und Heimen gestellt. Diese Überlegungen sind auch hilfreich für die Frage nach dem Verhältnis von Spiritualität und sozialer Arbeit. H.-C. Piper stellt die These auf, dass das Eigenständige der Seelsorge eher zu finden ist, wenn man innertheologisch nach dem Spezifikum des seelsorgerlichen Gesprächs als kirchlichem Handeln fragt.[42] So grenzt er das seelsorgerliche Gespräch von allen anderen Handlungen innerhalb der Seelsorge ab als einen Akt, bei dem der Geistliche nicht führt, sondern dem anderen den Vortritt lässt, nachgeht, „hütet" und „weidet". Wenn er auch, durch seine Rolle bedingt, häufig mit Führungsanspruch und Macht auftritt, verzichtet er in diesem Geschehen darauf und begibt sich so mit Menschen in Situationen, wo diese sich hilflos und ohnmächtig erleben. Er begibt sich mit ihnen in ungeschützte Situationen, die sich jeglicher Machbarkeit seitens des Menschen entziehen. Er ist bereit, die Schwäche anzunehmen und die Spannung auszuhalten, die solche Situationen bergen. Der Seelsorger geht in diese Gespräche nicht als Fachmann oder mit dem Schutzschild der Kompetenz, sondern als gläubiger Mensch, der nicht mehr hat, als das Vertrauen darauf, dass Gott mit uns ist.[43] „Der Seelsorger begibt sich also aller Vorgaben, aller Strukturen, die ihn schützen, wenn er sich in eine seelsorgerliche Situation hineinbegibt. Er lässt seinen Talar zuhause, seine liturgischen Geräte in der Sakristei. Er trägt nicht, wie auf dem Weg zum Altar, Bibel und Gesangbuch in seiner Hand. Er hat nichts in seinen Händen! Er begegnet dem andern auch nicht als ‚beatus possidens',[44] um dessen Mangel (an Glauben, Hoffnung und Liebe) abzuhelfen."[45]

---

[41] A.a.O., 348.

[42] Vgl. Piper H.-C., Macht und Ohn-macht: Die Frage nach dem Proprium der Seelsorge, in: Wege zum Menschen 34(1982), 291-299, her 291.

[43] Vgl. Piper H.-C., Macht und Ohn-macht, a.a.O., 293-299.

[44] „Seliger Besitzender".

Die Frage nach dem Proprium der Seelsorge stellt auch S. Knobloch im Zusammenhang der Sterbebegleitung, betont aber, dass sie sich nicht nur speziell darauf, sondern auf das Gesamtverständnis der Seelsorge überhaupt bezieht. In Abgrenzung zur Auffassung, dass ein Gespräch erst durch die Verkündigung zum seelsorglichen Gespräch wird, stellt Knobloch fest: „Ich halte es für richtiger, das, was wir theologisch mit dem Begriff ‚Verkündigung' benennen, hermeneutisch als ‚Beziehung' zu identifizieren, als eine präsente, den anderen in seiner Totalität meinende Beziehung, die ihn annimmt und in jenes Geheimnis einführt, das sein Leben immer schon ist. In diesem Sinne ist Verkündigung Beziehung. In diesem Sinne ist seelsorgliche Sterbebegleitung dann ‚seelsorglich', wenn sie mit unverstellter Offenheit und Aufmerksamkeit den anderen meint und für ihn da ist. Der ‚Inhalt' der Seelsorge ist die Beziehung, die den beziehungswilligen Gott für den anderen widerspiegelt. ‚Der beziehungswillige Gott will, dass Beziehungen unter Menschen gelingen.'"[46]

Die Seelsorgerin verzichtet auf jeden Machtanspruch, ist bereit, dem anderen als Person zu begegnen, sich den Gefühlen und Erfahrungen des anderen zu nähern mit der grundsätzlichen Hoffnung, dass Verstehen und Begegnung helfen. Die Seelsorgerin „tut" nichts anderes als ihre Haltung, wobei diese so zum Ausdruck kommt, dass der andere sie wahrnehmen und erleben kann. So gesehen muss dann auch die Seelsorgerin nicht missionarisch „Gott ins Spiel bringen" und nach der erstbesten Gelegenheit dafür Ausschau halten, sondern sie kann gelassen mit ihrem Glaubenshintergrund, ihrer Spiritualität da sein, als Person damit auftauchen und natürlich auch davon sprechen, aber Richtung und Ziel ihres Handelns ist das Ausdrücken ihrer Haltung so, dass sie für ihr Gegenüber erlebbar ist. Sie ist in ihrer Echtheit und Authentizität gefordert und mag als Zeugin anwesend sein, als Glaubenszeugin in der persönlichen Begegnung von Mensch zu Mensch. So zeigt sie das Religiöse, das Heilende, das Heil immanent. Sie kann sich dieses Zurücknehmen leisten, wenn sie sehen kann, dass das Reden von Gott nicht „dazukommen" muss als ein MEHR. In diesem Absehen vom „Besserwissen", in dieser Absichtslosigkeit liegt auch die Hoffnung, dass das Gespräch zum Wesentlichen kommt, theologisch gesprochen: dass der Heilige Geist am Werk ist. Das fordert die Seelsorgerin in ihrer Hoff-

[45] Piper H.-C., Macht und Ohn-macht, a.a.O., 295f.
[46] Knobloch S., Wieviel ist ein Mensch wert? Einzelseelsorge-Grundlagen und Skizzen, Regensburg 1993, 190f.

nung und in ihrem Glauben heraus, ob sie glauben kann, dass Gott da ist in dieser Begegnung. So verstanden kann die Haltung der Seelsorgerin in die Erfahrung der Gnade führen, in den Raum des Geheimnisses, in dem Gott gegenwärtig ist. Gottes Präsenz ist gesprächsimmanent und entzieht sich dem Machtbereich der Seelsorgerin.[47] „Die Gegenwart des Heiligen Geistes in der menschlichen Beziehung des geistlichen Gesprächs ist nicht bloß ein frommer Gedanke, sondern eine spirituelle Dimension: Gott ist im Seelsorgegespräch auf beiden Seiten am Werk. ‚Er hat dem Seelsorger durch dessen ‚Klienten' vielleicht genau so viel und genau so Wichtiges zu sagen wie dem ‚Klienten' durch den Seelsorger.'"[48] Darin steckt die grundsätzliche Option, beim Denken über den Menschen nicht vom Defizitären auszugehen, auch nicht in Glaubenssachen! Eine solche Seelsorge, so F.-J. Bäumer, „sucht den Nächsten um seiner selbst willen. ... Dabei ist ihr fremd, vom anderen defizitär zu denken, so als müsste sie in ihrer Seelsorge Mängel an ihm beheben."[49] Die seelsorgliche Haltung wäre demnach zu beschreiben als große Offenheit für das, was an Erfahrungen von Menschen auf die Seelsorgerin zukommt, was ihr geschenkt wird. Die Erwartungshaltung gegenüber dem Adressaten ist also nicht geprägt von dem, was ihm noch beigebracht werden muss, sei es katechetisch oder kerygmatisch, sondern von dem, was er an Erfahrungskompetenz mitbringt und einbringen kann.

Wenn auch in einer anderen Rolle und nicht ausdrücklich im Rahmen von Seelsorge handelnd, sind diese Überlegungen auch anwendbar auf die Frage nach der Spiritualität in sozialer Arbeit, die etwa kirchlichen Trägern von Sozialeinrichtungen auf den Nägeln brennen. Wie unterscheiden wir uns? Wo kommt der Glaube ins Spiel?

Auf der eben skizzierten Basis entscheiden sich diese Fragen an der Haltung dem gegenüber, dem ich mich in sozialer Arbeit zuwende, der mir an-

---

[47] Vgl. dazu: Bäumer R./Plattig M., „Aufmerksamkeit ist das natürliche Gebet der Seele". Geistliche Begleitung in der Zeit der Wüstenväter und der personzentrierte Ansatz nach C.R. Rogers – eine Seelenverwandtschaft?!, Würzburg 1998, 238-242.

[48] Baumgartner K., Beichtgespräch und beratendes/geistliches Gespräch, in: Baumgartner K./Müller W. (Hg.), Beraten und begleiten – Handbuch für das seelsorgliche Gespräch, Freiburg 190, 111-119, hier 116.

[49] Bäumer F.J., „... und die Hirten sollen sich nicht selbst weiden" (Ez 34,10) – Zum Zusammenhang von Mystagogie und Pastoral in der Moderne, in: Franziskanische Studien 73 (1991), 297-309, hier 308.

vertraut ist. Ist auch er für die Begleiterin ein Subjekt, ein wirkliches Gegenüber, von dem auch die Begleiterin etwas „bekommen" kann oder ist er der Ohnmächtige, der, dem meine Hilfe zukommt, wird er also „objektiviert". Dies ist natürlich in dieser scharfen Konturierung, wie ich sie hier formuliert habe, in der Realität sicher so nicht zu finden. Allerdings könnte es gerade Gegenstand der spirituellen Selbstreflexion sein, in welche Richtung die eigene Haltung tendiert.

Das am Ende wirklich Unterscheidende zwischen der Sozialarbeit von Christen und Nichtchristen ist nicht die Art und Weise, ist nicht die notwendige Professionalität und nicht die Frage, ob Gott vorkommt oder nicht, denn Gott macht sich in seinem Wirken nicht davon abhängig, ob die Begleiterin Christin ist oder nicht. Das Unterscheidende liegt darin, ob die Begleiterin ihren Glauben lebt, d.h. in einer Beziehung zu Gott lebt, sich auf den Umformungsprozess eingelassen hat oder nicht, und das hat Auswirkungen in der Begegnung, ist dieser Begegnung immanent.

Die hier vorgestellten Überlegungen zur Spiritualität haben deutlich gemacht, dass diese nicht einfach vorauszusetzen oder institutionell vorgegeben ist, sondern einen individuellen Entwicklungs- bzw. Umformungsprozess beschreibt, der der persönlichen Zustimmung, der Einübung, der Reflexion und der Pflege bedarf. Das Leben in der Beziehung zu Gott, die Spiritualität also, muss ausdrücklich werden in einer Regelmäßigkeit und Stetigkeit geistlichen Lebens. Die Formen sind dabei so unterschiedlich und bunt wie die Menschen, die sie vollziehen. Wichtig ist aber, eine Form oder besser seine Form zu suchen und wenn man sie gefunden hat, sie zu kultivieren und zu üben. Spiritualität ist, um mit Karl Rahner zu sprechen, „als intensiver Selbstvollzug des Christlichen im einzelnen Menschen als einzelnen in jedem Christen unvermeidlich sehr verschieden, je nach Veranlagung, Alter, Lebensgeschichte, kulturellem und gesellschaftlichem Milieu, letzter freier und gar nicht adäquat reflektierbarer Jeeinmaligkeit des Einzelnen."[50]

Das bedeutet, dass es die Spiritualität in der sozialen Arbeit nicht gibt, sondern es gibt die Spiritualitäten der in der sozialen Arbeit tätigen Menschen, deren Tätigkeitsfelder natürlich Auswirkungen auf die Gestaltung ihrer Spiritualität haben und umgekehrt, denn die Suche nach der eigenen Spiritualität als Ringen um das Geheimnis Gottes hängt eng zusammen mit der

---

[50] Rahner K., Elemente der Spiritualität in der Kirche der Zukunft, in: Ders., Schriften zur Theologie Bd. XIV, Zürich-Einsiedeln-Köln 1980, 368-381, hier 368.

Wahrnehmung menschlicher Wirklichkeit, die ebenso ambivalent und geheimnisvoll ist. In diesem Blickwinkel wird auch die soziale Praxis nicht zu einer Tat am defizitären Menschen, sondern zur Wahrnehmung des anderen in seiner individuellen und sozialen Not als dessen, der den Glauben des diakonisch Handelnden in Frage stellt und gleichzeitig durch seine Erfahrungen korrigierend bereichert.

## SPIRITUALITÄT IN DER SOZIALEN ARBEIT UND INSTITUTIONEN

Eine Institution, eine Kirche, ein Orden, ein Krankenhaus, ein Pflegeheim, eine Beratungsstelle hat keine Spiritualität, denn dazu sind nach unserer Definition Menschen notwendig, die auf Gottes Ruf antworten.

Doch Institutionen haben etwas, was für Spiritualität nicht unwesentlich ist, sie haben ein Gedächtnis und sie haben Strukturen. In diesem Gedächtnis, in dieser Erinnerung wird aufgehoben, meist in Texten, manchmal in Geschichten und Bildern, was diesen Institutionen wichtig ist und u.U. welche Erfahrungen frühere Generationen gemacht haben. Das ist als Anregung für die Gestaltung der eigenen Spiritualität wichtig und notwendig, kann diese jedoch nicht ersetzen.

Außerdem haben Institutionen Strukturen, und diese können die Gestaltung einer persönlichen Spiritualität derer, die zu ihnen gehören oder in ihnen arbeiten fördern oder behindern.

Diese Gestaltung wiederum kann nicht verordnet werden, dazu kann eine Institution nur einladen und eben für ein förderliches strukturelles Gerüst sorgen.

Für den Weg der Umformung gibt es keine Patentrezepte, im Idealfall gibt es Vorbilder oder Erfahrungen, doch ist eine bloße Kopie nicht möglich. Uniformität tötet Spiritualität.

Eine Institution kann fördern und helfen, sie kann aber nicht das Risiko des eigenen Weges übernehmen und sie kann keine Garantien geben. Weil wir in der jüdisch-christlichen Tradition an die freie Zuwendung Gottes zum Menschen und an dessen freie Antwort glauben, denn Freiheit ist ein Grundprinzip der Liebe, deshalb gibt es in dieser Spiritualität keine Wege und keine Methoden mit Erfolgsgarantie. Man kann keine Gotteserfahrung machen im Sinne von produzieren, Gott begegnet wie, wann und wo er will und dieses Geschehen entzieht sich dem Zugriff des Menschen, dem Zugriff der Institution, ja sogar dem Zugriff unserer geschätzten heiligen Mutter, der Kirche.

Die Förderung seitens der Institution könnte strukturell auch darin bestehen, Räume zu schaffen, in denen ein Austausch über die je eigene Spiritualität möglich ist und so eine Art gegenseitige „spirituelle Supervision" geschehen kann. Selbstredend müssen diese Räume so geschützt sein, dass
das darin Geäußerte in keiner Weise verwendet werden darf.

THESEN

(1) Spiritualität im oben beschriebenen Sinn entwickelt ein Bewusstsein für
die Würde und Dignität jedes Menschen und damit eine Haltung der Ehrfurcht vor dem göttlichen Wirken in jedem Menschen und wendet sich gegen jede Form defizitär vom Menschen an sich oder von bestimmten Menschen zu denken und zu reden. Sie sucht konsequent das Wirken des Geistes im anderen und lässt ihm die Freiheit, sich vernehmbar zu machen.

(2) Das soziale Handeln eines Menschen, der einen geistlichen Weg geht,
ereignet sich in der Spannung zwischen dem Glauben an das Wirken Gottes
im Menschen, an seine Heilszusage über den Tod hinaus und der eigenen
Professionalität im erlernten Beruf mit seinen Erfahrungen. Diese Spannung lässt sich nicht einfach auflösen, sich nicht in ein Konzept aufheben,
denn wer immer schon im voraus zu wissen glaubt wie Leben geht, wer zu
wissen glaubt wie Leiden und Sterben grundsätzlich auszusehen hat, der
dokumentiert damit, dass die Offenheit für Gottes Wirken fehlt und letztlich der Hl. Geist manipuliert wird.

(3) Wirklich an das Wirken des Hl. Geistes zu glauben bedeutet Entlastung.
Die Sozialarbeiterin, die Krankenschwester, die Therapeutin etc. kann es
nicht machen, ist letztlich nicht verantwortlich für das Gelingen oder Misslingen eines Lebensweges. Andererseits ist damit das demütige Anerkennen gefordert, dass es nicht machbar ist und dass es nicht gänzlich in der
Macht der sozial Handelnden steht, ob ihr Tun hilfreich ist.
Frau Tausch-Flammer betont auf dem Hintergrund der Sterbebegleitung:
„Das Vertrauen auf die göttliche Kraft hilft uns, uns auch von dem Gefühl
der persönlichen Urheberschaft unseres Helfens zu trennen und mit einem
guten Maß an Demut zu dienen. Wir sind nicht die Macher! ... Wir tun das
für uns mögliche und geben die weitere Verantwortung an Gott ab. Wir
müssen nicht alle Lasten der Welt mittragen."[51]

(4) Der Glaube an das Wirken Gottes im Menschen bewahrt darüber hinaus
vor zu großer Ängstlichkeit und Engstirnigkeit im Umgang mit Menschen.

Wer sich wirklich auf dieses Wirken verlassen kann, gewinnt die notwendige Gelassenheit, bei sich zu bleiben, nicht furchtsam Räume verschließen zu müssen, sondern ehrfürchtig Räume öffnen zu können.

Dies ist die Voraussetzung dafür, sich in den Begegnungen die notwendige Aufmerksamkeit zu erhalten, sich selber und seinen Engstellen gegenüber kritisch zu bleiben und das rechte Maß von eigenen Engagement und Gelassenheit zu finden.

(5) Spiritualität in der sozialen Arbeit ist nicht gebunden an einen kirchlichen oder christlichen institutionellen Rahmen und hat nichts zu tun mit der Frage ob Gott vorkommt oder nicht. Das Unterscheidende liegt darin, ob die sozial Handelnde in einer Beziehung zu Gott, d.h. ihre Spiritualität lebt oder nicht und das hat Auswirkungen in der Begegnung mit Menschen, ist dieser Begegnung immanent und macht diese Begegnung spirituell.

(6) Ähnliches gilt im Hinblick auf Institutionen. Soll in ihnen Spiritualität gefördert werden, müssen sie die Eigenverantwortung und damit die geistliche Freiheit ihrer Mitglieder oder Mitarbeiter respektieren. Sie müssen es dem Wirken des Geistes überlassen, was geschieht. Sie können ihre Erinnerungen und Erfahrungen einladend zur Verfügung stellen. Auch hier gilt es ehrfürchtig und vertrauend Räume zu öffnen und diese nicht ängstlich und misstrauisch zu verschließen.

---

[51] Tausch-Flammer D., „Hallo! Ist dort jemand?" Von der Hingabe an sich selbst und der Hingabe an den anderen, in: Tausch-Flammer D. / Bickel L. (Hg.), Spiritualität der Sterbebegleitung, Freiburg 1997, 34-59, hier 56.

# Das Sakrament des Augenblicks

Willigis Jäger

Wir sind durchdrungen von der Idee, es gebe eine bessere Welt. Wir meinen, es müsste doch eine Alternative zum Hier und Jetzt geben. Wir fordern eine Neuschöpfung. Die jetzige hat zu viele Unvollkommenheiten. Sie ist das Werk eines Stümpers. Dahinter steht die Meinung: Gott hätte auch eine bessere, Welt schaffen können. Wir sind vom Wahn erfüllt, es gäbe eine alternative Wirklichkeit. Das Jetzt sei nur vorläufig. Wir fügen uns nicht ein ins kosmische Geschehen. Wir wehren uns gegen die scheinbare Auslieferung an Tod und Untergang. Wir fordern eine bessere, eine vollkommenere Welt. Die Religionen bestärken uns darin. Die eigentliche Welt, das wird einmal der Himmel sein. Später, nach dem Tod, wird die heile Welt anbrechen. Der Religion ist es noch nicht gelungen, das zeitgenössische, holistische Weltverständnis und die sich anbahnende neue Anthropologie zu integrieren. Die Psychologie verspricht uns Ähnliches. Sie betrachtet religiöse Ideen auch als substantielle Wirklichkeiten, die nicht grobstofflich, sondern geistig-psychischer Natur sind. Sie sagt: Wenn du dich von allen beherrschenden Bildern und von deinem Über-Ich gelöst hast, dann beginnt das volle Leben. Auch sie verspricht eine neue Welt.

Aber das Geheimnis der Unsterblichkeit ist im Augenblick zu finden, oder es ist nicht zu finden. Das darf man jedoch nicht in einem harmlosen theoretischen Sinn verstehen. Was es wirklich bedeutet, ist intellektuell nicht zu begreifen. Denn die Realisation der Wirklichkeit ist nur auf einer tieferen Bewusstseinsebene möglich. Unser Ich hindert uns daran.

Der Mensch ist ein „Homo religiosus". Das Göttliche ist sein tiefstes Wesen. Von dort kommt er, und dorthin tendiert er zurück, ob er darum weiß oder nicht. Johannes vom Kreuz sagt einmal, dass unser Erwachen als ein Erwachen Gottes bezeichnet werden kann (Liebesflamme, IV, 9). – Das Erwachen des Menschen wird so zu einem Erwachen Gottes. Das Erwachen der Gesellschaft ist ein Erwachen Gottes in der Gesellschaft. Das Erwachen des Kosmos ist ein Erwachen Gottes in der Evolution des Kosmos. Der Mensch der Zukunft (nicht nur der Christ der Zukunft) wird ein Erwachter sein. Er wird Mystiker sein. Das ist unsere einzige Überlebenschance.

Es wohnt eine tiefe *Sehnsucht* im Menschen, die das Göttliche selber ist. Gott drängt in uns zur Entfaltung. In uns Menschen stellt sich das Erwachen des Göttlichen als tiefe Sehnsucht dar. Es ist die Sehnsucht heimzukommen, den Platz zu finden, wo alles gut ist, wo man geliebt und angenommen ist. Der Mensch erfährt sehr bald im Leben, dass kein Mensch dem Menschen diese letzte Sicherheit geben kann, auch nicht der liebste. Es bleibt diese unüberbrückbare Trennung, diese Heimatlosigkeit, bis wir unser wahres Selbst gefunden haben; besser, bis unser wahres Selbst durch alle Verkrustungen und Fehlentwicklungen hindurchgebrochen ist. Menschen machen sich also auf den Weg zu Gott, weil sie diese tiefe -Sehnsucht in sich tragen, die letztlich die Sehnsucht Gottes selber ist.

Es gibt eine alte Geschichte, die das deutlich ausdrückt. Sie wird im Osten wie im Westen erzählt. Hier eine zentralasiatische Version:

„In Indien lebte ein steinreicher Edelmann, der nur einen Sohn hatte. Eines Tages wurde dieser entführt oder wollte nicht mehr heimkehren. Der Vater tat alles, was er konnte, um den geliebten Sohn wiederzufinden. Es war umsonst. Jahre vergingen, ohne dass er etwas erfuhr. Als der reiche Mann eines Tages aus einem Fenster seines Hauses blickte, sah er einen jungen Bettler vor dem Haus stehen. Er bekam ein Almosen und wollte gerade wieder fortgehen.

Der reiche Mann sah das Gesicht des Bettlers und sprang in großer Verwunderung auf, denn er hatte seinen verlorenen Sohn erkannt. Er rief Diener und befahl ihnen, den jungen Bettler zurückzuholen. Einige liefen dem jungen Bettler nach und versuchten ihn zurückzuhalten, aber der junge Mann weigerte sich und sagte: ‚Obwohl ich ein Bettler bin, habe ich nichts Schlechtes getan.' Die Diener versicherten ihm, dass sie ihm nichts vorzuwerfen hätten: ‚Unser Herr will dich sehen.' Sie konnten ihn aber nicht zur Rückkehr bewegen. Er wurde im Gegenteil noch ängstlicher und begann zu zittern: ‚Ich habe nichts mit einem solchen vornehmen Edelmann zu tun.' Zuletzt mussten die Diener heimkehren und ihrem Herrn erzählen, dass sie nichts hätten ausrichten können.

Voll Liebe zu seinem Sohn befahl der Reiche einem seiner jungen Diener, sich selbst als Bettler, dem Sohne gleich, zu verkleiden und sich mit ihm zu befreunden. Als der Diener-Bettler die Zeit für gekommen hielt, sagte er zu dem bettelnden Sohn des Reichen: ‚Ich habe eine gute Stellung gefunden. Die Arbeit ist nicht zu schwer, und die Bezahlung ist gut. Wir bekommen auch ein kleines Zimmer. Lass' es uns versuchen.' So wurden beide als Gärtner bei dem Reichen angestellt.

Als der Sohn sich dort eingewöhnt hatte, beförderte ihn der Vater zum Hausdiener. Nachdem er auch hier seine Arbeit gut verrichtete, wurde er zum Verwalter ernannt, und auf dem Sterbebett machte ihn der Edelmann zum Erben seines Besitzes" (Shibayama, Zen in Gleichnis und Bild, S.82).

So ist der Weg des Menschen ein Heimweg zu Gott. Wir haben ihn nicht verloren; wir haben den Grund unseres Wesens verloren oder – anders gesagt – noch nicht erfahren. Der Weg ist nicht ein Suchen, sondern ein Sich-Finden-Lassen. Er wird in allen Religionen beschrieben. Wir haben vergessen, wer wir wirklich sind; darum machen wir uns auf die Suche, bis wir erfahren: Ich bin ja schon gefunden. Denn wir sind gar nicht die Suchenden. Wir sind die Gesuchten.

Rumi sagt: „Ich habe die ganze Welt auf der Suche nach Gott durchwandert und ihn nirgendwo gefunden. Als ich wieder nach Hause kam, stand er vor der Türe meines Herzens und sagte: ‚Hier warte ich auf dich seit Ewigkeiten‘. Da bin ich mit ihm ins Haus gegangen."

Zugegeben, diese Sehnsucht kann narzisstische Züge haben, sie kann auch Flucht aus der Wirklichkeit sein. Sie kann regressive Züge tragen und kann versuchen, Defizite aus der Kindheit zu kompensieren. Vor allem aber kommt sie aus der Erkenntnis, dass es im Menschen Bewusstseinsräume gibt, die dem Leben mehr Sinn und Hilfe vermitteln können und Gott umfassender erfahren lassen. – Unser Suchen ist ein Sterben, um wiedergeboren zu werden. Es bedeutet nichts anderes, als was Jesus zu Nikodemus sagt: „Du musst wiedergeboren werden aus Geist und Wasser."

### DIE VERWANDELNDE KRAFT DES AUGENBLICKS

Angelus Silesius dichtet:

„Du sprichst, du wirst Gott
sehen und sein Licht.
O Narr, du siehst ihn nie,
siehst du ihn heute nicht."

Jean P. Caussade spricht vom „Sakrament des Augenblicks". Bei ihm habe ich diesen Ausdruck das erstemal gefunden. Er spricht von dem, was ich das Ursakrament nenne. In seinem Buch „Hingabe an Gottes Vorsehung" schreibt er Folgendes:

„‚Gott weilt wahrhaft an diesem Ort, und ich wusste es nicht‘, sprach einst Jakob. So suchst auch du Gott, und dabei ist er überall. Alles verkündet ihn dir. Alles schenkt ihn dir. Er ging dir zur Seite, er umgab dich, er durchdrang dich und weilte in dir ... und du suchst ihn! Du bemühst dich um eine Vorstellung von Gott und besaßest ihn dabei wesentlich. Du jagst der Vollkommenheit nach, indes sie in allem liegt, was dir ungesucht begegnet In

Gestalt deiner Leiden, deines Tuns, der Antriebe, die du empfängst, tritt dir Gott selber entgegen. Dieweil bemühst du dich umsonst um erhabene Vorstellungen, mit denen er sich nicht bekleiden will" (Caussade, S.146).

„Offenbart sich uns die göttliche Liebe in allen Geschöpfen und in allen Geschehnissen dieses Lebens nicht ebenso sicher, wie uns das Wort Christi und der Kirche die Gegenwart des heiligen Leibes unter den eucharistischen Gestalten verbürgt?

Wissen wir nicht, dass sich die göttliche Liebe durch alle Geschöpfe und Ereignisse mit uns vereinigen will? Dass sie nur deshalb alles, was uns umgibt und uns zustößt, hervorruft, anordnet oder erlaubt, damit wir zu dieser Vereinigung gelangen, die allein sie bezweckt?

Wenn es sich aber so verhält, was steht dann noch im Wege, dass jeder Augenblick unseres Lebens eine Art Kommunion jeden Augenblick in unserer Seele ebensoviel hervorbringe wie die, welche uns den Leib und das Blut des Gottessohnes anvertraut? – Zwar kommt dieser eine sakramentale Wirkung zu, die jener abgeht. Doch wieviel häufiger lässt sich jene erneuern, und wie verdienstlich kann sie werden, wenn sie mit einer vollkommenen Seelenverfassung empfangen wird" (Caussade, S.68/69).

Caussade spricht die Eucharistie an, um das Sakrament des Augenblicks zu betonen: „Wie fehl geht man tatsächlich, wenn man Dich (Gott) nicht in allem sieht, was gut ist, und in allen Geschöpfen. Warum Dich also in anderen Dingen als in denen suchen wollen, durch die Du Dich mitteilen willst? Sucht man Dich in der Eucharistie unter anderen Gestalten als unter denen. die Du für Deine sakramentale Gegenwart gewählt hast?" (Caussade, S.147): In der Eucharistie wird feierlich verkündet, was eigentlich immer und überall der Fall ist. So müsste z.B. in einem Frühstück die Präsenz des Göttlichen genau so bewusst sein wie in der Eucharistie. Der Weg zurück in den Alltag ist das Kennzeichen wahrer Mystik.

Der Moslem Hz. Mevlana schildert den Konflikt zwischen Seligkeit und Alltag folgendermaßen:

„Muhammed, den beschäftigte ER zuerst ganz und gar mit SICH; dann befahl ER ihm: ‚Rufe die Menschen, gib ihnen Rat und reformiere sie!' Mustafa (Mohammed) begann zu weinen und zu klagen:

‚Ach Herr, welche Sünde habe ich begangen? Warum vertreibst Du mich aus Deiner Gegenwart? Ich will gar keine Menschen!' Gott der Erhabene sagte zu ihm: ‚Gräme dich nicht, Muhammed! Ich werde dich nicht nur mit den Menschen beschäftigt sein lassen. Denn inmitten dieser Beschäftigung wirst du mit MIR sein. Wenn du mit den Menschen beschäftigt bist – nicht ein Haarbreit

36

davon, wie du jetzt bei mir bist, wird weniger werden. Mit welcher Angelegenheit du auch beschäftigt bist – du wirst völlig vereint mit MIR sein'."
Gott ist die Symphonie, die in allem erklingt. Er hat sie nicht komponiert und spielt sie sich jetzt vor. Die Symphonie heißt Gott. Und da ist nichts ausgeschlossen. Wenn es sich aber so verhält, was steht dann noch im Wege, dass jeder Augenblick unseres Lebens eine Art Kommunion mit der göttlichen Liebe sei und dass diese das Leid und unser psychisches Defizit mit einschließt. Das zu erfahren ist Satori. Und mancher in diesem Raum erfährt das auch, dass Leid und Schmerz genau so die Ausdrucksform des Göttlichen sind wie Freude. Wir vergessen es leider zu leicht wieder.

„Nur durch die Fülle des gegenwärtigen Augenblickes vermag die Seele wahrhaft genährt, gekräftigt, gereinigt, bereichert und geheiligt zu werden", schreibt Caussade (Ebd., S.42) Die Quelle des „lebendigen Wassers" sprudelt für ihn im gegenwärtigen Augenblick. Wir haben nicht weiter zu suchen: „Diese Quelle fließt ständig. Warum nach Rinnsalen Ausschau halten? ... – Gott hat aufgehört Gegenstand und Vorstellung zu sein, er ist nur noch Ursprung und Quelle, die in uns als Bach weiterfließt" (Caussade, S.153). – „Gnadenmittel des gegenwärtigen Augenblicks, du vermittelst Gott in so unscheinbarer Gestalt, wie Krippe, Heu und Stroh es sind!" (Ebenda S.30).

Letztlich ist das „Sakrament des Augenblicks" nichts anderes als die Annahme des göttlichen Willens. „Noch viel leichter fällt der passive Teil der Heiligkeit. Er erschöpft sich nämlich darin, dass man einfach hinnimmt, was sich doch nicht vermeiden lässt, und dass liebend erduldet wird – mit freudiger Zuversicht und Gelassenheit nämlich –, was wir sonst nur allzu oft widerwillig ertragen." (Ebd., S.33)
Es gibt keine Transzendenz, die abgehoben ist von dem, was hier und jetzt ist. Der Sufi Al-Hujwin formulierte es so: „Ein Mensch, der auf dem Weg zu Gott ist, geht zu IHM mit SEINEM Fuß. Dieser Mensch ist ganz gegenwärtig, sein Kopf ist da, wo sein Fuß ist, und sein Fuß ist da, wo sein Kopf ist."

Angelus Silesius dichtet:

„Gott tut im Heil'gen selbst
all's, was der Heil'ge tut.
Gott geht, steht, liegt, schläft, wacht,
isst, trinkt, hat guten Mut."

Die Fülle des Lebens liegt im Augenblick. Gott ist nur in diesem Augenblick zu erfahren!

„Mein sind die Tage nicht, die mir die Zeit genommen.
Mein sind die Tage nicht, die erst noch werden kommen.
Der Augenblick ist mein, und nehm' ich den in acht,
so ist der mein, der Zeit und Ewigkeit gemacht."
So drückt es Angelus Silesius aus.
Der Augenblick bringt uns in die Erfahrung des Lebens. Gott ist im Gehen,
Stehen, Putzen, Kochen, Lesen, Musik-Hören usw. Wenn man das sagt,
klingt es für den einen sehr fromm und den anderen sogar geschmacklos.
Sagt man aber: Das Leben liegt im Gehen, Stehen, Putzen, Kochen, Lesen,
Musik-Hören usw., dann ist es annehmbar. Worin aber sollte der Unter-
schied zwischen Gott und Leben bestehen?
Meister Eckhart sagt uns immer wieder, dass wir Gott in den Dingen und
im Augenblick zu erfahren haben. Einige Stellen möchte ich zitieren:

„So sollen auch wir in allen Dingen nach unserm Herrn ausschauen. Dazu
gehört notwendig Fleiß, und man muss sich's alles kosten lassen, was man nur
mit Sinnen und Kräften zu leisten vermag – dann wird's recht mit den Leuten,
und sie ergreifen Gott in allen Dingen gleich, und sie finden von Gott gleich
viel in allen Dingen" (Quint, S.63).

„Mit wem es recht steht, wahrlich, dem ist's an allen Stätten und unter allen
Leuten recht. Mit wem es aber unrecht steht, für den ist's an allen Stätten und
unter allen Leuten unrecht. Wer aber recht dran ist, der hat Gott in Wahrheit bei
sich; wer aber Gott recht in Wahrheit hat, der hat ihn an allen Stätten und auf
der Straße und bei allen Leuten ebensogut wie in der Kirche oder in der Einöde
oder in der Zelle; wenn anders er ihn recht und nur ihn hat, so kann einen solchen Menschen niemand behindern. – Warum? Weil er einzig Gott hat und es
nur auf Gott absieht und alle Dinge ihm lauter Gott werden. Ein solcher Mensch
trägt Gott in allen seinen Werken und an allen Stätten, und alle Werke dieses
Menschen wirkt allein Gott" (Quint, S.58/59).

„Ein Mensch gehe übers Feld und spreche sein Gebet und erkenne Gott, oder er
sei in der Kirche und erkenne Gott: erkennt er darum Gott mehr, weil er an einer
ruhigen Stätte weilt, so kommt das von seiner Unzulänglichkeit her, nicht aber
von Gottes wegen; denn Gott ist gleicherweise in allen Dingen und an allen
Stätten und ist bereit, sich in gleicher Weise zu geben, soweit es an ihm liegt;
und nur der erkennt Gott recht, der ihn als gleich erkennt" (Quint, S.324).

„Dies kann der Mensch nicht durch Fliehen lernen, indem er vor den Dingen
flüchtet und sich äußerlich in die Einsamkeit kehrt; er muss vielmehr eine
innere Einsamkeit lernen, wo und bei wem er auch sei. Er muss lernen, die
Dinge zu durchbrechen und seinen Gott darin zu ergreifen und den kraftvoll in
einer wesenhaften Weise in sich hineinbilden zu können" (Quint, S.61).

Es ist letztlich die heilende Kraft Gottes oder die heilende Kraft des Lebens, die im Augenblick wirkt.

## GOTT IM AUGENBLICK DES ALLTAGS

Viele Frauen wissen um die heilende Kraft des Strickens, Häkelns und Knüpfens. Viele erleben Ähnliches in einem langen Marsch durch die Natur. Im Grunde tun wir auf unserem spirituellen Weg nichts Besonderes. Wir versuchen in den Augenblick zu kommen und eins zu werden mit dem, was wir gerade ausführen. Dort ist uns Gott am nächsten. Jede kleinste Aktion, die wir vollziehen – die Stiege hinaufgehen, die Tür öffnen, die Hände waschen, an der roten Ampel warten –, sollte von großer innerer Wachheit begleitet werden. Das nennen die spirituellen Wege „Achtsamkeits-Meditation". Im Augenblick offenbart sich Gott. Er führt nur über den Augenblick.

Angelus Silesius sagt dazu:

„Gott sind die Werke gleich:
der Heil'ge, wann er trinkt,
gefallet ihm sowohl,
als wenn er bet't und singt."

In den Kursen haben wir die Gewohnheit, nach dem Sitzen sehr langsam und bewusst zu gehen. Wir schreiten in langsamen Schritten durch den Saal. Wenn wir zur Arbeit gehen oder zum Bahnhof oder zum Einkaufen, dann haben wir einen ganz anderen Schritt. Wir sind nicht mehr bei uns selbst, wir sind nicht mehr im Augenblick, wir sind nicht mehr im Leben, denn Leben ist nur im Augenblick. Es gibt viele Gelegenheiten, wirkliches Leben einzuüben, d.h. ganz bei uns zu sein, ganz bei dem zu sein, was wir tun. Es mag dann vielleicht schwer fallen, zu lesen und gleichzeitig Musik zu hören, das geht nicht zusammen. Ich möchte es noch banaler ausdrücken: Man sollte nicht mit der Zeitung auf die Toilette gehen. Wir haben wieder zu lernen, wie man Salat putzt, zur Arbeit geht, Feierabend „feiert". So mancher, der sich auf den Zen-Weg macht oder auf den Weg der Kontemplation hat falsche Erwartungen. Erleuchtung ist nur im Augenblick möglich. Es ist nicht ein von der Welt abgehobener Zustand, sondern die Erfahrung Welt in diesem Augenblick.

Wir brauchen Zeichen am Weg, die uns erinnern, wohin wir zu fahren haben. Der Atem ist ein solches Zeichen an unserem Weg. Er sagt uns: Sei du selbst. Nur wenn du du selbst wirst, änderst du dich auch. Selbst werden heißt: in den Augenblick kommen. Ganz in dem zu sein, was man tut, ist nicht so leicht, wie es sich anhört. Wenn wir sitzen, sollen wir nämlich nicht nur sitzen. Wir sollen nicht nur atmen. Wir sollen selber Atem sein. Wenn wir gehen, soll da nur Gehen sein, nur dieser eine Schritt. Letztlich ist das Sakrament des Augenblicks die Fähigkeit, wach in allem zu sein, was man tut. Aufmerksamkeit bringt uns ins Leben. Sie hilft uns, jede Minute des Lebens voll zu leben und auszuschöpfen. Man lebt nur im Augenblick. Wie oft aber sind wir in der Vergangenheit oder in der Zukunft.

Unser Ichbewusstsein ist wie ein Affe. Ein Affe schwingt von Ast zu Ast, von Baum zu Baum durch den ganzen Wald. Manchmal sollten wir ihm zuschauen und erkennen, dass es nur ein Affe ist, aber nicht unser Bewusstsein. Wir sollten den Affen nicht davonjagen. Unser Ich und unsere Ratio sind eine bedeutsame Errungenschaft der Evolution. Wir sollten lernen, in unserer Übung darüber hinaus zu schauen.

Aufmerksamkeit ist wohl die schwerste, aber auch die wichtigste asketische Übung. Sie ist eine ständige Unterbrechung der Ichbefriedigung. Der Mensch fließt nicht mehr mit dem Strom der Gewohnheit. Er lässt seinem Bewusstsein nicht mehr den willkürlichen Lauf. Dieser willkürliche Lauf ist es, der uns die Tiefen verschließt. Wir werden mit der Übung der Aufmerksamkeit in unser wahres Selbst geführt – also vom Ich weg – und so nicht mehr von einer egoistischen Denkweise beherrscht. Auch andere asketische Übungen und Entbehrungen mögen zeitweise nötig sein, wie Entzug von Schlaf, von Komfort, Nahrung usw. Sie sollen den Zugang zu unseren tieferen Schichten erleichtern. Um in Kontakt zum wahren Leben zu kommen, scheint jedoch diese Übung der Aufmerksamkeit wichtiger zu sein.

Nach einiger Zeit dieser Übung erfährt man, dass es unmöglich ist, außerhalb dieses Augenblicks zu leben. Die Gegenwart ist wie ein Teich. Wenn wir nur Wasser sehen, sind wir gleichsam an diesem unbewegten Ort des klaren Bewusstseins. Offensichtlich sickern unsere Gedanken an die Vergangenheit und Zukunft in diesen klaren Bewusstseinsraum ein. Dadurch, dass wir „versuchen", einfach in der Gegenwart zu leben, im reinen Augenblick zu verweilen, lernen wir, dass unser Ego niemals auch nur einen Augenblick störend in das ewige und augenblickliche Bewusstsein des Jetzt eingegriffen hat. Alles Störende gleicht Fischen, die durch den Teich schwimmen und wieder verschwinden. Auch mit Erinnerung, Hoffnung,

Angst und Gier im Hintergrund gibt es immer diese zentrale Bewusstheit, die zu keiner Zeit wirklich gestört werden kann. Das Ziel des kontemplativen Betens ist also nicht irgendein ekstatischer Zustand. Auch wenn sich viele Mystik so vorstellen, ist das ein unausrottbares Missverständnis der abendländischen Mystik. Ekstase ist nur Durchgang. Das Ziel ist die Erfahrung Gottes in allem, was ist. Um noch einmal Eckhart zu zitieren::

„Wenn nicht die ganze Welt und alle Zeit klein in euch wird, so seht ihr Gott nicht" (Quint, S.400, 30).

Es gibt viele Geschichten, die das ausdrücken:

Ein Mönch der jahrelang im Kloster geübt hatte und zu großer innerer Klarheit gekommen war, bat seinen Meister, in die Berge gehen zu dürfen, um die letzte Wahrheit der Welt und seiner selbst zu finden. Der Meister ließ ihn ziehen. Der Mönch packte sein Bündel und ging auf Wanderschaft. Vor dem Wald traf er einen Alten. (Es war Manjusri, verkleidet als Holzsammler. Man sagt von ihm, dass er Menschen erscheint, wenn sie reif sind für das volle Erwachen.) Der Alte fragte den Mönch: „Sag Freund, wo gehst du hin?" Der Mönch antwortete: „Ich habe die ganzen Jahre geübt, und nun möchte ich wissen, was wirklich wahr ist. Ich möchte den innersten Punkt berühren. Sag Alter, weißt du etwas über die Erleuchtung?" Der Alte ließ einfach das Bündel fallen, und der Mönch war erleuchtet. „Und was ist nach der Erleuchtung?", fragte der Mönch. Der Alte nahm sein Bündel wieder auf und ging davon.

Sogyal Rinpoche schreibt in dem „Tibetischen Buch vom Leben und vom Sterben" in dem Kapitel von der innersten Essenz: Patrul Rinpoche lag auf dem Boden und führte eine spezielle Dzogchen-Übung (Zen) aus. Er rief den Schüler und sagte: „Hast du nicht gesagt, dass du die innerste Essenz nicht kennst? ... Es ist eigentlich nichts Besonderes." Dann fragte Patrul Rinpoche: „Siehst du die Sterne dort oben am Himmel?" – „Ja!" – „Hörst du die Hunde im Kloster bellen?" – „Ja!" – „Nun, die Natur von Dzogchen ist ... einfach das" (Sogyal, S.190).

Wenn wir wirklich eines Tages im Augenblick ankommen, können wir mit Rumi sprechen: „Wie die Feder ward mein Herz in des Liebsten Händen. Heute Nacht schrieb er ein ,Z', morgen schreibt er ein ,R'. Und er spitzt die Feder manchmal für Fraktur, manchmal für Kursive. Sagt die Feder: ,Ja, du weißt, wer ich bin. Ich füg' mich.' Manchmal schwärzt er ihr Gesicht, wischt am Haar sie ab. Manchmal hält er sie verkehrt und schreibt dann wieder: Wie die Feder ward mein Herz" (Schimmel, Rumi, S.76).

Die Psychologie betont, dass der Mensch, um zu leben, ein geziemendes Selbstwertgefühl haben muss und eine dem entsprechende Egostabilität. Das ist die Voraussetzung für eine tiefe mystische Erfahrung. Nur ein starkes Ich kann loslassen. Wenn die esoterischen Wege den Tod des Ich fordern, bedeutet das nicht, dass der Mensch kein Ich mehr hat. Alle Übung zielt auf eine Zurücknahme der Egoaktivität, damit noch etwas aufleuchten kann, was verdeckt ist. Jesus sagt: „Wer sein Leben gewinnen will, muss es verlieren." Und Thomas von Kempten schreibt in seiner „Nachfolge Christi": „Sei versichert, dass du ein sterbendes Leben leben musst." Johannes vom Kreuz meint: „Wer in allen Dingen zu sterben weiß, wird in allen Dingen Leben haben." Das Tao Te Ching wusste schon vor einigen tausend Jahren: „Zu sterben, ohne unterzugehen, bedeutet ewige Präsenz." – „Stirb auf dem Kissen", sagt Zen.

Der Tod des Ich ist die Voraussetzung für die Erfahrung Gottes. Im Theismus besteht das Sterben in der unio mystica, in der Einswerdung mit der Ersten Wirklichkeit, in den östlichen Religionen in der Erkenntnis, dass es letztlich kein permanentes Ich gibt. Eines wissen alle Wege: Der Pfad zur Einheitserfahrung und Liebe ist ein Pfad der Hingabe, ein Sterben, um wirklich zu leben.

Das Wort *sterben* hat im religiösen Sprachgebrauch für viele einen negativen Klang, ähnlich wie Abtötung, Verleugnung. Das Wort meint aber nicht Vernichtung. Es zielt auf *Befreiung* und auf mehr Leben. Vordergründiges, das Eigentliches verdeckt, soll zurücktreten, damit Wesentlicheres aufscheinen kann. Auch unsere Ichstruktur soll nicht vernichtet werden. Sie macht uns ja zu Menschen. Wer aber diese vordergründige Ichstruktur aufbrechen kann, dem wird sie gestärkt und gereinigt wieder geschenkt. Er erkennt sie jetzt als Funktionszentrum und nicht als etwas Bleibendes. Alle Mystiker hatten ein starkes Selbstwertgefühl. Ein Selbstwertgefühl, das sie eher auf den Scheiterhaufen gehen ließ, als sich anzupassen. Loslassen bedeutet auch nicht Besitz und Hab und Gut loslassen. Es bedeutet zunächst nur, frei zu sein, nicht daran zu hängen.

## DAS STERBEN DES ICH

Das Sterben des Ich ist mehr als die oben erwähnte Zurücknahme der Egoaktivität. Es ist ein Aussteigen aus liebgewordenen und Sicherheit gebenden Strukturen und Mustern. Es ist ein den ganzen Menschen betreffendes

Ereignis, das ihn bis in die letzten Tiefen erschüttert. Das Sterben des Ich vollzieht sich in dem, was die Mystik die dunkle Nacht der Sinne, der Seele und des Geistes nennt. Es ist der Weg der Reinigung, der in allen esoterischen Wegen die eigentliche Aufgabe darstellt. Es ist das Loslassen aller Sicherungen, einschließlich der Sicherheit: Ich werde wieder ein Ich haben, wenn ich gestorben bin. Ich halte nicht viel von Wiedergeburtslehren, die momentan im Umlauf sind. Ich kann mir eine Erste Wirklichkeit nicht so vorstellen, dass sie jedem Individuum eine Art Puzzle gibt: „Wenn du es richtig zusammengesetzt hast, hast du die Eintrittskarte in den Himmel oder ins Nirwana. Wenn du es in einem Leben nicht schaffst, dann kannst du es ja noch einmal versuchen." Das ist mir zu menschlich gedacht. Gott ist kein Moralist. Diese Verquickung von Religion und Moral war zwar unumgänglich, aber sie hat katastrophale Folgen. – Das Sterben, von dem die Mystik spricht, ist weit schwerer als das physische Sterben.

Es bleibt auch nicht die Gewissheit einer Wiedergeburt. Möglicherweise bleibt am Ende nicht einmal die Sicherheit, in die *Geborgenheit der Hand Gottes* zu fallen, weil sie nicht mehr erfahren wird. Es bleibt nur das absolute Loslassen: „Vater, in Deine Hände befehle ich meinen Geist." Manches mag in einer solchen Situation pathologisch aussehen und sogar mit Recht im vorgegebenen Rahmenwerk der Psychologie so eingeordnet werden.

Aber es geht um ein Sterben, um zu leben. Das Ziel ist die Rückkehr ins Leben, solange uns dieser Körper beschieden ist. Wir haben das Göttliche hier und jetzt in diesem ganz konkreten Leib, in dieser ganz konkreten Situation zu erfahren und zu manifestieren.

Auch die einzelne ekstatische Erfahrung ist noch nicht das Letzte. Die Integration einer Erfahrung in den Alltag ist vielmehr die Hauptaufgabe, die es auf dem esoterischen Weg zu leisten gilt. Ziel ist, sich und alle Handlungen als Vollzug Gottes zu erfahren. Gott vollzieht sich, offenbart sich, manifestiert sich, gebiert sich selbst in der Evolution des Kosmos. Das ist ein zeitloses Geschehen. Das Göttliche in seinem Vollzug in der Schöpfung zu erfahren, ist die größte Nähe, die wir erreichen können.

Wir erfahren uns als diese letzte Wirklichkeit, die sich als diese Struktur vollzieht. Das nenne ich das *Ursakrament*, das wir jeden Augenblick empfangen. Darin stehen und bewegen wir uns, ob wir darum wissen oder nicht. Wir erklingen als die Symphonie, die Gott heißt. Theologie unterhält sich über die Partitur, über Noten, Pausen, Kontrapunkt und Instrumente. Uns als Klang dieser Symphonie zu erfahren, das ist das Ziel aller Mystik.

## LITERATUR

Jean P. Caussade, Hingabe an Gottes Vorsehung, Zürich 1981
Johannes vom Kreuz, Gesammelte Werke, Die Liebesflamme, Einsiedeln 1964
Josef Quint, Meister Eckehart, München 1979
Sogyal Rinpoche, Das Tibetische Buch vom Leben und vom Sterben, Bem 1993
Annemarie Schimmel, Rumi, München 1978
Z. Shibayama, Zen in Gleichnis und Bild, München 1979
Angelus Silesius, Der Cherubinische Wandersmann, 1657

# Vom „Gemüt herzloser Zustände" und vom „Geist einer geistlosen Welt"

## Ethische Zugänge zu einer Spiritualität sozialen Handelns

### Walter Lesch

Die folgenden Überlegungen sind aus der Perspektive einer theologischen Ethik formuliert. Das könnte fast wie eine Drohung klingen. Denn was sollte einen Ethiker schon dazu qualifizieren, sich zu spirituellen Angelegenheiten zu äußern? Die Verbindung macht auf den ersten Blick nur einen recht unsympathischen Sinn: nämlich als spirituelle Überhöhung einer religiösen Ethik, als Verstärkung einer krampfhaften „Werkgerechtigkeit". Das wäre so etwas wie moralisch verordnete Frömmigkeit oder geistliche Übungen als Ausdruck einer moralischen Gesinnung. Ich werde zu zeigen versuchen, dass derartige Befürchtungen sich entkräften lassen, möchte aber auch nicht verschweigen, dass es einerseits beklagenswerte Vermischungen der beiden Sphären gab (und gibt) und dass andererseits Spiritualität im ethischen Diskurs ein Fremdkörper geworden ist, dem wir uns heute aus der Distanz wieder nähern können.[1] Vielleicht hat diese distanzierte und skeptische Haltung ja den Vorteil, kritische Einwände ernster zu nehmen und den Jargon einer christlichen Binnenansicht zu vermeiden. Bei aller Vorsicht sei aber nicht vergessen, dass sich die Arbeiten vieler großer Theologen, z.B. das Werk von Karl Rahner, von ihren spirituellen Grundanliegen her erschließen lassen.[2]

---

[1] Innerhalb der akademischen Theologie haben sich Lehre und Forschung auf dem Gebiet der Spiritualität nur an wenigen Orten etablieren können. Zu groß war offensichtlich die Sorge um den Wissenschaftscharakter der Theologie, die ohnehin im Haus der Wissenschaften unter Rechtfertigungsdruck steht. Wozu sollte sie sich dann auch noch mit dem irritierenden Phänomen der Spiritualität belasten, das nach einer verbreiteten Meinung getrost in den Bereich privater Vorlieben verwiesen werden könne? Dennoch ist diese Berührungsangst aus geschichtlicher Sicht übertrieben. Speziell die Moraltheologie und die spirituelle Theologie lebten lange Zeit in enger Symbiose. Ein Beispiel aus der frankophonen Theologie mag dies belegen: die führende moraltheologische Fachzeitschrift existierte während mehrerer Jahrzehnte ab 1947 als *Supplément* (heute mit dem Haupttitel *Revue d'éthique et de théologie morale*) zur Zeitschrift *La Vie spirituelle*.

Ich denke, dass es neben einer intellektuellen Offenheit für Spiritualität so etwas wie spirituelle Begabungen gibt: besondere Affinitäten zu einer als spirituell zu qualifizierenden Praxis – ähnlich wir wie musikalische Talente kennen oder ein außerordentliches Gespür für Farben, Formen oder Poesie. Wo manche es zu einer beachtlichen Virtuosität bringen, fühlen sich andere weniger angesprochen. Das Sprechen von geistlichen Übungen (Exerzitien) unterstreicht die Dimension des unvermeidlichen Trainings, das aber doch etwas anderes sein soll als militärischer Drill oder die permanente Wiederholung sportlicher Bewegungsabläufe bis zu deren perfekter Beherrschung, obwohl es auch diesen Einsatz bei jeder Art von geistiger Tätigkeit geben kann und muss. Übung ja, Zwang nein. Niemand wird als spirituelles Naturtalent geboren. Spiritualität ist so etwas wie ein Habitus: eine Gewohnheit, die Stilisierung einer Praxis, die es zu kultivieren gilt, wenn sie nicht verkümmern soll.[3] Insofern ist Spiritualität, die oft als weltfremde Zuwendung zum Numinosen verstanden wird, ein Kunstprodukt: eine Kulturleistung mit einem in der Regel religiösen Hintergrund.[4] Auf jeden Fall steht sie im modernen Kontext in einem merkwürdigen Spannungsfeld. Als Raum für Transzendenzerfahrung ist der spirituelle Bereich hochgradig artifiziell: kein Ort der Erleuchtung, der Spontaneität oder der überwältigenden Einsichten, sondern der geduldigen Einhaltung von Regeln und der Disziplinierung unserer chaotischen Tendenzen. Und andererseits dann doch wieder ein Einfallstor des Außergewöhnlichen, Geheimnisvollen und nicht zu Bändigenden. Diese Beschreibung lässt bereits erahnen, warum Spiritualität auch in dezidiert nicht religiösen Zusammenhängen kulturell eine Chance hat und sich in den vergangenen zwanzig Jahren problemlos von kirchlich-institutionellen Vorgaben lösen konnte.[5]

Spiritualität ermöglicht die Verbindung von traditionellen Vorgaben und authentischer Erfahrung, von Gemeinschaft und Individuum, von Religion und Weltlichkeit, von Innerlichkeit und Körperwahrnehmung, von Passivi-

---

[2] Vgl. dazu Elmar Klinger, Das absolute Geheimnis im Alltag entdecken. Zur spirituellen Theologie Karl Rahners, Würzburg 1994.

[3] Zum soziologischen Hintergrund der Habitus-Theorie: Pierre Bourdieu, Die feinen Unterschiede. Kritik der gesellschaftlichen Urteilskraft, Frankfurt a.M. 1982.

[4] Gerade im kirchlichen Bereich findet die soziologische Distinktionstheorie eine Bestätigung in der Ausdifferenzierung verschiedener statusbezogener Spiritualitätsformen. Es gibt klare Unterschiede zwischen Priester- und Laienspiritualität, elitären Praktiken und sogenannter Volksreligiosität. Vgl. Jakob Baumgartner (Hrsg.), Wiederentdeckung der Volksreligiosität, Regensburg 1979.

tät und gespannter Wachheit der Sinne. Es ist wohl diese Bipolarität, die eine Auseinandersetzung mit spirituellen Praktiken so attraktiv macht und die auch in ethischer Hinsicht zu denken gibt. Persönlich hatte ich das Glück, die theologische Ethik in einer Form zu entdecken, in der Weltverantwortung und Gotteserfahrung, vita activa und vita contemplativa zusammengedacht werden. Dietmar Mieth hat als Kenner der deutschen Mystik, vor allem der Lehre Meister Eckharts, eine Textwelt erschlossen, die von erstaunlicher Aktualität geblieben ist.[6] Hinweise aufs Mieths frühe Arbeiten sind übrigens im Werk von Erich Fromm zu finden, der mit seiner Suche nach den „seelischen Grundlagen einer neuen Gesellschaft"[7] einen humanistischen Beitrag zu dem geleistet hat, was wir eine Spiritualität sozialen Handelns nennen könnten. Interessanterweise handelt es sich um eine Aneignung spiritueller Quellen, die auch dann zu überzeugen vermag, wenn das Referenzsystem einer Glaubenslehre fehlt.

Freilich haben sich theologische Einwände gegen bestimmte spirituelle Praktiken stets genau auf dieses Problem bezogen, das von den meisten Zeitgenossen überhaupt nicht als Stein des Anstoßes empfunden wird. Spiritualität kann sich in Kategorien der Religion artikulieren und dennoch als eine Religion ohne Gott die Bekenntnisfrage des Glaubens geschickt um-

---

[5] Das vor allem seit den 80er Jahren zu beobachtende Phänomen einer „neuen Religiosität" deckt sich teilweise mit dem kulturellen Trend einer Rationalitätskritik (Postmoderne-Syndrom) und einer Sehnsucht nach neuen Erfahrungsräumen. Vgl. den Überblick von Josef Sudbrack, Neue Religiosität – Herausforderung für die Christen, Mainz 1987.

[6] Zu erwähnen sind besonders die Würzburger Dissertation: Die Einheit von vita activa und vita contemplativa in den deutschen Predigten und Traktaten Meister Eckharts und Johannes Taulers, Regensburg 1969; Christus, das Soziale im Menschen. Texterschließungen zu Meister Eckhart, Düsseldorf 1972. Ein ähnliches Interesse charakterisiert auch seinen Lehrer Alfons Auer. Vgl. das international viel beachtete Buch: Weltoffener Christ. Grundsätzliches und Geschichtliches zur Laienfrömmigkeit, Düsseldorf 1969.

[7] Erich Fromm, Haben oder Sein. Die seelischen Grundlagen einer neuen Gesellschaft, Stuttgart 1976, S. 68. Vgl. in diesem Buch auch die Bezugnahme auf Auer. Die Vermittlung lief wesentlich über Auers ehemaligen Assistenten Rainer Funk, der auch mit Fromm zusammenarbeitete und heute das Tübinger Erich Fromm-Archiv und die Internationale Erich Fromm-Gesellschaft leitet. Vgl. Rainer Funk, Mut zum Menschen. Erich Fromms Denken und Werk, seine humanistische Religion und Ethik, Stuttgart 1978; Michael Kessler/Rainer Funk (Hrsg.), Erich Fromm und die Frankfurter Schule. Tübingen 1992.

gehen. Sie entspringt also unter Umständen eher einem anthropologischen Bedürfnis als einer gläubigen Zustimmung und wird damit für die Hüter der Orthodoxie zum unkalkulierbaren Experimentierfeld. Andererseits hat die Ausbildung spiritueller Haltungen eine gemeinschaftsstiftende Funktion, die für die christliche Gemeindebildung in Verbindung mit einer rituellen Praxis wesentlich ist und die gerade auch der Besinnung auf die gesellschaftliche Verantwortung dienen kann.

Die soziale Dimension der Dialektik von Aktion und Kontemplation, Verantwortung und Frömmigkeit, Politik und Mystik ist in der Geschichte vielfach thematisiert worden. Das spricht für die Anerkennung der Tatsache, dass unser Handeln eine Rückbindung braucht, über deren genaue Beschreibung jedoch Uneinigkeit herrscht. Offensichtlich sind wir auf der Suche nach tragenden Fundamenten, nach Klarheit über unsere Motive, nach eine Quelle, aus der wir schöpfen können. Auch wenn sich diese Sehnsucht nach Vergewisserung als problematisch erweisen sollte, so kann sie sich doch zumindest darauf stützen, dass schon andere vor uns entsprechende Wege beschritten haben. Es gibt also aller Skepsis zum Trotz so etwas wie eine „weisheitliche" Dimension einer Praxis, die sich getrost auf bewährte Modelle der Lebenskunst berufen kann, ohne diese bis ins letzte Detail zu kopieren. Hinzu kommt, dass diese Rückbesinnung eine Erfahrungsdimension eröffnet, in der sich spirituelle und ethische Motive begegnen. All das legt es nahe, ethisch reflektierte Handlungen auch unter dem Aspekt einer spirituellen Haltung zu betrachten.[8]

Ich möchte meine Skizze von Zugängen zu einer Spiritualität sozialen Handelns in vier Schritten entfalten, die jeweils in zwei Punkte unterteilt sind. Am Anfang steht eine Bestandsaufnahme, die den Weg von ideologiekritischen Rückfragen an die Spiritualität (1) zu deren verblüffender Gegenwart in einer säkularisierten Kultur nachzeichnet (2). Daran schließt sich eine Klärung der philosophisch-theologischen Hintergründe an, die sich durch den Dualismus von Körper und Geist (3) und durch ein davon abzugrenzendes biblisches Verständnis des Geistes (4) charakterisieren lässt. Vor diesem Hintergrund gewinnen neuere Entwicklungen in der Ethik schärfere Konturen, wo zum einen eine verstärktes Interesse an der Sinnlichkeit unserer Sittlichkeit zu verzeichnen ist (5) und zum anderen die Spiritualität

---

[8] Dietmar Mieths diesbezügliche Arbeiten aus seiner Zeit an der Universität Fribourg sind zusammengetragen in seinem Buch: Gotteserfahrung und Weltverantwortung. Über die christliche Spiritualität des Handelns, München 1982.

des Handelns als eine Leidenschaft für das Gute in den Blick kommt (6).
Die neue Situation werde ich aus dem Symbolvorrat des Christentums beschreiben (7), um abschließend die Horizonterweiterungen aufzuzeigen, die sich zwangsläufig aus der Beeinflussung spiritueller Praktiken durch andere Kulturen und Religionen ergeben (8).

Dieser für den Geschmack dezidierter Freunde der Spiritualität wahrscheinlich viel zu umständliche, vorsichtige und ausgewogene Leitfaden meiner Ausführungen ist nichts anderes als der Versuch, über ein religiöses und gesellschaftliches Phänomen nachvollziehbar zu sprechen. Es ist ein lautes Nachdenken, das aus einer gewissen Verunsicherung resultiert, die ich als die Hemmung bezeichnen möchte, über Religion bzw. über bestimmte Aspekte von Religion öffentlich zu sprechen.[9]

## 1. EIN LEGITIMATIONSDISKURS?

Auch auf die Gefahr, Wasser in den Wein der Veranstalter dieser Fachtagung zu gießen, möchte ich die gesuchte Verknüpfung von Spiritualität und Sozialer Arbeit zunächst mit einem grundsätzlichen Fragezeichen versehen. Ich möchte dem Zweifel derer nachgehen, die meinen, dass die neuen Spiritualitätssucher vielleicht doch „too much heaven on their minds" haben und die gesellschaftliche Wirklichkeit verfehlen. Es ist eine für viele Theologen typische Situation, sich auf der Seite der Skeptiker wiederzufinden und als Spielverderber zu gelten, wenn man von der Begeisterung über die neuen Chancen des Religiösen nicht so recht überzeugt ist. Die Fakten, so habe ich oft hören müssen, sprächen doch gegen die notorischen Religionskritiker. Der staatlich verordnete Atheismus sei untergegangen, das Interesse an den Kirchen und anderen religiösen Gruppen hingegen neu erwacht. Religionssoziologisch bedürfte diese allgemeine Einschätzung wohl einiger Präzisierungen. Ich vermag aber vor allem nicht nachzuvollziehen, warum mit dem Verschwinden einer sozialistischen Verdammung der Religi-

---

[9] Vgl. Dorothee Sölle, Die Hinreise. Zur religiösen Erfahrung. Texte und Überlegungen, Stuttgart 1975. Es ist ein in vielerlei Hinsicht typisches Buch der 70er Jahre, in denen es selbstverständlicher wurde, gegenüber der „Angst davor, Religion zu haben" (25ff.), ein Recht auf authentische Erfahrung einzuklagen. Mit dieser Suche waren aber erhebliche Konfusionen im Begriff der Erfahrung verbunden. Vgl. die Klärungsversuche in: Otto Betz (Hrsg.), Zugänge zur religiösen Erfahrung, Düsseldorf 1980.

on die Sache der Religionskritik insgesamt erledigt sein soll. Gerade wenn wir um die starken Emotionen religiöser Überzeugungen wissen, ist der kritische Umgang mit dieser elementaren Wucht eine Frage der intellektuellen Redlichkeit. Persönlich halte ich es für eine verhängnisvolle Selbsttäuschung, wenn man die Anliegen der neuzeitlichen Religionskritik einfach zu den Akten legt und für Schnee von gestern erklärt. Ich möchte deshalb gerade in Berlin an einen gewissen Karl Marx erinnern, dessen Doktrin man wahrlich nicht teilen muss, um sich von einigen Anfragen dennoch anregen zu lassen. Seine massive Kritik an den „sozialen Prinzipien des Christentums", die er als „duckmäuserig"[10] empfand, sollte auch heute ein Stachel im Fleisch des sozialen Engagements der Kirchen sein. Der Hinweis, dass wir nicht mehr im 19. Jahrhundert leben, entkräftet nicht die Berechtigung der Frage, ob eine Religion Demut und Bescheidenheit predigt oder Selbstwertgefühl und Widerstandsgeist. Wir werden uns also die Frage gefallen lassen müssen, ob spiritueller Tiefgang vom Elend ablenkt oder nicht. Die bekannten prophetischen Worte von Marx aus seiner Kritik der Hegelschen Rechtsphilosophie sind keine Ladenhüter aus der Zeit des Klassenkampfs, sondern erschüttern auch heute noch falsche Sicherheiten. „Das religiöse Elend ist in einem der Ausdruck des wirklichen Elends und in einem die Protestation gegen das wirkliche Elend. Die Religion ist der Seufzer der bedrängten Kreatur, das Gemüt einer herzlosen Welt, wie sie der Geist geistloser Zustände ist. Sie ist das Opium des Volks."[11] Opium des Volks, nicht für das Volk, wie Lenin später sagte. Um religiöse Illusionen zu induzieren, müssen nicht erst obskure Drogendealer kommen, die das Volk verdummen wollen. Nein, Religion ist durchaus auch Ausdruck des Protests in einer herz- und geistlosen Welt. Marx meint allerdings, dass den religiösen Menschen der materialistische Scharfsinn fehlt, der seiner Meinung nötig wäre, um die Religion als pures Produkt der gesellschaftlichen Zustände zu entlarven. Genau deshalb sei die Religionskritik der naheliegende Weg zur radikalen Gesellschaftskritik. „Die Kritik der Religion ist also *im Keim die Kritik des Jammertals, dessen Heiligenschein die Religion ist.*"[12] Über die problematischen Prämissen einer solchen Aussage ist

---

[10] In einem Artikel der Deutschen Brüsseler Zeitung vom 12. September 1847, zitiert nach: Iring Fetscher, Der Marxismus. Seine Geschichte in Dokumenten, München 1983, 64.
[11] Zit. nach Fetscher, Der Marxismus, a.a.O., 62.
[12] A.o.O., 62.

zu streiten. Plausibel scheint mir jedoch der Vorbehalt gegenüber jeder religiösen Haltung zu sein, die von der möglichen Verknüpfung zwischen gesellschaftlichem Elend und Religion erst gar nichts wissen will. Insofern muss sich bis heute jede religiöse und spirituelle Option die Frage gefallen lassen, wie sie sich zum Elend der Welt verhält. Ein Seufzer ist besser als gar nichts, ein entschiedener Einspruch besser als ein bisschen gemütvolles Mitleid. Was mit dem Geist der geistlosen Zustände unter streng materialistischen Vorzeichen gemeint ist, ist noch einmal ein anderes Problem, auf dessen Erörterung ich an dieser Stelle verzichten muss.

In den verschiedenen Varianten einer Kritik der Moderne ist die Auseinandersetzung mit der Kälte der Gesellschaft eine Konstante geblieben. Gefühlsarmut in einer erbarmungslos verwalteten, durchrationalisierten Welt, ein Funktionalismus, der für geistige Werte nicht viel übrig hat – das sind Standardelemente in fast jeder Klage über das Unbehagen in der Moderne.[13] Wer wollte bestreiten, dass wir es hier mit einem ernsten Problem zu tun haben? Ebenso problematisch ist jedoch die naive Fiktion einer Gegenwelt zu dieser kalten Gesellschaft. Wäre das im Idealfall eine Gemeinschaft von Menschen mit Geist und Gemüt? Eine Gemeinschaft jener spirituellen Wesen, denen angeblich die Zukunft gehören soll? Meine anthropologische und ethische Sicht auf die Gesellschaft, in der wir leben, ist nüchterner. Wer im Kontext eines so sensiblen Bereiches wie der Sozialen Arbeit Spiritualität ins Spiel bringt, muss meiner Meinung nach noch mehr als in anderen Bereichen dafür sorgen, dass dieses Projekt durch das Purgatorium des „Feuer-bachs" geht und den letzten Skeptiker davon überzeugen kann, dass die sozialanalytische Kompetenz und Professionalität nicht zur Disposition steht. Denn andernfalls käme bei der ganzen Aktion wohl nur ein Sozialkitsch der übelsten Sorte heraus, der für die Profilierung sozialer Institutionen in kirchlicher Trägerschaft katastrophal wäre. Die Frage, welcher Geist in die geistlosen Zustände gebracht werden soll, ist noch nicht entschieden. Alle Antwortversuche erhalten dadurch eine neue Brisanz, dass die Religionen längst nicht mehr das Monopol auf religiöse Phänomene gepachtet haben. Wo das materialistische Pathos und das reduktionistische Denken wegfallen, werden wir wohl auch auf so manchen Atheisten treffen, der seinen Anspruch anmeldet, eine atheistische Spiritualität[14] zu praktizieren, die sich gelegentlich auch ungeniert bei den Traditionen und Angeboten der Religionsgemeinschaften bedient. Der langen Rede kurzer Sinn ist leicht zusam-

---

[13] Vgl. Charles Taylor, Le malaise de la modernité, Paris 1994.

menzufassen: wer in der Verschwisterung von Spiritualität und Sozialer Arbeit eine Legitimation des Spezifikums einer Katholischen Fachhochschule für Sozialwesen sucht, muss wissen, dass er oder sie sich auf Glatteis begibt. Falls ich mit diesem Bedenken offene Türen einrenne, um so besser!

## 2. Unangemessene Ausdehnungen des Begriffs?

Es wird Zeit, ein wenig Ordnung in den uferlosen Geist der Spiritualität zu bringen. Denn die Verwirrungen, auf die wir bisher gestoßen sind, ergeben sich vor allem aus einer semantischen Unsicherheit in der Verwendung des deutschen Wortes „Geist" und seiner Derivate. Verfechter eines klaren Sprachgebrauchs könnten nun einfach darauf drängen, „Spiritualität" als ein Wort der katholischen Frömmigkeitsgeschichte zu akzeptieren, das unter rekonstruierbaren Umständen in den Wortschatz eingeführt wurde. Alle Bedeutungen, die von einer so zu erarbeitenden Standarddefinition zu stark abweichen, wären dann als unpräzise Erweiterungen abzulehnen. Nun kümmert sich aber nicht nur der tatsächliche Sprachgebrauch relativ wenig um einen solchen Purismus; auch die gelehrte Wortgeschichte teilt uns mit, dass es sich um ein nicht leicht einzugrenzendes Phänomen handelt.

Das deutsche Wort „Spiritualität" ist relativ jung. Erst seit etwa vierzig Jahren wird es als Synonym für „geistliches Leben" oder „Frömmigkeit" benutzt. Es ist aus dem französischen „spiritualité" abgeleitet, das seit dem 16. Jahrhundert belegt ist und seit dem Beginn des 20. Jahrhunderts im spezifischen Sinn christlicher Frömmigkeitspraxis verwendet wird. Die leicht elitäre und exotische Konnotation des deutschen Wortes ist in anderer Sprachen weniger dominant. Aber auch im Deutschen hat es in den letzten zehn bis zwanzig Jahren eine Verbreitung des Sprechens von Spiritualität außer-

---

[14] Dieses Phänomen tritt vor allem in Ländern auf, in denen es neben den traditionellen Religionsgemeinschaften (meistens mit einem dominanten Katholizismus) starke laizistische Strömungen gibt (z.B. in Frankreich und mit etwas anderen Akzenten auch in Belgien). Das Modell der alten Bundesrepublik Deutschland mit seinen intensiven staatskirchenrechtlichen Verflechtungen hat im Umgang mit dieser besonderen Art von Pluralismus wenig Erfahrung. Die Berliner Republik könnte aber, nicht zuletzt im Interesse einer besseren Ost-West-Integration, von den Verhältnissen zwischen weltanschaulichen Gruppen in den Nachbarländern lernen. Vgl. Gabriel Ringlet, L'évangile d'un libre penseur. Dieu serait-il laïque?, Paris 1998; Marcel Gauchet, La religion dans la démocratie. Parcours de la laïcité, Paris 1998.

halb der engen Grenzen katholischen Insiderwissens gegeben. Im Protestantismus ist das Wort durchaus geläufig. Vor allem jedoch kommt es überraschend in religiösen Zusammenhängen vor, die mit den christlichen Kirchen überhaupt nichts zu tun haben.

Esoterische Praktiken und neues Interesse an Mythologie und Mystik bestimmen den Büchermarkt, auf dem die wissenschaftlich-theologische Produktion nur ein verschwindend kleines Segment darstellt. In der Philosophie boomt die Suche nach einer neuen Lebenskunst, teils in Anknüpfung an traditionelle Wege einer ars vivendi, etwa mit den von Michel Foucault bevorzugten antiken Referenzen.[15] Dabei wird ausdrücklich auch von Spiritualität gesprochen. Bei einer so bedenkenlosen Ausweitung der Bedeutung könnten wir eigentlich nur resigniert feststellen, dass dann wohl alle Handelnden einen Anspruch auf ihre unverwechselbare Spiritualität anmelden. So what? Es ist schon eine seltsame Karriere eines Fremdworts, das den Sprung aus dem Abseits einer kirchlichen Binnenkultur in die Beliebigkeiten modischer „Selbsttechniken" geschafft hat. Als Ästhetisierung einer Lebenskunst, die in der Modellierung und Disziplinierung des eigenen Körpers und Geistes besteht. Eine Stilisierung, die sich offensichtlich als vorteilhaft und beglückend erweist.

Man könnte sich über diesen kulturellen Trend freuen, hätte er nicht auch seine beunruhigenden Seiten, die als Narzissmus und Hedonismus an den Pranger gestellt werden. Neu ist in der Tat bei den meisten Strategien, die sich explizit vom christlichen Hintergrund abgrenzen, die Abkehr von der dem Christentum unterstellten Lustfeindlichkeit. Doch kann daraus ein Vorwurf abgeleitet werden? Der Versuch, sich seinen persönlichen Lebenssinn zu konstruieren und Techniken der Kontingenzbewältigung zu entwickeln, ist prinzipiell kein verwerfliches Vorhaben, solange dadurch niemand geschädigt wird und es dem mit sich experimentierenden Menschen gelingt, besser mit dem Stress seines Alltags umzugehen (coping-Strategien).[16] Das Wuchern der Spiritualitäten bestätigt letztlich die richti-

---

[15] Vgl. Wilhelm Schmid, Auf der Suche nach einer neuen Lebenskunst. Die Frage nach dem Grund und die Neubegründung der Ethik bei Foucault, Frankfurt a.M. 1991.

[16] Eine soziologische Studie, die von Luc Albarello 2000/2001 mit Studierenden der Universität in Louvain-la-Neuve durchgeführt wurde, verzeichnet als häufigstes Motiv für das Interesse an spirituellen Praktiken den Umgang mit Stresssituationen. Damit wird der Spiritualität eine klare alltagspraktische Funktion zugewiesen, die sich von der Frage nach Glaubensinhalten und Wahrheitsansprüchen trennen lässt.

ge Intuition christlicher Experten, wonach Glaube und dessen Ausdruck in geistlichen Übungen (Meditation, Gebet) eine heilende Wirkung haben kann, also in der Tat einen Aspekt von Lebenskunst darstellt, die all jenen verborgen bleibt, die von solchen Praktiken nichts wissen wollen. Neu an der heutigen Situation ist die Einsicht, dass Kirchen kein Monopol auf diese Einsicht haben und unter marktähnlichen Bedingungen auch auf andere Anbieter treffen. Es handelt sich ohnehin um ein Erbe, das sich nicht verwalten und domestizieren lässt.[17] Um es mit einer traditionellen (biblischen) Formulierung zu sagen, die zum geflügelten Wort geworden ist: der Geist weht, wo er will. Gerade deshalb ähnelt aber fast jede Verständigung über eine *Definition* von Spiritualität dem verzweifelten Versuch, einen Pudding an die Wand zu nageln. Das kann man kulturpessimistisch kommentieren und als Auflösung des Religiösen im Strudel der Postmoderne beklagen. Dem ließe sich aber auch Positives abgewinnen, sobald wir bereit sind, die komplexe Ausgangssituation als Chance zu begreifen, das christliche Profil im Gespräch mit den neuen Entwicklungen neu zu erfassen und die, geben wir es zu, auch von Christinnen und Christen nicht ohne weiteres verstandene Vorstellung von Geist und Spiritualität neu durchzubuchstabieren.[18] Das wäre auch ein willkommener Anlass, einige naheliegende Missverständnisse auszuräumen.

Den Stand der Überlegungen können wir in einer ersten These zusammenfassen: *Spiritualität, die wir spontan zum Kern christlicher Identitätssuche rechnen, führt paradoxerweise nicht selten aus diesem Kernbereich hinaus und artikuliert sich an den Rändern oder auch außerhalb der Glaubensgemeinschaft.* Damit komme ich zum zweiten, wiederum in zwei Punkte untergliederten Schritt: der Vergewisserung der philosophisch-theologischen Hintergründe unseres Sprechens von „Geist" und „geistlichem Leben".

## 3. DAS DUALISTISCHE ERBE

Der historische Rückblick auf die Genese unserer heutigen Schwierigkeiten im Verständnis von „Geist" und „geistlichem Leben" lenkt die Aufmerksam-

---

[17] Vgl. die Beiträge in Concilium 30 (1994) Heft 4: Die Mystik und die Krise der Institutionen.

[18] Vgl. Hermann Timm, Das ästhetische Jahrzehnt. Zur Postmodernisierung der Religion, Gütersloh 1990.

keit auf eine mentalitätsgeschichtliche Besonderheit des sogenannten abendländischen Denkens, dessen Bogen sich von der antiken griechischen Philosophie bis heute spannt. Es ist der oft beschriebene und viel beklagte Dualismus, der immer mehr zu einem lästigen Erbe geworden ist. Ich möchte der These nachgehen, dass neuere Suchbewegungen auf dem Gebiet der Spiritualität sich an diesem Erbe abarbeiten und die strikte Trennung von Körper und Geist glücklicherweise als obsolet betrachten. Es sieht fast aus wie eine Karikatur der Philosophiegeschichte. Und doch ist es ein Leitfaden, der die Jahrhunderte durchzieht, in denen sich unzählige Autoren (und wenige Autorinnen) in dem Spannungsfeld zwischen dem empirisch wahrnehmbaren und naturwissenschaftlich zu beschreibenden Körper des Menschen und einem inneren Bereich bewegen, der sich dem empirischen Zugriff entzieht. So entsteht eine Polarität zwischen außen und innen, sichtbar und unsichtbar, Materie und Geist, Körper und Seele. Die grundlegenden Optionen zugunsten einer materialistischen oder aber spiritualistischen Anthropologie haben hier ihren Ansatzpunkt und haben auch die meisten naturwissenschaftlichen Paradigmenwechsel überdauert. Um es im Computerjargon unserer Zeit zu sagen: die biologisch-materielle Grundlage unserer Existenz wäre so etwas wie die „hardware", die von der komplexen „software" genetischer und neuronaler Informationen gesteuert wird, die ihrerseits auch biochemisch zu erklären sind. Das wäre dann ein Sieg der materialistischen Weltsicht mit einem universalen Anspruch auf die Entschlüsselung sämtlicher Funktionszusammenhänge und Konstruktionsmöglichkeiten – bis hin zur totalen genetischen Programmier- und Reproduzierbarkeit und zur Vision einer künstlichen Intelligenz.

Obwohl niemand die empirische Bedeutsamkeit dieser Auffassung von Leben ernsthaft bestreiten wird, bleibt ein Unbehagen, sofern sich der alte Konflikt der Erklärungsmuster nur wiederholt, ganz gleich ob unter materialistischen oder spiritualistischen Vorzeichen. Ob die Determination körperlicher Zustände durch die Kraft des Bewusstseins oder die Beherrschung vermeintlicher Freiheit durch das biologische System behauptet wird, ändert nichts an der Hintergrundannahme einer prinzipiellen Unvereinbarkeit des Materiellen und des Spirituellen. Dagegen haben sich all jene gewandt, die an der zweipoligen Konstruktion einer empirischen und einer symbolischen Ordnung im Sinne eines Wechselspiels von Körper und Geist festgehalten haben und die darüber hinaus auch innerhalb der jeweiligen Ordnungen eine Doppelstruktur wahrnehmen, die nicht dualistisch ausgelegt werden muss, sondern auch komplementär oder integrativ verstanden werden kann. Wir kennen die Unterscheidung zwischen dem objektiven Körper und dessen subjektiver Wahrnehmung. In beiden Fällen handelt es sich um Erfahrungswerte, die aber zu abweichenden Deutungen führen können. Die Doppelung wiederholt sich auf der Ebene der symbolischen Ordnung des Innenlebens, das wir einerseits als Bewusstseinstätigkeit im Sinne des intellektuellen Erfassens von Zusammenhängen begreifen – als Geist –, andererseits als eine Sensibilität, die eher mit dem Wort „Seele" in Verbindung gebracht wird. Die Doppelstruktur des Körpers spiegelt sich übrigens im Deutschen (anders als in den meisten anderen Sprachen) in der Unterscheidung von Körper und Leib, auch wenn das Sprechen von der Leiblichkeit einen immer antiquierteren Eindruck erweckt.[19] Immerhin ist hier in der Sprache die Erinnerung an eine Differenzierung aufbewahrt, die nicht ohne Nachteil eingeebnet werden kann.

Aufschlussreich ist ebenfalls die Dialektik von Geist und Seele, Intellekt und Gefühl, zumal sich diese Zuordnungen im Wortfeld der „Spiritualität" über Kreuz entwickelt haben. Die spirituelle Dimension meint ja wohl eher den Aspekt der Seele, leitet sich sprachlich aber aus dem lateinischen Wort für „Geist" ab („spiritus"). Ich behellige Sie mit diesen semantischen Spitzfindigkeiten nicht aus einem gelehrten Drang nach Vollständigkeit der Darstellung, sondern weil man aus diesen wortgeschichtlichen Zuordnungen und Perspektivenwechseln etwas über die Komplexität des Projekts „Spiritualität" erfahren kann. Man könnte es freilich bei dem Kompromiss belassen, dass der Mensch als Bewohner zweier Welten zu verstehen sei und die eigentliche Lebenskunst in einer nicht-dualistischen Verknüpfung der beiden Dimensionen bestehe. Wir werden noch sehen, dass diese Synthese heute in der Tat auf den meisten spirituellen Wegen gesucht wird. Wir sollten aber nicht vergessen, dass der ursprüngliche Dualismus religionsgeschichtlich eine enorme Hypothek bedeutete, sobald mit dem Verständnis des Körpers auch zentrale Glaubensinhalte berührt waren. Verkündet das Christentum die Auferweckung des Körpers oder des Leibes? Und wie verhält sich dies zur geistig-seelischen Existenz? Aber auch schon auf anthropologischem Gebiet geraten wir mit dem Gepäck unserer Glaubensgemeinschaften sehr leicht ins Schleudern. Etwa beim Verständnis menschlicher

---

[19] Im Französischen gibt es nur das Wort „corps" (wie das deutsche Wort „Körper" vom lateinischen „corpus" abgeleitet), das übrigens auch noch den leblosen Körper (Leiche) meinen kann. Ebenso verhält es sich im Niederländischen, nur dass hier die germanische Wurzel wortprägend war: „lichaam" (vgl. im Deutschen „Fronleichnam").

Sexualität, das in der Christentumsgeschichte in bestimmten Phasen immer wieder durch eine nicht zu leugnende Körperfeindlichkeit gekennzeichnet war. Gerade die Gestaltung der Sexualität und der diesbezügliche Streit um einen angemessenen ethischen Diskurs ist daher ein exponiertes Thema einer christlichen Anthropologie, die für spirituelle Fragen offen ist.[20] Immerhin gibt es zwischen den Sprachen der Liebe und des religiösen Begehrens auffällige Überschneidungen.[21]

## 4. KLEINE „GEISTERKUNDE"

Die festgestellte Vieldeutigkeit des Wortes „Geist" führt uns zur Notwendigkeit der begrifflichen Unterscheidungen und zur genaueren Kenntnis der theologischen Sinnspitze des Sprechens von Spiritualität. Ich bin allerdings davon überzeugt, dass die semantischen Unklarheiten nicht einfach einem schludrigen Sprachgebrauch anzulasten sind. Mit ihnen wird oft genug auch ganz bewusst gespielt, um Verbindungen herzustellen, die in ursprünglichen Zusammenhängen so nicht intendiert waren, die aber nun attraktiv zu sein scheinen. Hinzu kommen die unvermeidlichen Übersetzungsprobleme zwischen den antiken Sprachen, in denen unsere Geistvorstellungen grundgelegt sind, und von diesen Sprachen in die Moderne. Ich würde mich gar nicht darüber beklagen, dass wir Gefangene im Käfig unserer Sprache(n) sind. Denn was nützt es, über die Verhexung unseres Verstandes durch die arbiträren Spracheffekte zu jammern, wenn wir zu diesem Kommunikationsmittel keine Alternative haben? Außerdem machen wir bei der Sprachanalyse die interessante Entdeckung, dass viele Wörter, die wir für abstrakte Begriffe halten, ausdrucksstarke Denkbilder sind, oft suggestive Metaphern, die uns unmittelbar einleuchten oder aber auf falsche Fährten locken. Der „Geist" ist dafür ein gutes Beispiel. Im Deutschen leidet er in gelehrten Zusammenhängen unter der Wucht der Hegelschen Geistphilosophie als einem Inbegriff schwindelerregender Spekulation und Abstraktion. In dieser Hinsicht geht es wohl am ehesten um eine Fortführung des griechischen „nous". Alltagssprachlich treffen wir jedoch auf eine heitere Komponente: hier kann der Geist zum Gespenst werden. Im „Herumgeistern" steckt so-

---

[20] Vgl. Regina Ammicht-Quinn, Körper – Religion – Sexualität. Theologische Reflexionen zur Ethik der Geschlechter, Mainz 1998.
[21] Vgl. zur Entfaltung der Kurzformel „Religion is for lovers" den inspirierenden Essay des Philosophen John D. Caputo, On Religion, London/New York 2001.

wohl der Aspekt von Dynamik, Hektik und Unberechenbarkeit als auch die Konnotation des Körperlosen. Beide Geister, der des philosophischen Höhenflugs und der einer gruseligen Geisterstunde, haben wohl mit dem Geist des Spirituellen nichts gemeinsam.

Die Theologie klärt uns darüber auf, dass der biblische Geist von einer ganz anderen Qualität ist. Was im Hebräischen „ruach" genannt wird, hat eher etwas mit Wind, Sturm und Lebensatem zu tun. Es ist eine elementare Kraft, die Leben schenkt und erhält. Die anthropologischen und theologischen Implikationen einer solchen Sichtweise sind evident. Hier geht es plötzlich nicht mehr um Innerlichkeit, um das Schema Körper-Geist, sondern um eine umfassende Dynamik, deren Ursprung in Gott gesehen wird und die das Leben einzelner Menschen und deren Zusammenleben ergreift. Von Dualismus oder Leibfeindlichkeit keine Spur. Hinzu kommt die nicht unwichtige Information, dass dieser Geist, der lebendig macht, als weiblich vorgestellt wird – ein von der feministischen Theologie zu Recht ausgiebig diskutierter Aspekt, der unser Gottesbild betrifft, sobald wir konsequenterweise diesen Gedanken auch in die Vorstellung vom trinitarischen Gott übertragen.[22]

Ich bin mir der Problematik einer schematischen Gegenüberstellung von griechischem (philosophischem) und hebräischem (biblischem) Denken bewusst. Doch wenn wir einräumen, dass vor allem diese beiden Quellen wichtige Teile unserer mentalen Strukturen in Europa geprägt haben, dann ist der Unterschied nicht zu übersehen. Wo die Dynamik der Pneumatologie zugunsten einer körperlosen Geistspekulation verdrängt wird, entsteht eine andere Theologie.[23] Dass sich selbst die Personen der Trinität weltkirchlich nicht in einem harmonischen Gleichgewicht befinden, ist daran zu sehen, dass die christlichen Konfessionen unterschiedliche Akzente gesetzt haben. So ist die Theologie des Geistes mit einer entsprechenden Kosmologie vor allem zu einem Proprium der Ostkirchen geworden, während die westlichen Kirchen stärker christologisch und geschichtstheologisch argumentieren.[24]

---

[22] Vgl. die Beiträge in: Concilium 36 (2000) Heft 5: Die Macht der Weisheit. Feministische Spiritualität.

[23] Vgl. hingegen Silvia Schroer/Thomas Staubli, Die Körpersymbolik der Bibel, Darmstadt 1998.

[24] Vgl. die wichtige Studie von Sigurd Bergmann, Geist, der Natur befreit. Die trinitarische Kosmologie Gregor von Nazianz im Horizont einer ökologischen Theologie der Befreiung, Mainz 1995.

Die sogenannte westliche Rationalität scheint dem unbändigen Geist stets misstraut zu haben und hat sich deshalb auf Geistspekulationen verständigt, die sich von den biblischen Quellen stärker entfernen. Für neue Zugänge zu einer christlichen Spiritualität ist dies nicht unerheblich, auch nicht für die neuen Möglichkeiten einer ökumenischen Verständigung. Offensichtlich hat gerade die Metapher des Geistes solche Verwirbelungen ausgelöst, dass in den meisten theologischen Entwürfen zu dieser Frage bis heute eine seltsame Mischung aus Faszination und Ratlosigkeit anzutreffen ist. Die Unterscheidung der Geister[25] wurde deshalb als dringendes Problem empfunden, um angesichts der Wucht der Inspirationen nicht den Überblick zu verlieren.

Um einen Eindruck von der biblischen Vorstellung von Gottes Geist zu bekommen, könnte man als Beispiel die Negro Spirituals heranziehen, afroamerikanische geistliche Lieder, die die Sehnsucht nach Befreiung atmen und von der Solidarität Gottes mit den Sklaven überzeugt sind. Hier wird auch klar, dass es bei aller theologischen Spekulation vor allem um ein praktisches Anliegen geht: um ein Leben in Freiheit und Würde, weil die Behauptung des Gegenteils mit dem Gottesglauben nicht zu vereinbaren ist. Eine Spiritualität dieser Art lenkt also nicht von sozialen Anliegen ab, sondern schärft den Blick für die Herausforderungen einer gerechten und beglückenden Praxis. Geistliches Leben und soziales Engagement bilden keinen Gegensatz; sie bedingen sich vielmehr wechselseitig.

Über den Umweg der begrifflichen Klärungen gelangen wir zu einer *zweiten These: Der Verweis auf Spirituelles eröffnet ein weites Feld für Assoziationen, die einander teilweise ausschließen. In diesem bunten Bild der Bezugnahme auf geistliche Dimensionen nimmt die genuin biblische Tradition einen unverwechselbaren Platz ein, der aus anthropologischer und theologischer Sicht nicht mit jeder Spiritualität beliebig kombiniert werden kann.* Spätestens an dieser Stelle wird die Verknüpfung von spiritueller Praxis und moralischer Verantwortung unvermeidlich. Dies soll nun in einem dritten Gedankenschritt vertieft werden, der sich darauf konzentriert, die Beweggründe sittlicher Praxis besser zu verstehen.

---

[25] Vgl. zu diesem traditionellen Lehrstück: Concilium 14 (1978) Heft 11: Unterscheidung des Geistes und der Geister.

## 5. SITTLICHKEIT UND SINNLICHKEIT:
### WIDER DAS MISSVERSTÄNDNIS DER VERGEISTIGUNG

Ich habe bisher mit Absicht vermieden, die Suche nach Kriterien einer zeit-
gemäßen Spiritualität – abgesehen von der ideologiekritischen Eingangs-
frage – zu stark mit ethischen Erwägungen zu befrachten. Die Verbindung
ergibt sich nun von selbst, weil die soeben beschriebene biblische Grundstruktur eines Lebens aus dem Geist sich mit dem ethischen Diskurs vermitteln lässt. Die katholische Moraltheologie hat dies auf ihre Art auch immer so gesehen und war deshalb dem Gespräch mit einer spirituellen Theologie nicht prinzipiell abgeneigt. Interessanter als ein apologetisches
Anliegen finde ich aber die Tatsache, dass auch außerhalb einer kirchlichen
Moraldoktrin eine wachsende Sensibilität für das zu verzeichnen ist, was
jedenfalls teilweise unter dem Begriff Spiritualität verstanden wird.
Eine für Spiritualität offene Ethik könnte der Falle einer Vergeistigung entgehen, die das handelnde Subjekt nur unter dem Gesichtspunkt der rationalen Rechtfertigung seiner Entscheidungen sieht. Dieses Subjekt hat einen
Körper, hat Emotionen und stellt sich neben einem Kalkül der moralisch relevanten Argumente auch die Frage nach dem Sinn seines Handelns. Eine
spirituelle Einstellung wäre die Einübung einer Haltung, die Wert darauf
legt, die Welt mit allen Sinnen wahrzunehmen und dieser Sinnlichkeit auch
in der sittlichen Wahl eine Bedeutung beizumessen. Dabei darf ,Sinnlich-
keit' durchaus in der Doppeldeutigkeit von gesteigerter Kultivierung aller
Sinne und erotischer Wachheit verstanden werden, da sich die Konstituie-
rung unserer Bilder vom Heiligen nicht von unseren sexuellen Dispositionen trennen lässt. Die kuriosen Ergebnisse der Versuche, dies dennoch zu
tun, können übrigens alle Interessierten an gnadenlos spiritualisierenden
Lesarten des Hohen Liedes aus dem Alten Testament nachvollziehen.
Auch ohne den Rückgriff auf spirituelle Traditionen zu bemühen, kann
man die Bedeutung der Sinne für unser moralisches Urteilen und für die
Gestaltung unserer Lebensformen plausibel machen.[26] Denn nicht nur traditionelle spirituelle Praktiken erfüllen diese Funktion einer Erweiterung
unserer Sinne und der Steigerung unseres Gespürs für andere. Analoge Erfahrungen lassen sich im Umgang mit Kunst machen, die nicht ohne Grund
unter den Bedingungen der Säkularisierung viele von der Religion hinter-
lassene Leerstellen ausfüllen konnte.[27]

---

[26] Jean-Pierre Wils, Die Moral der Sinne. Essays, Tübingen 1999.

## 6. LEIDENSCHAFT FÜR DAS GUTE

Während die Ethik etwas über die Begründung von Urteilen aussagen kann und die Kohärenz der Gedankenschritte zu überprüfen vermag, ist sie in der Regel schweigsam, wenn es um die Motivation des als richtig erkannten Handelns geht. Auf der Ebene der Vernunft scheint der Nachweis der sittlichen Richtigkeit und der Angemessenheit einer Entscheidung auszureichen. In der Praxis sieht das aber anders aus. Sonst ließe sich die Kluft zwischen den argumentativ erworbenen Einsichten und dem tatsächlichen Tun bzw. Nichttun nicht erklären. Die Frage, auf die sich mit den Mitteln einer rationalen Ethik allein keine zufriedenstellende Antwort geben lässt, ist die nach den letzten Beweggründen, nach den Motiven, die stark genug sind, um den Spannungsbogen vom Urteil bis zur Umsetzung zu bewahren, nach dem also, was uns für eine bestimmte Praxis begeistert.

Wir formulieren diese Frage sehr häufig in Bildern, die auch in spirituellen Traditionen vorkommen. Aus welcher Quelle schöpfen wir? Aus welchem Brunnen?[28] Welches sind unsere Ressourcen, die im Ernstfall zu mobilisieren sind? Auf welchem Boden stehen wir? Haben wir ein festes Fundament? Die Konkretheit der Bilder deutet auf ein Bedürfnis nach Sicherheit, nach Rückhalt in der Krise der Begeisterung. Eine solche Leidenschaft ist vor allem dort erforderlich, wo immer auch mit dem Scheitern der besten Absichten zu rechnen ist und Sisyphus den Stein wieder mühsam den Berg hinaufrollt. Wer garantiert, dass er wirklich ein glücklicher Mensch ist? Es gibt die Situation, in der Leidenschaft in Frustration oder in blinden Fanatismus umschlägt. Dagegen sind Religionen nicht automatisch geschützt. Gibt es Heilmittel gegen diese Unterkühlung oder Überhitzung des Gemüts?

Ethik und Spiritualität begegnen sich im Streben nach einem guten Leben, das den Bedürfnissen von Herz und Verstand gerecht wird. Daher lautet die *dritte These: Die Motivationsquellen einer gelingenden Praxis sind inner-*

---

[27] Vgl. Christoph Gellner, Weisheit, Kunst und Lebenskunst. Fernöstliche Religion und Philosophie bei Hermann Hesse und Bertolt Brecht, Mainz 1994. Es würde im engen Rahmen dieses Beitrags zu weit führen, die Strukturparallelen und Differenzen zwischen spiritueller und ästhetischer Erfahrung genauer auszuleuchten. Deshalb sei wenigstens der Hinweis notiert, dass sich die Theologie wesentliche Aspekte der spirituellen Kontemplation in den vergangenen Jahrzehnten auch über den Dialog mit der Kunst erschlossen hat.

[28] Vgl. z.B. das erfolgreiche Spiritualitätsbuch von Hubertus Halbfas, Der Sprung in den Brunnen. Eine Gebetsschule, Düsseldorf 1981.

*halb der Grenzen rationalen Handelns allein nicht zu benennen. Deshalb ist die Ethik auf eine Kultivierung aller Sinne angewiesen, um Körper und Geist, Leib und Seele in ein Gleichgewicht zu bringen, das zur Übernahme von Verantwortung und zur Ausdauer auf einem als richtig erkannten Weg befähigt.* Es fehlt nun noch ein letzter Schritt, der darin besteht, den auch für eine säkulare Ethik einsichtigen Zusammenhang von spiritueller Erfahrung und praktischer Verantwortung mit dem Sinnzusammenhang der christlichen Überlieferung zu vermitteln.

## 7. Reformulierungen aus dem Symbolvorrat der Christentumsgeschichte

Christliche Ethik hat den Vorteil der Verwurzelung in einer Tradition, die über einen großen Reichtum an symbolischen Repräsentationen geistlichen Lebens verfügt. So ist gegenwärtig in allen Konfessionen ein neues spirituelles Interesse[29] festzustellen, nicht nur im ritenfreundlichen Katholizismus oder in der Geisttheologie der Ostkirchen, sondern auch im Protestantismus, der oft voreilig als Religion des Bildersturms und der Wortlastigkeit eingeschätzt wird.[30] Gemeinsam ist den verschiedenen christlichen Formulierungen die Unterstützung einer Kreativität zur Verteidigung des Lebens gegen nekrophile Tendenzen und die Herstellung einer Kommunikationsfähigkeit, die Gemeinschaft stiftet und unterschiedlichen Begabungen (Charismen) Entfaltungsmöglichkeiten bietet. Dieser sympathische Impuls ist nichts anderes als ein Mut zum Menschen, der trotz aller negativen Veranlagungen ein Potential zum Guten besitzt. Aber es bleibt eine mythologische Sprechweise, wenn jemand sagt, es sei vom Geist ergriffen. Pathologische Fehlentwicklungen sind gerade auf dem Gebiet der Religion nicht ausgeschlossen. Die ausdrückliche Anknüpfung an die bewährten Kurzformeln der Christentumsgeschichte enthebt uns also nicht der Schwierigkeiten einer jeden theologischen Hermeneutik, die traditionellen Formulierungen in eine kommunizierbare Sprache zu übersetzen.

---

[29] Vgl. Konrad Hilpert (Hrsg.), Wiederkehr des Religiösen? Metaphysische Sehnsucht, Christentum und Esoterik, Trier 2001; Matthias Blum/Rainer Kampling (Hrsg.), Grenzen und Wege (Spiritualität vor Ort, Bd. 1), Berlin 2000.

[30] Vgl. Carl-A. Keller/Denis Müller, Spiritualité, in: Pierre Gisel (Hrsg.), Encyclopédie du Protestantisme, Paris/Genf 1995, 1472-1490.

Dabei treffen wir aber auch auf das Problem der klaren Benennung von Kriterien zur Beurteilung der Vereinbarkeit bestimmter Entwürfe mit dem Kern der biblischen Botschaft.[31] Am einfachsten tun sich jene Theologien, deren spirituelles Anliegen in den Sprachspielen der biblischen Texte ausgedrückt werden kann.[32] Mystische Traditionen, deren poetischer Ausdruck unkonventionelle Wege geht, haben es innerkirchlich ungleich schwerer, sind dafür aber leichter in andere kulturelle Kontexte vermittelbar. Eigentlich ist diese Grundfrage in weltkirchlichen Dimensionen nicht besonders spektakulär. Denn schon immer ging es ja um die Frage der Inkulturation einer unter bestimmten Umständen formulierten Botschaft in unzählige fremde Kontexte, die eine mehr oder weniger große Kompatibilität mit dem Christentum aufweisen. In einem solchen interkulturellen Projekt sind deshalb die Probleme der starken Geltungsansprüche, der Kompromisse und der prinzipiellen oder partiellen Unverträglichkeit zwischen unterschiedlichen Kulturen unvermeidlich. Das schillernde Phänomen der Spiritualität stellt in dieser Hinsicht keine Ausnahme dar. Es scheint mir jedoch eine Frage der Redlichkeit zu sein, die eigene Tradition nicht leichtfertig als eine Rumpelkammer der Symbole, Riten und Mythen zu betrachten, die beliebig durch unter bestimmten Umständen attraktivere Angebote modernisiert werden kann. Gerade die jüdisch-christliche Geisttheologie kann mit ihrem nüchternen anthropologischen Hintergrund eigenständige Akzente setzen und auf dem Markt der spirituellen Möglichkeiten ein kritisches, unbequemes und provozierendes Korrektiv darstellen.

## 8. SYNKRETISTISCHE HORIZONTERWEITERUNGEN

Jenseits biblischer Spiritualität hat längst das Experimentieren mit neuen Praktiken begonnen, die selbst säkularisierten Zeitgenossen einen Zugang

---

[31] Vgl. Jürgen Werbick, Vom entscheidend und unterscheidend Christlichen, Düsseldorf 1992, 151ff.

[32] Ich denke hier vor allem an eine Spiritualität der Nachfolge und der Passion, die einem Ethos der Solidarität und des Mitleidens (Compassion) korrespondiert. Sie präsentiert sich gerne als eine „Mystik der offenen Augen", die sich polemisch von Wegen ins Innere abgrenzt. Es ist eine Spiritualität und Theologie der „Theodizeeempfindlichkeit". In diesen Hinweisen ist unschwer die Politische Theologie von Johann Baptist Metz zu erkennen. Vgl. Johann Baptist Metz, Zum Begriff der neuen Politischen Theologie. 1967-1997, Mainz 1997.

zur Religion eröffnen. Solange diese Suchbewegungen[33] von einer Grundhaltung des Fragens und Prüfens geprägt sind und den aufrechten Gang unterstützen, stellen sie aus meiner Sicht kein Problem dar. Denn der Blick auf die strukturellen Analogien zwischen den Inhalten von verschiedenen Glaubensüberzeugungen ist nicht weniger legitim als die vorrangige Unterstreichung der Besonderheiten, die mit den Auffassungen der Nachbarn nicht vereinbar sind. Im Kulturprogramm von Rotterdam im Rahmen des europäischen Kulturhauptstadtjahres 2001 gab es ein interessantes Experiment unter dem Titel „preken voor andermans parochie" (Predigen in der Gemeinde Andersgläubiger). Angehörige von Religionsgemeinschaften waren eingeladen, in Versammlungen anderer Religionen zu predigen und ihr Selbstverständnis sowie ihre Wahrnehmung von Dialogchancen darzulegen. Dieses in Berlin zur Nachahmung zu empfehlende Konzept hat deutlich gemacht, dass eine starke Identität Toleranz nicht ausschließt, sondern im Gegenteil erst die Gelassenheit ermöglicht, die zu einem angstfreien und neugierigen Umgang mit anderen Praktiken und Überzeugungen befähigt. Erst auf dieser Grundlage können Lernprozesse einsetzen, die durchaus auch zur Veränderung herkömmlicher Denkmuster führen und den kritischen Blick auf die eigene Tradition erlauben, deren Plausibilitäten im Austausch mit anderen Modellen einen neuen Gleichgewichtszustand erreichen.

Unsere Überlegungen münden in eine abschließende *vierte These: Die im jüdisch-christlichen Sinnhorizont entstandene Theologie des Geistes entwickelt eine Dynamik, die nicht an den Grenzen des Christusbekenntnisses halt macht. Eine spirituelle Haltung trägt in sich selbst die Energie zum Überschreiten der eigenen Religionsgemeinschaft, ohne sich zwangsläufig von dieser zu lösen. Geistliches Leben fördert im Idealfall nicht die Abkapselung, sondern schafft neue Koalitionen in der Leidenschaft für das Gute.* Diesem versöhnlichen Ergebnis sei jedoch noch eine selbstkritische Rückfrage angeschlossen, die verhindern soll, dass die gut geölten Zahnräder der Theorien zu lautlos ineinander greifen.

EPILOG

In interdisziplinären Begegnungen ist mir oft aufgefallen, dass Fachleute der Naturwissenschaften einen unbefangeneren Umgang mit spirituellen

---

[33] Vgl. Hermann P. Siller (Hrsg.), Suchbewegungen. Synkretismus – Kulturelle Identität und kirchliches Bekenntnis, Darmstadt 1991.

Gedankengängen pflegen als Kollegen aus den „weichen" Disziplinen. Vielen Forschern ist es möglich, Geist und Materie in einem konstruktivistischen Weltbild zusammenzudenken und den alten Dualismus zu überwinden.[34] In den Sozialwissenschaften ist ein solcher Naturalismus weniger einleuchtend. Denn hier ist die Konstatierung „herzloser Zustände" in einer „geistlosen Welt" trauriger Alltag, angesichts dessen die voreilige Beschwörung von Ganzheitlichkeit blanker Zynismus wäre. Das Interesse an spiritueller Praxis zielt hier nicht auf eine Wiederverzauberung der Welt, sondern im Gegenteil auf eine sehr nüchterne Wahrnehmung der Realität und auf eine Entzauberung von falschen Versprechen. Löst sich am Ende alles in Wohlgefallen auf? Sind spirituelle Präferenzen letztlich nur eine Lebensstilfrage? Zu einem beträchtlichen Teil ja! Nämlich immer dann, wenn es keinen triftigen Grund gibt, andere davon zu überzeugen, dass sie diese konkrete Praxis unbedingt mit uns teilen sollten. Daneben gibt es Geltungsansprüche, die argumentativ vertreten werden müssen, gerade in der Sozialpolitik und in der Sozialen Arbeit, wo selbst die edelsten Überzeugungen und persönlichen Grundhaltungen auf Kooperation und kommunikative Transparenz angewiesen sind.

Ich bin am Ende meines Versuches angelangt, über ein altes Thema christlichen Selbstverständnisses zu reden, möglichst ohne rhetorische Effekte unter Rückgriff auf abgedroschene Formulierungen zu erzielen. „Es drängte mich, gegen die Grenzen der Sprache anzurennen, und dies ist, glaube ich, der Trieb aller Menschen, die je versucht haben, über Ethik oder Religion zu schreiben oder zu reden. Dieses Anrennen gegen die Wände unseres Käfigs ist völlig und absolut aussichtslos."[35] Das Sprechen über Geist und Spiritualität hat gezeigt, dass diese Aussichtslosigkeit keine Katastrophe ist, da die Metaphern, mit denen wir versuchsweise in Worte fassen, was uns bewegt, immerhin eine Basis der Verständigung bereitstellen. Man könnte meinen, die spirituelle Praxis schaffe so etwas wie poetische Momente in der Prosa des Alltags.[36] Diese Formulierung finde ich akzeptabel, wenn sie unter Poesie nicht eine versponnene Gegenwelt zur harten Realität

---

[34] Vgl. dazu aus theologischer Sicht: Alexandre Ganoczy, Chaos – Zufall – Schöpfungsglaube. Die Chaostheorie als Herausforderung der Theologie, Mainz 1995, bes. 218-222.
[35] Ludwig Wittgenstein, Vortrag über Ethik und andere kleine Schriften, Frankfurt a.M. 1989, 18f.
[36] Vgl. Gabriel Ringlet, Eloge de la fragilité, Brüssel 2000.

versteht. Im Gegenteil: Poetisches Sprechen ist eine Mobilisierung aller Möglichkeiten unserer Sprache, um deren Grenzen auszutesten. Die Nüchternheit der Prosa, die wir brauchen, um die Grammatik sozialer Konflikte zu verstehen und Wege der Verständigung zu eröffnen, wird dadurch nicht überflüssig, sondern in ihrer Bedeutung bekräftigt.

So bleibt unter dem Strich eine aufklärerische Option, die vielleicht für Verteidiger des Spirituellen insofern unbefriedigend sein mag, als sie unter dem Leitstern der Spiritualität eine komplette Neuordnung der theologisch-ethischen Systematik gewünscht hätten. Damit kann und will die Ethik jedoch, wenn sie ihre Aufgabe erfüllen will, nicht dienen. Tröstend kann allerdings hinzugefügt werden, dass in der theologischen Ethik ein sehr waches Gespür dafür existiert, dass Ethik nicht alles ist.[37]

Ich möchte schließen mit einem Zitat aus einem anderen Genre, dem „Gebet zum Schutzengel der Skepsis" aus der Feder des Salzburger Theologen Gottfried Bachl, der die Gefahren spirituellen (und theologischen) Sprechens sehr gut auf den Punkt bringt und in kluger Zurückhaltung an den Geist der Skepsis[38] appelliert.

Wenn du den besseren Überblick hast,

wenn du etwas kannst in meiner Seele,

bringe mir das Zögern bei,

impfe mich mit dem Wenn und Aber.

Wirf deinen Wind gegen mich,

wenn ich mich fortreiße,

wenn ich meinen Wünschen

den stärksten Namen gebe,

die Atomladung – Gott.

Da kennen sie nichts,

da gehen sie über Leichen,

der Widerstand ist vom Teufel.

---

[37] In Anlehnung an Edward Schillebeeckx, Weil Politik nicht alles ist. Von Gott reden in einer gefährdeten Welt, Freiburg i.Br./Basel/Wien 1987.
[38] Vgl. Heinz Robert Schlette, Skeptische Religionsphilosophie. Zur Kritik der Pietät, Freiburg i.Br. 1972; Wilhelm Weischedel, Skeptische Ethik, Frankfurt a.M. 1976.

Stelle dich auf vor mir.

Rehabilitiere die Fragezeichen,

ehe es still wird hinter meinen Zähnen,

ehe ich alles erledigt habe,

ehe ich eine Gaskammer geworden bin,

ein Bunker,

ein Loch ohne Atem, ummauert

von gefalteten Händen.

Stelle dich auf vor mir mit den Fragezeichen.

Du Hersteller der Nuancen.

Du Exorzist der teuflischen Konsequenzen.

Du Austreiber der Entweder-Oder-Dämonen.

Du Künstler der Übergänge.

Schlag mir den Gott aus den Augen,

reiß mir herab meine Lider,

zieh mir die Augen hin auf das Winzige,

zersetze mir die fixen Ideen,

verblase mir die ewige Sicherheit,

lass mich nicht aus und ein wissen.

Sag mir was vor vom Heiden Euripides:

„Am rechten Ort zu zweifeln ist und bleibt

das Nützlichste für die Menschen."

Aber lass mich nicht zweifeln,

wenn ein Kind mich bittet

um die Milch und den ruhigen Schlaf

und die rechte Hand.[39]

---

[39] Gottfried Bachl, Der beneidete Engel. Theologische Prosa, Freiburg i.Br./Basel/ Wien 1987, 142f.

In diesem vorsichtig tastenden Sinn bin ich neugierig auf die weiteren Entwicklungen im Spannungsfeld von Spiritualität und Sozialer Arbeit und wünsche speziell jenen, die ihren Beruf in Institutionen in kirchlicher Trägerschaft ausüben, das nötige Gespür für die „Unterscheidung der Geister".[40]

---

[40] Als ich am 1. Oktober 2001 große Teile dieses Textes bei der Berliner Fachtagung vorgetragen habe, wurden einige Erwartungen enttäuscht, die im Vorfeld an eine engere Verschränkung von Ethik und Spiritualität geknüpft waren. Ich erwähne dies mit Respekt vor jenen, die in meiner Position eine Weigerung sehen, neue Wege ganz einfach auszuprobieren und mit neugierigem Wohlwollen statt mit Skepsis zu begleiten. Es wäre ein Missverständnis, in meinen Ausführungen nur eine Abwehrhaltung zu sehen, die den Möglichkeiten von Spiritualität gerade im Feld Sozialer Arbeit gar keine Chance einräumen wollte. Es ist jedoch durchaus richtig, dass die Ausgangslage für ein Gespräch zwischen Ethik und Spiritualität durch eine bemerkenswerte Asymmetrie gekennzeichnet ist. Ethische Diskurse müssen sich, um ernstgenommen zu werden, an die Regeln argumentativer Auseinandersetzung halten. Eine entsprechendes Regelwerk gibt es für spirituelle Praktiken – abseits der großen Ordenstraditionen – meistens nicht. Wer eine spirituelle Befindlichkeit oder Sehnsucht mitteilt, präsentiert sich mit seinen verletzlichen Seiten, die normalerweise im geschützten Bereich des Privaten bleiben. Ich hielte es für einen Missbrauch von Religion, wollte man sich wegen dieses Muts zur Verletzlichkeit öffentlich für unangreifbar erklären und die Auseinandersetzung mit unbequemen Anfragen blockieren. Persönliche Überzeugungen zu respektieren bedeutet nicht, sie einzeln unter Denkmalschutz zu stellen oder auch völlig indifferent alle nebeneinander gelten zu lassen. Respekt schließt die Bereitschaft zur Auseinandersetzung ein. Aus dieser Haltung spricht nicht die Arroganz einer sich für rational haltenden Ethik, die auf alle nicht-argumentativen Sprechhandlungen und Praktiken herabblickt, sondern die Sorge um eine Gesprächskultur, die durch kollektiven Irrationalismus ebenso bedroht ist wie durch individualistischen Rückzug. Die Grenzen der Ethik hoffe ich aber ebenfalls aufgezeigt zu haben. Die These, dass die Bereitschaft zu sozialem Handeln im Sinne des Engagements für eine gerechtere Gesellschaft auch auf spirituelle Ressourcen angewiesen ist, scheint mir nicht problematisch zu sein. Problematisch ist die Weigerung, die Sprachen der spirituellen Erfahrung in kommunikable Sprachen der säkularen Welt wenigstens versuchsweise zu übersetzen. Zu solchen Anstrengungen gibt es m.E. im Kontext von Hochschulen und Akademien keine Alternative.

# Kritik der instrumentellen Vernunft
## Soziale Arbeit in einer entsakralisierten Gesellschaft

Andreas Lob-Hüdepohl

## 1. SPIRITUALITÄT UND PROFESSIONALITÄT – EIN GEGENSATZ?

Die Verblüffung war groß, als Pierre Bourdieu vor einigen Jahren sein letztes großes Werk „Das Elend der Welt"[1] vorstellte. Auf nicht weniger als 848 Seiten veröffentlicht der unlängst verstorbene französische Soziologe eine bunte Mischung an „Zeugnissen und Diagnosen alltäglichen Leidens an der Gesellschaft", wie der Untertitel dieses opus magnum lautet. Was für Verblüffung sorgte war der höchst ungewohnte Stil, mit dem Bourdieu diese Zeugnisse und Diagnosen alltäglichen Leidens an der Gesellschaft erfasst und soziologisch aufbereitet. Bourdieu führt seine Leserschaft über *Lebensgeschichten* in das „Elend der Welt" ein – über Lebensgeschichten höchst unterschiedlicher Menschen, in ausführlichen Interviews sensibel ermittelt und die zunächst nur das eine eint: Sie alle stehen für das Schicksal und das Lebensgefühl von Millionen Namenloser, die tagtäglich an und in ihrer Gesellschaft leiden. Da die 24-jährige Polizeiinspektorin, die zwischen der Anmache männlicher Krimineller und der männlichen Domäne strikter Polizeihierarchie zunehmend zerbricht; dort der 81-jährige Rentner, dessen erlahmende Lebenskraft und erbärmliche Rente nicht mehr ausreichen, der weiteren Verwahrlosung seines Sozialen Wohnungsbaus durch Wegzug zu entfliehen; hier der 48-jährige Streetworker, dessen jugendliche Emphase aus den Zeiten der 68-er im zermürbenden Kampf an der Drogenfront längst zur bloßen Erinnerung an jene „besseren" Tage verdunstet ist.

Ob das Leidensgefühl dieser Millionen von Namenlosen berechtigt ist oder nicht, ist für Bourdieu zunächst einmal völlig unwichtig. Wichtig dagegen ist für ihn: Nur über die Lebensgeschichten der vielen Namenlosen werden wir die Grammatik unserer Gesellschaft und das Leiden an ihr begreifen. Nur über das Hören auf diese Lebensgeschichten, nur über die Lebensgeschichten der Millionen Namenloser werden wir das wirkliche Elend der Welt in seiner höchst persönlichen Bedrohlichkeit verstehen lernen. Keine

---

[1] *Pierre Bourdieu*, Das Elend der Welt, Konstanz 1997.

noch so ausgeklügelten Statistiken und Erhebungen, keine noch so gewichtigen Theoriegebäude des Sozialen vermögen die erlebte Welt der Betroffenen auf den Begriff zu bringen und verstehbar zu machen. Für eine professionelle Sozialwissenschaft bedeutet dies – ganz gegen ihre sonstige Gewohnheit – eine Grundhaltung des Zuhörens und Verstehens, die sich den Erzählungen und Berichten von „gewöhnlichen" Namenlosen sozusagen leibhaftig aussetzt und so in der Grammatik alltäglichen Handgemenges die nicht nur analytisch vermessenen, sondern tatsächlich *durchlittenen Pathologien* heutiger Gesellschaften in ihrer faktischen Bedeutsamkeit für die Lebensführung der Betroffenen wenigstens in Umrissen erfassen und zum Ausgangspunkt für Bewältigungsstrategien machen kann.

Diese Grundhaltung einer *wissenschaftlichen Demut* gegenüber dem faktischen Leben und Erleiden hat nichts mit Sozialromantik zu tun – darin liegt das wissenschaftstheoretische Verdienst eines Pierre Bourdieu. Eher klärt es über die Bedeutsamkeit solcher Grundhaltungen professioneller Sozialwissenschaftler auf, die man in religiösen Kontexten durchaus als *Spiritualität* bezeichnen würde – als jene (möglicherweise religiös inspirierten) geistig-„geistlichen" Grundfiguren persönlicher Lebensführung,[2] die sich in einer spezifischen Herangehensweise etwa des Wissenschaftlers an seinen Forschungsgegenstand niederschlägt.

Auch in der Sozialen Arbeit wird in letzter Zeit verstärkt über die Bedeutung von Spiritualität nachgedacht. Freilich: Die wachsende Zusprache, die dieses Thema auch in Teilen der Fachöffentlichkeit erfährt, entbindet uns nicht von der Prüfung, ob so etwas wie Spiritualität überhaupt im modernen Verständnis von *Professionalität* Sozialer Arbeit einen legitimen Ort beanspruchen kann oder nicht doch ein Fremdkörper bleiben muss. Immerhin ist es doch das große Verdienst des 20. Jahrhunderts, Soziale Arbeit durch wissenschaftliche Grundlegung und damit durch Professionalisierung von Ausbildung und Berufspraxis vom Odium bloß fürsorglich-naiver Nächstenliebe befreit zu haben. Wer von uns wollte die Errungenschaften einer nüchternen und sachbezogenen Vernunft und Fachlichkeit für die Qualität Sozialer Arbeit ernsthaft missen oder gar leugnen? Schließt aber nicht gerade dieses Verständnis Sozialer Arbeit – im Sinne Max Webers – eine moralische oder gar individuell-spirituelle Aufladung professionellen Handelns kategorisch aus?[3]

---

[2] So möchte ich im Folgenden religiös verortete Spiritualität verstehen.

Es ist wichtig, dieser Frage nachzugehen. Ich will die Frage in vier Schritten erörtern. Ich werde zunächst an die Grundintuition jener Professionalisierung Sozialer Arbeit erinnern, die durch den Einzug fachlicher Rationalität zur Ernüchterung Sozialer Arbeit, ja in gewisser Weise zu ihrer heilsamen (!) Entsakralisierung geführt hat. In einem zweiten Schritt werde ich auf die Gefahren einer falsch orientierten Professionalität aufmerksam machen, die einseitig auf den bloß instrumentellen Charakter einer Vernunft der Zweckmäßigkeit setzt. In einem dritten Schritt werde ich sodann an die *dialogisch-diskursive Grundstruktur* sozialprofessionellen Handelns erinnern und unseren Blick auf jene *kommunikative Kompetenz* lenken, die auf Seiten jedes sozialprofessionell Handelnden gerade als Folge eines modernen Professionalisierungsverständnisses vorausgesetzt werden müssen. In meinem vierten Schritt will ich dann in der offenen Grammatik kommunikativer Kompetenz den systematischen Ort für geistig-geistliche Grundfiguren persönlicher Lebensführung, also für Spiritualität in der Sozialen Arbeit dingfest machen. Abschließen werde ich mit einem Ausblick auf die Lebensgeschichte einer scheinbar vergessenen Namenlosen des Alten Testaments, die beispielhaft die Reichhaltigkeit biblischer Traditionen als Quelle sozialprofessioneller Spiritualität dokumentieren kann.

## 2. BARMHERZIGKEIT ODER DIENSTLEISTUNG? ODER: „UNNÜTZE HELFER" IM KREUZFEUER INSTRUMENTELLER VERNUNFT

Unter der bewusst provokativ gehaltenen Überschrift „Ein Helfer ist zu nichts nütze" hat Burkhard Müller vor einigen Jahren heftig gegen ein Leitbild Sozialer Arbeit opponiert, das an der neutestamentlichen Figur des „Barmherzigen Samariters" Maß nimmt und in der Folge jedes auch spezi-

---

[3] Vgl. *Max Webers* Ausführungen zum Thema *Politik als Beruf* oder noch grundsätzlicher zum *Ideal einer bürokratischen Herrschaft*, die besonders auch für staatlich gewährte soziale Dienstleistungen bzw. für staatlich organisiertes sozialadministratives Handeln in Anrechnung zu bringen wären. (Vgl. *Max Weber:* Politik als Beruf, in: Gesammelte politische Schriften, Tübingen 1958, 493-546; *ders.:* Wirtschaft und Gesellschaft, 122ff bzw. 551ff) Ich habe diese Fragestellung mit Blick auf die Bedingung der Möglichkeit moralischer Verantwortung im Rahmen eines staatlichen Verwaltungshandelns ausführlicher entwickelt in *Andreas Lob-Hüdepohl:* Verantwortung im Verwaltungshandeln, in: Deutsche Verwaltungspraxis 53 (2002), 47-52.

fisch sozial*professionelle* Handeln auf eine verhängnisvolle Helferrolle im Gegenüber zum Hilfsbedürftigen verpflichtet.[4] Über Jahrhunderte hinweg galt und gilt die helfende Tat des Mannes aus Samaria, der den unter die Räuber gefallenen Israeliten an der Straße von Jerusalem nach Jericho in die pflegende Obhut eines Wirtes übergibt, dafür noch die Kosten übernimmt und danach seines Weges geht, als Prototyp einer sozialen Helferbeziehung: spontan ohne Wenn und Aber, aus purem Mitleid, uneigennützig allein aus Sorge um das Wohl des Hilfsbedürftigen. Genau diese Merkmale des „Barmherzigen Samariters" sind aber für das Selbstverständnis einer sozialprofessionellen Helferrolle verhängnisvoll. Denn ein solches Selbstverständnis ist *blind für Ursachen*, insofern es nur die Symptome prekärer Lebenslagen (hier: des unter die Räuber Gefallenen) bekämpft und letztlich durch eine kurzsichtige Einzelfallkosmetik die strukturellen Ursachen ausblendet. Es ist sodann *naiv in den Folgen*, weil es mit der zufälligen Gegenwart weiterer Hilfe (hier: des Wirtes) rechnet, ohne aber der Gefahr kontinuierlicher Wiederholung des Übels zu begegnen. Es ist *unehrlich in seiner Motivation*, da ein Professioneller – im Unterschied zum spontan Hilfsbereiten des Alltags – aus seiner Helferrolle materielle Wertschöpfung zieht und oftmals gerade erst durch die Schwächeerfahrung des Hilfsbedürftigen seine eigene Stärke gewinnt. Und es dokumentiert eine *paternalistische Einstellung*: Der Hilfsbedürftige wird schnell durch die barmherzige Hilfe des Helfers beschämt und entmündigt – eben weil er die Hilfe *ungeschuldet* empfängt („Barmherzigkeit") und sie deshalb in ihrer Qualität oder dergleichen eigentlich nicht kritisieren darf. Tatsächlich: Solche Helferrollen sind unnütz, ja sogar gefährlich – zumindest für den Adressaten Sozialer Arbeit. Denn sie erklären die scheinbar hehre Motivation und Absicht des Helfers für sakrosankt und immunisieren sich so selbst gegen alle berechtigte Kritik. Sinn und Qualität professioneller Sozialer Arbeit bemessen sich bekanntlich aber an ihrer Effektivität, mit der sie die je spezifische Lebenslage und vor allem die eigenständige Lebensführungskompetenz ihres Adressaten stützen und verbessern hilft. Es sind diese Nützlichkeitserwägungen – in einem ausdrücklich positiven Sinne –, die zur Entwicklung und Sicherung fachlicher Standards geführt und so über eine bloße Verberuflichung von Hilfebeziehungen hinaus zur Pro-

---

[4] Vgl. *Burkhard Müller:* Außensicht – Innensicht, Freiburg/Brsg. 1995, 99ff. Dass *Müller* ganz offensichtlich am Textbefund vorbei seine Kritik am Barmherzigen Samariter mit Verweis auf Jesu Rede von den „unnützen Knechten" (Lk 17, 10) belegt, schmälert nicht die Stoßrichtung seiner Kritik.

fessionalisierung Sozialer Arbeit beigetragen haben. Im Zuge solcher Versachlichung und Professionalisierung Sozialer Arbeit galt und gilt es, den Mythos des Barmherzigen Samariters als Prototyp sozialer Helferrollen zu entzaubern; ja dort im eigentlichen Sinne des Wortes sogar zu entsakralisieren, wo der Hilfsbedürftige zur bloßen Ikone verdinglicht wird, in der der Helfer im religiös motivierten Akt des Helfens lediglich seinem Erlösergott begegnen will.[5] Für Burkhardt Müller jedenfalls mündet diese Entzauberung des Barmherzigen Samariters in die Überwindung der klassischen Helferrolle schlechthin. Die Stützung und Stärkung eigener Lebensführungskompetenz des Hilfebedürftigen verlangt statt dessen die Struktur einer (personenbezogenen) sozialen Dienstleistung, in der der Hilfsbedürftige dem Helfer sozusagen „in Augenhöhe" gegenübertritt. In diesem Modell personennaher sozialer Dienstleistung beauftragt der Hilfsbedürftige als Kunde den Helfer mit der Bearbeitung eines bestimmten Hilfeproblems, beurteilt und bemängelt ggf. die Qualität der erbrachten Dienstleistung unter den Gesichtspunkten ihrer Angemessenheit und Nützlichkeit – und zwar ohne den falschen Skrupel vor einer ungeschuldeten Barmherzigkeit des Helfers; wie der Kunde eines Handwerkers, der das in Auftrag gegebene Werkstück etwa unter dem Gesichtspunkt seiner Funktionstüchtigkeit begutachtet.
Die Vorteile eines solchen Modells personennaher sozialer Dienstleistung im Unterschied zur klassischen Helferrolle eines Sozialprofessionellen liegen auf der Hand: klare „Geschäftsbeziehungen" zwischen Auftraggeber („Hilfsbedürftiger") und Auftragnehmer („sozialer Dienstleister"), klare „Angebotsstruktur" des sozialen Dienstleisters, keine „Beschämung" des Hilfsbedürftigen, keine ideologisch-moralische Verklärung des Helfers. Und: die Produktqualität der Dienstleistung wird bestimmbar und für alle kontrollierbar. Unter dem unnachgiebigen Blick instrumentell versierter Vernunft werden die fachlichen Standards wissenschaftsgestützter Sozialer Arbeit in Anschlag gebracht und solche althergebrachten Handlungsweisen des Helfens ausgefiltert, die zwar die hehren Motive professionell Aktiver in das alltägliche Handgemenge Sozialer Arbeit spiegeln mögen, gleichwohl für die Interessen des Hilfsbedürftigen nicht zweckdienlich sind.

---

[5] Diese Gefahr ist gerade in der Tradition des Christentums im Gefolge eines verkürzten Verständnisses von Mt 25, 40 („Was ihr für einen meiner geringsten Brüder getan habt, das habt ihr mir getan") nicht von der Hand zu weisen.

### 3. EXPERTE ODER PROFESSIONELLE STÜTZUNG?
### ODER: DIE GEFAHREN EINER HALBIERTEN PROFESSIONALISIERUNG UND DIE KRITIK AN DER INSTRUMENTELLEN VERNUNFT

Doch die zunächst berechtigte Kritik der instrumentellen Vernunft (genitivus subjektivus) an einer selbstverliebten und hypostasierten Helferrolle schlägt schnell in eine Kritik an der instrumentellen Vernunft selbst um – wenigstens dann, wenn die Verwissenschaftlichung und Professionalisierung Sozialer Arbeit einseitig auf die Dominanz funktionaler bzw. zweckrationaler Erwägungen setzt. Diese Gefahr lässt sich bereits am gerade skizzierten Modell personennaher sozialer Dienstleistung illustrieren. Soziale Dienstleistungen im Sinne eines Handwerkermodells (Goffman)[6] unterstellen, dass ihre Kunden ähnlich souverän und aktiv dem Dienstleister gegenübertreten und ihre Qualität beurteilen können wie etwa die Kunden eines Schuhmachers oder eines Zahntechnikers. Doch kann man in der Sozialen Arbeit tatsächlich von einer solchen Kundensouveränität als Regelfall ausgehen? Mehr noch: Selbst wenn wir von einer ausreichenden Souveränität des Kunden ausgehen könnten, steht das „Handwerkermodell" sozialer Dienstleistungen dann nicht diametral zum eigentlichen Ziel Sozialer Arbeit? Insbesondere dann, wenn die in Auftrag gegebene Dienstleistung nicht ein materielles, letztlich von der Person des Kunden unabhängiges Werkstück ist, sondern unmittelbar die Biographie bzw. die inhärente Lebensführungskompetenz des Kunden selbst betrifft? Ziel Sozialer Arbeit ist es bekanntlich, die eigenständige Lebensführungskompetenz des „Kunden" zu stützen und zu fördern – zum Zwecke einer möglichst selbstbestimmten und eigenverantwortlichen Bewältigung seiner Krise und prekären Lebenslage. Im „Handwerkermodell" aber ist es der soziale Dienstleister, der in Ausübung seines, wie Burkhard Müller es nennt, „unprätentiösen Handwerks"[7] mit seinem Fachwissen das Produkt erstellt, kraft also seines Expertenwissens das zu bearbeitende Problem stellvertretend für den

---

[6] Vgl. E. Goffman: Das ärztliche Berufsmodell und die psychiatrische Hospitalisierung. Einige Bemerkungen zum Schicksal helfender Berufe. In: ders.: Asyle, Frankfurt/M. 1973, 305-367.

[7] Burkhard Müller: Sozialpädagogische Ethik. Zum Verhältnis von Fachwissenschaft, Handlungskompetenz und Berufsmoral. In: Rauschenbach, Thomas/ Thiersch, Hans (Hrsg.): Die herausgeforderte Moral. Lebensbewältigung in Erziehung und Sozialer Arbeit. Bielefeld 1987, 35-58, hier: 54.

Auftraggeber löst. Weil die Person des „Kunden", genauer: die aktuellen Hindernisse und Blockaden seiner Lebensführung selbst Gegenstand der Dienstleistung ist, verdinglicht der soziale Dienstleister im „Handwerkermodell" den Kunden zu dem, was Goffman nüchtern „bearbeitungsfähiges Objekt"[8] nennt. Dessen vorfindliches Lebenswissen ist für das Dienstleistungsprodukt („Lösung einer sozialen Krise" u.ä.) unerheblich. Es reicht das Expertenwissen des unprätentiösen Handwerkers, der die Güte der Dienstleistung schon „managet".

Beim Handwerkermodell sozialer Dienstleistungen werden also Schwachstellen offenkundig, die für eine spezifische Form von Professionalisierung Sozialer Arbeit in den letzten Jahrzehnten typisch sind. Selbstverständlich haben die wissenschaftsgestütze Grundlegung und die – im Weberschen Sinne – Rationalisierung sozialprofessioneller Handlungsabläufe eine Fachlichkeit Sozialer Arbeit hervorgebracht, die für die effektive Lösung sozialer Probleme und Konfliktsituationen unentbehrlich ist. Zugleich haben sie aber die Technisierung wie Expertokratisierung Sozialer Arbeit vorangetrieben – mit erheblichen Konsequenzen: Der Sozialprofessionelle eignet sich eine funktionelle Autorität und Macht an, „die den Adressaten professioneller Intervention seiner eigenen Handlungs- und Entscheidungskompetenz beraubt und ihn lediglich zum Objekt, nicht aber zur Legitimationsinstanz des professionellen Handelns macht".[9] Diese expertokratische Variante professionalisierter Sozialer Arbeit entmündigt nicht nur ihren Adressen, sie wirkt auch in erheblichem Maße zerstörerisch: Sie zerstört dessen (wenigstens rudimentär) noch vorfindliche eigene Lösungskompetenzen; ja sie zerstört letztlich sogar die Chancen individueller Lebensführung. Denn in den entscheidenden Lebenssituationen des Hilfeempfängers bietet der Experte für die aus seiner Sicht lediglich typischen, verallgemeinerbaren Handlungsprobleme des Lebensalltags standardisierte Lösungsstrategien und Konfliktregulierungstechniken an – und ebnet gerade darin die spezifische Individualität und biographische Je-Einzigartigkeit der Lebenssituation des Hilfeempfängers ein. Dieser wird nämlich – ob bewusst oder unbewusst, ob freudig oder widerstrebend – seine Lebensführung allzuschnell den „zweckmäßigen" Handlungsmustern, die ihm der Ex-

---

[8] *E.Goffman:* a.a.O., 361.
[9] *Bernd Dewe/Hans-Uwe Otto:* Professionalisierung, in: Handbuch zur Sozialarbeit/Sozialpädagogik. Eine systematische Darstellung für Wissenschaft, Studium und Praxis, hrsg. von Hanns Eyferth u.a., Neuwied 1987, 775-811, hier: 776.

perte empfiehlt, angleichen und mittelfristig genau dadurch Schritt für Schritt die jeweilige Einmaligkeit seines individuell-biographischen Lebensentwurfs zugunsten einer expertokratisch verordneten Zweckrationalität der Lebensführung preisgeben. Hier zeigt sich das eigentliche Ausmaß der Zerstörungskraft absolut gesetzter instrumenteller Vernunft. Die Individualität der Lebensführung eines Menschen, die durch keine noch so große situative Lebenskrise in ihrer Anwartschaft auf Anerkennung und Förderung suspendiert ist, muss sich faktisch den Erfordernissen zweckrational konzipierten Expertenwissens in Fragen erfolgreicher Lebensführung und Krisenbewältigung unterordnen und zerstört so sich selbst. Max Horkheimer, dem wir wichtige Einsichten in die Kritik der instrumentellen Vernunft verdanken, hat diesen „Bummernang-Effekt" auf den Punkt gebracht: „Das Individuum fasste einmal die Vernunft ausschließlich als ein Instrument des Selbst. Jetzt erfährt es die Kehrseite seiner Selbstvergottung. Die Maschine hat den Piloten abgeworfen; sie rast blind in den Raum. Im Augenblick ihrer Vollendung", fügt Horkheimer pessimistisch hinzu, „ist die Vernunft irrational und dumm geworden. Das Thema dieser Zeit ist Selbsterhaltung, während es gar kein Selbst zu erhalten gibt."[10]

Die gegenwärtigen Ökonomisierungstendenzen bzw. die sog. „BWL-isierung" der Sozialen Arbeit begünstigen den mindestens *heimlichen* Primat der instrumenteller Vernunft. Ein Blick in die aktuelle Diskussions- oder Publikationslandschaft kann dies hinreichend verdeutlichen. Udo Wilkens hat jüngst von der „Faszination" wie vom „Elend" jenes sozial-wirtschaftlichen Gestaltungsansatzes bei der „Wohlfahrtsproduktion" gesprochen, der insbesondere darin besteht, „im Blick auf die zu erbringenden sozialen Leistungen, die weithin sozialpolitisch definiert werden, spezifische Qualitätskategorien begründen zu können und dabei in der Lage zu sein, neben der Wirksamkeit der fachlichen Leistung, der Effektivität also, zugleich auch die Wirtschaftlichkeit der Mittelverwendung, die Effizienz darzulegen."[11] Nun ist gegen eine ökonomische, also betriebs – *wie* volkswirtschaftliche Betrachtungsweise Sozialer Arbeit grundsätzlich nichts einzu-

---

[10] *Max Horkheimer:* Zur Kritik der instrumentellen Vernunft, Frankfurt/M. 1986, 124.

[11] *Udo Wilkens:* Faszination und Elend der Ökonomisierung des Sozialen, in: ders. (Hg.): Soziale Arbeit zwischen Ethik und Ökonomie, Freiburg/Brsg. 2000, 11-30, hier: 21.

wenden, im Gegenteil: „Die Maxime, mit geringstmöglichem professionellen Einsatz einen möglichst hohen Nutzen zu erzielen, war der Sozialen Arbeit niemals fremd!" Hierin ist Bernhard Rosendahl, der uns jüngst an diese Einsicht erinnert, in jedem Fall zuzustimmen. Aufschlussreich – und, wie ich meine, hoch problematisch – aber seine Erläuterung dieser Maxime: „Man denke nur an die ‚Hilfe zur Selbsthilfe‘, die perspektivisch den Rückzug der professionellen Sozialen Arbeit erfordert."[12] „Hilfe zur Selbsthilfe" ist aus der Sicht Rosendahls nicht etwa dem Schutz bzw. der Stärkung selbstbestimmter Lebensführungskompetenz der Betroffenen geschuldet, sondern ökonomischen, also zweckrationalen Optimierungsinteressen. Das meine ich mit dem heimlichen Primat instrumenteller Vernunft.

## 4. VON DER INSTRUMENTELLEN VERNUNFT ZUR KOMMUNIKATIVEN KOMPETENZ PROFESSIONELLER SOZIALER ARBEIT

Die Kritik am herkömmlichen Professionalisierungmodell Sozialer Arbeit, die sich im Kern als Kritik einer (absolut gesetzten) instrumentellen Vernunft lesen lässt, lenkt unsere Aufmerksamkeit auf ein anderes Professionalisierungsverständnis Sozialer Arbeit, das sich in den letzten Jahren zunehmend durchsetzt und der Stützung und Steigerung selbstbestimmter und eigenverantwortlicher Lebensführungskompetenz (wieder) Geltung verschafft.[13] Im Gegensatz zum expertokratischen Verständnis bemisst sich dieses andere Verständnis beruflicher Professionalität an der Fähigkeit des Professionellen, im dialogischen Gespräch mit dem Klienten dessen spezifisches Lebens- bzw. Handlungsproblem gemeinsam deutend zu erschließen, die Ursachen der individuell spezifischen Lebenslage freizulegen sowie auf Grundlage gemeinsam erzeugter Problemdeutung „erfolgversprechende"[14] Handlungsoptionen zu entwickeln und (bestenfalls) umzusetzen. „Löst der ‚Experte‘ stellvertretend für den in der Folge kompetenzenteig-

---

[12] *Bernhard Rosendahl:* Managementstrategien in der Sozialen Arbeit. Verlust oder Erweiterung des Berufsprofils? In: Soziale Arbeit 50 (2001), 282-289, hier: 286.

[13] Im Hintergrund dieser Zielbestimmung Sozialer Arbeit stehen nicht nur die einschlägigen Gesetzesbestimmungen etwa des BSHG § 1, sondern das Grundverständnis Sozialer Arbeit als „Menschenrechtsprofession" (Staub-Bernasconi) im Sinne eines kritisch-emanzipatorischen Empowerments von Bürgerinnen und Bürgern einer Zivilgesellschaft.

neten Klienten Lebensprobleme auf zumeist instrumentell-technokratische Weise," kennzeichnen Bernd Dewe und Hans-Uwe Otto die entscheidende Differenz beider Professionalisierungsmodelle, „rekonstruiert und deutet der ‚Professionelle' (lediglich) Probleme defizitären Handlungssinns unter Aufrechterhaltung der Handlungsautonomie seines Adressaten."[15] Nicht „stellvertretende Problemlösung", so die uns allen bekannten Stichworte, sondern „stellvertretende Problem*deutung*"![16] Mehr noch: Nicht *stellvertretende* Problemdeutung, sondern *gemeinsame* Problemdeutung und Entwicklung von Lösungsstrategien. Es ist nicht nur Sache des Klienten, ob er sich Problemdeutung wie Problemlösungsstrategien zu eigen machen kann bzw. will oder nicht. Sondern er ist bei der Problemdeutung wie Problemlösung in entscheidenem Maße selbst aktiv. Die Vernünftigkeit sozialprofessionellen Handelns bemisst sich dann nicht vorrangig an seiner (technisch-handwerklichen) Instrumentalität zur Erreichung vorgegebener Zwecke, sondern an der *Kommunikativität* des gemeinsam gestalteten Prozesses von Problemdeutung und – darauf aufbauend – Problemlösung. Mit Bedacht möchte ich den Kern sozialprofessioneller Handlungskompetenz nicht einfach an der „stellvertretenden Problemdeutung" festmachen, sondern an der *Kommunikativität* gemeinsam gestalteter Problemdeutung und Problemlösung. Denn es gibt grundsätzlich keine objektive Deutung einer Lebenskrise u.ä., die der Sozialprofessionelle allein aus seiner fachlich geschulten Außenperspektive etwa durch Erklärung der Ursachenzusammenhänge – sozusagen stellvertretend für den Betroffenen – entwickeln könnte.[17] Angemessene Problemdeutungen ergeben sich nur in einem Gespräch, in dem der Professionelle wie der Betroffene ihre jeweils unterschiedlichen Deutungsentwürfe und Deutungsperspektiven dialogisch miteinander verschränken und so in einem Deutungsprozess sich wechselseitig ausdifferenziertere, „verbesserte" Deutungen erschließen – durch Nachfrage, durch Präzisierung sowie ggf. durch Kritik und Korrektur. (Das

---

[14] „Erfolgversprechend" verstehe ich hier tatsächlich im zweckrationalen Sinne, wobei nicht nur die Angemessenheit einer Zweck-Mittel-Relation geprüft wird, sondern die Zwecksetzungen selbst Gegenstand gemeinsamer Erörterung und adressatenseitiger Festlegung sind.

[15] *Bernd Dewe/Hans-Uwe Otto:* a.a.O. (Anm. 10), 801.

[16] Vgl. den profiliertesten Vertreter des (objektiv-)hermeneutischen Ansatzes in der Sozialpädagogik *U.Oevermann:* Hermeneutische Sinnkonstruktion: als Therapie oder Pädagogik missverstanden, in: D. Garz u.a. (Hg.): Brauchen wir andere Forschungsmethoden?, Frankfurt/M. 1983, 113-155.

gleiche gilt auch für die Entwicklung von Handlungsoptionen, von denen sich der Betroffene eine bessere und selbständige Bewältigung seiner krisenhaften Lebenslage erhofft.)

Worauf es mir hier ankommt ist zweierlei: *Zum einen* spiegelt die jeweilige Problemdeutung des Betroffenen in ganz erheblichem Maße sein höchst persönliches Selbst- und Weltverständnis, seine Hoffnungen und Ängste, seine großen und kleinen Lebensziele, seine biographischen Erfahrungen und Erwartungen, seine moralischen Intuitionen und Wertmaßstäbe usw. Wie eine erwerbslose Frau oder ein in Scheidung lebender Mann die äußere Konstellation ihrer konkreten Lebenssituation deuten, ob als völlig überfordernde Bedrohung oder aber als zwar schwierige, gleichwohl mit gewisser Unterstützung bewältigbare Lebensherausforderung usw., und welche Handlungsoptionen die Frau und der Mann in Ansehung ihres Situationsverständnisses dann selbst wahrnehmen oder auch zu ergreifen beabsichtigen, das alles hängt ganz erheblich von eben diesen höchst persönlichen Selbst- und Weltverständnissen der Betroffenen ab. Unterbricht die Erwerbslosigkeit der Frau ihre berufliche Karriere, die ein bedeutsame Teil ihres Lebensentwurfs darstellt, oder schneidet sie lediglich eine zwar gerne gesehene, gleichwohl nicht lebensnotwendige Zuerwerbsquelle ab usw.? Professionelle Interventionen haben hier die Aufgabe, durch kontrastierende oder auch bestätigende Deutungsangebote auf Seiten der Betroffenen das Panorama und die Differenzierung der Deutungsperspektive so erweitern zu helfen, dass sinnvolle Handlungsoptionen erkennbar und wählbar werden. Deshalb ist eine dialogisch-diskursive, also kommunikative Deutungspraxis für die Steigerung eigenverantwortlicher Lebensführungskompetenz unverzichtbar.

---

[17] Genau darin ist der Begriff der „Stellvertretenden Deutung" missverständlich und irreführend. Erstens muss sie so etwas wie eine objektive Hermeneutik unterstellen, die den Sinn von Handlungsverläufen einschließlich des Handlungssituationsverständnisses des Betroffenen gleichsam von außen adäquat erfassen könnte („Handlungserklärung"). Die Debatte um „Erklären" versus „Verstehen" in den Handlungs- bzw. Sozialwissenschaften hat überzeugende Argumente vorgetragen, die diese Möglichkeit ausschließen. (Vgl. dazu ausführlicher *Andreas Lob-Hüdepohl: Kommunikative Vernunft und theologische Ethik*, Freiburg i.Ue. 1993, 78-83, 114-120.) Zweitens würde sich das expertokratische Problem der stellvertretenden Problemlösung nur verschieben auf die expertokratische Definitionsgewalt der stellvertretenden Problemdeutung.

*Zum anderen* erfordert solche dialogisch-diskursive Deutungspraxis auf der Seite des Professionellen eine *kommunikative Kompetenz* im spezifischen Sinne. Sie umfasst nicht nur analytisch-methodisches Handlungs- und Erklärungswissen (um etwa Deutungsangebote und Handlungsmodelle vorzuschlagen) oder „Techniken" der Gesprächsführung. Sondern sie umfasst in hohem Maße auch solche empathische bzw. selbstdistanzierende Fähigkeiten, die das einfühlsame Verstehen der Lebenssituation und der Deutungsperspektive des anderen *als anderen* einschließlich des ihn prägenden Selbst- und Weltverständnisses gelingen lassen.[18] Solch einfühlsames Verstehen des anderen (in seiner Unterschiedenheit zu mir) setzt aber seinerseits voraus, dass der Sozialprofessionelle sich der eigenen, ihn selbst tragenden und prägenden Selbst- und Weltverständnisse, der eigenen Hoffnungen und Ängste, der eigenen großen und kleinen Lebensziele, der eigenen biographischen Erfahrungen und Erwartungen, der eigenen moralischen Intuitionen und Wertmaßstäbe usw. bewusst ist bzw. wird. Nur von einem aufgeklärten eigenen Selbst- und Weltverständnis – so die erste, unmittelbar einsichtige Begründung – kann ich mich so wirksam distanzieren, dass ich perspektivisch in das Selbst- und Weltverständnis des Gegenübers „einrücken" kann und ihm nicht meine hintergründig wirkende „Sicht der Dinge" aufnötige.

Die Vergewisserung des eigenen Selbst- und Weltverständnisses ist auch noch aus einem zweiten Grund, dem freilich wenig Beachtung geschenkt wird, ein professionelles Muss: Nur das mir wirklich bewusste, das für mich aufgeklärte eigene Selbst- und Weltverständnis kann als *Ressource*, kann als „*Aktivposten*" für die kommunikative Deutungspraxis furchtbar gemacht werden – als Aktivposten im Sinne eines Angebotes an Lebens- und Handlungserfahrung, mit dem sich der Klient auseinandersetzen kann; als Aktivposten aber auch im Sinne jener persönlich-biographischen „Lebensgewissheiten", das dem eigenen professionellen Engagement Sinn und Perspektive verleiht. Denn auch darin unterscheidet sich Soziale Arbeit, die kein technisch abzuwickelndes Geschäft sein will. Die kommunikative Praxis sozialberuflichen Handelns fordert die ganze Lebensgeschichte des Professionellen – nicht mit „Haut und Haaren", denn sie wahrt das ausgewogene Verhältnis von Nähe und Distanz; wohl aber mit jener Inspiration, die

---

[18] Vgl. dazu auch *Fritz-Rüdiger Volz:* „Lebensführungshermeneutik", in: Neue Praxis 23 (1993), 25-31.

ihn als Mensch mit Menschen und nicht nur als Techniker mit Werkstoffen arbeiten lässt.

## 5. OFFENHEIT FÜR DAS MYSTISCHE KOMMUNIKATIVER KOMPETENZ

Nach zugegeben durchaus mühevoll-abstrakten Skizzen zur Logik sozial-professionellen Handelns sind wir an jenem Ort angelangt, an dem die Rede von der Spiritualität in der Sozialen Arbeit nicht nur programmatischen Wert, sondern vor allem ihre sachliche, handlungslogische Berechtigung, ja sogar professionstheoretische Notwendigkeit hat. Die (professionstheoretisch begründete) Kritik an der (verabsolutierten) instrumentellen Vernunft in der professionalisierten Sozialen Arbeit hat uns zu einem Verständnis sozialprofessioneller Fachlichkeit geführt, deren Kern eben nicht einfach zweckrationale, sondern eben kommunikative Vernunft ist. *Kommunikative* Vernunft bindet die jeweils vorfindlichen Selbstverständnisse und „Lebensgewissheiten" beider Seiten als Ressourcen Sozialer Arbeit ein, ohne die sie als im echten Sinne kommunikative Praxis mit dem Ziel der Steigerung persönlicher Lebensführungskompetenz des Hilfsbedürftigen scheitern müsste. Man mag solche Selbstverständnisse und Lebensgewissheiten auf Seiten des Professionellen nüchtern die berufliche Grundeinstellung nennen, die dem eigenen professionellen Handeln Sinn und Perspektive verleiht, oder man mag sie als geistig-geistliche Grundhaltung bezeichnen, in der die religiöse Überzeugung eines Menschen in seinem beruflichen Handeln eine persönliche Gestalt annimmt. Gemeint ist in jedem Fall jene höchst persönliche Intuition, mit der ich mich als Sozialprofessioneller in und auf die kommunikative Praxis Sozialer Arbeit einlassen kann und tatsächlich einlasse.

Ich will diesen Gedanken an einem klassischen, fast schon verstaubten, in jedem Fall aber heftig kritisierten Grundmotiv Sozialer Arbeit kurz erläutern: dem *fürsorgenden Mitleid* in der *Nachfolge des Nazaräners*, für das sich im Kontext jüdisch-christlicher Tradition der Begriff der Barmherzigkeit eingebürgert hat. Selbstverständlich sollten wir jene berühmte Kritik Nietzsches aufmerksam beachten, die das Handeln aus Mitleid als ideologisch geschickte Verklärung höchst egoistischer Motive denunziert, sich lediglich über den Bemitleideten zu erhöhen und sich „in der ganzen Rücksichtslosigkeit seines eigensten lieben Selbst"[19] zu erleben. Und natürlich sollten wir Heideggers Unterscheidung zwischen der „einspringenden Fürsorge", die die Sorge eines Menschen um sich selbst abnimmt und letztlich entmündigt, und jener sinnvollen „vorausspringenden Fürsorge" sorgfältig im Auge behalten, die in der Antizipation gelingenderer Handlungsmöglichkeiten dem „Be-sorgten" (Klient) lediglich Optionen des Sich-selbst-Besorgens zuspielt.[20] Fürsorgendes Mitleid wäre mit Emmanuelle Levinas als jene Antwort zu verstehen, mit der wir auf das nackte So-Sein des anderen in dessen Bedürftigkeit reagieren, und zwar ohne Rückfrage nach Gegenseitigkeit und verallgemeinerter Gleichheit in der Erfahrung.[21] Oder es wäre mit Alfred Delp zu verstehen als das „Sich-Gesellen zum Menschen in allen seinen Situationen mit der Absicht, sie ihm meistern zu helfen, ohne eine Spalte und Sparte auszufüllen"; als „das Nachgehen und Nachwandern auch in die äußersten Verstiegenheiten des Menschen, um bei ihm zu sein genau und gerade dann, wenn ihn Verlorenheit und Verstiegenheit umgeben".[22]

Ein solches Grundmotiv meines sozialprofessionellen Handelns ist keinesfalls romantisch. Ja, es ist genauer besehen mitunter sogar hoch gefährlich. Es kann mich nämlich im Nachgehen und Nachwandern des „Verstiege-

---

[19] *Friedrich Nietzsche:* Werke in drei Bänden, hrsg. von Karl Schlechta, München 1956, 2.Bd. 486.

[20] „Die Fürsorge hat hinsichtlich ihrer positiven Modi zwei extreme Möglichkeiten. Sie kann dem Anderen die ‚Sorge' gleichsam abnehmen und im Besorgen sich an seine Stelle setzen, für ihn einspringen. Diese Fürsorge übernimmt das, was zu besorgen ist, für den Anderen. Dieser wird dabei aus seiner Stelle geworfen, er tritt zurück, um nachträglich das Besorgte als fertig Verfügbares zu übernehmen bzw. sich ganz davon zu entlasten. In solcher Fürsorge kann der Andere zum Abhängigen und Beherrschten werden, mag diese Herrschaft auch eine stillschweigende sein und dem Beherrschten verborgen bleiben. Diese einspringende, die ‚Sorge' abnehmende Fürsorge bestimmt das Miteinandersein in weitem Umfang, und sie betrifft zumeist das Besorgen des Zuhandenen. Ihr gegenüber besteht die Möglichkeit einer Fürsorge, die für den Anderen nicht so sehr einspringt, als dass sie ihm in einem existenziellen Seinkönnen vorausspringt, nicht um ihm die ‚Sorge' abzunehmen, sondern erst eigentlich als solche zurückzugeben. Diese Fürsorge, die wesentlich die eigentliche Sorge – das heißt die Existenz des Anderen betrifft und nicht ein Was, das er besorgt, verhilft dem Anderen dazu, in seiner Sorge sich durchsichtig und für sie frei zu werden" (*Martin Heidegger:* Sein und Zeit, Tübingen 1927, 122).

[21] Vgl. *Emmanuelle Levinas:* Totalität und Unendlichkeit. Versuch über die Exteriorität. Freiburg 1987.

[22] *Alfred Delp:* Im Angesicht des Todes, Mainz 1983, 141.

nen" und „Verloren" selbst in Verstiegenheit und Verlorenheit gelangen lassen; Verstiegenheit und Verlorenheit dann, wenn mein Engagement für den anderen mich selbst verlieren lässt, mich mit Grenzen und Begrenztheiten, mit Enttäuschungen und Scheitern, mit unerträglichem Leid oder auch mit persönlicher Anfeindung von Seiten anderer konfrontiert. Das Grundmotiv des fürsorgenden Mitleids könnte in seiner Gefährlichkeit trotzdem seine Tragfähigkeit für mein sozialberufliches Handeln erweisen, weil ich jener letztlich obsiegenden und rettend-heilenden Nähe Gottes vertraue, die in den vielen Hoffnungs- und Befreiungserfahrungen der biblischen Tradition bezeugt wird; der mir gleich dem *Gekreuzigten* auch und gerade in Situationen eigener Gefährdung und Hoffnungslosigkeit die Treue hält. Jürgen Moltmann hat dieses Selbstverständnis treffend als die Diakonie im Zeichen des Kreuzes im Horizont des Reiches Gottes bezeichnet.[23]

Die Bedeutsamkeit solcher und vieler anderer Weisen von persönlichen Selbstverständnissen und Lebensgewissheiten für die Gestaltung professioneller Sozialer Arbeit als kommunikative Praxis dürfte durch dieses Beispiel – dem gewiss noch viele hinzufügen wären – offensichtlich werden. Ich betone aber ausdrücklich: Weder besitzt die vorgenannte spirituelle Ressource in der Sozialen Arbeit ein automatisches Privileg, noch ist sie die einzige. Über die vielen weiteren Formen und Weisen der Spiritualität in der Sozialen Arbeit wird im Verlauf der Tagung noch viel zu berichten werden. Mir kam es nur darauf an darzustellen, dass die vielbeschworene Rede von Rückbesinnung auf die Spiritualität in der Sozialen Arbeit keinesfalls eine „Rolle rückwärts" in die Zeiten vorprofessionalisierter Sozialer Arbeit ist, sondern sich im Gegenteil als Konsequenz einer durch die Kritik instrumenteller Vernunft aufgeklärten Professionalisierung der Sozialen Arbeit nachgerade aufdrängt.

Und noch eines ist gewiss: die geistig-geistlichen Grundfiguren unserer persönlichen Lebensführung, in der sich der religiöse Glaube mit den Erfordernissen beruflichen Handelns zur entscheidenden Ressource im Handgemenge des Alltags verschwistern kann, sind nichts Statisches. Sondern

---

[23] Ich habe diesen Gedanken etwas ausführlicher dargelegt in: *Andreas Lob-Hüdepohl:* Kirchlichkeit als Qualitätsmerkmals kirchlicher Hochschulen, in: Schnittstellen lebenslangen Lernens. Kirchliche Fachhochschulen und ihre Träger im Gespräch. hrsg. vom Präsidium der Bundeskonferenz der Präsidenten und Rektoren kirchlicher Fachhochschulen in der Bundesrepublik Deutschland (RKF), Darmstadt 2001, 67-81, hier: 74ff.

sie sind nicht zuletzt Prozesse „mystagogischen" (Rahner) Selbsterlebens jedes einzelnen; für sich, aber nicht unbedingt allein – ob in Meditation und Gebet, im gemeinschaftlich liturgischen Gottesdienst oder im solidarischen Handeln im Alltag der Welt; Prozesse mystagogischen Selbsterlebens, deren manchesmal höchst individuellen Formen und Weisen uns unsere Spiritualität leben und kultivieren lassen.

## 6. AUSBLICK: SICHEINLASSEN AUF DAS NAMENLOSE UND UNSPEKTAKULÄRE „HEILIGER" TRADITIONEN

Was mit mystagogischer Erinnerungsarbeit gemeint sein könnte, vermitteln vielfältige Geschichten der biblischen Traditionen – übrigens in interessanter Übereinstimmung mit Bourdieus Abhandlung über das „Elend der Welt": in Lebensgeschichten vieler Namenloser, die uns einen tiefen Einblick nicht nur in die unheilvollen Verstrickungen unserer Welt vermitteln, sondern auch in ihrer produktiven, im eigentlichen Sinne des Wortes „inspirierenden" Transformation für das heutige „Tagesgeschäft" Sozialer Arbeit.

So die alttestamentliche Geschichte Jiftachs und seiner namenlosen Tochter. Sie ist kurz erzählt (vgl. Ri 11): Da ist Jiftach, richterliches Oberhaupt und Anführer der Frauen und Männer aus Gilead, die sich gegen die Ammoniter verteidigen müssen. Der biblischer Erzähler berichtet, dass Jiftach auf den Beistand seines Gottes zählen kann: Der Gott Israels führt die feindlichen Ammoniter in seine Hände und verhilft ihm so zum erhofften Sieg. Dieser Sieg aber ist teuer erkauft: nämlich mit Jiftachs Tochter. Denn Jiftach hatte seinen Gott gelobt: „Wenn du die Ammoniter wirklich in meine Gewalt gibst, dann soll, was auch immer mir aus der Tür meines Hauses als Erstes entgegenkommt, dem Herrn gehören; ich will es ihm als Brandopfer darbringen." Und hier passiert das Unglück: Ausgerechnet seine Tochter tritt ihm bei seiner Heimkehr als erste aus dem Haus entgegen. Ausgerechnet an seiner Tochter muss er sein Gelübde vollziehen; sie ist das Brandopfer in seiner Hand. Mit ihr verliert er seinen ganzen Vaterstolz – die liebgewordene Tochter das einzige Kind.

Die über Jahrhunderte hindurch gängige Lesart dieser Geschichte las sie als Verlierergeschichte des Jiftachs – und missachtete in eigentümlicher Weise die Lebensgeschichte seiner Tochter, für die selbst die Bibel keinen Namen kennt! Tatsächlich geht es auf den ersten Blick um Jiftachs tragisches

Schicksal; ein Schicksal, für das er selbst verantwortlich ist. Denn Jiftach mitraute, wie uns der biblischer Erzähler ausführlich darlegt, seinen Erfolgsaussichten im Kampf gegen die Ammoniter; misstraut dem Geist Gottes, der, wie die Erzählung vermerkt, längst über ihn gekommen ist. Er will sich lieber noch durch einen Handel rückversichern; will seinen Gott fest an sich binden: „Wenn Du wirklich mir ..., dann geb' ich hinterher auch Dir ...“ Aber: Solch durchsichtige Kuhhändel sind seines Gottes Sache nicht. Deshalb rächt sich sein Versuch bitter: Verlust seines größten Stolzes, Verlust seiner Tochter.

Doch damit nicht genug. Anstatt über sich selbst, über sein Sicherheitsstreben, über sein unglückseliges Gelübde in Wut und Zorn auszubrechen, besitzt Jiftach die Ungeheuerlichkeit, ausgerechnet seine Tochter, ausgerechnet das eigentliche Opfer für seinen schmerzlichen Verlust verantwortlich zu machen: „Weh, meine Tochter“, ruft er ihr entgegen, „*Du* machst mich niedergeschlagen, *Du* stürzt mich ins Unglück!“ Nicht er wird seiner Tochter zum Unglück, umgekehrt, seine ahnungslose Tochter soll *für ihn* das Unglück sein. Dabei macht diese Tochter nichts anderes, als es einer guten alten Tradition aller Frauen Israels entspricht: Pauken schlagend und Reigen tanzend feiert sie das Ende der feindlichen Bedrohung und geht den siegreichen Mannen, dem siegreichen Vater freudig entgegen.

Doch berichtet die biblische Erzählung etwas Merkwürdiges an ihr, etwas, das abweicht und unmerklich einen entscheidenden Wechsel einleitet: Jiftachs Tochter kommt allein; sie kommt zwar mit Pauke und mit Tanz, aber stumm, ohne Gesang. Ob sie die Einsamkeit und Freudlosigkeit ihres Schicksals ahnt, das ihr in Gestalt des zum Brandopfer verpflichteten Vaters entgegenkommt? Der Erzähler lässt den Leser im Ungewissen. Er verlautet nur, dass sich Jiftachs Tochter dem Unausweichlichen fügt: „Tu mit mir, was du versprochen hast!“ erwidert sie ihm – ohne Flehen, ohne Auswegsuchen. Doch das stellt sie unerwartet eine Forderung; da bricht unerwartet ihr Mut auf, wenigstens einen kleinen Zeitraum auszuhandeln, über den nicht ihr Vater, über den nur sie selbst verfügt. Zwei Monate Aufschub fordert sie von ihrem Vater, zwei Monate, in denen sie in der Abgeschiedenheit der Berge – wie sie sagt – „ihre Jugend beweinen“ will. Nicht allein, gemeinsam mit ihren Freundinnen beklagt sie dort den herannahenden Tod. Dieser kleine Freiraum aber, unscheinbar und doch fast unvorstellbar in einer Welt, in der ein Vater legal wie selbstherrlich über das Leben seiner Tochter verfügt, dieser kleine Freiraum verwandelt das Weinen über die Jugend, verwandelt das Klagen über den nahenden Tod auch zur *Anklage*; zur

Anklage, in der wenigstens einen Moment lang Protest und Widerstand aufblitzt gegen ein tödliches Schicksal, das Jiftachs Tochter verfrüht und gewaltsam trifft. Spätestens ab hier ist Jiftachs Tochter die eigentliche Hauptdarstellerin der Geschichte; spätestens ab hier ist es ihre Lebensgeschichte, ist es die Geschichte und das Leiden dieser Namenlosen. Es ist zudem die Geschichte ihrer Nachwelt. Denn die biblische Erzählung endet in gewisser Weise bis in unsere Gegenwart hinein offen. Sie webt das Schicksal der Namenlosen bereits in weitere Lebensgeschichten ein: „So wurde es Brauch in Israel", berichtet der Schluss der biblischen Erzählung, „dass Jahr für Jahr die Töchter Israels in die Berge gehen und die Tochter des Gileaditers Jiftach beklagen, vier Tage lang, jedes Jahr." Diese gemeinsame Klage der Töchter Israels hält die Erinnerung wach an die Namenlose, die schon in der biblischen Geschichte von der Lebensperspektive ihres Vaters an den Rand gedrängt wird. Diese vier Tage gemeinschaftlicher Klage und Erinnerung sind die Auszeit, die den gewohnten Lebenslauf unterbrechen; die Distanz suchen zum Handgemenge des Alltags; die Besinnung und Neuorientierung ermöglichen sollen. Solche Auszeit, in denen Frauen aus der Erinnerung an das gnadenlose und unbarmherzige Schicksal dieser Namenlosen heraus die vielen Lebensschicksale beklagen, die in ihrer Zeit, die heute vereinnahmt, heute verplant, heute vernutzt sind; die heute, wie Bourdieu in seinen vielen Interviews eindrücklich schildert, namenlos an und in der modernen Gesellschaft leiden.

Soziale Arbeit ist – neben den vielen hoffnungsvollen Erfahrungen – immer auch geprägt von Erfahrungen des Misslingens, des Scheiterns, des Leidens. Deshalb könnten solche Auszeiten der gemeinsamen Erinnerung und Klage nach wie vor heilsame Unterbrechungen sein, aus denen die Widerständigkeit gegen den Trott eines vereinnahmenden Alltags neuen Mut und neue Kraft schöpft. Es wären erfüllte Zeiten, in denen sich die Empfindsamkeit gegenüber den Lebensgeschichten der vielen Namenlosen regeneriert – eine Empfindsamkeit, die durch die Geschichten individuellen Leidens hindurch immer auch der Zuversicht und dem Lebensmut, vielleicht auch dem Witz und dem Charme, vor allem aber der ungestillten Sehnsucht dieser vielen Namenlosen nach einem Leben in Anerkennung und Würde begegnen lässt.

# Bilder vom Menschsein – Bilder des Helfens

Ein theologisch-anthropologischer Beitrag zum Verhältnis
von Spiritualität und Sozialer Arbeit

Andrea Tafferner

Soziale Arbeit ist ein weites Feld: als „personenbezogener Dienstleistungsberuf"[1] befasst sie sich mit der professionellen Bearbeitung sozialer Problemlagen – mittlerweile in einer immer größeren Ausdifferenzierung.[2] Wo in diesem weiten Feld ist Platz für Spiritualität? Das Zentrum für Menschenrechte der Vereinten Nationen hat 1994 ein „Manual for Schools of Social Work and the Social Work Profession" herausgegeben, in dem davon ausgegangen wird, dass Soziale Arbeit auch in einem „spirituellen Kontext" stattfinde.[3] Darunter wird verstanden, dass es für eine „humanere Praxis ... entscheidend" sei, „dass man dem Geist, den Werten, Einstellungen, Moralvorstellungen, wie auch den Hoffnungen und Idealen der KlientInnen Beachtung schenkt und dass sich die SozialarbeiterInnen zugleich ihrer eigenen Wertvorstellungen bewusst sind".[4] Ist Spiritualität also auch ein weites Feld? Ja, wenn man bedenkt, wie sehr Einstellungen, Werthaltungen und Ideale in der je individuell-einzigartigen Lebensgeschichte verankert sind und sich daher kaum auf einen Nenner bringen lassen.

---

[1] Bernd Dewe, Wilfried Ferchhoff, Albert Scherr, Gerd Stüwe: Sozialpädagogik, Sozialarbeitswissenschaft, Soziale Arbeit? Die Frage nach der disziplinären und professionellen Identität, in: Sozialmagazin 21 (1996) H.6, 36-45, hier 41.
[2] Vgl. ebd.
[3] United Nations/Centre for Human Rights (ed.): Human Rights and Social Work. A Manual for Schools of Social Work and the Social Work Profession. In: Professional Training Series No.1, New York, Geneva 1994. (Ein Handbuch/Leitfaden erstellt von UN/Centre for Human Rights und zwei NGOs, nämlich: „International Federation of Social Workers" (IFSW) und „International Association of Schools of Social Work" (IASSW).)
In Auszügen in: W. R. Wendt (Hg.): Soziale Arbeit im Wandel ihres Selbstverständnisses – Beruf und Identität, Freiburg 1995, 81-99. Das Handbuch benennt insgesamt fünf Kontexte Sozialer Arbeit: „der geographische, der politische, der sozioökonomische, der kulturelle und der spirituelle" (87).
[4] Ebd. 88.

Wenn ich im Folgenden dennoch versuchen möchte, darzulegen, wie ich das Verhältnis von Spiritualität und Sozialer Arbeit sehe, dann tue ich dies mittels der notwendigen Abstrahierung und in der Überzeugung, dass ein Nachdenken über Spiritualität in der Sozialen Arbeit beiden dienen wird: dem Professionsverständnis Sozialer Arbeit auf der einen und all den Versuchen, zu fassen, was mit „Spiritualität" gemeint ist, auf der anderen Seite.

## 1. ZUR PROBLEMATIK SOZIALARBEITERISCHER IDENTITÄT

Liest man Beschreibungen vom Berufsbild von SozialarbeiterInnen und HeilpädagogInnen,[5] liest man Aufgabenbeschreibungen einzelner Arbeitsfelder, dann wird deutlich: Der Beruf erfordert reife Personen, die in der Lage sind, unterschiedlichste Menschen (Kinder, Jugendliche, Frauen, Männer, Suchtabhängige, alte Menschen, Menschen mit Behinderungen und psychischen Erkrankungen, MigrantInnen usw.) zu beraten, zu begleiten, zu fördern, zu betreuen, zu motivieren und, und, und. Zu Recht heißt es, dass das „Einbringen der eigenen Person in die berufliche Arbeit"[6] unerlässlich ist. Daher wird die Sozialarbeiterin zur „ständigen kritischen Überprüfung der Einstellung, der Motivation und des Handelns sowie deren Auswirkungen" aufgefordert und ihr Beratung, Fortbildung und Supervision empfohlen.[7]

Soziale Arbeit ist ein helfender Beruf. Es geht um die Ermöglichung von hilfreichen Prozessen für die KlientInnen. Für diese Hilfeprozesse gibt es eine Vielfalt von Theorien, Konzepten, Methoden. Anstelle jedoch nun diese Konzepte nach eventuellen spirituellen Implikationen abzufragen, möchte ich einen anderen Weg gehen.

Ich greife eine Studie von Rudolf Schmitt auf, die 1995 unter dem Titel „Metaphern des Helfens" erschienen ist.[8] Der Autor geht in dieser Unter-

---

[5] Vgl. z.B. Berufsbild für Diplom-Sozialarbeiterinnen/Sozialarbeiter des Deutschen Berufsverbands für Sozialarbeit, Sozialpädagogik und Heilpädagogik e.V. (DBSH) von 1997 und den Diskussionsentwurf für das Berufsbild Heilpädagogin/ Heilpädagoge des Berufsverbandes der Heilpädagogen (BHP) e.V. vom November 2001.

[6] Berufsbild des DBSH (siehe Anm.5).

[7] Ebd.

[8] Rudolf Schmitt, Metaphern des Helfens (Fortschritte der psychologischen Forschung Bd.26), Weinheim 1995.

suchung der Frage nach, mit welchen Bildern des Helfens in der Einzelfallhilfe gearbeitet wird. Dazu hat er nicht die theoretischen Konzepte der Einzelfallhilfe durchgearbeitet, sondern neun Personen aus der Einzelfallhilfe interviewt.[9] Diese neun Personen hat er anhand offener Fragen von ihrer Arbeit mit Kindern und Jugendlichen und deren Familien erzählen lassen.[10] Die Interviews wurden mittels einer Inhalts- und einer Metaphernanalyse ausgewertet, um so etwas über das berufliche Selbstverständnis, das Selbstbild der Helfenden zu erfahren. Unter „Metaphernanalyse" ist dabei zu verstehen, dass man darauf achtet, in welchen Bildern die Helfenden von ihrer Arbeit sprechen.

Ich halte diesen Ansatz für sehr aussagekräftig, um etwas über sozialarbeiterische Identität und ihre Problematik zu erfahren. Denn berufliche Identität entsteht nicht aus Theorien, sondern aus den inneren, verinnerlichten Bildern der eigenen Arbeit.

Die Metapherntheorie unterscheidet „auffällige" und „unauffällige" Metaphern. Eine „auffällige" Metapher steckt z.b. in folgender Aussage: „X. ist doch ein Gully, der alle Hilfe schluckt."[11] Mit der Verwendung des „Gully-Bildes" ist es dem Sozialarbeiter möglich, seinem Empfinden über die Arbeit mit dem Klienten X. einen Ausdruck zu geben.

„Unauffällige" Metaphern werden Formulierungen genannt, die in unserem Sprachgebrauch schon kaum mehr als Metapher wahrgenommen werden. So verwendet die Aussage: „Nach der Entlassung muss er erst recht gestützt werden" z.b. das Bild der Stütze, das aus dem Handwerk kommend verdeutlicht, dass hier eine Last ist, die ohne Stütze zusammenbrechen würde.[12]

Die eminente Bedeutung von Metaphern liegt nun aber darin, dass Metaphern wie innere Orientierungen funktionieren und unsere Denk- und Handlungsmöglichkeiten bestimmen.[13] Für die Soziale Arbeit sind die „Metaphern des Helfens" deshalb so wichtig, weil sie dazu beitragen, Komplexität zu reduzieren, und weil sie Informationen für Handlungsorientierungen bereit halten.[14]

---

[9] Sechs Helferinnen und drei Helfer, (sozial-)pädagogisch und/oder psychologisch ausgebildet, zum Teil mit therapeutischen Zusatzausbildungen (vgl. ebd. 58).
[10] Vgl. ebd. 59f.
[11] Ebd. 66.
[12] Vgl. ebd.
[13] Vgl. ebd. 67.
[14] Vgl. ebd. 95.

Rudolf Schmitt fasst seinen Ansatz für die Metaphernanalyse so zusammen: „Metaphern sind keine ‚uneigentliche Sprache‘, sind keinesfalls nur schmückende literarische Bilder. ... Sie leiten die Aneignung von Welt, sie sind Interpretationsfolien, durch die wir assimilieren. Sie strukturieren Unvertrautes in Bezeichnung, Wahrnehmung und Handlung, indem sie Vertrautes übertragen. ... Ich gehe mit Lakoff und Johnson davon aus, dass gerade komplexe Bereiche der sozialen Interaktion, wie sie in Beratung, Therapie und Sozialarbeit auftauchen, nur via Metapher von den Subjekten begriffen werden, und dass die Metaphernanalyse die via regis zu den unbekannten Bereichen der öffentlichen helfenden Interaktion ist."[15]

Dies kann Schmitt an seinen Ergebnissen aus den Interviews in der Einzelfallhilfe aufzeigen. Generell zeigen seine Interviews, dass Einzelfallhilfe das „Aushalten von schwierigen Situationen" ist.[16] Durch die Komplexität des einzelnen Falls sei Sinnstiftung schwierig, die Metaphernfelder ermöglichen es den HelferInnen, „unter schwierigen Umständen sich an einem (inneren) Bild zu orientieren".[17]

Die wichtigsten Metaphern, also „innere Bilder", mit denen die befragten HelferInnen ihre Arbeit beschrieben, hat Schmitt Metapherfeldern zugeordnet. Das sind z.B.:

- die „räumlich-kinästhetische Metaphorik": „Einzelfallhilfe ist ‚auf den Weg bringen‘, geht von einem ‚engen‘ oder ‚heimatlosen‘ Ort der Familie aus und über eine ‚Gratwanderung‘ in einen ‚Freiraum‘. Die Helfenden ‚begleiten‘ die KlientInnen, versuchen, bei ihnen ‚anzukommen‘ und mit ihnen ‚umzugehen‘."[18]

- die Metaphorik der Last: „Einzelfallhilfe ist ein ‚Unterstützen‘ von ‚belasteten‘ KlientInnen, die es ‚schwer‘ haben und deren Bedingungen ‚erleichtert‘ werden sollen."[19]

---

[15] Ebd. 109 (Schmitt bezieht sich auf die Metapherntheorie von George Lakoff und Mark Johnson, Metaphors we live by, Chikago 1980), vgl. auch 117: „Unter Metapher verstehe ich .... alle im strengen Sinne nicht-wörtlich gebrauchten Bestandteile der Rede, in denen Erfahrungen, Wahrnehmungen, Wissen und Handlungsdispositionen aus einem Bereich erlebter Wirklichkeit auf einen anderen übertragen werden. Produzieren mehrere Metaphern eine gleichsinnige Übertragung, so spreche ich von einer ‚Wurzelmetapher‘, synonym mit ‚Metaphernfeld‘, ‚metaphorisches Modell‘ und ‚metaphorisches Konzept‘."

[16] Ebd. 250.

[17] Ebd. 251.

[18] Ebd. 188.

- die visuelle Metaphorik: „Einzelfallhilfe ist der Versuch, ‚durchzublicken', auch wenn man im ‚Dunkeln' tappt, hat als Aufgabe, zu ‚klären', welche ‚Sichtweisen' und ‚Vorstellungen' bei Eltern, Kind und Amt ‚deutlich' sind."[20]

- die Metaphorik des Produktionsprozesses: „Einzelfallhilfe zeigt sich als ‚Herstellen' von Beziehungen, ‚Machen' von Hausaufgaben und ‚Aufarbeiten' von Defiziten: Hilfe als Produktionsprozess."[21]

Für Schmitt war es auffallend, dass sich in den Interviews keine „biologischen Metaphern des Wachstums, der Reifung, der Betonung des Organismus bzw. des Leibes und seiner Erfahrungen, aber auch seiner Eigengesetzlichkeit"[22] fanden. Einzelfallhilfe sei demnach „sehr viel deutlicher ein ‚Machen' als ein ‚Gewährenlassen'".[23]

Aufschlussreich bei der Metaphernanalyse ist außerdem, dass mit Metaphern auch das Atmosphärische, das Klima einer Arbeit sichtbar werden kann. Mit Metaphoriken können Geschehnisse, die wenig greifbar sind, ausgedrückt werden. So erfasst die Interviewanalyse von Schmitt, dass die Befragten nicht nur spezifische, konkrete Konflikte und Probleme ihrer Arbeit klar benennen, sondern dass sie auch in Bildern von Verwirrung, Ungewissheit und Unsicherheit ihre Arbeit beschreiben.[24]

Das zentrale Problem der EinzelfallhelferInnen scheint schließlich zu sein, „sich in den Spannungen und Ausweglosigkeiten der sozialen Situation der KlientInnen und ihrer Familien zu behaupten."[25] Diese Spannungen ergeben sich aus den unterschiedlichen Erwartungen und Definitionen der Hilfen, aus Vereinnahmung in private Beziehungskonstellationen, aus Überforderung mit Problemen der Familie usw.

Dieses Buch ist ein kleiner Ausschnitt der sozialarbeiterischen Profession. Es zeigt

---

[19] Ebd.

[20] Ebd.

[21] Ebd. Weitere Metaphoriken sind: die Metaphorik der Bindung, der Behälter, des Gebens und Nehmens, der schulischen Leistungen und die räumlich-akustische Metaphorik. Vgl. ebd.

[22] Ebd. 220.

[23] Ebd.

[24] Vgl. ebd. 255.

[25] Ebd. 239, vgl. 250.

- die Problematik eines beruflichen Selbstbildes in einem Gemenge von Beziehungen, Strukturen, Erwartungen, Aufträgen, Auftraggebern usw.;

- die Bedeutung des Sich-selber-Behauptens begleitet von Erfahrungen der Unsicherheit, Ungewissheit, ja Verwirrung;

- die Bedeutung von „Metaphern des Helfens" als inneren Bildern, an denen ich mein Handeln orientiere und die mir helfen, Komplexität zu reduzieren.

- Nachdenklich hat mich außerdem gemacht, dass der Autor der Studie berichtet, dass Resignation und vorzeitiges Beenden einer Hilfemaßnahme in der Einzelfallhilfe keine Seltenheit sind.[26]

Inwiefern kann nun Spiritualität einen Beitrag zum beruflichen Selbstbild, zur Notwendigkeit des Sich-Behauptens inmitten einer komplexen Situation leisten? Kann Spiritualität den Hilfeprozess sowohl für die SozialarbeiterInnen als auch für die KlientInnen zu einer größeren Zufriedenheit führen (und damit die Resignation reduzieren)? Und schließlich: Zu welchen Metaphern des Helfens führt Spiritualität?

## 2. Anthropologische Voraussetzungen christlicher Spiritualität

Jean Vanier, der Gründer der „Arche", einer Lebensgemeinschaft von Menschen mit und ohne geistiger Behinderung, schreibt in seinem Buch „Einfach Mensch sein": „Ich bin der Überzeugung, dass wir spirituell nicht reifen können, wenn wir unser Menschsein vernachlässigen, genau wie wir umgekehrt kein volles Menschsein erlangen können, wenn wir die Spiritualität vernachlässigen."[27] Es geht also – systematisch ausgedrückt – um den Zusammenhang von Anthropologie und Spiritualität. Erstere, die Anthropologie, ist eine Lehre, die Theorie vom Menschen. (Oder sollten wir schon besser sagen: vom Menschsein?) Die zweite, die Spiritualität, ist keine Lehre. Sie ist der Weg zum Menschsein, die Einübung ins Menschsein. Doch was für eine Vorstellung von Menschsein liegt hier zugrunde?

---

[26] Vgl. ebd. 239-241.

[27] Jean Vanier, Einfach Mensch sein. Wege zu erfülltem Leben, Freiburg, Basel, Wien 2001, hier 8.

Die theologische Anthropologie enthält eine fundamentale Behauptung: Sie geht davon aus, dass das Selbstbild, das wir durch unsere Sozialisation entwickeln, das „Ich", das wir uns aufbauen, die Vorstellung vom „Leben", die wir in der Regel haben, dass all das ein „falsches Ich" sei. Jesus redet davon, dass wir, wenn wir das Leben in unserer gängigen Vorstellung gewinnen wollen, das wahre Leben verfehlen (vgl. Mt 16,26). Zu Nikodemus sagt er, dass wir aus dem Geist wiedergeboren werden müssten, um das Reich Gottes zu sehen (vgl. Joh 3,1-7). In dieselbe Richtung gehen die Aufforderungen Jesu, wie die Kinder zu werden (vgl. Mt 18,3). Kinder leben in der Gegenwart, sie sind unkonventionell und spontan und daher Vorbild dafür, das „wahre Ich" zu finden. Paulus spricht davon, dass wir mit Christus sterben (!) müssen, um zum wahren Leben zu kommen (vgl. Röm 6,8). Der alte Adam muss sterben, damit der neue Adam geboren werden kann (vgl. Eph 4,22-24). Paulus sagt von sich selber: „Ich lebe, aber nicht mehr ich, sondern Christus lebt in mir" (Gal 2,20).

Jean Vanier zitiert in seinem Buch den Theologen Donald Nitcholl, der einen Vers aus dem alttestamentlichen Hohenlied der Liebe (Hld 5,2) im Sinne der Unterscheidung von falschem und wahrem Selbst interpretiert: „„Ich schlief (d.h. mein Ego schlummerte), doch mein Herz war wach. ... Wenn das Herz mit seinen tiefsten Strebungen nicht behindert wird, dann muss das Ego, das partielle Selbst, das ständig auf sich selbst achtet und seine Rolle entwirft und spielt, verschwinden.' Donald Nitcholl rührt hier an eine tiefe Wahrheit. Alle spirituellen Meister sprechen vom Sterben des Selbst, damit ein neues Selbst ans Licht kommen kann."[28] Vanier sieht dieses neue Selbst mit der „Freisetzung der Liebe"[29] gegeben, von der Jesus spricht. „„Amen, amen, ich sage euch: Wenn das Weizenkorn nicht in die Erde fällt und stirbt, bleibt es allein; wenn es aber stirbt, bringt es reiche Frucht. Wer an seinem Leben hängt, verliert es; wer aber sein Leben in dieser Welt gering achtet, wird es bewahren bis ins ewige Leben' (Johannes 12,24f): Das hier genannte ‚Leben' ist dasjenige des falschen Ich, und mit dem ‚ewigen Leben' ist nicht das Leben nach dem Tod gemeint, sondern das Leben, das wir in der Freiheit der Liebe verwirklichen sollen."[30]

Eine so skizzierte Anthropologie beschreibt nicht nur innere Freiheit und Liebe als Erfüllung des Menschseins, sondern schließt auch ein, dass es einen Entwicklungsprozess, ein Wachsen und Reifen im Menschsein, d.h. in

---

[28] Ebd. 141.
[29] Ebd.
[30] Ebd.

der Fähigkeit zu lieben, gibt. Damit wir werden, was wir sind, bedarf es eines spirituellen Weges. Dieser Weg müsste uns in das Geheimnis unseres Wesens hineinführen und uns unsere Transzendentalität als Zugang zum „wahren Selbst" erschließen. Wir sind „die auf den unbegreiflichen Gott Verwiesenen", schreibt Karl Rahner. „Die Annahme oder Ablehnung des Geheimnisses, das wir als die arme Verwiesenheit auf das Geheimnis der Fülle sind, macht unsere Existenz aus."[31] Der Glaube beschreibt diesen Akt der Annahme des Geheimnisses als etwas, was uns zukommt, als ein Geschenk, das uns in der Haltung des Loslassens, des Empfangens zuteil wird, und daher bereits eine Erfahrung dieses „neuen Ich" beinhaltet.[32] Was Paulus so paradox formuliert „Ich lebe, aber nicht mehr ich" und Donald Nitcholl als „schlummerndes Ego" beschreibt, ist einerseits die Verabschiedung von selbstkonstruierten Ego-Zentrismen, aber es ist andererseits nicht eine Ich-Aufgabe und Selbstlosigkeit, die für fremde Zwecke ausnutzbar und manipulierbar macht. Das neue Ich ist „Christus in mir" und ist ein waches Herz, und damit eigenständig und autonom.[33]

### 3. SPIRITUALITÄT ALS EINÜBUNG INS MENSCHSEIN

Spiritualität ist also der Weg, zum eigenen wahren Selbst zu finden. Dieser Weg wird zur Gemeinschaft mit Gott, wenn auf dieser Suche erfahren wird, dass Gott es ist, der mich sucht und der mich findet.
So scheint es zur Spiritualität dazuzugehören, dass sie sich auf mehreren Ebenen bewegt und unterschiedliche Formen kennt. Deshalb spricht man

---

[31] Karl Rahner, Grundkurs des Glaubens. Einführung in den Begriff des Christentums, Freiburg [12]1982, 215.

[32] Vgl. Wolfhart Pannenberg, Christliche Spiritualität. Theologische Aspekte, Göttingen 1986, 88: „Die Kraft des Glaubens besteht darin, dass er uns über unser altes Selbst hinaushebt, weil im Akt des Vertrauens unsere Existenz auf dasjenige und auf denjenigen begründet wird, dem wir uns selbst anvertrauen. Ihm überlassen wir uns selbst, ganz buchstäblich genommen. Weil aber darin die Kraft des Glaubens besteht, darum kann der Akt des Glaubens nicht adäquat als ein Handeln des alten Subjekts verstanden werden. Dieses soll ja gerade überwunden werden im Ereignis des Glaubens. Daher hat Luther den Glauben gern als ein Ergriffenwerden beschrieben, als ein Ereignis spiritueller Ekstase, die uns über uns selbst hinaushebt."

[33] Dies sei gegen jeden Missbrauch christlicher Selbstlosigkeit betont. Vgl. dazu: Andrea Tafferner, Die Qualität des Dienens. Zur Spiritualität einer Diakonin, in: P. Hünermann u.a. (Hg.), Diakonat. Ein Amt für Frauen in der Kirche – Ein frauengerechtes Amt? Ostfildern 1997, 263-271.

zurecht von Spiritualität dort, wo sich jemand mit Hilfe von Körperarbeit, von Zentrierungs-, Stille- und Meditationsübungen auf den Weg zur eigenen Mitte begibt. Und Spiritualität ist ebenso dort gegeben, wo sie sich als Ausdruck, Vertiefung und Pflege einer Gottesbeziehung versteht. Und ebenso dort, wo mitmenschliche Begegnung und alltägliche Arbeiten mit entsprechender Achtsamkeit angegangen werden. Im Raum einer Glaubensgemeinschaft kann Spiritualität auch geprägte Formen (Rituale, Stundengebet, Sakramente) annehmen.

Der Weg zum Selbst jedoch lässt sich beschreiben als „Öffnung des Herzens". Denn „Herz" ist die Metapher für das wahre Ich, für das „Tiefste in uns",[34] den „innersten Kern".[35] „Herz" ist der Ort, wo unsere Gottebenbildlichkeit schlummert. Wir wissen, schreibt Jean Vanier, „dass wir noch stärker, wahrhaftiger und lebendiger sein könnten".[36]

Die Öffnung des Herzens vollzieht sich zum einen als Reise nach innen. Es ist der Weg in die Stille, die Einladung zu beten und zu meditieren, sich darin einzuüben, den „Gedankenstrom versiegen zu lassen"[37] (das Ego zur Ruhe zu bringen). Es ist der Rat, den alle spirituellen MeisterInnen geben: „Geh in die Stille!"[38] Es ist der Weg der Selbsterkenntnis, der Weg der Achtsamkeit sich selbst gegenüber, der Zugang zu den wirklichen, verborgenen, tiefen Empfindungen. Die Reise nach innen hilft uns, unsere Selbstbilder, die meist vom Streben nach Anerkennung, nach Erfolg, nach Image, vom Greifen nach äußeren Dingen geprägt sind, als Illusion zu erkennen und sie loszulassen. Diese Entspannung des Loslassens scheint die Voraussetzung dafür zu sein, dass Bilder anderer Art in uns entstehen können. Bilder, die meines Erachtens dazu führen, Aufgaben mehr schöpferisch und spielerisch anzugehen. Dag Hammarskjöld, UN-Generalsekretär von 1953-1961, bezeichnet diese Reise nach innen als die längste,[39] und von Madeleine Delbrêl, einer französischen Sozialarbeiterin, stammt das schöne Wort: „Wenn du bis ans Ende der Welt gehst, findest du die Spur Gottes. Wenn du auf den Grund von dir selbst gehst, findest du Gott selbst."[40]

---

[34] Vanier 101.

[35] Ebd. 103.

[36] Ebd.

[37] Teresa von Avila, „Ich bin ein Weib und obendrein kein gutes". Ein Portrait der Heiligen in ihren Texten, Freiburg i. Br. [7]1990, 65.

[38] Vgl. ebd. 57: „Das erste, was uns seine Majestät über das Gebet lehrt, ist, daß wir in die Stille gehen müssen."

[39] Dag Hammarskjöld, Zeichen am Weg, München, Zürich 1965, 58.

Die Öffnung des Herzens vollzieht sich aber auch als gemeinsame Reise, zusammen mit anderen.[41] Jean Vanier empfiehlt, sich einigen wenigen, die anders sind als ich, zu öffnen.[42] Es ist Achtsamkeit anderen gegenüber. Was passiert da? Wir entdecken „unser gemeinsames Menschsein"[43] mit all seinen Abgründen, seinen Verletzungen, seinem Wunsch nach Anerkennung und Liebe. Aus dieser Erfahrung gemeinsamen Menschseins erwächst das Gefühl der Verbundenheit mit allen Menschen und die Fähigkeit zu Mitgefühl und Solidarität. Wo ich mich wirklich dem anderen öffne, werde ich empfänglich für das, was der andere mir zu geben hat. In der Sozialen Arbeit sind „die anderen" vielfach Menschen in gesellschaftlich ausgegrenzten Lebenslagen. „Meiner Überzeugung nach leben Ausgeschlossene Werte, die auch wir entdecken und leben sollten, damit wir ganz Mensch werden. Es geht also nicht nur darum, Ausgeschlossenen Gutes zu tun, sondern für sie offen und sensibel zu sein, um von ihnen die Art Leben zu empfangen, die sie zu bieten haben."[44]

Die Öffnung des Herzens ist der Weg zum Wachsen und Reifen im Menschsein. Aber es gibt ein Haupthindernis auf diesem Weg: unsere Angst vor uns selbst, vor all dem, was da in unserem Herzen verborgen liegt, Angst auch vor all den möglichen Veränderungen, die durch eine Öffnung des Herzens auf uns zukommen. „Wir bedürfen der Ermutigung, uns weiterzuentwickeln und reifer zu werden, damit wir die Krusten unserer Selbstbezogenheit und unserer Abwehrmechanismen durchbrechen, die nicht nur uns selbst, sondern auch andere eingesperrt halten."[45] Deshalb brauchen wir Lehrerinnen und Lehrer, die uns ermutigen und anleiten, diesen Weg zu gehen, der uns womöglich in Krisen und Selbstzweifel führen kann.

---

[40] Madeleine Delbrêl, Missionaires sans bateaux, Mesnil Saint-Loup 1989, 14.

[41] John Goldingay benutzt das Bild der Reise, um anhand der Erfahrungen der Arche-Gemeinschaften über Menschsein nachzudenken. „Our lives are journeys. … In so far as the journey is a corporate one, the disabled are simply part of humanity's journey, the Church's journey, their family's journey, my journey. They not only take part in that journey, but form a resource for others on it; for the question whether we are becoming human, growing towards imaging God, is in part a question about whether disabled and abled are journeying more and more closely together." (John Goldingay, Being Human, in: Frances Young (Ed.), Encounter with mystery. Reflections on L'Arche and living with disability, London 1997, 133-151, hier 141f.)

[42] Vgl. Vanier 101.

[43] Ebd. 7.

[44] Ebd. 100.

[45] Ebd. 22.

## 4. SPIRITUALITÄT UND SOZIALE ARBEIT: VERSUCH EINER VERHÄLTNISBESTIMMUNG

In seiner Studie zu den „Metaphern des Helfens" hat Rudolf Schmitt Metaphern als Interpretationsfolien bezeichnet, mit deren Hilfe wir uns die Welt aneignen. Die Selbsterfahrung auf dem spirituellen Weg, die Öffnung des Herzens verändert meines Erachtens diese Aneignung von Welt. Das heißt noch nicht, dass sich die Metaphern ändern, in denen SozialarbeiterInnen von ihrer Arbeit sprechen. Es kann der gleiche sprachliche Ausdruck sein, der davon spricht, Menschen „auf den Weg zu bringen", zu begleiten, zu stützen; es wird weiterhin darum gehen, „durchzublicken", „Beziehungen herzustellen" und dergleichen mehr. Aber die innere Erfahrung des Wachsens und Reifens im Menschsein, das Ablegen des Ego und womöglich die Erfahrung, von Gott gefunden und angesprochen zu sein, stellt diese Bilder des Helfens in einen neuen Kontext, einen neuen Sinnhorizont. Und es werden sich aus spirituellen Erfahrungen heraus auch neue Bilder des Helfens einstellen, weil die innere Erfahrung (durch die Stille, die Achtsamkeit und das Loslassen) Energien freisetzt, die ich für alle nutzbar machen kann. Somit ist deutlich, dass Spiritualität immer mir und den anderen zugleich dient. Eine Sozialarbeiterin soll sich in einem komplexen Arbeitsfeld behaupten, sachlich und fachkundig zum Nutzen der KlientInnen agieren. Ich glaube, dass Spiritualität dazu beitragen kann, für alle Facetten des Menschseins, auf die man in der Begegnung mit den KlientInnen trifft, aufmerksam zu sein und nach Wegen zu suchen, wie man dieses Leben fördern kann. Dazu gehört der Schutz vor jeder Entwürdigung und die Stärkung eigenen Kräftepotentials. Jean Vanier vergleicht diese Aufgabe mit der Tätigkeit einer Hebamme. „Die Rolle der Helfer lässt sich mit derjenigen einer Hebamme vergleichen: Sie tragen dazu bei, dass Leben entsteht, und sie fördern dieses, damit es sich gemäß seinem eigenen natürlichen Rhythmus entwickeln und wachsen kann. Die Helfer der ‚Arche' sind nicht dazu da, Menschen mit Behinderungen sozusagen zur ‚Normalität' zu verhelfen, sondern sie stehen ihnen bei, in Richtung Reifwerden zu wachsen."[46] Soziale Arbeit bietet uns die Chance, uns selbst verstehen zu lernen, indem wir andere zu verstehen suchen und umgekehrt. Vanier beschreibt in seinem Buch eine Assistentin der Arche, die seiner Meinung nach eine geistig behinderte Bewohnerin „mit all ihrem Chaos und Verrücktsein nie und nimmer (hätte) akzeptieren können, wenn sie sich dagegen gesperrt hätte,

---

[46] Ebd. 36.

97

die chaotischen Aspekte und Schattenbereiche in ihrem eigenen Leben zu akzeptieren. Und wenn sie nicht auf ihr eigenes Wachsen vertraut hätte, hätte sie erst recht nicht auf Claudias Wachsen vertrauen können".[47] Das Verhältnis von Spiritualität und Sozialer Arbeit ist aber auch ein spannungsreiches. Der Kontrast lässt sich schon sprachlich aufzeigen. Christliche Spiritualität verwendet vielfach Begriffe, die in der Fachliteratur Sozialer Arbeit meines Wissens kaum mehr zu finden sind. Das hat z.T. berechtigte Gründe, wie eine falsch verstandene „Selbstlosigkeit" zeigen kann, und natürlich geschichtliche Gründe. Doch können wir auf „Heil", „Demut", „Einfachheit", „Berufung", „Mitleid/Mitgefühl", „Barmherzigkeit", „Liebe" wirklich verzichten? Wo diese Begriffe in professionellen Kontexten Verwendung finden, sind sie schon rein sprachlich ein deutlicher Kontrast, zumal die Fachsprache Sozialer Arbeit immer stärker vom „Management und der dahinterstehenden Philosophie des Unternehmertums"[48] beeinflusst wird. Aber es muss zudem gesehen werden, dass die genannten Begriffe auch in der Geschichte des Christentums spannungsgeladene Begriffe sind, manchmal missbraucht und in ihrer existentiellen Bedeutung vielleicht noch gar nicht genug erfasst. Sollen die mit diesen Begriffen gemeinten Haltungen und Vorstellungen von geglücktem Leben in die Gestaltung der Beziehung zum Klienten einfließen, müssen sie erst recht geklärt und reflektiert sein.

Eines wird deutlich geworden sein: bei der Spiritualität handelt es sich nicht um ein neues Konzept Sozialer Arbeit; sie ersetzt kein Konzept und keine Methode Sozialer Arbeit. Ich glaube vielmehr, dass dort, wo im professionellen sozialen Handeln auch eine spirituelle Dimension zugelassen wird, die berufliche Identität von der Suche nach der persönlichen Identität, nach dem wahren Selbst schlicht und ergreifend profitiert. Dieser Gewinn lässt sich vielleicht in drei Punkten näher definieren:

(1) Das Gefühl für die Einheit im allen gemeinsamen Menschsein bildet die Basis dafür, *Mitgefühl* zu entwickeln, aufmerksam und achtsam zu sein.

(2) Wem es zunehmend gelingt, das eigene Ego auch im beruflichen Handeln zurückzunehmen und das *„wache Herz"* sehen und urteilen zu lassen, wird sein fachliches Wissen mit den inneren Bildern verknüpfen, die mehr schöpferisch und spielerisch Orientierung in einer komplexen Situation bieten.

---

[47] Ebd. 40.
[48] Veronika Kircher, Sozialarbeit zwischen personbezogener Hilfe und sozialem Management, in: Caritas 98 (1997) 100-105, hier 103.

(3) Spiritualität stärkt die Übernahme von Verantwortung ohne jedoch in die Illusion zu verfallen, alles machen zu können oder gar zu müssen. *Mutiges Handeln bei gleichzeitiger Demut* könnte man dies nennen, wenn man weiß, dass Demut nichts mit Selbsterniedrigung, sondern mit Realitätssinn zu tun hat.

Dag Hammarskjöld führt die in Punkt 2 und 3 genannten Dimensionen einer Spiritualität in den Begriff „Einfachheit" zusammen: „Einfachheit heißt, die Wirklichkeit nicht in Beziehung auf uns zu erleben, sondern in ihrer heiligen Unabhängigkeit. Einfachheit heißt sehen, urteilen und handeln von dem Punkt her, in welchem wir in uns selber ruhen. Wie vieles fällt da weg! Und wie fällt alles andere in die rechte Lage! Im Zentrum unseres Wesens ruhend, begegnen wir einer Welt, in der alles auf gleiche Art in sich ruht. Dadurch wird der Baum zu einem Mysterium, die Wolke zu einer Offenbarung und der Mensch zu einem Kosmos, dessen Reichtum wir nur in Bruchteilen erfassen. Für den Einfachen ist das Leben einfach, aber es öffnet ein Buch, in welchem wir nie über die ersten Buchstaben hinauskommen."[49]

## 5. WEITERE FRAGEN

Drei weitere Fragen zum Verhältnis von Spiritualität und Sozialer Arbeit sollen hier zumindest noch angesprochen werden.

### 5.1 Gemeinschaftliche Formen von Spiritualität

Ein zentrales Thema für die Zukunft von Spiritualität in der Sozialen Arbeit scheint mir zu sein, das Verhältnis von individueller und gemeinschaftlicher Spiritualität näher zu klären. Spiritualität ist ja zunächst eine zutiefst individuelle Angelegenheit, Menschsein ist jedoch nur in Gemeinschaft möglich. Alle spirituellen Übungen kommen aus Traditionen, die von religiösen und kirchlichen Gemeinschaften geprägt und überliefert wurden. Dennoch ist es heute schwierig geworden, die je individuellen Spiritualitäten wieder in eine gemeinsame Form einfließen zu lassen. Diese scheint mir jedoch unentbehrlich zu sein, und zwar aus zwei Gründen:

---

[49] Hammarskjöld (siehe Anm. 39) 150.

Zum einen halte ich es für falsch, der Sozialen Arbeit ein Menschenbild zugrunde zu legen, das die Förderung von Autonomie einseitig verabsolutiert. Jeder ist zur Entwicklung seines Menschseins auf die Zugehörigkeit zu einer Gemeinschaft angewiesen (die Familie, Freunde, die Gesellschaft). Meines Erachtens muss Soziale Arbeit nicht nur die „Beschädigungen selbstbestimmter Lebenspraxis"[50] in den Blick nehmen, sondern auch die Beschädigungen gemeinschaftlicher Lebenspraxis. Was gerade diese Seite der beschädigten Gemeinschaft anbelangt, so haben gemeinschaftliche Formen von Spiritualität in Feiern, Gebeten und Festtagen heilende Funktion, und sind ein Zeichen für die Bedeutung von Gemeinschaft in unserer so stark individualisierten Gesellschaft. Zum anderen gibt es bei Einrichtungen in kirchlicher Trägerschaft den berechtigten Wunsch die „spirituelle Kernkompetenz"[51] wieder stärker zum Vorschein zu bringen. Dies scheint nicht so einfach zu sein, da manch traditionelle Form nicht mehr von der Mehrheit der MitarbeiterInnen übernommen wird und sich für neue spirituelle Formen noch kein gemeinschaftsfähiger Rahmen gebildet hat.

## 5.2 Spiritualität und Arbeitsfeld

Ein zweites Thema schließt sich hier an: Inwiefern beeinflussen die jeweiligen Arbeitsfelder Sozialer Arbeit die Spiritualität der in diesem Feld Tätigen? Die unterschiedlichen Arbeitsfelder ermöglichen ja die Begegnung mit Menschen, die sich z.t. in sehr spezifischen Problemlagen befinden. Diese Begegnung auch spirituell fruchtbar werden zu lassen, heißt, sich bei der eigenen Einübung ins Menschsein von dem berühren zu lassen, was mir die KlientInnen von ihren Lebenserfahrungen und -kompetenzen zu geben haben. Meine Erfahrung ist, dass dies dort umso besser gelingt, wo ein Austausch über gemeinsame Erfahrungen stattfindet. Bei einem Treffen von MitarbeiterInnen und FreundInnen der „Arche" habe ich z.B. erlebt, wie als Frucht des Zusammenlebens von Menschen mit und ohne geistige Behinderung in den Arche-Gemeinschaften erkannt wurde, wie bedeutsam es für den spirituellen Weg ist, Verschiedenheiten anzunehmen. „Welcoming difference" (so der Titel dieses internationalen Treffens): erleben und respektieren, dass wir alle verschieden sind, willkommen heißen, dass wir verschie-

---

[50] Dewe u.a. (siehe Anm.1) 43.
[51] Vgl. Beate Hofmann, Michael Schibilsky (Hg.), Spiritualität in der Diakonie. Anstöße zur Erneuerung christlicher Kernkompetenz, Stuttgart 2001.

den sind – das ist eine spirituelle Herausforderung. Jede Wahrnehmung von Differenz in der Begegnung mit Menschen mit körperlichen und geistigen Behinderungen mischt mein Selbstbild und meine Vorstellungen von Menschsein auf und ist somit ein Vorgang, der sich spirituell sehr fruchtbar auswirken kann.

### 5.3 Spiritualität in der Lehre Sozialer Arbeit

Und ein drittes Thema stellt sich: Die Bedeutung von Spiritualität in der Lehre Sozialer Arbeit. Meine Erfahrungen als Lehrende an einer kirchlichen Fachhochschule für Sozialwesen sind, dass Spiritualität auch in den Rahmenbedingungen einer Hochschule ihren Ort hat:
Spiritualität kann Thema sein in Lehrveranstaltungen der Theologie/Anthropologie. In der Beschäftigung mit Zeugnissen aus der reichen Spiritualitätsgeschichte können eigene Erfahrungen und Fragen wiedererkannt und reflektiert werden.
Spiritualität kann in einem Gesprächskreis Thema des erzählenden Austausches sein, zu dem auch Gäste von außen als Gesprächspartner eingeladen werden können.
Die Frage nach dem Ort von Spiritualität in der Sozialen Arbeit kann Thema einer empirischen Untersuchung werden, indem z.B. mit offenen Interviews SozialarbeiterInnen nach ihrem Verständnis von Spiritualität in der Sozialen Arbeit befragt werden. In Praktika können Kontakte zu SozialarbeiterInnen hergestellt werden, die Spiritualität in ihre Arbeit zu integrieren suchen. Spiritualität kann erlebt werden in ihrer gemeinschaftlichen Form bei Gottesdiensten und Gebeten in der Hochschule.
Inhalte für die Lehrveranstaltungen sind z.B.: Was ist Spiritualität? Welchen Einfluss hat Spiritualität auf individuelles Wachstum, auf das Zusammenleben, auf soziale Veränderungen, auf Hilfeprozesse? Wie lässt sich die eigene Spiritualität/der eigene Glaube mit den professionellen Erwartungen in Einklang bringen? Können Institutionen eine Spiritualität haben? Wie verträgt sich Spiritualität mit Management und Business? Welche Traditionen und neuere Ansätze für Spiritualität in der Sozialen Arbeit gibt es?
Ziel ist dabei, dazu zu ermutigen, die spirituelle Dimension innovativ und kritisch in die professionelle Arbeit zu integrieren.

101

# II. Spiritualität in der Praxis sozialer Arbeit

# 1. Berichte und Erfahrungen aus der Praxis der Beratung

## Spiritualität – eine wirksame Ressource in der Supervision

Carmen Tatschmurat

Die Erde
ist mit Himmel vollgepackt,
und jeder gewöhnliche Busch
brennt mit Gott.

Aber nur der, der es sieht,
zieht seine Schuhe aus.

Die anderen sitzen herum
und pflücken Brombeeren.

Elizabeth Barrett Browning

### 1. SPIRITUALITÄT UND SUPERVISION – ZWEI WELTEN?

Die im Titel dieses Textes enthaltene These, dass es nämlich für Supervisionsprozesse nützlich sei, auch auf die spirituelle Dimension zu achten, ist begründungsbedürftig. Geht es doch in der Supervision um die eindeutige und einvernehmliche Umschreibung des Feldes, in dem sich die um Supervision nachfragende Person beruflich befindet und in dem sich etwas bewegen soll, sowie um klare Kontraktbildung. Ziel von Supervision ist, allgemein gesagt, dass am Ende durch neu gewonnene Einsichten ein Mehr an Handlungsoptionen für die beteiligten Personen erreicht wird. Supervisorisches Tun besteht darin, Ziele zu formulieren, Schritte daraufhin festzulegen, Erreichtes zu überprüfen und Erfolge zu sichern. Auf der Basis vorhandener und/oder zu erschließender Ressourcen soll möglichst rational und effektiv miteinander gearbeitet werden. Stichworte dafür sind zum Beispiel: Erfolg, Zufriedenheit, Freude an der Arbeit, wachsendes Vertrauen in die eigenen Fähigkeiten. Spiritualität dagegen durchbricht einen solchen Definitionsbereich. Ein spiritueller Mensch will, ja muss, sich umformen und wandeln lassen, und zwar auch über sein eigenes Wollen hinaus. Er stellt sich nicht über, sondern in den Prozess, und gesteht sich ein, dass er die Gestaltung seines Lebens nicht in der Hand hat. Für denjenigen,[1] dem die Welt allmählich oder plötzlich durchlässig wird, gibt es keine andere Wahl mehr, als sich dem auszusetzen, dass es eine andere Wahrheit, eine letzte Wirklichkeit gibt, die jeden gewöhnlichen Brombeerstrauch zu einem brennenden Dornbusch (wie es Mose geschah, s. Exodus 3) machen kann. Eine wahrhaft geisterfüllte – eben: spirituelle – Orientierung müht sich nicht um aussenorientierte Selbstverwirklichung, sondern lässt sich ein auf das Abenteuer der Menschwerdung. Letztere aber geschieht nicht durch aus sich selbst heraus initiiertes Tun, sondern durch den Akt des sich Öffnens für und in Beziehung hinein.

Ich möchte im Folgenden eine aus der Praxis erwachsene Brücke zwischen diesen beiden Prozessebenen aufzeigen, die in ihrer Entstehungsgeschichte eine höchst persönliche ist. Als Supervisorin und Ordensfrau arbeite ich professionell und spirituell, ohne – so meine ich – das letztere subversiv oder gar manipulativ in das erstere einfließen zu lassen.

In einem ersten Schritt soll Spiritualität eher phänomenologisch bestimmt werden, um anschließend spirituelle Dimensionen in Supervisionsprozessen zu benennen. Und schließlich möchte ich aufzeigen, wie es gelingen kann, in die Supervision die Ebene der Transzendenz zu integrieren.

## 2. SPIRITUALITÄT – WIE WIRD DER GEIST FASSBAR?

Die sprachliche Schwierigkeit, die mit einer Definition des Begriffs Spiritualität verbunden ist, zeigt das dahinterliegende Dilemma auf. Als Sozio-

---

[1] Oder: diejenige; ich halte in Bezug auf die Geschlechterbezeichnung bewusst keine Konsistenz ein, vgl. dazu Tatschmurat 2000a bzw. 2002:

login und Bewohnerin einer süddeutschen Großstadt weiß ich, dass für viele Menschen eine jenseitige Welt schon „irgendwie" existent ist, dass aber die damit verbundenen Vorstellungen sich größtenteils dem entziehen, was mit christlichem oder gar kirchlichem Vokabular zu fassen ist. Das Bestreben, Spiritualität möglichst nicht einzugrenzen (zu de-finieren) auf ihre christliche Ausprägung, sondern als eine anthropologisch gegebene Grundorientierung jedes Menschen „vor aller Religion" zu konstatieren, kann hier als erster Schritt hilfreich sein; es sagt jedoch noch nichts aus über die Konkretisierung im Hier und Jetzt. Es gilt daher, ein für viele zweifellos vorhandenes Phänomen so zu fassen, dass es nicht vorschnell als „fromm" abqualifiziert und damit für weite Kreise unzugänglich gemacht wird. Diese Gefahr wäre m.E. dann gegeben, wenn Spiritualität einzig christozentrisch verstanden würde. Spiritualität ist in diesem christlichen Verständnis letztlich der Prozess der Nachfolge, bis hin zur Imitatio Christi, um mit ihm im Kreuz zum „letzten Menschen" zu werden, der dann mit ihm zum „Neuen Menschen" wiedergeboren werden kann (in diesem Sinne z.B. Schütz 1988). Es scheint mir auch wenig hilfreich zu sein, sich auf eine praxisferne Abstraktionsebene zu begeben, die Spiritualität definiert als „Mentalität, die sinngebend die Tatsachenwelt übergreift" (Sudbrack 2000: 853).[2] Gleichzeitig kann es nicht Sinn einer solchen Bestimmung sein, allzu vage und offen zu bleiben.[3]

Ich bestimme Spiritualität zunächst von der Wortbedeutung her schlicht als ein Leben im Geist und aus dem Geist heraus. Der Geist ist dabei zugleich Gabe und Auf-Gabe. Er spendet Leben, Freiheit, Liebe, Weisheit, Einsicht, Kraft usw.[4] Er erwartet, dass der geisterfüllte Mensch von dem Empfangenen weitergibt. Und er führt immer hinein in einen Prozess der beständigen Veränderung und Umwandlung des ganzen Menschen. So ist die Hinwendung des Geistes zu einem Menschen und umgekehrt ein sehr persönlicher, intimer Akt. Zugleich ist dies in seiner Konsequenz auf Gemeinschaft hin angelegt (vgl. das Pfingstereignis, Apostelgeschichte 2).

---

[2] Sowohl Schütz als auch Sudbrack stimme ich persönlich in der Sache bedingungslos zu; es geht mir hier um die Ankoppelung an die Deutungshorizonte der Leser.

[3] Was das Internet beispielsweise unter dem Stichwort „Spirituelle Supervision" zu bieten hat, ist an Diffusität kaum noch zu überbieten, siehe z.B. www.lichtwelle.ch/supervision.html (23.11.2001).

[4] Zu den entsprechenden Schriftstellen s. Schütz 1988.

Den Geist exklusiv entweder als männlich-zeugend oder als weiblich-gebärend zu verstehen, sollte dabei nicht als Gegensatz oder als Scheidelinie gesehen werden, sondern als Metapher und Hilfskonstruktion für das, was jeweils betont werden soll.

Ausgehend von dieser basalen Bestimmung nähere ich mich dem Phänomen der Spiritualität zunächst induktiv auf drei Ebenen, erstens der Makroebene als der Diagnose gesellschaftlicher Trends, zweitens der Mesoebene (inwieweit ist Spiritualität konstitutiv für Gemeinschaft), und drittens der Mikroebene (der Identitätsbildung).

## 2.1 Spiritualität im Kontext von Individualisierung

Spiritualität ist kein Thema der Soziologie. Die Religionssoziologie spricht von „Religiosität" und beschränkt sich auf das, was sich in den Phänomenen zeigt. Demnach muss auch im Bereich der religiösen Lebenseinstellungen und Lebenspraktiken mit Prozessen der Individualisierung gerechnet werden. Bereits 1963 sprach Thomas Luckmann von „religiöser Fleckerlteppichnäherei" – ein Bild, das viel später in der „Patchwork-Identität" wieder auftaucht (siehe zum Beispiel Keupp u.a. 1999). Identität muss immer wieder neu hergestellt werden und die Einzelne muss sich ihrer stets aufs Neue versichern. Ebenso entsteht die individuelle Biographie nicht einfach von selbst, sie baut sich, nach Keupp, nicht mehr (wenn es denn je so war) in logischer Stufenfolge auf, sondern sie wird durch eigene und fremde Narrationen gebildet und wird zu einem Lebensprojekt auf Dauer, das mit vielfältigen Formen von Konstruktionen verbunden ist. Traditionelle religiöse Milieus, die einen Werterahmen und Handlungssicherheit vorgeben könnten, haben sich weitgehend aufgelöst (Shell 2000, siehe auch bereits Beck 1986). Die religiöse Landschaft wird von einer Vielfalt von Gruppen und deren Sinnangeboten beherrscht, in denen die großen Kirchen nur noch eine Stimme unter vielen sind. Christliche und andere Elemente mischen sich, die Grenzen des religiösen Raumes verschwimmen (so ist beispielsweise die Musikszene in ihren Bildern stark pseudo-religiös aufgeladen). Die Religionssoziologie sieht Religion als *eine* mögliche Komponente für Weltdeutung, aus der heraus das eigene Leben interpretiert werden kann. In dieser Perspektive hat sie die Funktion von Kontingenzbewältigung. Sie ist zwar – sofern sie individuell ergriffen wird – Letztgültiges, wird aber einzig in der persönlichen Erfahrung und Bestimmung konkret. Es ist die individuelle Entscheidung des Einzelnen für dieses und kein anderes Deutungsmuster. So wie in anderen Lebensfeldern längst üblich, ist es auch im religiösen Bereich so, dass die Schnittstelle zwischen den Teilsystemen einzig das Individuum selbst ist. Auch für Religiosität ist die individuelle Lebensgeschichte – und zwar so, wie das Individuum sie sich und anderen erzählt – der (einzige) Bezugspunkt, aus dem heraus gedeutet und gehandelt werden kann. Ob der „Faden" Religion in das Deutungsmuster aufgenommen wird oder nicht, ist kulturell nicht mehr zwingend vorgegeben.[5] So bleibt in der Sicht der Religionssoziologie als Daseins-Berechtigung von Religion heute „nur" die Individualität des einzelnen Individuums. Freilich stellt sich dann sofort die Frage: Wie ist der individuelle Zugang und Erfahrungsschatz interindividuell zu sichern? Wie ist über spirituelles Leben, über die geistliche Lebensspur oder, schlichter, über Religion zu reden? Die Kommunikation stellt hier m.E. ein großes Problem dar: Weder stehen momentan die richtigen (d.h. eindeutigen und zugleich offenen) Diskursräume noch die adäquate, d.h. intersubjektiv geteilte Sprache zur Verfügung.[6]

## 2.2 Spiritualität als gemeinschaftsbildendes Element

Fragt man nun, wie sich diese individuelle, von subjektiver Spiritualität getragene unübersichtliche und beliebig scheinende Religiosität äußert, ob bzw. wie sie dann auch wieder gemeinschaftlich relevant wird, so lassen sich fünf zentrale Dimensionen unterscheiden (in Anlehnung an Krech 1999, S.31ff., auch er spricht von Religiosität, nicht von Spiritualität).

(1) *Erfahrungsdimension:* Wie wird spirituelle Praxis erlebt? Welche unmittelbare Erfahrung von Transzendenz, von Göttlichem hat jemand? Wie stark werden Geborgenheit, Zuversicht bzw. Furcht gegenüber dem Göttlichen empfunden?

(2) *Rituelle Dimension:* Welcher Art ist die rituelle Praxis? Welche Bedeutung hat sie für den Einzelnen? Dazu gehören etwa Gebet, Meditation, die Teilnahme am Gottesdienst, an Sakramenten der Kirche, oder auch an okkulten Ritualen, oder an ritualisierten anderen Feiern etwa der Jugendweihe etc.

---

[5] Dies gilt für die westlichen (ehemals) jüdisch-christlichen Milieus.
[6] Als Beispiel mag das sog. „Forum" auf der Website der Benediktiner gelten (www.benediktiner.de/index02,htm). Zwar prinzipiell offen, wird es doch überwiegend von „Insidern" benutzt, unter denen Konsens über die Grundannahmen des christlichen Glaubens herrscht.

(3) *Ideologische Dimension:* Wozu bekennt sich ein spiritueller, ein religiöser Mensch? Glaubt er an ein göttliches Wesen, wie stellt er es sich vor, welche Rolle kommt dem Menschen dabei zu? Glaubt er an Auferstehung, Wiedergeburt, Seelenwanderung? Welches Verständnis von Wunder, Sünde, Erlösung etc. hat er?

(4) *Wissens-Dimension:* Welchen Umfang und Stellenwert hat das religiöse Wissen? Z.B. bezüglich der Heiligen Schrift: Kennt er verschiedene Interpretationsmöglichkeiten? Hat er historisches Wissen, Wissen über andere Religionen? Reflektiert er die eigene religiöse Sozialisation? Wie offen bzw. geschlossen ist das religiöse Denksystem?

(5) *Handlungsdimension:* Welche Konsequenzen hat das Verhältnis zu Gott auf das Handeln im zwischenmenschlichen Bereich, auf die Alltags-Ethik, auf das Handeln in Lebenskrisen, auf das soziale Engagement usw.?

Wenn die These stimmt, dass der Geist gemeinschaftsbildend ist, dann erweist sich ein Betroffensein von ihm auch darin, ob sich ein Mensch einer Gemeinschaft von ähnlich Suchenden anschließt bzw. sich darin einfügt. Dies muss nicht eine klassische Kirchengemeinde sein, es kann auch eine Meditationsgruppe oder der geschützte Rahmen einer Freundschaft oder ein Lehrer-Schüler-Verhältnis sein.

## 2.3 Die spirituelle Dimension von Identität

Was ist nun „geisterfülltes Leben" konkret? Wie zeigt es sich? Da ich biographisch argumentiere, und der Supervisionsprozess ein Prozess zwischen konkreten Menschen mit ihren je konkreten Lebenserfahrungen ist, kann ich auch die Bestimmung von Spiritualität nur aus meiner persönlichen Lebensgeschichte und aktuellen Lebensform heraus transparent machen, freilich ohne dadurch andere Weisen, den Geist zu erfahren und zu leben, auszuschließen. So ist aus meiner christlichen Tradition heraus Spiritualität nicht anders denkbar denn als ein personales Beziehungsgeschehen. Als spirituell ausgerichteter Mensch trete ich in Beziehung zu dem, den wir in den drei großen monotheistischen Religionen Gott nennen. Diese Beziehung, die von ihm her ihren Ausgang nimmt und von seiner Seite her immer wieder neu initiiert wird, fordert den Menschen heraus, sich auf den Prozess einer beständigen, letztendlich totalen Umwandlung einzulassen.[7] So wie

---

[7] Ähnlich auch M. Plattig, in diesem Band.

dieser Prozess seinen Anfang hat in ihm, in seinem Ruf, so hat er auch seinen Zielpunkt in ihm, in der Neuschaffung des Menschen von Grund auf. Der heilige Benedikt formuliert Anfangs- und Zielpunkt z.b. so: „Wer ist der Mensch, der das Leben liebt und gute Tage zu sehen wünscht? Wenn du das hörst, und antwortest ‚Ich', dann sagt Gott zu dir ..." (Die Benediktsregel, Prolog 15f). So beginnt der Weg, der dann am Ende mit der Bitte schließt: „Er (gemeint ist Christus, C.T.) führe uns gemeinsam zum ewigen Leben" (Die Benediktsregel, Kap.72, 12). Das jedoch, was ein spirituelles Leben wirklich ausmacht, liegt dazwischen, im Alltäglichen, Unspektakulären. Bei Benedikt wird dieses alltägliche Leben repräsentiert durch die 72 Kapitel, in denen von den Gebetszeiten über die richtige Ernährung, den Umgang untereinander und mit Gästen usw. bis hin zur Frage, „wie die Mönche schlafen sollen" zu allem ein klares (wenn auch für heutige Zeit interpretationsbedürftiges) Wort gesagt wird. Der Ruf, das Angesprochen-Werden, die einmalige Erfahrung der Gottesbegegnung (wie es im Prolog der Regel angedeutet wird), ist ein unverdientes Geschenk. Spirituelles Leben auf Ihn hin erweist sich dann aber erst in der lebenslang, tagtäglich geübten Treue zu dieser Erfahrung. Der US-amerikanische Jude Leon Wieseltier, der, obwohl laut Selbstdefinition ungläubig, wie es die Tradition verlangt, ein Jahr lang für seinen verstorbenen Vater Kaddisch gebetet hat, bringt dies auf den Punkt:

> „Ich habe von Leuten gelesen, deren ganzes Leben in einem einzigen Augenblick verwandelt wurde. ... Was diese Menschen verwandelt hat, war nicht nur der Augenblick, sondern auch die Treue, die sie anschließend diesem Augenblick bewahren. Das ist das Paradoxon der Offenbarung. Sie durchbricht die Ordnung der Dinge und hängt dann von dieser Ordnung ab" (Wieseltier 2000: 71).

Ähnlich formuliert es der Benediktiner und Zen-Meister Willigis Jaeger am Ende eines Abschnitts über „Tiefenstrukturen und Stadien auf dem inneren Weg". Nachdem sieben Stufen durchschritten wurden und eigentlich der höchste Grad der Erleuchtung erreicht ist, heißt es:

> „Dieser Zustand, den man vielleicht Ekstase nennen könnte, ist nicht das Ende. Man hat zurückzukehren zu den Ereignissen. Die gewöhnliche Raum-Zeit-Erfahrung mit ihren groben Inhalten tritt wieder ein ... Das ist ... die schwerste Aufgabe, die es zu leisten gilt: Die Integration der Erleuchtung in den Alltag. Das Ziel ist der ‚Marktplatz'" (Jaeger 1996:138).

So hat spirituelles Leben vielleicht eine Initialzündung, die zeitlich und örtlich bestimmbar ist, es gewinnt aber Tiefe und Profil durch die Bewährung in der Tradition, in der Ordnung, im Leben mitten unter den Menschen. Im Hinblick auf das aktuell gängigste Identitätsmodell, die bereits erwähnte sog. Patchwork-Identität, heißt das, dass die Sakralisierung der Identität mehr ist, als dass ein neues, zusätzliches Muster oder ein anderer Farbton in meinem Lebenspuzzle auftaucht. Es heißt vielmehr, dass ich mir eingestehe, es gibt eine andere Kraft, die an der Textur meines Lebens mit-wirkt. Spätestens hier wird die Rede von der Selbst-Verwirklichung obsolet. Dies leitet einen Prozess ein, bei dem, wiederum in der Sprache Benedikts, „das Herz weit" und im Fortschreiten „unsagbares Glück der Liebe" verheißen wird (Die Benediktsregel, Prolog 49). Zusammenfassend: Spiritualität ist ein Prozess der seinen Ausgangspunkt jenseits des Menschen hat. Der hörende Mensch, der sich auf dieses Beziehungsangebot einlässt, setzt sich einer beständigen Umwandlung aus, in der er sich alltäglich bewähren wird. Zunächst basiert sie auf einer unverwechselbar-einmaligen, persönlichen Gottesbeziehung, dann zeigt sie sich in einem getreuen Leben aus der Quelle dieser Beziehung. In Zeiten der Individualisierung ist die Frage, inwieweit persönliche Erfahrungen dieses Weges zu Narrationen und damit diskursfähig werden können. Die Art und Weise, wie darüber kommuniziert wird, muss immer neu intersubjektiv hergestellt werden. Gemeinschaftskonstituierend wird Spiritualität u.a. über Rituale, eine gemeinsame Wissensbasis (auch bezüglich der gemeinsamen Geschichte), gemeinsam geteilte Erfahrungen und ein daraus folgendes Handeln. Und bezüglich des Identitätskonzeptes zeigt sich, dass der Mensch zwar Gestalter, nicht jedoch Schöpfer seines Lebens-Patchworks ist.

### 3. SUPERVISION ALS SPIRITUELLER PROZESS

Gleichsam quer zu der oben skizzierten Bestimmung von Supervision als Ermöglichung von mehr Handlungsoptionen liegen die folgenden Dimensionen, die Supervision als einen Prozess mit einer transzendenten Tiefendimension kennzeichnen.

• Supervision ist Wegbegleitung

Bei Einzelsupervision bzw. Coaching[8] vertraut sich eine Person einer anderen Person an und beide gehen ein Stück des Weges gemeinsam. Stationen der – in der Regel beruflichen – Entwicklung werden gemeinsam ange-

111

schaut, die Gegenwart wird mit der Vergangenheit in Verbindung gebracht, es werden Wegkarten für die Zukunft gesucht oder neu gezeichnet. Schon dieses gemeinsame Gehen selbst kann als spiritueller Akt interpretiert werden: Dann, wenn beide offen sind für das Unerwartete, das Überraschende, für die Einfälle und Begegnungen, die dieser Weg bietet.

In mehreren Gespräche beklagt sich eine beruflich erfolgreiche Dolmetscherin. Ende Dreißig, über die Sinnlosigkeit ihres Berufs („soll das schon alles gewesen sein?"). Die Lebensmitte erlebt sie in der typischen Weise der „Midlife-Crisis". In gemeinsamen Erkundungen in ihre Vergangenheit und an Orte und zu Begebenheiten, wo es ihr anders ging, wo sie sich „ganz" gefühlt hat, schiebt sich allmählich eine Erinnerung in den Vordergrund an Besuche in Südamerika, an eine kurzfristige Mitarbeit in einem Kinderheim in Argentinien. Sie beschließt, noch einmal hinzufahren.

Diese Sequenz kann immanent gedeutet werden als ein „Umschauen nach Alternativen". Sie kann aber auch darüber hinaus in einem gemeinsamen Reframing-Prozess zu einem bewusst eingegangenen Wagnis hin auf etwas Neues werden. Indem sich beide darauf einlassen, kann sich eine Spur zeigen, die weiter führt als nur in eine berufliche Veränderung hinein, die vielmehr das ganze Leben erfasst und ihm Richtung und Sinn gibt. Charakteristischerweise ist das „Neue" nicht ganz anders als alles, das sie kennt, sondern in ihr lebt eine gute Erfahrung, die nun wieder aktiviert werden kann. Eine sehr viel weitergehende Intervention wäre es, sie auf den Mystiker Johannes Tauler aufmerksam zu machen, der die Lebensmitte als „geistliche Aufgabe" sieht, in der es darum geht, die Führung aus der Hand zu geben (Grün 1980).

- Supervision ist ein Prozess des „Sich-Anvertrauens"

Diese Wegbegleitung geht damit einher dass man sich mit all` seinen Ängsten, Wünschen und Hoffnungen – zeitlich und inhaltlich begrenzt – einem anderen Menschen anvertraut. Dieser Prozess des Gemeinsam-Gehens wurde in den 70er Jahren mit „Affidamento" (wörtlich: Sich-Anvertrauen) bezeichnet und war eines der wichtigsten Konzepte der italienischen Frauenbewegung. In der Praxis bedeutet das, dass eine Frau, die einen Ort in der Welt finden, eine soziale Existenz für sich schaffen möchte, sich einer anderen Frau anvertraut, die für sie eine Vermittlungsinstanz zwischen sich

---

[8] Im Prinzip gilt dies auch für die Arbeit mit Teams, in der Zweierbeziehung wird der Aspekt der Wegbegleitung jedoch deutlicher.

und der Welt ist, und die zugleich ein Vorbild dafür ist, wie Leben gelingen kann. (Libreria delle donne di Milano 1988) Der Begriff hat das Bedeutungsumfeld von: fede (Glaube), fedeltà (Treue), fidarsi (vertrauen), confidare (anvertrauen). Die Mailänder Frauen nehmen dazu die biblische Geschichte der Ruth als Modell.

Ein Jude aus Betlehem verlässt aufgrund einer Hungersnot mit seiner Frau Noemi und seinen beiden Söhnen das Land und zieht in das fremde Land Moab. Er stirbt dort, seine beiden Söhne heiraten Moabiterinnen. Dann sterben auch die Söhne. Noemi entschließt sich, in ihre Heimat zurückzukehren, da sie erfahren hat, dass das Land dort wieder fruchtbar geworden ist. Die beiden Schwiegertöchter begleiten sie. Auf halbem Weg will sie sie zurückschicken, um ihnen das Schicksal der Fremdheit und die Ungewissheit dessen, was sie erwartet, zu ersparen. Die eine, Orpa, bleibt auch tatsächlich zurück. Ruth dagegen geht mit. Sie vertraut sich Noemi an. Dort angekommen, sorgt Noemi dafür, dass Ruth einen guten Mann bekommt. Von Obed, dem Sohn, den Ruth zur Welt bringt, entstammt zwei Generationen später David, der große König.

Die Beziehung zwischen den beiden Frauen kann auch Modell sein für das, was in der Supervision geschieht. Zwar geht es vordergründig um die Einhaltung eines Kontraktes. Tiefergehend kann jedoch gesagt werden: Zwei erwachsene Menschen gehen eine reife, freiwillige Beziehung ein, in der eine der beiden für die andere für eine begrenzte Zeit Autorität ist. Von ihr kann sie lernen. Im gemeinsamen Gehen, durch das Sich befragen lassen und Entdecken der eigenen Stärken, durch das Vorbild der anderen kann sie ihr eigenes Profil entwickeln und ihren Platz im Leben finden. Das Sich anvertrauen, Sich führen lassen kann zur Einübung werden für das Loslassen und Sich führen lassen im existentiellen Sinn. Sobald sie sich detailgenau vorher informieren würde, was die Begleiterin alles bieten kann, was sie von ihr lernen kann im Sinne von Wissen und Techniken, die abzuheften und zu speichern sind, sobald sie sich also absichern würde gegen alle Eventualitäten dieser Beziehung, wäre diese bereits zu Ende. Das heißt natürlich nicht, dass man blind jedem oder jeder nachlaufen soll. Es heißt aber sehr wohl, dass man nach einer einmal gefällten Entscheidung darauf vertrauen kann, dass dann, wenn man beginnt so einen Weg zu gehen, immer eine wesentliche Lern- und Entwicklungschance für einen selbst enthalten ist. Ob man dann persönlich so weit geht zu sagen, dass in dieser Zweierbeziehung noch eine andere Kraft wirksam ist, dass beide durch den Geist geführt werden (bzw. dass, wie beim Gang nach Emmaus, der Herr selbst mitgeht und Geschehenes deutet, vgl. Lukas 24), mag offen bleiben.

- Supervision ist auf Weit- und Durchblick angelegt

Damit ist zunächst gemeint, dass die aktuelle Situation der Betroffenen, genauer, ihre Probleme, ihre alten Verhaltensmuster wie auch ihre Fähigkeiten Gegenstand der Arbeit sind. Vor diesem Hintergrund sollen Blockaden bis hin zu beruflichen Krisen verstanden und eingeordnet werden, und es sollen lebensförderliche Rahmenbedingungen für Veränderungen initiiert werden. (Tatschmurat 2000a) Bildlich gesprochen findet Supervision auf einem erhöhten Platz, vielleicht einem Mäuerchen statt, das es erlaubt, aus einer gewissen Distanz (und im Idealfall mit Humor) das eigene Agieren zu betrachten. Im gemeinsamen Schauen, Hören und Suchen tauchen vielleicht auch Bilder auf oder klingen Töne an, die auf eine Ebene verweisen, die noch jenseits der Werteebene und auch jenseits der psychologisch zu bestimmenden Identitätsebene liegt. Nicht immer ist es notwendig, oder sinnvoll, darauf einzugehen. Unverzichtbar jedoch ist es, es wahrzunehmen.

Hier liegen Hinweise verborgen auf das, was einen Menschen wirklich beschäftigt, was ihn trägt. Und auch auf das, was ihm heraushelfen kann.

In einer Phase der Neuorientierung gebraucht jemand folgendes Bild: Er fühle sich in einem engen, dunklen Haus gefangen und spüre in sich die Sehnsucht nach der freien Natur „draußen", weiß aber nicht, wie er dahin gelangen soll. Die nebenbei erwähnte Psalmzeile „Du führst mich hinaus ins Weite" bringt die Wende: Im Vertrauen auf das Geführt werden von innen her zeigt sich der nächste Schritt, und zugleich kommt von unerwarteter Seite her Unterstützung: Ein Auslandspraktikum wird angeboten und die Gelegenheit freudig ergriffen.

- In der Supervision stößt man immer wieder an existentielle Erfahrungen

In den Feldern der Sozialen Arbeit, aber auch in anderen Bereichen sind existentielle Grenzerfahrungen unvermeidlich: Krankheit, Behinderung, Tod, Gewalt, Verlust eines Menschen, Verlust der Heimat, der Wohnung, Einsamkeit, Abhängigkeit. Wiewohl der Focus des sozialarbeiterischen Handelns vor allem ein praktischer ist, es also um die (Wieder-) Herstellung von Handlungsfähigkeit und um Ressourcen-Stärkung geht, so lassen sich doch die Fragen nach dem tieferen Grund bestimmter Erfahrungen nicht auf Dauer verdrängen. Vor allem dann, wenn es einmal gar nichts mehr zu tun gibt und es nur noch gilt, dabeizubleiben, zuzuhören oder miteinander zu schweigen, muss dies aus einer guten und stimmigen Haltung heraus geschehen. Die Supervision ist ein Ort, an dem die Sinnfrage relativ häufig – unter dem

Deckmantel der Entwicklung von beruflich-professioneller Arbeit – gestellt wird. Oft ist sie versteckt unter allzu großem Aktionismus. Für die Supervisorin gilt es, adäquat darauf zu reagieren, d.h. zunächst innerlich in die Hilflosigkeit des nichts Tun-Könnens mitzugehen.

Eine jungen Frau erträgt es nicht, dass in der psychiatrischen Einrichtung, in der sie arbeitet, ein Junge mit schizophrenen Schüben fixiert, d.h. stunden-, ja tagelang ans Bett gebunden wird. Sie erreicht, dass sie selbst die Wachen bei diesem Jungen nicht mehr machen muss. Dennoch beschäftigt es sie weiter. Aus der Sicht des Supervisionsprozesses sind hier mehrere Themen angesprochen. Zunächst: Halte ich es aus, hilflos zu sein und nichts tun zu können als abzuwarten, ob sich von selbst etwas tut? Weiter ist hier auch das Thema des Bindens und Lösens enthalten: Kann ich jemanden festhalten, ihm Halt geben? Kann ich mich binden (lassen) – mit allen Konsequenzen? Eine Geschichte, die Elie Wiesel erzählt, kann hier weiterhelfen. Im Konzentrationslager Auschwitz wurden er und eine Gruppe Gefangener gezwungen, das qualvolle, stundenlange Sterben eines Jungen am Galgen mit anzusehen. Einer hinter ihm fragt: „Wo ist Gott, wo ist er?" Und er hörte eine Stimme in sich antworten: „Dort – dort hängt er, am Galgen ..." (Wiesel 1985, S. 94).

• Lösungen gelingen manchmal nur über das Unerklärliche

Familien- oder Team-Aufstellungen, die ihre Wirkung entfalten, auch wenn sie nur von einer der betroffenen Personen initiiert werden, sind hier zu nennen. Ebenso bewusste symbolische Akte des Sich-Versöhnens mit Menschen, ohne dass diese das unmittelbar miterleben, oder die Hereinholung eines Verstorbenen auf seinen Platz im System. Oder es passiert dann etwas, wenn anerkannt wird, dass das vermeintlich von mir getrennte Geschehen dennoch etwas mit meiner Situation als Helferin zu tun hat. Zumindest ist derzeit nicht wirklich erklärbar, wie und wodurch hier die Wirkungen entstehen. Der Schritt auf die spirituelle Ebene kann dann heißen, sich der Wirkung zu öffnen, sich ihr auszusetzen und sie zuzulassen, auch wenn es verstandesmäßig nicht einholbar ist.

Eine Lehrerin wird von einer Schülerin bedrängt. Woche für Woche steht sie zur Sprechstundenzeit vor ihrer Türe, schreibt lange Briefe und reagiert, so scheint es, auf jede Zurückweisung mit nur umso größerer Hartnäckigkeit. Sie unternimmt keinen Schritt dazu, ihre zweifellos vorhandenen Probleme zu lösen. Sobald die Lehrerin sich damit auseinander zu setzen beginnt, was dieser „Dauergast" in ihrer eigenen Biographie repräsentiert, löst sich langsam, wie von selbst, auch das äußere Problem.

- Supervision bewegt sich nicht nur auf der Horizontalen, sondern auch auf der Vertikalen

Der Blick auf die Art und Weise, wie jemand sich in der Welt bewegt, wie gut er nach unten verwurzelt ist, führt zu der Frage, wohin er sich nach oben ausrichtet. Ist da eine Sperre? Wodurch verhindert die Person selbst oder etwas in ihrer Umgebung ein freies Fließen der Kräfte? Die Frage muss nicht *gestellt* werden, oft reicht es, sie innerlich zu erwägen. Dies hilft der Supervisorin, ihr Gegenüber besser zu verstehen. Leib- und Gebärdenübungen können hier unterstützend wirksam werden im Sinne von mehr Durchlässigkeit: Was richtet mich auf, was drückt mich nieder? Manchmal kann schon dies allein ausreichen, um die spirituellen Quellen einer Person wieder zugänglich und nutzbar zu machen. Und gleichzeitig muss gerade hier deutlich gesagt werden, dass der Einbruch des Geistes nicht „machbar" sondern nur zu erbittende Gnade ist.

## 4. DEM GEIST RAUM GEBEN

Was kann getan werden, um die spirituelle Dimension dieser Aspekte wirksam werden zu lassen, ohne gleichzeitig Kontrakte zu brechen oder jemanden in eine Richtung zu führen, in die er nicht will? Ich kann hier keine allgemeingültigen Hinweise geben, sondern nur davon sprechen, was sich für mich als sinnvoll bewährt hat.

*Mein* Vorgehen besteht, kurz gesagt, darin, im Supervisionsgeschehen eine Türe für einen Raum der Stille und der Leere „dahinter" einen Spaltbreit offen zu halten. Und zwar gilt dies zunächst nur für mich selbst, für meine innere Wahrnehmung. Konkret frage ich mich nicht nur, was mein Gegenüber mir zwischen den Zeilen mitteilen möchte, sondern ich frage auch, was uns beiden gerade gezeigt werden soll. Im Laufe der Jahre ist mir deutlich geworden, dass dies immer weniger ein aktiver Akt ist. Vielmehr sucht der innere Blick unwillkürlich immer wieder nach dieser Öffnung, die weiter hinein in das führt, was für die beteiligten Personen existentiell ist. Diesen Raum der Leere für das Mysterium – für Gott – freizuhalten, einen Raum, in dem Er sich zeigen mag, ist seit je her der innere Auftrag monastischen Lebens, nicht nur in den kontemplativen Klöstern (Radcliffe 2000). Und auch im Leben jedes geistlich lebenden Menschen kreist das tägliche meditierende, kontemplierende, betende Üben[9] darum: Still werden, leer werden, um zu hören, zu schauen, um die Mitte des Selbst freizuhalten dafür, dass Gott sein Zelt darin aufschlagen möge (ebd.). Dies auch in die Supervision einzuführen ist nicht als „Methode" oder gar als Handlungsanweisung gedacht. Es ist vielmehr das Ergebnis eines jahrzehntelangen vergeblichen Versuchs, in meinem Leben die Welten auseinander zu halten. In der Supervision hat das Gegenüber die Möglichkeit, sich der Türe zu diesem Raum[10] zu nähern – oder auch nicht. Die Supervisorin kann die Überschreitung der Schwelle in einen anderen Raum und in eine andere Dimension hinein mit vollziehen oder auch dazu ermutigen. So kann der persönliche, spirituelle Lebensgrund der Supervisorin als zusätzliche Ressource dienen, um Lösungen zu erschließen. Wie in der systemischen Supervision üblich, werden vom Supervisanden angebotene Deutungen und Schlüsselworte aufgegriffen und spielerisch zurückgegeben. Ferner wird das, was ich als Supervisorin wahrnehme, gespiegelt. Und schließlich kommen immer wieder auch meine eigenen Bilder und Konstruktionen zum Tragen, die ich persönlich zum Beispiel aus dem Erfahrungsschatz der Psalmen schöpfe. In der Einbeziehung dieser Tiefendimension kann sich vielleicht für ein Alltagsproblem eine neue, grundlegend andere Ordnung finden lassen. Es kann sich beispielsweise zeigen, dass das, was vordergründig richtig wäre, nicht wirklich lebensförderlich ist. Es kann sich zeigen, dass es in einem umfassenderen Sinn richtig (im Sinne von aufrichtend oder auch: reparierend, heil machend) ist, einen Platz, auf den man einen unzweifelhaften Anspruch hat, dennoch freizugeben – aufzustehen und (symbolisch gesprochen) in ein fernes, unbekanntes Land zu gehen, wie Abraham (Genesis 12).

Somit ist eine Bestimmung des Rahmens von Spiritualität gegeben, wie sie für den Kontext der Supervision sinnvoll ist. Spiritualität kann sich in der Beziehung zwischen zwei oder mehreren Menschen in einer Beratungssituation dann und insoweit ereignen, als es gelingt, der umwandelnden Kraft des Geistes Raum zu geben. Dazu ist es in der Regel nötig, dass Offenheit für diesen Geist und auf ihn hin gegeben ist. Und es braucht dazu das bewusste Gehen eines geistlichen Übungsweges von mindestens einem der Gesprächspartner. Ich sage „in der Regel", weil es geradezu konstitutiv für das Wirken des Geistes ist, dass auch Unerwartetes passieren kann.

---

[9] Ich benütze den Begriff des „Übens" in Anlehnung an die ignatianische Tradition der „Geistlichen Übungen", womit ja nicht nur die klassischen Exerzitien gemeint sind. Vgl. Lambert 1997.

[10] Der „Raum" ist wie alle verwendeten Bilder eine Metapher, die helfen mag, etwas zu verdeutlichen, und die dennoch unzureichend bleiben muss.

117

Es ist mir wichtig zu betonen, dass dies nur in vollster Freiheit und in Transparenz geschehen kann. Es muss auch klar bleiben, dass trotz der hier thematisierten Nähe Supervision von ihrer Absicht her etwas anderes als Geistliche Begleitung ist. Erstere ist problem- und ressourcenorientiert, zeitlich und thematisch begrenzt. Geistliche Begleitung dagegen umfasst explizit den inneren Weg des ganzen Menschen in seiner Beziehung zu Gott, zu Christus.[11] Dies kann ein zeitlich begrenzter, aber auch ein zeitlich offener Prozess sein. Es herrscht von vornherein Einverständnis darüber, dass das Eigentliche dieses Prozesses sich zwischen Gott und dem Menschen abspielt und die Begleiterin mitgeht, als eine, die eine gewisse Erfahrung auf diesem Weg hat und von daher warnen, hinweisen, trösten, ermutigen und ggf. auch fürbitten kann.

Supervision als Institution stellt von ihrem Selbstverständnis her die Gretchenfrage nach der Einordnung des Erfahrenen oder Gewünschten in einen Glaubenskontext nicht; ein spiritueller Mensch – Supervisorin oder Supervisandin – kann aber sehr wohl auf seiner persönlichen Glaubensbasis die Frage nach der transzendenten Bedeutung eines Ereignisses, wenn sie denn spürbar da ist, aufgreifen, bzw. sie auch von sich aus in den Prozess einbringen. Die Brücke gelingt also nur über die Biographie der beteiligten Personen. Unverzichtbar ist jedoch, dass der Raum für Geschichten und Interpretationen geöffnet wird, die weiterführen. Wohin kann der Weg dann gehen? Sicher nicht in das Glaubenssystem der Supervisorin, sondern immer zuerst in den Sinnkontext derjenigen, der sich die Frage nach dem „Mehr" stellt, nach dem „Mehr" als die sichtbare, fassbare, bearbeitbare Oberfläche, die Frage nach dem „Dahinter", die sich an allem entzünden kann.[12] So kann vielleicht in Sternstunden eine andere Wirklichkeit, die Wirklichkeit hinter der Wirklichkeit zum Vor-Schein kommen. Wenn so dem Geist eine Chance zu wirken gegeben wird, kann tatsächlich jeder Brombeerstrauch zum brennenden Dornbusch der Gottesbegegnung werden.

Literatur

Andriessen, Hermann: Sich von Gott berühren lassen. Mainz 1995
Barry, William A., Conolly, William J.: Brennpunkt: Gotteserfahrung im Gebet. Leipzig 1992

---

[11] S. z.B. Barry/Conolly 1992; Andriessen 1994.

[12] Zum Beispiel auch an den Bildern Andy Warhols, s. Tatschmurat 2000b.

Beck, Ulrich: Risikogesellschaft. Frankfurt/M. 1986

Die Benediktusregel. Hrsg. im Auftrag der Salzburger Äbtekonferenz. Beuron 1992

Grün, Anselm: Lebensmitte als geistliche Aufgabe. Münsterschwarzach 1980 Jaeger, Willigis: Suche nach dem Sinn des Lebens. Petersberg 1996

Keupp, Heiner u.a.: Identitätskonstruktionen. Das Patchwork der Identität in der Spätmoderne. Reinbek 1999

Krech, Volker: Religionssoziologie. Bielefeld 1999

Lambert, Willi: Beten im Pulsschlag des Lebens. Freiburg 1997

Libreria delle Donne di Milano: Wie weibliche Freiheit entsteht. München 1988

Luckmann, Thomas: Das Problem der Religion in der modernen Gesellschaft. Freiburg 1963

Radcliffe, Timothy OP: Der Thron Gottes. In: Monastische Informationen H.4, 2000

Schütz, Christian: Christliche Spiritualität. In: Praktisches Lexikon der Spiritualität. Freiburg 1988, S. 1120-1180

Shell-Jugend-Studie 2000, Hrsg. Deutsche Shell. Opladen 2000

Sudbrack, Josef: Spiritualität. In: Lexikon für Theologie und Kirche Band 9, Freiburg: 2000, S. 852f

Tatschmurat, Carmen: Supervision und Empowerment: Durchblick macht stark! In: Miller, Tilly, Pankofer, Sabine (Hrsg.): Empowerment konkret. Stuttgart 2000a, S.205-220

Tatschmurat, Carmen: Andy Warhol – The Last Supper. Christussuche hinter der Oberfläche. In: Geist und Leben H.5, 2000b, S.378-382

Tatschmurat, Carmen: Gender Troubles in der Beratung. In:. Nestmann, Frank u.a. (Hrsg.): Handbuch der Beratung. (im Erscheinen, 2002)

Wiesel, Elie: Die Nacht zu begraben, Elischa. München 1985 (Original 1958)

Wieseltier, Leon: Kaddisch. München 2000

# Spiritualität in der Familienberatung

Susanne Drewes

Vor nahezu fünf Jahren habe ich mich im Rahmen meiner Diplomarbeit im Fachbereich Sozialarbeit/Sozialpädagogik mit der Frage beschäftigt, welche Rolle Spiritualität bei Sinnfindungsprozessen innerhalb der Beratung einnehmen könnte. Es handelte sich dabei um eine qualitative Analyse mit Interviews mit BeraterInnen und Fragebogen an psychospirituelle Zentren. Nun arbeite ich selbst seit einigen Jahren an einer Beratungsstelle für Erziehungs-, Ehe-, Familien- und Lebensfragen und erlebe mich häufig in Situationen, in denen ich mir Fragen stelle wie: Was bedeutet Sinn und Spiritualität für mich? Aber auch: Was ist das Spirituelle an einem Beratungsprozess? Welche Rolle spielt innerhalb eines Beratungsprozesses die Spiritualität der Beraterin?[1] Im Folgenden möchte ich darüber berichten, welche Ansätze, Prinzipien und Erfahrungen mir in meiner Arbeit wichtig geworden sind.

## SPIRITUALITÄT UND SINN-FINDUNG

Ich möchte Sinn verstehen als die Erfahrung einer Kontinuität im Lebensganzen, verbunden mit einem breiten Lebensthema, unter das sich einzelne Lebensereignisse unterordnen lassen, gleichsam eines roten Fadens, der sich durch das Leben zieht. Als Metapher für die Sinnsuche scheint mir das Bild des Weges passend.

Spiritualität kann daraufhin verstanden werden als ein Sich-Öffnen für diesen Weg, für diese Ordnung im Lebensganzen und damit ein vertrauensvolles Weitergehen auf dem Weg, was immer verbunden ist mit Ungesichertheit und Wagnis. Weiter heißt Spiritualität die tiefe Erfahrung des Eingebundenseins in ein größeres Ganzes, in einen Kontext, in einen Kosmos. Der Sinn des Lebens als kosmischer Sinn reicht für das individuelle Erleben von Lebenssinn nicht aus. Sinn kann langfristig nicht nur außerhalb des

---

[1] Da es m.E. die Lesbarkeit sehr beeinträchtigt, wenn durchgehend beide Geschlechtsformen angegeben werden, habe ich mich für mich für die weibliche Form entschieden. Natürlich sind männliche Berater mitgemeint, wenn ich von der Beraterin spreche.

Menschen gefunden werden, sondern muss als Sinn im Leben, in der eigenen Geschichte nachvollziehbar und erkennbar sein.

Spiritualität kann in diesem Verständnis nur konfessionsübergreifend verstanden werden, wobei die unterschiedlichen Religionen in ihrem ursprünglichen Sinne gesehen werden als „Rückbindung" an den Ursprung (religio); ihre Aufgabe ist es, „an das Ewige im Zeitlichen zu erinnern".

Spirituell zu leben bedeutet demnach die Fähigkeit, aktuell stattfindende Ereignisse im Strom der Erfahrungen der Vergangenheit und der in die Zukunft gerichteten Erwartungen zu werten, d.h. die Fähigkeit und den Willen, auf diesem Weg immer wieder anzuhalten und das eigene Leben zu reflektieren.

## SINN-FINDUNG IN DER BERATUNG

Wenn ich vom Sinnkonzept des Weges ausgehe und Spiritualität als das „In Kontakt sein" mit diesem Weg, so begegnen mir in meinem Beratungsalltag sehr unterschiedliche Menschen auf sehr unterschiedlichen Wegen und Wegstrecken.

Da begegnen mir beispielsweise

- Kinder und Jugendliche, die alleingelassen werden auf der Suche nach ihrem Weg, die keine angemessene Begleitung finden oder die gar zu eng gehalten werden und keine Möglichkeit bekommen, selbst ein Stück Weg zu erkunden;

- Eltern, die selbst ganz unsicher sind auf ihrem Weg und sich schwer tun, ihren Kindern Weg-WeiserInnen zu sein;

- Paare, die sich trennen wollen, die nicht wissen, wie sie dies sinnvoll gestalten können und wie sie mit ihren Kindern weiter auf dem Weg sein können;

- Erwachsene, die nicht mehr weiter wissen oder können, deren Vertrauen in den Weg erschüttert wurde;

- Menschen, die sich in einer Sackgasse erleben.

Wenn wir mit Familien arbeiten, wird immer wieder deutlich, dass es auch innerhalb eines Systems einen systemimmanenten Sinn gibt. Der Einzelne hat nicht nur seinen individuellen Sinn, er konstruiert mit an dem Sinn im System und hat, so wie es für das System „Sinn macht", dort seinen Platz

121

inne. Auch das Problem selbst hat seinen Sinn im System. Dabei können wir davon ausgehen, dass das System Probleme erzeugt und aufrechterhält, weil sie nützlich sind für die Erhaltung des aktuellen Gleichgewichtes angesichts von als bedrohlich erlebten Veränderungen seiner inneren oder äußeren Umwelt (vgl. von Schlippe/Schweitzer 1996). Es geht deshalb in familienorientierter Beratung in erster Linie darum, die Bedeutung herauszufinden, die das Problem innerhalb des Systems hat. „Wir fragen uns bei jedem Symptom, über das die Leute klagen kommen, welchen Sinn hat das im ganzen System? Und so würdigen wir die Energie, die dabei zum Ausdruck kommt und erleichtern es dem Beteiligten, Verantwortung zu übernehmen. Für etwas Sinnvolles kann man leichter Verantwortung übernehmen als für etwas Sinnloses" (Essen 1993).

Den Sinn eines Problems, oder eines Symptoms, im System verstehen zu wollen, bedeutet immer tieferes Hinterfragen: Worum geht es denn eigentlich? Dies ist eine ureigenste spirituelle Haltung. So weist die vergleichende Literatur zwischen psychotherapeutischen Theorien und den Begegnungen, die im Neuen Testament zwischen Jesus und den Menschen geschildert werden, immer wieder auf diese Parallelen hin (vgl. Wolff 1978, Jaschke 1987, Drewermann 1989, 1995 u.a.). Das Evangelium gibt hierfür viele Beispiele: Bevor Jesus beispielsweise einen Menschen heilt, stellt er ihm eine Frage: „Was willst Du, was ich Dir tue?" (Luk 18, 35-43), oder: „Willst Du heil werden?" (Joh. 5, 1-17). Er versucht damit, herauszubekommen, worum es eigentlich geht und welchen Sinn das Problem, das Anliegen, das Thema für den Einzelnen hat. Auch im Buddhismus ist diese erste grundlegendste Einsicht systemischen Denkens verankert; dabei liegt hier der Schwerpunkt auf der Tatsache, dass in einem System alles mit allem in Wechselwirkung steht.: „Alle organischen und anorganischen Erscheinungen des Universums befinden sich nach Auffassung buddhistischen Denkens in der Wandlungsbewegung eines fortwährend einander sich Berührens und Zuordnens, wobei jedes dieser Elemente, inbegriffen der Mensch, verstanden wird als ein in sich koordinierter, integraler Prozess, intimst eingebettet in einen größeren Gesamtverlauf" (Goldner 1988, S. 14).

Im Beratungsalltag ist es immer wieder wichtig, sich den Kontext bewusst zu machen, in dem das Symptom, die Lebensäußerung des Klienten steht: „Es sind Möglichkeiten, über die Lebewesen den sozialen Sinn ihrer Kommunikation qualifizieren" (von Schlippe/Schweitzer 1996, S. 177). Mit sozialem Sinn ist der Rahmen gemeint, der festlegt, wie eine Äußerung zu verstehen ist. In der Beratung geht es darum, dem Rahmen, in dem das Klientensystem ein Ereignis wahrnimmt, einen anderen Rahmen gegenüberzustellen. Die Frage, die dabei zu stellen ist, lautet: Welcher Kontext wäre denkbar, unter dem das Problem einen Sinn ergäbe? In dieser Um-Deutung bekommt Verhalten eine neue Be-Deutung, einen neuen Sinn, gemäß den Prämissen systemischen Denkens (vgl. von Schlippe/Schweitzer 1996):

- Jedes Verhalten macht Sinn, wenn man den Kontext kennt.

- Es gibt keine vom Kontext losgelösten Eigenschaften einer Person.

- Jedes Verhalten hat eine sinn-volle Bedeutung für die Kohärenz des Gesamtsystems.

- Es gibt nur Fähigkeiten. Probleme ergeben sich manchmal daraus, dass Kontext und Fähigkeiten nicht optimal zueinander passen.

- Jeder scheinbare Nachteil in einem Teil des Systems zeigt sich an einer anderen Stelle als möglicher Vorteil.

Geht es nun darum, die spirituelle Dimension der Beratung herauszustellen, sind hier sehr leicht Parallelen zu entdecken. Spiritualität heißt ja gerade, Ereignisse in einen anderen, größeren Kontext zu stellen. Jeder Mensch ist nach systemischer Sicht bestrebt, seinen Platz im System zu erkennen. Religio ist Rückbindung in den größeren Zusammenhang. Wenn ich mich als Teil eines Ganzen erfahre, trete ich nicht nur in Kommunikation mit den anderen Teilen, sondern erfahre mich auch in Beziehung zu dem Ganzen. Die Namen für das Ganze (Gott, Brahma, Universum, Mutter Erde usw.) sind dabei nur Ahnungen und Versuche der Annäherung an dieses. So beschreibt Siegfried Essen Spiritualität als „Einstimmen in den Zusammenhang. Die Bewusstheit für den Zusammenhang hebt das Leid auf ... Therapie oder Heilung von Leid muss also etwas zu tun haben mit dem Wiederwahrnehmen und Sich einfügen in das Ganze" (Essen 1994, S. 51).

Für Anselm Grün ist Spiritualität als Deutungsmuster menschlichen Lebens immer auch ein Um-Deuten. Spiritualität müsse sich besonders da bewähren, wo andere menschliche Deutungsversuche scheitern; bei Krankheit und Tod, bei Versagen und Schuld, bei Unglück, Schicksalsschlägen und Enttäuschung. Spiritualität heiße dann nicht, gleich alles positiv umzudeuten. Zunächst müsse man das Leid und den Schmerz unbeschönigt an sich heranlassen. Spiritualität als Um-Deutung heißt dann, im Sinn-losen einen Sinn zu erkennen (vgl. Grün 1991). Der christliche Ausdruck für „Reframing" heißt „Umkehr", d.h. kehrt euer Denken, eure Wahrnehmung um und glaubt der freudigen Nachricht (Mk 1,15). Systemisches Denken kommt diesem Quer-Denken, Auf den Kopf stellen von Bedeutungen, Um-Kehren sehr nahe.

## ÜBER DIE SINNE ZUM SINN FINDEN

„Was ist, nehme ich zuerst wahr über meine Sinne, erlebe ich dann durch meine Gefühle und ordne ich später mit meinem Verstand" (Dreitzel 1992, S. 15). Sinn-Findung ist nicht nur ein rationales Geschehen, es wird vielmehr weitgehend über die Wahr-Nehmung (was bedeutet, dass ich etwas für wahr halte) bestimmt. So kann man „vom Leibe her Sinn aus den Sinnen schöpfen" (Merleau-Ponty in Petzold 1991, S. 26). Wenn Sinn durch die Sinne geschieht und Sinn in den Sinnen ruht (vgl. Petzold 1983), kann Beratung als ein Raum zur Be-Sinnung gesehen werden, nicht als isoliertes Zurückwerfen des Sinnenden auf sich selbst; vielmehr als Ausdruck von Verbundenheit mit dem Leib, mit den anderen, mit der Welt, mit der Geschichte. Besinnung ist so die Möglichkeit, verlorengegangene Verbundenheit – Religio im ursprünglichsten Sinne – wiederzufinden.

Diese Haltung kommt dem spirituellen Verständnis insbesondere der östlichen Weisheit sehr nahe, während die christliche Spiritualität Sinnlichkeit erst wieder neu erschließen muss. Doch gerade in den christlichen Ursprüngen war Gottesbegegnung untrennbar verbunden mit sinnlicher Wahrnehmung: „Das da von Anfang war, das wir gehört haben, das wir gesehen haben mit unseren Augen, das wir beschaut haben und unsere Hände betastet haben, vom Wort des Lebens ... das verkünden wir euch ... auf dass eure Freude vollkommen sei" (1. Joh. 1f.) schrieben sich die ersten Christen. Auch die christliche Mystik kennt viele Beispiele sinnlicher (und nicht nur über-sinnlicher) Gottesbegegnungen. So gründet nach Martin Luther der Glaube in konkret sinnlicher Erfahrung, im Spüren, Fühlen und Schmecken (vgl. Frambach 1994). Erfahrung kann im spirituellen Zusammenhang verstanden werden als existentielle Einsicht, die in konkret leiblichem Sinnerleben wurzelt, im Gegensatz zu einem davon isolierten, rein kognitiven Erkenntnis-Prozess (ebd.).

Im Verständnis des Zen-Buddhismus wird das Leben in unmittelbarster Weise erfahren als Leere, als radikale Einheit, die jeglichen Gegensatz, jegliche Dualität, transzendiert. Das Verstehen und Erkennen des „Satori" geht über das gewöhnliche intellektuelle Begreifen hinaus; der Gefahr, intellektuelle Erkenntnis für das Entscheidende zu halten und mit leibhafter existentieller Erfahrung gleichzusetzen, wird mehr als im westlichen Kulturkreis entgegengewirkt. Satori versteht man deshalb als eine tiefst-sinnliche Erfahrung, die im buddhistischen Sprachgebrauch mit „dem Denkweg unerreichbar", das „Undenkbare" umschrieben wird (vgl. Frambach 1994). Graf Dürckheim formuliert diese Haltung folgendermaßen: „Die schlichten Qualitäten der Sinne sind dem Sinn näher als alle Gedanken und Bilder. Diesen Sinn zu verspüren, bedarf es eines besonderen Sinnes. Er ist es, der durch die unmittelbar erfahrenen Qualitäten hindurch die Leere wahrnimmt, aus der die Fülle des Weiselosen spricht. Durch diese Fülle leuchtet ein Licht, darin der Sinn aller Dunkelheit erscheint" (Dürckheim 1983, S. 22).

## SPIRITUALITÄT UND THERAPIE

Menschen, die in die Beratung kommen, wissen meist nicht mehr weiter auf ihrem Weg. Ihre Reserven sind erschöpft, sie kommen mit ihren gewohnten Bewältigungsstrategien nicht mehr weiter, oder sie haben die Orientierung verloren und sehen den Weg nicht mehr; manche Menschen können nicht weitergehen, weil sie mit ihren Füßen noch in der Vergangenheit stecken, die sie nicht loslässt, oder sie gehen rückwärts, damit sie die Vergangenheit im Auge behalten und kommen auch so nur sehr mühsam voran. Graf Dürckheim schreibt dazu: „Wenn wir gehen, gehen wir wohl immer wohin. Was Gehen ohne Wohin ist, haben wir meist vergessen. Doch nur, wo im Wohin auch das Nicht-Wohin ist, können wir im Gehen den goldenen Faden halten" (Dürckheim 1983, S. 22).
Aufgabe von Beratung ist deshalb nicht, diesen Menschen – alltagssprachlich gesprochen – „zu zeigen, wo's langgeht", sondern vielmehr sie bei der Suche zu begleiten, ihnen ihren individuellen Weg zu ertasten und ihre eigene individuelle Geschwindigkeit finden zu helfen. Dabei muss beachtet werden, dass das Sich einlassen über das Bekannte hinaus in Situationen hinein, in denen man noch nicht weiß, wie es weitergehen soll, mit Angst und Unsicherheit verbunden ist. Die Bereitschaft, alte Muster aufzugeben, setzt Vertrauen in das Leben voraus, das zunächst von der Tragfähigkeit der therapeutischen Beziehung her gestützt werden muss. Nur mit dieser Sicherheit kann der Klient sich auf Ungewisses, für ihn zunächst Bedrohliches überhaupt einlassen und im Gehen seinen Weg erkennen.
Beratung und Therapie darf schließlich nicht an den existentiellen Fragen des Menschen nach seiner Stellung in der Welt, zu den Dingen, zu den Mit-

menschen vorbeigehen. Sie muss Möglichkeiten und Anregungen, Impulse und Methoden anbieten, die Menschen helfen, sich selbst im Lebensganzen verstehen zu lernen. Damit werden die Grenzen zur Seelsorge fließend (vgl. Petzold 1991). Assagioli bezeichnet Spiritualität als eine Lebenskraft, die mindestens soviel Potential enthält wie die akzeptierten Kräfte der Aggression und der Sexualität (vgl. Assagioli 1988). Sie ist damit eine Dimension des Menschen, die in die Beratung einbezogen werden muss, soll nicht ein wichtiger Teil der Persönlichkeit ausgeblendet und auf eine Heilungskraft verzichtet werden.

Spiritualität wäre folglich als Ergänzung und Erweiterung der Therapie zu sehen. Ein Ersatz für Therapie ist sie nicht, besteht doch immer auch die Gefahr, in den spirituellen Bereich zu flüchten und damit Entwicklungsaufgaben auszuweichen (vgl. Wilber 1994). So bietet nach Hilarion Petzold „das Durcharbeiten der eigenen Biographie, die Auseinandersetzung mit der eigenen Dynamik, Emotionalität und Beziehungsfähigkeit, wie sie die Psychotherapie ermöglicht ... eine gute Voraussetzung dafür, dass sie nicht als Vermeidung konkreter Realität missverstanden und zur Kompensation narzisstischer Defizite missbraucht wird, dass sie nicht zu sektiererischen Subkulturen und persönlichen Abhängigkeiten von zweifelhaften Gurus führt, was ihrem eigentlichen Wesen entgegensteht: Transzendenz und Immanenz, Ekstase und Nüchternheit in wahrhafter Alltäglichkeit und praktischer Liebe zu verbinden" (Petzold 1983, S. 8). Frambach hält es sogar für eine wichtige Aufgabe der Psychotherapie, im transpersonalem Kontext auf die Gefahren des spirituellen Weges aufmerksam zu machen. Neben anderem geht es dabei um die spezifische Gefahr, Spiritualität als Weltflucht misszuverstehen und in einer Art von „spiritual bypassing" die eigenen konkreten Probleme und Anforderungen der „banalen" psycho-sozialen Existenz-Ebene mehr oder weniger elegant zu umschiffen (vgl. Frambach 1995). Durch die Entwicklung einer „reflexiven Sinnlichkeit" (Dreitzel 1992) kann die Beratung den Menschen in seinem realen psycho-sozialen und ökologischen Lebenskontext erden und so dem Abheben ins Pseudo-Spirituelle entgegenwirken (vgl. Frambach 1995). Auch Ken Wilber warnt nachdrücklich davor, in den transpersonalen Bereich „einzusteigen", bevor man wirklich zur Person geworden ist, denn der „Bypass vom Prae- zum Transpersonalen führe zur „transpersonalen Süchtigkeit" (vgl. Zundel 1995).

Nach meiner Erfahrung. geht es in der Beratung um, wie Carl Möller es ausdrückt, „spirituelle Ehrlichkeit" (vgl. Möller 1996). Damit verbindet sich eine konstruktive Empfindlichkeit gegen alles, was in Richtung „spirituelle Überhöhung", „transpersonale Süchtigkeit" und „spiritual bypassing" geht. Nur in spiritueller Ehrlichkeit sich selbst gegenüber kann die Beraterin, die in der Beratung die Spiritualität des Klienten berührt, authentisch und empathisch sein – und somit spirituell.

## An-Näherungen an ein spirituelles Beratungskonzept

Im Folgenden möchte ich thesenartig einige Annäherungen an das, was ich unter Spiritualität im Beratungsprozess verstehe, festhalten:

### Spiritualität vollzieht sich im Hier-und-Jetzt

In der Beratungssituation wird spürbar, dass Dinge in der Beratung nicht erkannt, sondern im Moment gespürt werden. Das Ganze bleibt nur im Hier-und-Jetzt erfahrbar (und nicht denkbar). Es geht um eine Art Standortbestimmung und die damit verbundene Frage: Was bedeutet es, dass ich jetzt da stehe, wo ich jetzt stehe? Dabei liegt die Betonung auf dem Jetzt, der konkreten Gegenwart. Der Kontakt mit der eigenen Tiefe kann nur im Heute, in der momentanen Lebens-Situation geschehen.

### Spiritualität heißt sich verbinden mit einem Kontext, einem Kosmos

Diese Dimension von Spiritualität möchte ich als ein „Sich eingebunden fühlen in diese Welt" bezeichnen als ein Sich-Einfügen in ein Ganzes, ein Netzwerk jenseits des Denk- und Begreifbaren, eine Schöpfung und damit in eine geheime Ordnung und Kraft.

### Spiritualität heißt Offenheit für Neues

Offenheit des Beraters ist letztlich entscheidend und wichtiger als konfessionelle Bindung. Ein spiritueller Mensch rechnet eher mit ungeplanten und ungewollten Beratungsverläufen und ist bereit, zu gehen „ohne zu wissen". Für S. Essen heißt Spiritualität Fallenlassen aller selbstgemachten Konstruktionen und sich so „Neuem auszuliefern, dem Überraschenden, dem Unvorhersehbaren, dem Augenblick". Spiritualität heißt ein Stück Wagnis, die Bereitschaft sich wandeln zu lassen und immer neu aufzubrechen.

### Spiritualität heißt Leiblichkeit

Sinn und Spiritualität ist keine intellektuelle Theorie, sondern betrifft immer den Menschen in seiner ganzen Person, insbesondere auch in seiner

Leiblichkeit. Sinn und Spiritualität bleibt nur über die Sinne erfahrbar. Körper und Geist müssen zur Erfahrung eines integrierten Selbst werden.

*Beratung konzentriert sich auf eine Mitte, auf einen ruhenden Pol*

Beratung, die dem Menschen dazu verhelfen möchte, seine Ganzheit, sein Heil wiederzufinden, konzentriert sich letztlich auf eine Mitte, auf einen ruhenden Pol, in dem sich alle Gegensätzlichkeiten des Lebens aufgehoben wissen. Der Berater selbst muss um seine Mitte wissen und immer neu sein Gleichgewicht suchen: „Er sucht die Mitte und dort gesammelt wartet er ... ob ihn vielleicht ein Wort erreicht, das wirkt. Wenn dann der andere zu ihm kommt, findet er ihn dort, wohin er selber muss, und die Antwort ist für beide. Beide sind Hörer" (Hellinger in Weber 1990, S. 49f.). So wirkt eine authentisch gelebte Spiritualität gleichsam von selbst in den Bereich von Beratung herein, fließt mit ein und öffnet zu neuer, existentieller Tiefe. Spiritualität kann dabei, muss jedoch nicht explizit thematisiert werden; wesentlich erscheint mir die Offenheit des Beraters für spirituelle Prozesse und für In-Spirationen, sowie der Kontakt zu seiner eigenen Tiefe, seiner Mitte. Wenn spirituelle Beratung „wirklich Rückbezug, die Boden, Zentrierung schafft" (Petzold 1991, S.7), findet der Klient findet Rückbindung an sich, seine Ressourcen, seine innere Stimme, an seine Wurzeln, seinen Ursprung, Gott.

*Eine Landkarte ersetzt nicht die Reise*

Beratungskonzepte einzelner Berater könnte man als eine Art Landkarten verstehen, die auf der Weg-Suche eingesetzt werden. Viele Menschen finden ihren Weg auch ohne Landkarte, einfach durch ihre Intuition. Eine noch so gute Landkarte kann jedoch nie die Reise ersetzen. Vielleicht ist ein allzu häufiges Starren auf die Landkarte während der Reise auch eher hinderlich und verhindert den Blick auf die Schönheit der Umgebung. Beratung sollte deshalb Landkarten zur Hand haben, sich jedoch nicht zu sehr darauf verlassen. Die letztliche Orientierung liegt in dem Klienten selbst, da dieser selbst bereits eine Ahnung hat von dem, was für ihn gut ist. „Der Weg ist in dir" (Niklaus Brantschen) bringt diese Einstellung auf den Punkt. Es geht in der Beratung darum, diese Ahnung, die oft verschüttet ist, wiederzufinden, die innere Stimme des Klienten zu hören und dem Klienten dabei zu helfen, wieder in Kontakt mit sich selbst zu kommen.

*Spiritualität heißt vor allem Loslassen und Sich-Einlassen*

Für den Berater heißt dies mitunter auch Loslassen seiner „Landkarten" und „Steckenpferde", seiner eigenen Konstruktionen, um offen sein zu können für das Neue und Gegenwärtige, auch für ungeplante Beratungsprozesse. Das Paradoxe daran ist, dass Konstruktion von Sinn sowohl für den Klienten als auch für den Berater gerade auch heißen kann Sinn-Konstruktionen loszulassen, um „mit der Sinnlosigkeit sinnerfüllt leben" zu können (Müller 1986, S. 61f.). Mit seiner ganzen Person Spiritualität in Beratung und Therapie praktizieren bedeutet nach Siegfried Essen, dem Klienten zu zeigen, „dass es etwas gibt, worauf man vertrauen kann, jenseits aller denkbaren und begrifflichen Sicherheitsnetze".

*Das wichtigste ist die Grundhaltung des Beraters*

Spiritualität in der Beratung zeigt sich somit nicht in besonderen Techniken oder Verhaltensweisen, sondern an der Grundhaltung des Lassens und der Offenheit. Jesus antwortet auf die Frage, ob er der Messias, der Heiland sei: „Teilt mit, was ihr gesehen und gehört habt: Blinde sehen wieder, Lahme gehen, Aussätzige werden rein; Taube hören, Tote stehen auf, und den Armen wird das Heil verkündet ..." (Lk. 7, 18-23). Es geht damit nicht so sehr darum, was der Berater macht oder wer er ist (wieviele und welche Ausbildungen er hat etc.), sondern wie die Beratung wirkt, ob sie wirklich heilend und befreiend für den Menschen ist – ob sie Sinn macht. Bei für Spiritualität offenen Beratern konnte ich bereits des Öfteren eine (für mich spirituelle) Grund-Haltung erleben, die ich mit den etwas aus der Mode gekommenen Worten der Bescheidenheit und Demut[2] bezeichnen möchte. Es geht diesen Beratern nicht darum, den Prozess planen, vorhersehen oder machen zu können, sondern sie können „geschehen lassen" im Vertrauen darauf, dass auch dieser Beratungsprozess in einem größeren Kontext und somit in einem Sinn-Zusammenhang steht. Zudem vertrauen sie darauf, dass der Mensch – er selbst wie der Klient – alles, was er braucht, in sich selbst trägt. Wenn Berater wie Klient sich dem Fluss des Lebens anvertrauen, können sie „gehen, ohne zu wissen". Beratung wird so zu einem „lebendigen Dialog zweier Sinnsucher" (Sedlak 1994):

---

[2] *Demut* kann hier verstanden werden im Sinne von: „*Mut zum Dienen*". Auch Essen verwendet des Öfteren den Begriff der „therapeutischen Demut" (vgl. Essen 1995)

129

## LITERATUR

Assagioli, Roberto: Psychosynthese, Reinbek 1993

Brantschen, Niklaus: Der Weg ist in Dir, Solothurn 1992

Dreitzel, Hans Peter: Reflexive Sinnlichkeit, Köln 1992

Drewermann, Eugen: Tiefenpsychologie und Exegese, B II, Olten 1984

Drewermann, Eugen: Wort des Heils, Wort der Heilung, B III, Düsseldorf 1989

Drewermann, Eugen: Zwischen Staub und Sternen, München 1995

Dürckheim, Karlfried Graf: Die Wendung zur Initianischen Therapie, Ton der Stille, in: Essen, Siegfried: Systemische Therapie als Praxis des Nichtanhaftens, in: Zeitschrift für systemische Therapie, Heft 11/1993, S. 32-38

Essen, Siegfried: Spirituelle Aspekte in der systemischen Therapie, in: Transpersonale Psychologie und Psychotherapie, Heft 2/1995, S. 41-53

Frambach, Ludwig: Identität und Befreiung in Gestalttherapie, Zen und christlicher Spiritualität, Petersberg 1994

Frambach: Ludwig: Gestalttherapie und Spiritualität. In: Transpersonale Psychologie und Psychotherapie, Heft 2/1995, S. 22-39

Goldner, Guntram Colin: Zen in der Kunst der Gestalttherapie, Augsburg 1986

Grün, Anselm: Spiritualität im Alltag, in: Bibel und Liturgie, Heft 1/1991, S. 2-9

Jaschke, Helmut: Psychotherapie aus dem Neuen Testament. Heilende Begegnungen mit Jesus, Freiburg 1990

Möller, Carl: Gibt es eine Spiritualität in der Beratung? In: Beratung auf neuen Wegen, Stuttgart 1996

Müller, Lutz: Auf der Suche nach dem Zauberwort. Identität und schöpferisches Leben, Stuttgart 1986

Petzold, Hilarion: Psychotherapie – Meditation – Gestalt, Paderborn 1983

Petzold, Hilarion: Tree of Science, Hückeswagen 1991

Schlippe, Arist von/Schweitzer, Jochen: Lehrbuch der systemischen Therapie und Beratung, Göttingen 1996

Sedlak, Franz: Die transpersonale Perspektive der Logotherapie und Existenzanalyse nach V. Frankl, in: Zundel, Edith/Loomans, Peter (Hrsg.): Psychotherapie und religiöse Erfahrung, Freiburg 1994

Weber, Gunthard: Zweierlei Glück, Heidelberg 1994

Wilber, Ken: Esoterische Religion. Bewusstseinsentwicklung und Psychotherapie, in: Zundel, Edith/Loomans, Peter (Hrsg.): Psychotherapie und religiöse Erfahrung, Feiburg 1994

Wilber, Ken: Eros, Kosmos, Logos: Eine Vision zur Schwelle zum nächsten Jahrtausend, Frankfurt 1996

Wolff, Hanna: Jesus als Psychotherapeut. Jesu Menschenbehandlung als Modell moderner Psychotherapie, Stuttgart 1978

Zundel, Edith: Transpersonales in einem herkömmlichen Therapieprozess, in: Transpersonale Psychologie und Psychotherapie, Heft 2/1995, S. 5-21

# „Tun des Nichtstuns" in der Beratung von Frauen mit Essstörungen

Barbara Seipp

## SOZIALARBEIT, ZEN UND ESSSTÖRUNGEN

Ein junger Zen-Mönch fragt seinen Meister: „Was kann ich tun, um die Welt zu retten?" Der Meister antwortet: „So viel, wie du dazu beitragen kannst, dass morgens die Sonne aufgeht." „Aber was nützen dann all meine guten Taten und mein ganzes Engagement?", fragt der Mönch enttäuscht. Darauf erwidert der Meister: „Sie helfen dir, wach zu sein, wenn die Sonne aufgeht."[1]

Während meines Jahrespraktikums bei ANAD, einer Beratungsstelle für Essstörungen in München, zeigten sich die betroffenen Frauen immer wieder gerade auch an Unterstützung interessiert, die eine Veränderung ihres konkreten Essverhaltens in Aussicht stellen würde. Ernährungsberatung gab es zwar als Angebot, doch schien dies nicht das zu sein, was sich die Frauen an Hilfestellung wünschten. So kam ich dazu, einen Weg anzubieten, den ich schon seit einigen Jahren in modifizierter Form mit mir privat bekannten, von einer Essstörung betroffenen Frauen gegangen war und „Essberatung" nannte.[2]

Um welches Ziel es bei der Essberatung ging, war recht klar zu benennen: Die betroffenen Frauen bzw. Mädchen sollten wieder zu einem selbstverständlicheren, freieren Essverhalten finden und dazu schrittweise an ihre verschütteten Bedürfnisse und Wünsche, das Essen betreffend, herangeführt werden. Worin jedoch die Wirksamkeit dieses Beratungsweges bestand, konnte ich nur vage sagen. Ich hatte nicht den Eindruck, dass ich als Beraterin sehr viel „tat", ich wusste auch keine mir bekannte sozialarbeiterische oder therapeutische „Methode" anzuführen, nach der ich vorging. Erst bei der Lektüre von „Jenseits der Familientherapie. Systemische Konzepte in der Sozialen Arbeit" von Hans-Ulrich Pfeifer-Schaupp (Freiburg/ Br. 1995) hatte ich mein „Aha-Erlebnis": Pfeifer-Schaupps Ideen über systemisch-konstruktivistische Konzepte in der Sozialarbeit weckten in mir

---

[1] Marco Aldinger, „Was ist die ewige Wahrheit?" „Geh weiter", Zengeschichten vom Anhaften und Loslassen, Freiburg/Br. 1998, 72.

[2] Inzwischen habe ich meine eigene Praxis für Essberatung in Kempten/Allgäu.

den Gedanken, dass „meine" Essberatung damit zu tun haben könnte. Auf-
horchen ließ mich nicht zuletzt die von Pfeifer-Schaupp (1995, 18) prokla-
mierte Nähe seines Ansatzes zum Zen, das ich selbst seit vielen Jahren als
„christliches Zen" bzw. „Kontemplation" praktiziere.

Nach Pfeifer-Schaupp (1995, 140-143) stand von jeher im Mittelpunkt von
Sozialarbeit die Erschließung von Ressourcen als gemeinsames Aufspüren
von Möglichkeiten, als Anregung zu anderen Zukünften und als Entwicklung von Selbsthilfepotentialen. Als handlungsleitendes Ziel gelte schon
immer die Hilfe zur Selbsthilfe. Mit einer solch weitgefassten Positionsbe-
stimmung gehe aber eine gewisse, oft beklagte „Platzlosigkeit" von Sozialarbeit einher. Diese, so Pfeifer-Schaupp, gehört aber möglicherweise zur
Sozialarbeit und sei eher zu bewahren, als sich aufgrund berufspolitischer
Profilierungsversuche als „psychosozialen Expertenberuf" in ein medizi-
nisch-therapeutisches Versorgungssystem einpassen zu wollen. Soziale Arbeit brauche aber dennoch eine Theorie, und zwar eine, die mehr am beruflichen Alltag von Sozialarbeit und weniger an akademischen Wissensvor-
räten orientiert sei, um sinnstiftend sein zu können. Und in systemisch-
konstruktivistischen Konzepten meint Pfeifer-Schaupp nun einen Ansatz
gefunden zu haben, der sich mit den spezifischen Anliegen der Sozialarbeit
verbinden lässt und den SozialarbeiterInnen bei ihrer Tätigkeit als „spezialisierte GeneralistInnen" dienlich sein kann.[3]
Worin er diese „Nähe" zum Zen sieht, führt Pfeifer-Schaupp zwar nicht
konkreter aus, ein Blick auf die jeweiligen Grundannahmen kann dies aber
deutlich machen: Ins Auge fällt eine Entsprechung der Theorie von auto-
poietischen, also sich selbst erschaffenden lebenden Systemen auf syste-
misch-konstruktivistischer Seite mit der Annahme einer „organismischen
Selbstregulierung" allen Lebens im Zen. Zum anderen stellen beide Ansätze jegliche Wirklichkeitskonstruktionen in Frage, wobei das Zen darüberhinaus mit der „Zen-Meditation" einen Weg bietet, um sich von Vorstellungen, Konzepten, Ideen über die Realität lösen zu können. Nach Karlfried
Graf Dürckheim lehrt uns Zen den Weg zur Befreiung unseres Wesens aus

---

[3] Mit dem Begriff „Konstruktivismus" ist die Auffassung gemeint, dass wir die Realität, in der wir leben, nicht einfach vorfinden, sondern die Vorstellungen einer solchen mit unserem Denken erst schaffen oder konstruieren – also auch den Gegen-
standsbereich der Sozialarbeit wie soziale Probleme, die KlientInnen und die Lösungen. Entsprechend dieser Perspektive werden systemische Konzepte, die einen
ganzheitlichen Blick auf die Wirklichkeit werfen, interpretiert und in eine „systemisch-konstruktivistische" Richtung weiterentwickelt (Pfeifer-Schaupp 1995, 15).

den Fesseln des weltabhängigen Ichs, aber es lehrt ihn nicht „mit den Mitteln eines analytischen schlussfolgernden Denkens, auch nicht in der Form eines dogmatischen Glaubens oder einer spekulativen Metaphysik, sondern als Weg der Erfahrung und Übung."[4]

Ludwig Frambach[5] beschreibt das Geschehen bei der Zen-Meditation als „Ent-Identifikation" – ein Prozess, der von fixierenden Wirklichkeitskonstruktionen befreien will. Damit einher geht die Haltung eines „Tuns des Nichtstuns":

> „... wenn Du handelst ohne zu handeln, ohne Absicht und Tricks, im Einklang mit der großen Natur, bist Du auf dem rechten Wege. So lasse man jegliche Absicht, übe sich in der Absichtslosigkeit und lasse es einfach aus dem Wesen geschehen" (Dürckheim 1964, 68).

Mein Gedanke war nun, dass die von mir praktizierte Essberatung gerade in diesem „Tun des Nichtstuns" seine spezifische Wirksamkeit haben könnte. Von Seiten der betroffenen Frauen, die sich auf diesen Weg einlassen, könnte wiederum von einer „Ent-Identifikation" gesprochen werden – fixierende Wirklichkeitskonstruktionen über das Essen werden aufgelöst, und die Frauen werden schrittweise zu einer Selbstregulierung ihres Essverhaltens geführt.

## „Tun des Nichtstuns"

Zentraler Begriff der in das Zen eingeflossenen taoistischen Vorstellungen ist das „wu wei", was so viel wie „Nichtstun", „Nichthandeln" bedeutet. Es beschreibt eine

> „Haltung des Nicht-Eingreifens in den natürlichen Lauf der Dinge ..., ein spontanes Handeln, das sich völlig unbedacht und frei von Absichten der jeweiligen Situation anpasst."[6]

Damit ist nicht die Forderung nach Trägheit, Entschlusslosigkeit oder Lässigkeit gemeint, sondern die Fähigkeit, „das Steuer des Lebens jener Macht

---

[4] Karlfried Graf Dürckheim, Wunderbare Katze und andere Zen-Texte, Weilheim 1964, 5.

[5] Ludwig Frambach, Identität und Befreiung in Gestalttherapie, Zen und christlicher Spiritualität, Petersberg 1993.

[6] Lexikon der östlichen Weisheitslehren, hg. v Michael S. Diener, Bern u.a. [4]1997, 448.

133

zu überlassen, die eine Dimension von uns selbst ist und die Laotse einst das Tao genannt hat."[7]

Eugen Herrigel beschreibt das „wu-wei" als Handeln aus einem Zustand heraus,

> „in dem nichts Bestimmtes mehr gedacht, geplant, erstrebt, erwünscht, erwartet wird, der nach keiner besonderen Richtung zielt und dennoch aus unabgelenkter Kraftfülle sich zu Möglichem wie Unmöglichem geschickt weiß, ... absichtslos und ichlos ..."[8]

„Wu wei" ergibt sich aus einem Respekt vor der Fähigkeit zur autonomen Selbststeuerungskapazität allen Lebens: „Nicht-handeln bedeutet nicht, nichts zu tun, sondern dem Ding zu gewähren, was es natürlich tut."[9] „Wu wei" verlangt demnach Akzeptanz und Vertrauen in die Selbstregulierungskräfte und Autonomie des Gegenübers. Wer das Tun des Nichtstuns praktiziert, behütet und entfaltet, was werden will, beschreibt es Martin Buber:

> „Was von den Menschen Tun genannt wird, ist kein Tun. Es ist nicht das Wirken des ganzen Wesen, sondern ein Hineintappen einzelner Absichten in Taos Gewebe, das Eingreifen einzelner Handlungen in Art und Ordnung der Dinge. Es ist in die Zwecke verstrickt" (Buber 1962, 1046, zit. nach Portele 1992, 111).

Für Buber ist „wu wei" absichtsloses Wirken – im Unterschied zu absichtsvollem, zweckgerichtetem Eingreifen – und damit Aktivität und Passivität zugleich:

> „Da greift er (der Mensch, B.S.) nicht mehr ein, und er lässt doch auch nicht bloß geschehen. Er lauscht dem aus sich Werdenden, dem Weg des Wesens in die Welt: nicht um von ihm getragen zu werden: um es selber so zu verwirklichen, wie es von ihm, dessen es bedarf, verwirklicht werden will" (Buber 1979, 62[10]).

Aus dem Tao heraus entspringen die richtigen Worte und das richtige Handeln. Die entschlossene Absicht, verändernd eingreifen zu wollen, kann hingegegen, so gut sie gemeint sein mag, wirkliche Entwicklungen behindern.[11] Wenn also so viel gar nicht zu „machen" sei, wenn alle Veränderung

---

[7] Theo Fischer, Wu wei. Die Lebenskunst des Tao, Hamburg [17]1993, 5.

[8] Eugen Herrigel, Zen in der Kunst des Bogenschießens, Bern u.a. [34]1993, 48.

[9] Gerhard Heik Portele, Der Mensch ist kein Wägelchen. Gestaltpsychologie, Gestalttherapie, Selbstorganisation, Konstruktivismus, Köln 1992, 46.

[10] Zit. nach Gerhard Heik Portele, Psychotherapie ohne Macht? in: Zeitschrift für systemische Therapie 1 (1995), 31-38, 36.

[11] David Brandon, Zen in der Kunst des Helfens, München 1983, 110.

und Heilung nur von innen her kommen kann, stellt sich für Siegfried Essen gar die Frage, wie professionelle Hilfe überhaupt möglich sei, „wenn jeder nur seine eigenen Geschichten zelebriert, ausbadet oder neu erfindet?"[12] Und er kommt zu dem Schluss, dass wir ehrlicherweise „„nur' unsere Fähigkeit zu Mitgefühl und Nicht-Eingreifen anzubieten" (Essen 1993, 36) haben. Angebotene Kommunikations- und Wirklichkeitsmuster werden dann von der Beraterin nicht mitgemacht, auch nicht bewertet oder beurteilt, sie verhält sich „dissoziiert und doch mit ganzer Achtsamkeit anwesend" (Essen 1993, 36). Und vielleicht sei gerade dies das Heilsame:

„Wenn wir sozusagen dem Menschen, der leidet, stellvertretend eine Zeitlang den Zeugen zur Verfügung stellen. Schließlich, wenn jemand leidet, ist er mit dem Zustand seines Leidens identifiziert, hat also seine Fähigkeiten zu Humor und Abstandnahme kurz- oder langfristig in den Urlaub geschickt oder in den Keller gesperrt. Wir vertreten also dieses dispensierte Beobachterbewusstsein und lassen uns, wenn möglich, auch in unseren verbalen und nonverbalen Reaktionen, nicht in Bewertungen, Fixierungen und alte Muster hineinziehen" (Essen 1993, 36).

Als Essberaterin bleibt mir die Rolle der stützenden Zeugin, der absichtslosen Beobachterin, und es bleibt mir das Stellen von Fragen, welche die Konstruktionen von „richtigen" und „falschen" Ernährungskonzepten seitens der Frauen verstören wollen und sie beim Wiederfinden ihrer verlorenen Selbstregulierung des Essverhaltens anregen. Denn es mag sein, wie Essen es ausdrückt: „Heilung ist ein autopoietischer Akt, sie geschieht ganz von innen, ganz von selbst. Ich bin nicht im Weg gestanden und doch bin ich ganz dabei gewesen" (Essen 1993, 37f.).


VON DER FIXIERUNG AUF WIRKLICHKEITSKONSTRUKTIONEN ...

Die Unfreiheit des Menschen besteht aus der Sicht des Zen in der Fixierung auf Identifikationsobjekte. Das Problematische daran ist nun nicht, dass wir uns überhaupt mit etwas identifizieren, sondern dass bestimmte Objekte zum identitätsstiftenden Grund gemacht und mit dem Selbstbild gleichge-

---

[12] Siegfried Essen, Systemische Therapie als Praxis des Nichtanhaftens. Über die spirituelle Dimension der systemischen Familientherapie unter Berücksichtigung buddhistischer Terminologie, in: Zeitschrift für systemische Therapie 1 (1993), 32-38, 36.

setzt werden: „Kleider und Hüllen" werden für die Wirklichkeit gehalten.[13] Diese einseitige Form von Identifikation geht einher mit einer eingeschränkten und verzerrten Wahrnehmung der Wirklichkeit. Werden durch die Fixierung auf eine bestimmte Perspektive andere Aspekte ausgeschlossen, so erscheint die Welt – wie durch eine gefärbte Brille – in einem entsprechenden Licht. Die gefilterten subjektiven Wahrnehmungen werden schließlich für das Ganze einer objektiven Realität gehalten (Frambach 1994, 146-148).

Die Lebensgeschichten von Frauen mit gestörtem Essverhalten, so Anita Johnston,[14] weisen in ihrer Unterschiedlichkeit ein gemeinsames Thema auf: das Empfinden, nicht richtig in ihre Herkunftsfamilie hineinzupassen, da sie die Dinge nicht so sehen wie die anderen und sich dadurch als Außenseiterinnen erleben. Irgendwann in Kinderjahren hatten sie jedoch die Dinge so gesehen, wie sie in Wirklichkeit waren, und ließen sich nicht von der Wahrnehmung anderer beeinflussen. Sie spürten den Unterschied zwischen dem, was die Menschen sagten und dem, was sie taten. Sie erkannten, wenn etwas nicht stimmte, obwohl ihre Umgebung behauptete, dass alles in Ordnung wäre. Doch anders als im Märchen „Des Kaisers neue Kleider"[15] wurden diese Fähigkeiten der Mädchen, vielleicht weil sie eine Bedrohung oder Überforderung darstellten, in der Familie weder geschätzt

---

[13] Frambach versteht „Identität" als „jene Art und Weise, wie wir uns selbst im Lebens- und Weltganzen verstehen, und die folglich unser Empfinden, Denken und Handeln bestimmt." (Frambach 1994, 85) Identität *prägt* nicht nur unsere Sicht von uns selbst und der Wirklichkeit, sondern *ist* diese Sicht. Identität wird durch Identifikation mit Objekten konstituiert, die in den Bereich des Selbstverständnisses aufgenommen werden. Identifikationsobjekte können etwa sein: Beruf, Besitz, Nationalität, Aussehen, Religion/Konfession, Lebensform usw. Jeder Mensch hat eine persönliche „Hierarchie" von Identifikationen, deren Zusammensetzung das jeweilige Selbstbild ausmacht (Frambach 1994, 85f.).

[14] Anita Johnston, Die Frau, die im Mondlicht aß. Die uralte Weisheit von Mythen und Märchen hilft Frauen, Eßstörungen zu überwinden, Bern u.a. 1997, 28-31.

[15] Im Märchen von Hans Christian Andersen lässt sich ein Kaiser von Betrügern scheinbar ausgefallenste Kleidungsstücke herstellen. Diese seien nur für diejenigen zu sehen, die für das Amt, das sie ausübten, auch geeignet waren. Dumme, unwissende Menschen hingegen könnten die Kleider nicht wahrnehmen. Der Kaiser und das Volk bewunderten die neue Bekleidung, da sie ja ihre Dummheit nicht preisgeben wollten. Als der Kaiser durch die Straßen zog, rief nur ein kleines Mädchen mit lauter Stimme: „Aber der Kaiser hat ja gar nichts an!", worauf alle die Wahrheit erkannten. (Johnston 1997, 28f.)

noch ernstgenommen. Ihnen wurde vermittelt, dass mit ihrer Wahrnehmung und damit mit ihnen selbst etwas nicht in Ordnung sei. Sie verbargen mehr und mehr ihre Fähigkeiten und ihr Anderssein vor anderen und sich selbst, um das Gefühl des Ausgeschlossenseins nicht ertragen zu müssen. Dies gelang ihnen, indem sie ihre eigenen Realitätswahrnehmungen verleugneten und die der anderen akzeptierten, auch wenn diese für sie eine lange Liste des „Müssens" und „Sollens" bedeuteten.

Für die meisten Frauen, die eine Essstörung entwickeln, ist Ausgangspunkt die Idee, zu dick zu sein und abnehmen zu wollen. Den Dingen ihren Lauf zu lassen, scheint schlecht und unvernünftig, sich dagegen mittels der verschiedensten Diätangebote, die zumal von den Medien propagiert werden, selbst zu beherrschen, scheint richtig und vernünftig zu sein. Diätpläne erweisen sich aber als künstliche Konstrukte, die von außen weitere Regeln und Verbote an die Frauen herantragen, sie ihre Hungergefühle und Körpersignale ausschalten lassen und einen Verstoß gegen den individuellen inneren Essens-Rhythmus bedeuten. Unter dem Deckmäntelchen „gesteigerter Selbstbeherrschung" zeitigen Diäten – abgesehen von zusätzlichen Pfunden – gravierende Folgen im gesamten Bereich des Essverhaltens. Wie Susie Orbach[16] es ausdrückt, machen sie aus „normalen Esserinnen" Frauen, die Angst vor dem Essen haben. Mit der Zeit entwickeln sich zirkulär verlaufende Phasen des Ab- und Zunehmens: Die Frauen nehmen über die reduzierte Ernährung ab, können aber aufgrund der Regulierungstendenz ihres Organismus ihr Gewicht nicht halten und nehmen wieder zu. Dies wiederum schreiben sie jedoch ihrer eigenen Unzulänglichkeit im Sinne fehlender Selbstbeherrschung zu und unternehmen – gemäß dem „Mehr-desselben-Muster"[17] – einen weiteren Versuch, aus dem wieder eine erneute Gewichtszunahme hervorgeht. Dieser Kreislauf kann sich oftmals und lange Zeit wiederholen, bis viele Frauen zur vermeintlichen Lösungsmöglichkeit des Erbrechens finden und irgendwann schließlich professionelle Hilfe suchen.

---

[16] Susie Orbach, Antidiätbuch II. Eine praktische Anleitung zur Überwindung von Esssucht, München [7]1989, 26.

[17] Damit ist die Vorstellung gemeint, dass, wenn etwas in einem bestimmten Zusammenhang gut war oder ist, es auch in anderen Kontexten und vor allem in seiner Verdopplung oder Vervielfachung zu vielfachem „Erfolg" führen müsste. Anstatt die Prämisse des „Mehr-ist-besser" in Frage zu stellen, halten sich die Frauen für Versagerinnen, die sich nur noch mehr anstrengen müssten, um zu ihrem Ziel zu gelangen.

### ... hin zur Selbstregulierung

Gerhard H. Portele (1992, 109,f.) bezeichnet „Tao" auch als „universelle Spontaneität" und geht so weit zu sagen, dass es letztendlich nichts anderes als „Selbstorganisation" bedeutet. Colin G. Goldner[18] sieht als Wesentliches im Zen das Vertrauen in eine „Weisheit des Organismus", als „Einswerden mit dem Universum". Diese Erfahrung mag sich einstellen, wenn dem Leben erlaubt wird, seinen eigenen Weg zu gehen, wenn nicht versucht wird, es in eine bestimmte Richtung zu lenken, es zu kontrollieren oder manipulieren. Denn, so Frambach (1994, 113):

> „Alle natürlich sich frei entfaltenden Prozesse haben die organismische Tendenz zu Gleichgewichtszuständen. ... Gesunde Gleichgewichtszustände, Polaritäten, entwickeln sich von sich aus, wenn wir ihnen nicht mit gegenläufigen Selbstkonzepten im Wege stehen. ... Wir verändern uns nur, wenn wir akzeptieren, was und wie wir sind, und dadurch der organismischen Veränderung Raum geben."

Auch dem Essverhalten, als Teil des menschlichen Organismus, ist eine selbstentfaltende Regulationstendenz zu eigen, welcher im Gleichgewichtszustand die Führung überlassen werden kann. Frauen mit gestörtem Essverhalten haben gewöhnlich jeden Zugang zu ihren Körpergefühlen Hunger und Sättigung verloren. Die Nahrungsaufnahme erfolgt nach sich selbst auferlegten Regeln, Selbstverständlichkeit im Umgang mit dem Essen ist nicht mehr möglich. Andererseits hat jede Frau mit gestörtem Essverhalten grundsätzlich alle notwendigen Ressourcen in sich, um sich ihren Bedürfnissen entsprechend ernähren zu können. Diese Fähigkeiten stehen ihr jedoch aufgrund bestimmter Erfahrungen, daraus resultierender Verhaltensmuster sowie ihrer eigenen und kollektiver Konstruktionen über die Wirklichkeit momentan nicht zur Verfügung. Betroffene Frauen brauchen also weder Defizite auszugleichen noch Neues dazuzulernen – sie sind bereits „Expertinnen" in Bezug auf das Essen. Sie brauchen eher Unterstützung und Begleitung auf dem Weg wieder hin zu einer Selbstregulierung ihres Essverhaltens, wobei sich die einzelnen Wege einerseits sehr ähneln und andererseits so unterschiedlich sein können wie die Frauen selbst.

---

[18] Colin G. Goldner, Mit Drachengewalt und Donnerstimme. Zen in der Kunst der Gestalttherapie, München 1989, 49.

## Ein Beispiel aus der Praxis

„Lassen Sie los von sich; lassen Sie Ihre Ideen davon los, wie dieses Leben und die Welt sein sollten, und die Welt wird sich ändern und Sie loslassen. Sehr einfach. Sehr hart."[19]

Anna B., 28 Jahre alt, zeigt bulimisches Essverhalten[20] und ist weder unternoch übergewichtig. Als Anna 19 Jahre alt war, fühlte sie sich zu dick und begann abzunehmen. Zwei Jahre lang hielt sie ihr Essverhalten unter Kontrolle, bis sie, von einer Freundin auf die Idee gebracht, im Brechen ihre Lösungsmöglichkeit fand, um ihr Körpergewicht halten und zugleich ungehindert essen zu können. Dies ging fünf Jahre lang so, bis sie sich ihrem Hausarzt anvertraute, der sie in eine Psychosomatische Klinik einwies. Dort verbrachte sie drei Monate, und es ging ihr mit dem Essen gut. Anfangs erbrach sie sich ein paar Male, später nicht mehr – sie genoss die Regelmäßigkeit der Essenszeiten und die vorgesetzten Portionen. Wieder zuhause konnte sie das regelmäßige Essen nicht beibehalten, bald brach sie wieder und fühlte sich schlechter als vor dem stationären Aufenthalt, da sie ihrer Ansicht nach ja „versagt" hatte. Auch die anschließenden Gespräche bei ihrer Psychotherapeutin konnten an ihrem Essverhalten nichts ändern – dies fand dort als Thema keinen Platz. So fühlte sie sich vom Angebot einer Essberatung, in der die Veränderung der konkreten Symptomatik im Mittelpunkt stand, besonders angesprochen.

Beim ersten Termin geht es darum, Anna möglichst detailliert von ihrem momentanen Essverhalten erzählen zu lassen. Meine dazu ermunternden Fragen sind für die meisten Frauen zunächst ungewohnt, denn sie erleben ihr Essverhalten als beschämend und verurteilenswert, was sie wiederum

---

[19] Mel Ash, Das Zen der Gesundung. Spirituelle und therapeutische Techniken auf dem Weg von Abhängigkeit zur Freiheit, München 1997, 162.

[20] Systemisch-konstruktivistisch gesehen ist „Bulimie" nichts anderes als ein Begriff für ein bestimmtes Essverhalten bzw. eine gewisse Sequenz von Symptomen wie Einkaufen, Essen von größeren Mengen, Erbrechen, Entwickeln von Schuldgefühlen usw. und damit zunächst wertneutral. Die Ausdrucksweise „sie *ist* bulimisch" z.B. kann den Eindruck erwecken, dass die zeitweiligen Verhaltensweisen zu identitätsstiftenden, unveränderlichen Charaktereigenschaften der Frauen gemacht werden. Deshalb halte ich es für sinnvoll, von bulimischem, magersüchtigem etc. Ess*verhalten* zu sprechen. Vgl. dazu das empfehlenswerte Buch von Margret Gröne, Wie lasse ich meine Bulimie verhungern? Ein systemischer Ansatz zur Beschreibung und Behandlung der Bulimie, Heidelberg 1995.

zu neuem Essen und Brechen veranlasst: „Mein Kotzen finde ich zum Kotzen, was ich wiederum zum Kotzen finde ... usw." Ihre Annahme ist, dass sie, würden sie ihr Essverhalten im Detail darstellen, auch von allen anderen verachtet und als „hoffnungslos gestört" betrachtet werden. Andererseits leiden sie unter der Isolation, die das heimliche und schuldbeladene Ausleben der Symptomatik mit sich bringt.

Der momentane Tagesablauf von Anna in Bezug auf das Essen stellt sich folgendermaßen dar: vormittags isst sie an ihrer Arbeitsstelle einen Apfel, mittags einen Magermilchjoghurt und eine Breze, nachmittags nochmals ein Stück Obst, abends, nach Arbeitsende zuhause eine große Schüssel Salat, dann zwei Scheiben Brot. Darauf folgen meist nochmals zwei Scheiben, und, nachdem es dann schon „egal" ist, noch eine Tafel Schokolade, eine Tüte Chips – was sie wieder erbricht. Weiter geht das Essen dann gewöhnlich mit Käse, Butter, wieder Schokolade, Brot – was sie erneut erbricht. Dieser Ablauf wiederholt sich oft so lange, bis Anna erschöpft in ihr Bett sinkt.

Der Blick auf die täglichen Essgewohnheiten offenbart bereits ein einfaches Moment: Isst Anna untertags weniger als sie bräuchte, sind Ess-Brech-Situationen für den Abend geradezu vorprogrammiert. Aus dieser Perspektive bedeutet ihr übermäßiges Essen eine (Über-)Lebensstrategie des Organismus statt einen „Ess-Anfall" – allein eine andere Verteilung der Nahrungsmenge über den Tag könnte den Essdrang am Abend vermindern.

Jetzt geht es darum, ein erstes Andenken von Veränderungen im Essverhalten anzuregen: Wie kann eine Essstruktur über den Tag verteilt so aussehen, dass Annas Wünsche und Bedürfnisse Beachtung finden und zugleich ihre Ängste in Bezug auf das Essen respektiert werden?

Anna hält ein reichhaltiges Frühstück für angemessen, da frühstücken ja „gut" sei und es bei ihr sonst immer ausfalle. Was konkret und wieviel es sein könnte, frage ich sie. Sie ist sich unsicher: Einerseits kann sie sich eine Schale Müsli vorstellen, wie sie vor vielen Jahren schon gefrühstückt hatte, andererseits scheint ihr dies im Moment zu viel.

Barbara Seipp: „Was und wieviel können Sie sich statt dessen vorstellen?"

Anna B.: „... Am liebsten würde ich es erst mal mit ein, zwei Knäckebroten versuchen ... vielleicht mit etwas Marmelade ... Das fühlt sich morgens vielleicht nicht so schwer an."

Barbara Seipp: „Schön. Das wäre also in Ordnung für Sie?"

Anna: „... Ja, ich meine schon."

Barbara Seipp: „Gut. Gäbe es noch etwas, das Sie sich vorstellen können, heute einzubauen?"

ANNA B.: „... Am Nachmittag vielleicht ... Dass ich es doch mit etwas Sü-ßem versuche."

BARBARA SEIPP: „Aha! Woran denken Sie?"

ANNA B.: „... Vielleicht eine Nussschnecke ... oder ... nein, das scheint mir doch zu viel ... Vielleicht eine Milchschnitte?"

BARBARA SEIPP: „Hätten Sie darauf Lust?"

ANNA B.: „Ja ... doch, das wäre wohl ganz gut ... Oder auch ein Duplo oder so etwas ..."

BARBARA SEIPP: „Wunderbar. Um welche Uhrzeit meinen Sie?"

ANNA B.: „Vielleicht so um 16 Uhr ...?"

BARBARA SEIPP: „Passt das für Sie? Gut ... Fällt Ihnen für untertags noch etwas ein?"

ANNA B.: „... Eher nicht. Ich glaube, das reicht mir jetzt erst mal."

BARBARA SEIPP: „O.k. Jetzt schauen wir noch den Abend an. Können Sie sich eine warme Mahlzeit vorstellen?"

ANNA B.: „... Oh, schon lange her ... Ja, doch, das wäre vielleicht nicht schlecht ... Nur was ... ?"

BARBARA SEIPP: „Was halten Sie von Kartoffeln, dazu Gemüse?"

ANNA B.: „... Ja, das wäre vielleicht nicht schlecht. Nur wieviel?"

BARBARA SEIPP: „Was meinen Sie?"

ANNA B.: „... Zwei Kartoffeln?"

BARBARA SEIPP: „Zwei kleine, mittlere oder große?"

ANNA B.: „Mittlere!"

BARBARA SEIPP: „Gut. Meinen Sie, die Menge vom Gemüse können Sie beim Zubereiten bestimmen?"

ANNA B.: „Ja, das dürfte gehen."

BARBARA SEIPP: „Anstelle von den Kartoffeln – können Sie sich sonst noch etwas vorstellen?"

ANNA B.: „... Reis vielleicht ..."

BARBARA SEIPP: „Ja, genau. Vom Reis vielleicht trocken zwei, drei Esslöf-fel?"

ANNA B.: „Ich habe keine Ahnung!"

BARBARA SEIPP: „Das macht nichts. Probieren Sie's einfach mal. Für's nächste Mal wissen Sie's dann ... Gut ... Meinen Sie, das passt jetzt mal so für Sie für eine Woche? ... Oder vielleicht noch eine Kleinigkeit nach dem Abendessen? Etwas Süßes vielleicht ?"

ANNA B.: „Ich weiß nicht. Ich glaub' fast, das mit dem Frühstück und dem Süßen am Nachmittag und das warme Essen abends reicht mir vorläufig. Doch, ich meine, das stimmt so."

BARBARA SEIPP: „Wunderbar. Jetzt nochmal zum Erbrechen. Meinen Sie, dass Sie es sich eine Woche lang ohne vorstellen können oder wollen wir es einplanen.?"

ANNA B.: „Einplanen?! ... An so was hab' ich noch nicht gedacht ... Ich weiß nicht – wenn, .... ja, vielleicht am Wochenende. Am Samstag ist es oft besonders schlimm, da kann ich wirklich nicht sagen, ob ich das schaffe ..."

BARBARA SEIPP: „Am Samstag. Den ganzen Tag oder abends?"

ANNA B.: „Nachmittags. Nachmittags geht es meistens los, und dann durch bis in die Nacht. Den Sonntag brauch' ich dann zum Erholen für den Montag."

BARBARA SEIPP: „O.k. Was halten Sie davon, wenn wir für den Samstag ab Mittag keinen Plan machen, und Sie essen und brechen, wie Sie wollen, und essen am Sonntag wie geplant weiter?"

ANNA B.: „Nein! ... Ich merke gerade, dass ich das doch nicht möchte. Ich will wirklich sehen, ob es ohne geht ... Ich denk', ich weiß auch schon, was mir dabei helfen könnte: Ich vereinbare mit meiner Freundin, dass wir ins Kino gehen. Das hab' ich mir für den Samstag immer mal wieder gedacht, aber dann gemeint, wenn das mit dem Essen nicht klappt, muss ich doch absagen ..."

BARBARA SEIPP: „Und Sie meinen also, dass Sie es versuchen wollen, ohne die Möglichkeit, dass es sein kann oder auch nicht?"

ANNA B.: „Nein, wirklich nicht. Ich verstehe schon, was Sie meinen ... Doch, ich denke, es könnte gut so gehen. Ich lasse es so."

Die besprochenen Mahlzeiten notiere ich als „stellvertretende Zeugin" zusammen mit den ebenfalls von Anna B. festgesetzten Uhrzeiten auf der Rückseite des Essplan-Formulars, auf dessen Vorderseite sie zuhause selbst ihr tatsächliches Essverhalten protokollieren wird.

Beim nächsten Beratungstermin eine Woche später berichtet Anna B., wie überraschend einfach es doch gewesen sei, sich in etwa an die vereinbarten Mahlzeiten zu halten. Sie hatte noch nicht einmal am Wochenende den Drang verspürt, übermäßig zu essen oder zu brechen und konnte die Veränderungen sogar genießen. Wir gehen gemeinsam im Detail Mahlzeit für Mahlzeit das von ihr ausgefüllte Essplan-Formular durch und planen dann für eine weitere Woche:

ANNA B.: „Beim Frühstück – das hätte ich mir vor einer Woche nicht gedacht – kann ich mir jetzt doch vorstellen, ein kleines Müsli zu essen" – worauf wir zusammen die Menge der Zutaten festsetzen.

ANNA B.: „Meine Mittagspause würde ich gerne noch so belassen."

BARBARA SEIPP: „Meinen Sie, Sie möchten mal einen Vollmilchjoghurt probieren?"

ANNA B.: „... Ich weiß nicht. Ich weiß schon, dass der mir an sich besser schmeckt, aber ich glaub', das will ich noch nicht."

BARBARA SEIPP: „Möchten Sie es vielleicht einmal versuchen?"

ANNA B.: „Einmal? ... Ja, das ginge, doch, das ginge wahrscheinlich schon. In einigen Tagen."

BARBARA SEIPP: „Ja, dann können Sie sich darauf einstellen."

ANNA B.: „Die Breze, hab' ich gemerkt, könnte ich mal gegen einen Kornspitz oder dergleichen eintauschen."

BARBARA SEIPP: „Ja, gut! Können Sie sich einen Belag auch vorstellen?"

ANNA B.: „... Käse wäre nicht schlecht ... Nein, ich glaube, wenn ich an das Süße vom Nachmittag denke, kriege ich Angst, dass es dann doch zuviel wird."

BARBARA SEIPP: „In Ordnung, dann lassen Sie es erst mal so. Den Nachmittag, wollen Sie den verändern?"

ANNA B.: „Nein, so ein kleiner Schokoriegel passt wunderbar ... Oder doch. Während der letzten Woche hab' ich mir gedacht, ein Eis wäre auch mal nicht schlecht."

BARBARA SEIPP: „Schön! Haben Sie da eine bestimmte Vorstellung?"

ANNA B.: „Früher mochte ich am liebsten zwei, drei Kugeln in der Waffel. Aber das scheint mir jetzt doch zu viel."

BARBARA SEIPP: „Also eine Kugel erst mal?"

ANNA B.: „Ja, das passt. Eine Kugel."

BARBARA SEIPP: „Einmal, zweimal, dreimal in der nächsten Woche?"

ANNA B.: „Einmal! Erst mal sehen."

BARBARA SEIPP: „Sollen wir den Tag festlegen?"

ANNA B.: „Ja, es wird, denke ich, sowieso der Samstag werden. Da möchte ich mit einer Arbeitskollegin in den Stadtpark, und da weiß ich schon, aus welchem Café ich das Eis möchte ...."

BARBARA SEIPP: „Sehr schön, also Samstag ... Jetzt noch das Abendessen: War das o.k. so?"

ANNA B.: „Ja, schon. Ich hab's eingetragen: ein paar Male hatte ich auch Lust auf Salat davor. Ich hab's gemacht, auch wenn es nicht vereinbart war. Ich hatte auch Lust auf Fisch, den würde ich gerne diese Woche mal essen."

BARBARA SEIPP: „Ja hervorragend. Für den späteren Abend: können Sie sich da für diese Woche noch etwas vorstellen?"

143

ANNA B.: „... Nein, eher nicht. Da hab' ich einfach noch die Angst, dass ich dann weitermache, und ich hab auch gar keinen Appetit mehr auf irgendwas danach."

BARBARA SEIPP: „Dann ist es o.k. ... Sehen Sie, Anna, wie Sie sehr wohl spüren, was Sie wann möchten und was nicht?" Wieder hält die „Zeugin" die Neuerungen schriftlich fest.

Nach einer Woche, zum dritten Termin, erscheint Anna verunsichert und irritiert: Der Samstag, an dem sie das Eis gegessen hatte, war gut verlaufen. Doch am Sonntag nachmittag hatte sie das Bedürfnis nach mehr als einem Schokoriegel verspürt und aß einen zweiten. Dies verunsicherte so sehr, dass sie darin nach dem gewohnten Muster den Auftakt zu einem „Fress-Anfall" sah, weiteraß und sich erbrach. Damit war der Tag für sie schon „gelaufen", so dass sie noch zweimal aß und erbrach. Am nächsten Morgen, noch immer frustriert, ließ sie ihr Frühstück ausfallen, aß den Tag über nicht das Geplante und überließ sich abends nach der Arbeit noch einmal einer „Fress-Kotz-Orgie". Zur Beratung heute, am folgenden Tag, hätte sie fast nicht mehr kommen wollen, aus dem Empfinden heraus, versagt zu haben. Außerdem befürchtet sie, dass das Essen und Brechen nach den beiden „guten" Wochen sich nun wieder fortsetzen könnte.

Ob sie nun nicht doch für die kommende Woche eine Ess-Brech-Situation als „offiziell erlaubt" einplanen möchte, frage ich Anna. Sie zeigt sich zunächst nicht besonders angetan angesichts dieser Vorstellung. Sie traut sich nicht zu, eine einmalige Situation nicht doch als Freibrief für weiteres Essen und Brechen auszunützen. Aber grundsätzlich scheint ihr die Perspektive, einmal in einer Woche abends essen und brechen zu „dürfen", angemessen für ihre momentane Lebenssituation.

Und wieder eruieren wir gemeinsam, welche weiteren Veränderungen sich Anna für die neue Woche vorstellen kann: Dieses Mal kommen neue Alternativen für den Nachmittag hinzu, und für den späteren Abend kann sie nun Obst einplanen. Außerdem steht ein „Buffet-Anlass" an – eine Situation, bei der sie sich bisher, wie viele Frauen mit Essstörungssymptomatik, der Menge und Vielfalt der Speisen „ausgeliefert" fühlte und gewohnt war, sich gemäß ihrer einzig vorstellbaren Alternative, entweder „Allesabräumen" – oder „Garnichtsanrühren" zu verhalten.

Ob sie sich darauf einlassen könnte, sich ein- oder zweimal einen Teller mit den gewünschten Speisen voll zu beladen, frage ich Anna. Durch diese Festlegung könnte sie essen, was sie möchte, und bräuchte auch keine Angst vor Kontrollverlust dem Essen gegenüber haben. Anna ist erstaunt über die Einfachheit dieses „Sowohl-als-auch" – was heißt, dass sie sowohl nach ihren Wünschen essen darf als auch angstfrei vor dem Zuviel-Essen bleibt – und sie entscheidet sich für einen einmaligen Gang zum Buffet. Wir belassen die Zeitspanne von einer Woche bis zum nächsten Termin.

Zur vierten Beratung kommt Anna zufrieden mit ihrem Essverhalten und Körpergewicht: Trotz ihrer anfänglichen Befürchtungen, dass regelmäßiges Essen, noch dazu mit „hochkalorischer" Nahrung, sie ungehemmt zunehmen lassen würde, musste sie feststellen, dass sie ihr Gewicht gehalten hatte. Sie brauchte auch ihre Ess-Brech-Möglichkeit nicht zu nutzen, wird sie sich aber diese Woche weiter offenhalten. Die Buffet-Situation verlief unerwartet gut für sie. Sie möchte am Plan nicht viel verändern und wird bis zum nächsten Mal wie bisher ihre Mahlzeiten protokollieren.

Obgleich sie einen Abend lang übermäßig gegessen und gebrochen hatte, konnte Anna bei der nächsten Beratung von der vergangenen Woche als „guter Zeit" sprechen. Sie hätte das Essen und Brechen einfach „gebraucht", es sich auch ohne größere Schuldgefühle zugestanden, und am nächsten Tag sei es nach Plan weitergegangen. Es war in Ordnung so, und mit einer solchen „erlaubten" Situation in acht Tagen könne sie gut leben.

Zu den nächsten vier wöchentlichen und folgenden drei vierzehntägigen Terminen erscheint Anna im großen und ganzen weiterhin zufrieden mit ihrem Essverhalten. Ihr Nahrungsrepertoire hat sich erweitert, und ihre Essenzeiten kann sie flexibel handhaben. Zum nächsten Termin in drei Wochen wird sie für eine Woche mit dem Protokollieren aussetzen. Für den nächsten Termin in vier Wochen vereinbaren wir, dass sie dann zum vorläufig letzten Mal kommen wird – sie setzt das Protokollieren ganz ab. Nach weiteren vier Wochen meldet sie sich wie vereinbart telefonisch: es geht ihr vom Essverhalten trotz vereinzeltem Sich-Erbrechen-Müssen so weit gut, sie möchte nicht mehr zu mir kommen.

Anna hat zu der für ihren gegenwärtigen Lebenskontext optimalen Selbstregulierung ihres Essverhaltens gefunden. Wie sich diese Erfahrung auf ihr Leben auswirkt und in welcher Weise sich ihre Essgeschichte weiterschreibt und -wandelt, hat die Zeit an den Tag zu legen. Für Anna, für mich als Beraterin und für alles Leben mag jedoch gelten: „Erst wenn wir die Hoffnungen aufgeben, dass die Dinge irgendwann nach Plan verlaufen, können wir zu der Erkenntnis gelangen, dass sie schon gut so sind, wie sie sind."[21]

---

[21] Charlotte Yoko Beck, Einfach Zen, München 1995, 388.

# 2. Reflexionen und Konzepte zu einer Praxis der Solidarität

## Grundhaltung mit Grund und Boden?

Einige (unvollständige) Reflexionen zum Personen- und Berufsbild
von Gemeinwesenarbeiter(inne)n

Leo J. Penta

Die folgenden Überlegungen stammen aus dem Zusammentreffen zweier
biografisch bedingter Entwicklungen des Autors: Einerseits habe ich lange
Jahre Gemeinwesenarbeit in der Form von Faith-Based Community Organizing in den USA gelernt und erfolgreich praktiziert.[1] Andererseits bin ich
seit sechs Jahren als Professor an der Katholischen Fachhochschule Berlin
für die Ausbildung im Studienschwerpunkt Gemeinwesenarbeit/Gemein-
wesenökonomie mit verantwortlich. Daraus ist unter anderem eine Auseinandersetzung mit Themen der persönlichen „Qualitäten" entstanden, die
neben Wissen und Können zu den Voraussetzungen einer politisch wachen
und engagierten Praxis der Gemeinwesenarbeit gehören. Zusammengefasst
nennen wir in unserem Studienschwerpunkt die Palette dieser persönlichen
Qualitäten den Habitus derjenigen, die in diesem anspruchsvollen Bereich
tätig sein wollen.[2] Damit meinen wir die verwurzelte Gesamthaltung einer
Person, die sich öffentlich in verschiedenen Qualitäten des Umgangs und
des Auftretens zeigt. Dies alles setzt aber eine genauere Ortung des Perso-
nen- und Berufsbildes von GemeinwesenarbeiterInnen voraus. Welche persönlichen und beruflichen Qualitäten suchen wir bei Menschen, die ge-

---

[1] Für eine kurze Einführung in Faith-Based Community Organizing vgl. meinen
Essay: Kirchen als Akteure in der Zivilgesellschaft – internationale Aspekte, in:
Baldas, Schwalb, Tzscheetzsch (Hg.) (2001) *Freiwilligentätigkeit gestaltet Europa: Kooperation in Theorie und Praxis*, Freiburg im Breisgau, Lambertus, 115-
129 und Mike Warren, Richard Wood (2001) Faith Based Community Organizing:
The State of the Field, Jericho, NY, Interfaith Funders. Zur gegenwärtigen Forschung und Praxis von CO im Internet s.: http//:comm-org.utoledo.edu

meinwesenorientiert arbeiten wollen? Welche Qualitäten wollen wir fördern, begünstigen, üben lassen durch die Form und des Inhaltes des angestrebten Studiums? Welche persönlichen Qualitäten können wir von Berufsanfängerinnen zumindest ansatzweise erwarten? Dies alles führt auf die Frage der persönlichen Grundhaltung zurück, eine Frage, die uns in nächste Nähe zur Spiritualität bringt.

Dieser Beitrag beginnt also mit der Arbeitshypothese dass ein solcher Habitus Ausdruck einer spirituellen Grundhaltung sein kann. Er will diesen Habitus schematisch darstellen, um ihn zunächst als eine unabdingbare Voraussetzung bei dieser Art der Gemeinwesenarbeit aufzuweisen. Die Erfahrungsbasis für diese Darstellung bildet sowohl die organisierte als auch die persönliche Praxis von Broad-Based Community Organizing über lange Jahre. Der theologische Impuls, der diese Grundhaltung in die Nähe der Spiritualität rückt, beruht auf dem Leitbild von J.B. Metz und dessen Verknüpfung von Mystik und Politik.[3] Wie Metz schreibt: „Die Mystik der Nachfolge ist eine politische Mystik des Widerstands gegen eine Welt, in der Menschen behandelt und misshandelt werden, ‚etsi Deus non daretur'".[4] Der Widerstand gegen eine Welt „als ob es Gott nicht gäbe", diese negative Theologie des positiven, öffentlich-gemeinsamen Handelns gewinnt Gestalt, wird Fleisch und Blut in der Grundhaltung, die praktisch von den Menschen, die im Bereich von Organizing tätig sind an den Tag gelegt wird. Aus der Perspektive eines Organizing-Praktikers heißt dies mutatis mutandis: „Ich bin ein Organizer, weil ich gelernt habe, dass Menschen auf unterschiedliche Art und Weise beten; und Organizing, glaube ich, ist der beste Weg für manche von uns – wenn auch in ungehobelter Form – zu beten."[5]

---

[2] Ich sehe hier von der Debatte ab, ob GWA, vor allem als Arbeitsprinzip verstanden, überhaupt gelehrt werden kann (Dieter, Oelschlägel [1996] Kann man das Arbeitsprinzip Gemeinwesenarbeit lehren? SI:SO 1/96, 54-57.) Ich gehe davon aus, dass es Sinn hat, Menschen an Hochschulen auf soziale Berufe vorzubereiten, obwohl ich unterstreichen möchte, dass sich der Bereich von GWA, insbesondere in der Form von CO, nur zum Teil mit der Sozialarbeit überschneidet. Ferner möchte ich behaupten, dass eine adäquate Antwort auf die neue gesellschaftspolitische und wirtschaftliche Situation sich immer mehr von der herkömmlichen Sozialarbeit weg bewegt und bewegen wird hin auf soziale Bewegungen, auch im lokal begrenzten Sinn.

[3] Vgl. vor allem Zum Begriff der neuen politischen Theologie, 1967-1997 (1997) Mainz, Matthias-Grünewald-Verlag und E. Schillebeeckx (Hg.) (1988) *Mystik und Politik*, Mainz, Matthias-Grünewald-Verlag.

[4] Zum Begriff der neuen politischen Theologie, S. 98.

Weitgehend ausgeklammert bei diesen Reflexionen bleiben jedoch Fragen des Bezugs der angesprochenen Elemente der Grundhaltung eines Organizers/einer Organizerin zu spezifischen spirituellen Zugängen oder zu Formen der expliziten Spiritualität. Dies wäre ein Thema für sich, das aber dann auch Fragen persönlicher sowie gemeinschaftlicher Formen der Reflexion aufwirft und damit den Rahmen dieses kurzen Essays sprengen würde. Außerdem soll die Möglichkeit für unterschiedliche Zugänge und Legitimationszusammenhänge offen gehalten werden. Von daher wird hier soweit wie möglich eine „kirchliche" oder „theologische" Sprache vermieden. Der Zweck dieses Essays ist deshalb nur der erster Schritt in Richtung einer Explizierung einer Spiritualität der Gemeinwesenarbeit: die Herausarbeitung einer Grundhaltung, die auf eine tiefer gründende Quelle hinweist, ohne diese Quelle näher zu präzisieren. Der Kerngedanke ist: Ohne ein Gespür für das „Fehlen" Gottes in der Welt ist politisch ausgerichtete Gemeinwesenarbeit auf Dauer nicht durchführbar. In diesem Sinne gibt es meines Erachtens keine „nichtgläubigen" GemeinwesenarbeiterInnen. Woran glauben sie? Wenn wir moderne Glaubensquellen, wie wissenschaftlichen Fortschritt, ökonomischen Erfolg oder Machtgier, als spirituelle Quellen ausschließen, bleiben nur noch zwei seriöse Quellen: Glaube an den Menschen (an einen wie auch immer konstruierten Humanismus) oder Glaube an (in einer noch sehr unbestimmten und vielleicht sogar „anonymen" Weise) Gott.[6] Ohne sich hier auf die Frage einzulassen, ob das Humanum ohne das Göttliche denkbar ist, ist aber damit zumindest die Möglichkeit einer theologischen und spirituellen Fremd- und Selbstdeutung eröffnet. Nur bis an diese Schwelle sollen die hiesigen Reflexionen heranreichen. Was darüber hinausgeht, wird durch die relativ oft auftretenden Fragen, die nicht nur rhetorisch gemeint sind, angedeutet.

Um den Rahmen dieser Reflexionen einsichtig zu machen, muss zur Einführung das Thema Broad-Based Community Organizing kurz dargestellt werden. Aus theologischen wie aus praktischen Gründen geschieht dies überwiegend in erzählender Form. Danach werden die einzelnen Elemente des zu skizzierenden Habitus schematisch dargestellt und kurz erläutert.

---

[5] Mike Gecan, in IAF 50 Years: Organizing for Change (1990) New York, Industrial Areas Foundation, S. 43 (Übersetzung von mir).

[6] Mir ist durchaus bewusst, dass ich hier sehr komplexe philosophische und theologische Argumente in praktischer Absicht verkürze. Andererseits sind es keine im Wesentlichen neuen Argumentationsmuster, sondern eher sehr bekannte.

Abschließend wird eine zusammenfassende „Zustandsbeschreibung" des Berufs im Anklang an Saul Alinsky skizziert.[7]

## BROAD-BASED COMMUNITY ORGANIZING

Vor etwa dreiundzwanzig Jahren kam ich ziemlich unvorbereitet in ein Slumgebiet, das zu den ärmsten der Stadt New York zählte. Kurz davor wurde ich zum Priester geweiht und sollte nun hier „Seelsorger" sein. Aus dem Gebiet waren vor Jahren die ehemaligen hellhäutigen Bewohner geflohen. Sie überließen das absteigende Viertel der armen, dunkelhäutigen, oft neu eingewanderten Bevölkerung. Die ganze Gegend war Durchgangsquartier – wer es sich irgendwie leisten konnte, zog alsbald weiter, auf der Suche nach etwas mehr Ruhe, einer Schule, die wenigstens Sicherheit bieten konnte, einer Straße ohne Dealer, ein bisschen mehr Grün. Schon sehr bald nach meiner Ankunft wurde mir klar, dass die herkömmlichen Methoden der Pastoral wie auch der gängigen sozialen Arbeit unzureichend waren, um mit der Situation fertig zu werden. Nicht nur die Armut und die damit zusammenhängende Palette von sozialen Problemen stellten fast alle gewöhnlichen Mittel in Frage, sondern schon die unübersehbare Tatsache, dass diese soziale Brandfläche vor dem totalen Niedergang stand. Doch gerade auf der Basis der geschwächten, aber noch ausharrenden Institutionen, vor allem der diversen Kirchengemeinden, trat eine positive Wende in diesem Gebiet ein. Um die Gemeindeleiter/-innen und deren Institutionen herum organisierte sich allmählich erfolgreicher Widerstand, ein aktives Gegengewicht gegen den Verfall. Es begann mit einem sehr kleinen Kern von kirchlich engagierten Menschen, die sich weigerten zu fliehen. Sie sahen

---

[7] Zu Alinsky vgl. (1999²) *Anleitung zum Mächtigsein; Ausgewählte Schriften*, Göttingen, Lamuv Verlag, besser aber die englischen Originale: (1969²) *Reveille for Radicals* (originally published 1946),New York: Random House; (1972) *Rules for Radicals*, New York: Random House. Die Standardbiographie ist: Horwitt, Sanford (1989): *Let Them Call Me Rebel: Saul Alinsky, His Life and Legacy*, New York: Knopf. Mir sind aus der Literatur zwei ausdrücklich theologische Würdigungen Alinskys bekannt: Walter Wink, *Violence and Nonviolence in South Africa; Jesus' Third Way*, Philadelphia, New Society Publishers, 1987 (bes. S. 28-34) und Charles Curran, *Critical Concerns in Moral Theology*, Notre Dame, Univ. of Notre dame Press 1984, vgl. Chap. 7: Saul D. Alinsky, Catholic Social Practice, and Catholic Theory, S. 171-199.

einerseits ein, dass sie allein zu schwach waren um gegen die massiven Probleme anzukommen, andererseits wollten sie nicht weiterhin nur „Wundpflaster" aufkleben – noch eine Suppenküche oder Wärmestube errichten, eine Trostpredigt über das ewige Leben halten, die Opfer der Gewalt würdig begraben, ein Selbsthilfeprojekt aufbauen. Sie suchten ernsthaft und systematisch außerhalb ihres teilweise selbst-errichteten „Gettos" nach neuen Handlungsmöglichkeiten. Mit großen Anstrengungen, trotz vieler Rückschläge und entgegen der üblichen „Neinsagerei" schafften sie eine handlungsfähige, nachhaltige, ökumenische Plattform, von der aus normale Bürger und Bürgerinnen nicht nur eine gelegentliche Stimme, sondern eine initiierende Rolle bei der Gestaltung größerer Stadtteilen in New York einnehmen können. Dies erstreckt sich auf viele Gebiete – von der öffentlichen Sicherheit über Bildung, medizinische Versorgung und Arbeit bis hin zur Stadtentwicklung – und bewegt sich in unterschiedlicher Größenordnung – von kleinen, kurzen Kampagnen gegen schlechte Supermärkte bis zu groß angelegten und langjährigen Bemühungen, Stadtteile wieder aufzubauen, wie man am Beispiel „Nehemia-Häuser" erkennen kann.
Durch diese innovative Partnerschaft sind 2.250 neue, extrem preiswerte Eigenheime innerhalb von wenigen Jahre in zwei bisher verwüsteten Stadtvierteln entstanden.. Die Politik des „Gesundschrumpfens" der Stadt New York wurde durch den Bau der „Nehemia"-Häuser endgültig widerlegt. Zur Zeit werden weitere 1.000 Häuser gebaut. Damit gehört „Nehemia" zu den größten Entwicklungsprojekten in dieser Stadt seit 50 Jahren. „Nehemia" gewann sogar Modellcharakter. In anderen Städten wird dieses Modell angewendet um dringend notwendige Wohneinheiten für die arbeitende arme Bevölkerung zu schaffen. „Nehemia" zog sogar nationale Aufmerksamkeit auf sich und wurde in einen nationalen Gesetzesentwurf aufgenommen.
East Brooklyn Congregations, der Name dieser Bürgerplattform auf kirchlicher Basis, ist kein Einzelfall, sondern stellt ein Beispiel von vielen dar. Diese Bürgerplattform hat ihre Arbeitsmethode von der Tradition Saul Alinskys übernommen, wie sie in den letzten 60 Jahren von der „Industrial Areas Foundation" (IAF) entwickelt wurde. Nach dem Beispiel von IAF gibt es mehr als 65 weitere Organisationen dieser Art in verschiedenen Regionen der USA, zu denen mehr als 2.000 Kirchengemeinden und andere Institutionen gehören und etwa zwei Millionen Menschen diverser Herkunft, Hautfarbe, Religion und Konfession aus beinahe allen Schichten zwischen Arm und „fast Reich".[8]

---

[8] Vgl. dazu Organizing für Change, a.a.O.

Nach den Anfängen in Brooklyn folgte für mich eine langjährige Praxis als Community Organizer im Kontext vom sogenannten „faith-based community organizing" (FBCO) in den USA. Diese Praxis wurde in letzter Zeit durch meine Kontakte zu Großbritannien und auf den Philippinen sowie meine gegenwärtige Tätigkeit in einigen Berliner Stadtteilen und in Hamburg angereichert. Verwoben ist diese Praxis mit der reflektierenden Tätigkeit des Lehrens und Forschens an unterschiedlichen Hochschulen, zuletzt an der Katholischen Fachhochschule Berlin. Deshalb spreche ich nicht in erster Linie als beobachtender Wissenschaftler, sondern als reflektierender Teilnehmer und als Mit-Anstifter einer inzwischen nicht mehr so neuen Form der kirchlichen Aktion in der Zivilgesellschaft (als Verkörperung ihres öffentlichen und gesellschaftlichen Auftrags). Von daher ist es nicht nur meine eigene Geschichte in den Elendsvierteln, die sich hier widerspiegelt, sondern vor allem Geschichten von Menschen, deren Geschichten und Geschicke selten Achtung und Echo in den Medien und den offiziellen Berichten finden. Es sind Geschichten von Eltern, die für ihre Kinder kämpfen, von Jugendlichen, die ihre eigene Zukunft mitgestalten. Es sind Geschichten von alleinerziehenden Müttern, die neue Perspektiven für sich erarbeiten. Es sind Geschichten von Menschen verschiedener Herkunft, die schwarz und braun und weiß sind; von Menschen, die überwiegend arm oder von Armut bedroht sind; von Menschen, denen die bestehende Machtstruktur nicht zutraut, dass sie es zu etwas bringen. Es sind Geschichten von Menschen jedoch, die trotz sehr unterschiedlicher Herkunft und Ansichten, über ihre meist kirchlichen Institutionen zusammenkommen, um solidarisch und auf Dauer, öffentlich und machtvoll, aber gewaltlos handeln zu können. Es sind Geschichten von Menschen, die nicht nur sehr bedeutende äußere Erfolge erzielt haben, sondern auch in ihrem Menschsein gewachsen sind.

Es liegt auf der Hand, dass es verschiedene Ebenen der individuellen und kollektiven Aktion im Bereich der Zivilgesellschaft geben kann. Der Schwerpunkt von Organizing liegt entschieden bei der kollektiven Aktion, weil im individualisierten Zeitalter gemeinsames Handeln Not tut. Auch bei der Form der Aktion möchte ich dementsprechend eine Priorität setzten. Die Ebenen der Dienstleistung und des Service (volunteering), sowie die Ebene des Fürsprechens (advocacy), sogar die Ebene der Entwicklung (community development) werden weitgehend von Organizing nicht berücksichtigt, um sich auf die Ebene der Solidaritätsstiftung zu konzentrieren, d.h. auf die Ebene der Ermöglichung, des Ankurbelns des gemeinsamen, öffentlichen Handelns, die Ebene eines pluralistisch zusammengesetzten „handlungsfähigen Wir".

Organizing will nicht die betreuende und fürsprechende Arbeit ersetzen; es geht um deren notwendige Ergänzung. Die versorgende und fürsprechende Arbeit soll kritisch durch handlungsorientiertes Für-Sich-Selbst-Mit-Anderen-Tun, das heißt, durch Beteiligung ergänzt werden. Beteiligung verstehe sich bei Community Organizing vor allem als ein selbstorganisiertes „Sich-Beteiligen", nicht nur als ein von oben gestaltetes „Beteiligt-Werden". Das Prinzip dieses Sich-Beteiligens ist ein aus dem Subsidiaritätsprinzip gewonnener Leitsatz: „Nichts für andere tun, was diese für sich selbst tun können – statt dessen das solidarisches Tun Vieler ermöglichen".

ELEMENTE DES ORGANIZING-HABITUS

1. Voraussetzungen: Vision, Berufung

Es liegt auf der hand, dass dieses Thema ein sehr breites Feld anschneidet. Es können nur einige sehr allgemeine Bemerkungen gemacht werden, die aus dem Erfahrungsbereich von Organizing stammen.

Fred Ross, ein fast legendärer Organizer in den USA, hat ein kleines Büchlein mit dem Titel „Axioms for Organizers" verfasst.[9] Dort heißt es: „Organizing ist kein Job, der ein für alle Mal erledigt wird. Wenn OrganizerInnen ihre Bemühungen nicht jeden Tage ihres Lebens erneuern, dann bleiben nur die Habgierigen aktiv."

Damit wird zum Ausdruck gebracht, dass man mit Leidenschaft und mit der Seele GemeinwesenarbeiterIn ist oder nicht. Diesen Beruf rein als Job, als bloße Erwerbsquelle, anzusehen wäre eine Fehleinschätzung dessen, was erforderlich ist. Wer eine reine Erwerbstätigkeit sucht, sollte woanders suchen als bei Organizing. Es geht darum, sich mit der ganzen Person für eine gerechte Sache einzusetzen. Ohne gefährlich zu überziehen: Es gehört ein gewisses Sendungsbewusstsein dazu. Dies führt wiederum zu der Frage: von wem wird man/frau letztendlich beauftragt und legitimiert, solche gesellschaftsverändernde Arbeit zu leisten.

Organizing in den USA hat die Nähe zur sozialen Bewegung bewahrt, trotz Etablierungs- und Professionalisierungstendenzen. Gemeinwesenarbeit in

---

[9] (1989) San Francisco, CA, Neighbor to Neighbor Education Fund. (Zum Stichwort Urlaub heißt es dort (S.47): „Ungerechtigkeit nimmt nie Urlaub").

Deutschland muss meiner Meinung nach unter den veränderten Bedingungen der Gegenwart diese Nähe wiederfinden. Dazu gehört ein anderes Berufsethos, das sich vielleicht mit dem etwas altmodisch anmutenden Begriff der Berufung umschreiben lässt. Gerade jedoch in der jetzigen Krise der Erwerbsgesellschaft scheint ein solcher Begriff wieder an Wert zu gewinnen. Es geht darum, die Grundhaltung der Person zu bestimmen, nicht einfach eine Qualifikation der Erwerbstätigkeit zu beschreiben, oder gar ein Set von Methoden, einen Werkzeugkoffer zu besitzen. Damit ist keineswegs eine künstliche Aufwertung intendiert, um so aus der Not eine Tugend zu machen; vielmehr entspricht dies der Grunderfahrung der erfolgreichsten PraktikerInnen in diesem Bereich, z.b. in den Worten von Jim Drake, einem vor kurzem verstorbenen Organizer mit der Industrial Areas Foundation (IAF):

Today I organize, I must organize, because I want integrity both for my family and for my family network and for the world in which I live. Objectively, the lessons of the IAF tell me that I organize because of relatedness in public life, the very survival of our society, and the world's future depends on my being successful. The symbiosis of family to neighborhood, neighborhood to city, city to state, state to nation, and nation to world, relies on me ... us as organizers.[10]

Eine Berufung setzt wiederum die Vision einer besseren und vor allem gerechteren Welt voraus. Diese Vision ist oft unscharf und unvollkommen; sie bildet aber den unabdingbaren Hintergrund und gibt den Impuls, die Energie für den erforderlichen Einsatz. Die möglichen Quellen einer solchen Vision und der jeweils persönliche Weg dazu sind je verschieden. Dass jedoch eine solche Quelle vorhanden sein muss, lässt sich nur schwer abstreiten. Dass religiöse, ja eschatologische Momente eine solche Vision prägen können, liegt wiederum auf der Hand. Diese Vision lebt jedoch in der Spannung zur umgebenden Wirklichkeit. Sie wird durch das Wort Ernst Blochs immer wieder auf die Erde zurückgeholt: „Die Vision braucht Fahrpläne."

## 2. Hauptmerkmale

Ich möchte die Bemerkung vorausschicken, dass kein Mensch alle die hier aufgeführten Merkmale erfüllt, oder erfüllen kann. Das Folgende ist ein Wunschbild, dem kein Einzelner standhält. Ferner dürfen die Elemente, die hier analytisch auseinander genommen werden, nicht isoliert gesehen werden. Die Merkmale sind im Kontext und im Zusammenspiel miteinander

---

[10] „Why I Organize", Flugblatt im privaten Besitz des Autors.

und im Gesamtkontext des Berufes zu verstehen. Sie sind Voraussetzung und Herausforderung zugleich. Viele lassen sich, analog der aristotelischen Ortung der Tugenden, als Mitte zwischen zwei Extremen bestimmen und so besser verstehen.

*Ein gesundes, gefestigtes Ego*

---

Selbst-los ■■■■■■■■ Selbstvertrauen ■■■■■■■■ Voll von Selbst

*Objekt-Subjekt-Balance*

---

In Zeiten der Individualisierung, die oft dem Solipsismus nahe kommt, erscheint es vielleicht vermessen oder überflüssig vom gefestigten Ego zu sprechen. Dem entgegen steht die Erfahrung, dass sehr viel Verhalten, das von entmachteten und benachteiligten Menschen an den Tag gelegt wird, oft nur das fehlende Selbstvertrauen mit Gebärden der Hilflosigkeit und der Unsicherheit zu überdecken versucht.
Die Qualität, die hier angesprochen wird, will sagen:

- ein gesundes und begründetes Selbstvertrauen ist die Voraussetzung für gemeinsames und erfolgreiches Handeln;

- ein Überzeugt-Sein von der eigenen Fähigkeit, das zu tun, was getan werden muss im Kontext anderer Akteure;

- diese Person will etwas im Leben, und strebt es aktiv an.

Um vor Selbsttäuschung geschützt zu sein, muss dieses Ego aus Erfahrungen von Erfolg und Scheitern wachsen, damit eine realistische Perspektive entsteht. Ein solches Ego muss eingebettet sein in eine ethische Vision, die die Zielstrebigkeit und das Selbstvertrauen rechtfertigt. Dieses Ego lässt sich also darstellen als Mitte zwischen „Egoismus – voll von Selbst" einerseits und „ohne Selbstvertrauen – selbst-los" andererseits.
Aus diesem Zusammenspiel der Extreme ergibt sich eine Balance, die Folgendes ermöglichen soll:

- eine Perspektive zu entwickeln: von „sehen", d.h. die Fähigkeit sich selbst und andere Akteure im richtigen Blickwinkel zu sehen;

- die Fähigkeit, historische Zusammenhänge und Kontexte zu erkennen;

- eine Vision für die Zukunft zu entwerfen und im Auge zu behalten.

## *Ärger/Empörung/Wut*

| Apathie ■■■■■■■ | Ärger ■■■■■■■ | Zorn, Hass |
|---|---|---|
| *Unberührtsein von allem* | *Entrüstung, Empörung* | *Gewalt* |

Ärger kommt vom althochdeutschen „arg": Böses, Übel. In unserem Kontext interpretiere ich das als: Anstoß nehmen am Bösen, am Übel in der Welt. Dies hängt auch mit der Fähigkeit zusammen, darüber zu trauern und diese Trauer öffentlich auszudrücken.[11] Anders gesagt, ist es die Fähigkeit, sich über die Kluft zwischen der Welt, wie sie tatsächlich ist, und der Welt, wie sie sein sollte/könnte zu empören; sich berühren zu lassen vom Übel der Welt, vom fremden Leiden, und Klage darüber zu erheben, und dies nicht nur privat, sondern öffentlich und gemeinsam. Andererseits bedeutet diese Qualität, sich nicht in Hass und Gewalt – ob gegen sich selbst oder Andere – hineintreiben zu lassen. Von manchen OrganizerInnen wir dies „cold anger" genannt, weil er in wohlüberlegte, spannungsgeladene, aber gewaltlose Formen der Aktion, für die organizing bekannt ist, kanalisiert werden kann. Diese Einstellung bedeutet die Überwindung des gesellschaftlich anerzogenen Umgangs mit Ärger: ihn zu unterdrücken und nur als negativ zu betrachten. Dies führt bekanntlich in vielen Fällen zu psychischen Störungen und zu Aggressivität: die in-sich-hineingefressene Wut macht krank und gewalttätig.

Der Weg zum produktiven Umgang mit dem Ärger liegt meistens in der eigenen Biographie, der eigenen Geschichte verwurzelt und ist oft verborgen. Erst durch die eigene (aber auch oft von außen angestoßene) Reflexion auf das eigene und das fremde Leid und Unrecht tritt dieser Ärger an den Tag Es geht darum, sich der eigenen Biographie zu stellen und sie zu interpretieren. Dies ist oft erst möglich, nachdem wir die Situation und die Benachteiligung anderer bewusst wahrgenommen haben. So wurde ich mir zum Beispiel der Situation meines Großvaters bewusst: dass er als Schneider eine relativ große Familie durch die Depressionsjahre hindurch ernähren konnte, da ich aus erster Hand Lebensgeschichten von Service-ArbeiterInnen in den USA im Organizing-Prozess erfahren habe.

---

[11] Vgl. Walter Brueggemann, (1978) *The Prophetic Imagination*, Philadelphia, Fortress Press.

## *Wider den tierischen Ernst: der Sinn für Humor*

| Clown/Narr ■■■■■■■■ | Humor | ■■■■■■■■ tierischer Ernst |
|---|---|---|

In Aachen wird jedes Jahr ein Orden „Gegen den Tierischen Ernst" verliehen. Jede Organizerin/jeder Organizer sollte dafür in Frage kommen. Eine Organizerin besitzt ein gutes Gespür für die Ungereimtheiten und die Widersprüche des Lebens. Daraus ergibt sich Humor. Dieser Humor lässt sich wiederum als die Mitte zwischen dem Clown und dem tierischen Ernst, oder als die Mitte zwischen „gar nichts ernst nehmen" und „alles bierernst nehmen" lokalisieren. Er hat letztendlich seinen Ursprung in der durch die Sicht für das andere „gebrochenen" Selbstgewissheit die den tiefen Sinn für Gerechtigkeit besitzt, ohne sich dabei in die Selbstgerechtigkeit zu überheben. Erst wenn ein gewisse Relativierung der eigenen Situation zugegeben wird, kann über die Ungereimtheiten, ja manchmal über das Absurde der jeweiligen Lage auch gelacht werden.

Ein solcher Humor hat dann einen doppelten Fokus. Er ist zuerst Humor gegenüber der eigenen Person und dem eigenen Tun. Er verbietet es, dass wir uns selbst zu ernst nehmen, indem wir über uns selbst lachen können. Er ist aber auch humorvoll im Umgang mit anderen, er hat die Fähigkeit mit Anderen über sich selbst lachen zu können.

Humor als Haltung lässt sich auch aktiv in den Organizing-Prozess einbringen, sowohl als Entlastung als auch als Anregung und Agitation. Mit Humor kann man manche heikle Situation relativieren, sie in die richtige Perspektive setzen oder Entspannung herbeiführen. Durch Humor ist es möglich, viel Kritik, die einem Organizer sonst verübelt würde, erfolgreich „an den Mann oder die Frau zu bringen".

Zum Schluss soll noch das Zusammenspiel zwischen Ärger und Humor angemerkt werden: Ärger ohne Humor neigt zum Fanatismus, während Humor ohne Ärger zynisch ist.

### *Verantwortlichkeit*

Ein weiteres Element des angestrebten Habitus ist Verantwortlichkeit. Dies verstehe ich im Zusammenhang mit dem grundsätzlich beziehungsorientierten Wesen von Organizing als die Bereitschaft, Beziehungen ernst zu nehmen, sich anzustrengen, Beziehungen zu erhalten und zu festigen.

Abhängigkeit ■■■■■■ Verantwortlichkeit ■■■■■■ Ungebundenheit

*Heteronomie*           *Isonomie*           *absolute Autonomie*

Verantwortlichkeit steht als Mitte zwischen unterwürfiger Abhängigkeit oder Heteronomie – Bestimmt-Sein durch Andere – und ungebundener Autonomie ohne alle Fremdbestimmung. Politisch kann dies ausgedrückt werden mit dem Begriff der Isonomie im Sinne des Wechsels von Regieren und Regiert-Sein, das die Demokratie auszeichnet. Diese Verantwortlichkeit beginnt mit der Verantwortlichkeit gegenüber der eigenen Person und durchläuft die verschieden Ebenen der Verantwortlichkeit gegenüber anderen. Dies ist besonders wichtig in Bezug auf die Akteure, die sehr stark auf die Vorbildfunktion eines Organizers achten. Hier stellt sich in der weiteren Reflexion die Frage nach der Quelle der allgemeinen Verantwortlichkeit, auch und vor allem in Konfliktsituationen mit der politischen und gesellschaftlichen Autorität. Welche Legitimation, welche Autorität kann von der Gemeinwesenarbeit beansprucht werden? Wie wird dies begründet?

*Risikobereitschaft*

Risikobereitschaft folgt aus dem Zusammenspiel der schon besprochenen Qualitäten Selbstvertrauen und Ärger.

Kein Risiko ■■■■■■ Risikobereitschaft ■■■■■■wagemutig, tollkühn

Als Mitte zwischen „das Risiko scheuen" und „Tollkühnheit" ist es die Fähigkeit, ein sinnvolles, abschätzbares Risiko einzugehen und auch andere dafür zu gewinnen. Anders gesagt, die Haltung sucht die Balance zwischen „alles nur tausendmal umdrehen", einer Sache zerreden ohne zu handeln, und dem überstürzten, aktionistischen Handeln, das mögliche Reaktionen nicht abschätzt.
Es ist offensichtlich, dass es sehr starke Gründe für das Eingehen eines Risikos geben muss. Nicht umsonst praktizieren moderne Gesellschaften unzählige Formen der Risikoabschirmung, meist in der Form von Versicherungen oder Vorsorge. Veränderung bedeutet aber Risikobereitschaft, und

dies wirft wiederum die Frage nach der letzten Begründung für diese Bereitschaft auf. Sicher spielen Gründe wie Gestaltungsmacht, persönliche Geltung, Erfolg, und ähnliche Motivationen eine Rolle. Diese lassen sich aber viel eher in gesellschaftlich anerkannteren und kulturell angepassteren (und zudem ökonomisch ertragsreicheren) Berufszweigen erreichen. Von daher wirft das Element der Risikobereitschaft beim Organizer-Habitus auch eine weitere Begründungsfrage auf.

### Querdenken-Können

Das übliche Verhalten ist, die Dinge zu sehen wie sie sind, und sie gleich zu akzeptieren, sich dem Zwang des Faktischen zu beugen. Manche kommen weiter, und stellen das Faktische kritisch in Frage: Warum ist es so, wie es ist. Die hier angestrebte Haltung geht noch ein Schritt weiter, und fragt: „Wie kann es anders sein, als es ist?" Hier wird nicht bei einer oft destruktiven „hermeneutic of suspicion" halt gemacht, sondern in handelnder Absicht neue Möglichkeiten gesucht, meist gegen die herrschenden Meinung. Statt zu sagen: „Das geht nicht!", sich zu fragen: „Wie könnte es gehen?" Warum nicht auch anders herum? Alternativen zu sehen und zu fragen: Warum nicht? Traditionen nach ihrem Sinn zu befragen? Z.B. als sich East Brooklyn Churches (EBC) der Frage der Stadtteilentwicklung widmete, galt es ausgeschlossen, zerstörte Stadtteile großräumig im üblichen vom Staat geleiteten und finanzierten Verfahren zu erneuern. EBC drehte die Frage auf den Kopf und entwickelte ein neues, von außen finanziertes und geplantes Verfahren.

Es geht also darum, die Mitte zu finden zwischen:

Mit dem Strom ▪▪▪▪▪▪ Quer zum Strom ▪▪▪▪▪▪ Gegen den Strom

*Querköpfigkeit*

Wer nur gegen den Strom schwimmt, bleibt mit großer Mühe bloß am gleichen Ort stehen und lässt sich sehr bald mit dem Strom abwärts treiben. Wer ans andere Ufer kommen will, muss quer zum Strom schwimmen, damit das Ziel erreicht werden kann.

*Ergänzung: Ein solides privates Leben als Ausgleich und Gegengewicht*
*zum öffentlichen Berufsleben*

Hier soll erinnert werden an den wichtigen Unterschied von Privatem und Öffentlichem, ohne die beiden Bereiche hermetisch voneinander trennen zu wollen. Das Leben der Organizerin ist ein Leben in und für die Öffentlichkeit, aber dies muss durch ein privates Leben ausgeglichen werden – eine gesunde Intimsphäre und Intimbeziehungen, ein Familienleben oder Ähnliches. Ein öffentliches und ein privates Leben ergänzen sich gegenseitig. Die Gefahr ist entweder die ziellose Vermischung der beiden Sphären oder ein Defizit auf der einen oder anderen Seite.

## 3. KOMMUNIKATIONSFÄHIGKEITEN

Aus den oben genannten Hauptelementen des Organizer-Habitus ergeben sich eine Reihe von Haltungen, die man unter dem Sammelbegriff „Kommunikationsfähigkeiten" zusammenfassen kann. Dazu gehören vor allem:

### Neugierde

OrganizerInnen fragen dauernd „warum" und „wieso", anstatt apodiktisch aufzutreten. Fred Ross hat diese Haltung in zwei Maximen ausgedrückt:

- „Wenn Du versucht bist, eine Aussage zu machen, stelle eine Frage!"
- „Rede die Menschen nicht an – frage sie!"[12]

### Zuhören-Können

Diese Fähigkeit ist unerlässlich und muss dauernd geübt werden. Nicht die Zunge, sondern die Ohren sind die wichtigsten Organe einer Organizerin. Diese Fähigkeit wird vor allem bei Einzelgesprächen eingesetzt, bei denen es darum geht, Beziehungen zu knüpfen und Interessen herauszuhören. Damit verbunden ist die Fähigkeit, andere herausfordern zu können und sich herausfordern zu lassen. Hier geht es um ein Doppeltes: Kritik üben zu können und selbst kritikfähig zu sein. Dies setzt wiederum sowohl ein gefestigtes Ego als auch Beziehungsfähigkeit voraus.

---

[12] Axioms for Organizers, a.a.O., jeweils S. 18, 20.

159

*Streitfähigkeit ohne Verbiesterung*

Es handelt sich um die Entwicklung einer Streitkultur, die „die Fetzen fliegen lassen" kann, ohne sich ideologisch zu verbiestern oder bei versteiften Fronten zu enden. Wichtig in dieser Hinsicht ist auch die Anerkennung des Unterschieds zwischen Privatem und Öffentlichem. Ohne hier einen Dualismus festzuschreiben: Öffentliche Auseinandersetzungen müssen nicht in den privaten Bereich hineingetragen werden.

*Grenzgängertum*

Organizing ist praktizierte Liebe für das Anderssein, ohne die eigene Selbstbestimmung dadurch zu verlieren. OrganizerInnen müssen lernen, sich zwischen den Fronten zu bewegen, bei sehr verschiedenen ethnischen, religiösen und weltanschaulichen Lagern zu Hause zu sein, über Grenzen hinweg gemeinsame Interessen aufzuspüren, Beziehungen über diese Grenzen zu knüpfen und zu vertiefen. Dies geht nur durch sehr viel Zuhören, aber auch nur mit einem gesunden Selbstbewusstsein, und nicht ohne kritische Perspektive.

## ABSCHLIESSENDE BETRACHTUNGEN

Wie aus der obigen Darstellung ersichtlich wird, bestimmt Spannung das öffentliche Leben des Organizers. Statt Spannung auszuweichen, versuchen OrganizerInnen sogar Spannung in bestimmten Situationen, vor allem bei Aktionen, bewusst zu erzeugen, zu erhöhen, und sie durchzuhalten. Dies bedeutet die Bereitschaft, Spannung bewusst einzusetzen, aber auch abzubauen, d.h. Kompromissbereitschaft.

Ein Leben, das bewusst und konsequent in der Polarität der beschriebenen Grundhaltung gelebt wird, ist ein Leben in einer unaufgehobenen Dialektik von Spannung und Entspannung.

*Dialektik*

Spannung     ◄■■■■■■■■■■■►     Entspannung

Diesen Zustand kann man mit einer Bezeichnung Saul Alinskys umschreiben:

*OrganizerInnen als „integrierte, politische Schizoide"*

Alinsky will damit die Fähigkeit zur Spaltung ohne den Verlust der Integrität ausdrücken. Diese Fähigkeit zur Spaltung betrifft einerseits die Begabung, die Lage mit den Augen der anderen zu sehen, etwa der Gegner oder der Verbündeten, und dies mit der eigenen Perspektive zusammen vor Augen zu behalten. Andererseits bedeutet sie die Fähigkeit, absolute Polarisierung beim Handeln mit der Notwendigkeit des Kompromisses zusammen zu halten. Darüber hinaus gibt diese Formulierung die allgemeine Befindlichkeit des Organizers wieder: Das Eingefangen-Sein in einer unaufhebbaren Dialektik von Spannung und Entspannung, von Selbst und Anderen. Angesichts der hier entwickelten Elemente eines Organizing-Habitus scheinen sich mir zwei Schienen einer Fortführung anzubieten. Zum einen müsste klarer die Verbindung zwischen dem hier skizzierten Habitus und einer spezifisch christlichen Form der Spiritualität der Nachfolge Jesu entwickelt werden. Dies wäre dann Teil einer pastoraltheologischen Rechtfertigung der Gemeinwesenarbeit als Bestandteil der kirchlichen Pastoral und diente einem engeren innerkirchlichen Interesse. Zum anderen müsste aber gleichwohl, im Interesse einer breiten Ausbildungspraxis, die Verbindung der Elemente zu einem von Transzendenz getragenen Horizont genauer thematisiert werden. Beide Aufgaben fordern sowohl die weitere Entwicklung der praktischen Basis der Gemeinwesenarbeit als auch eine durch diese Praxis angeregte Reflexionsleistung.

# Spiritualität und Solidarität

## Skizzen für ein Seminar spiritueller Fundierung in der sozialen Arbeit

### Johannes Fischer

### 1. ANSATZ UND GRUNDLAGEN

Meine These lautet: Für eine gute Soziale Arbeit ist auf Dauer eine spirituelle Fundierung notwendig. Nur so ist die fachlich kompetente Arbeit eines Streetworkers mit gewaltbereiten Jugendlichen, die Gemeinwesenarbeit im sozialen Brennpunkt oder die Einzelfallhilfe mit psychosekranken Obdachlosen hilfreich und befreiend. Und dies ist gleichzeitig eine Ressource gegen Resignation und Burnout.

Ich möchte hier ein drei- bis fünftägiges Seminar für etwa sieben bis zwölf SozialarbeiterInnen skizzieren, auf dem dies eingeübt werden kann. Zwei Pole sind dabei bestimmend: die soziale Realität und die Spiritualität. In beide Bereiche wird hineingeführt, mit beiden Bereichen wird gearbeitet. Dabei geht es um eine Integration der sozialen und der spirituellen Dimension in die eigene persönliche Struktur. Ich nenne dies eine integrierte, leiblich fundierte Spiritualität.

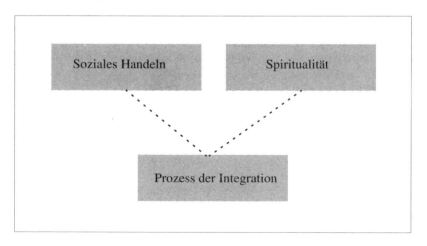

Methodische Grundlage ist auf der einen Seite die Integrativen Therapie, wie sie theoretisch von Hilarion Petzold und anderen entwickelt wurde.[1] Die aufeinander abgestimmte Methodenvielfalt eignet sich gerade für einen guten Zugang zur eigenen Leiblichkeit (z.b. Wahrnehmungs- und Bewegungsübungen) und zum komplexen Feld sozialer Arbeit (z.b. psychodramatisches Rollenspiel, Arbeit mit dem leeren Stuhl, Übungen mit unterschiedlichen Medien wie Farbe, Ton, Masken usw.). Auf der anderen Seite stehen spirituelle Übungen, wie sie bei Ignatius von Loyola in seinem Exerzitienbuch zu finden sind (z.b. bibliodramatische Fantasieübungen, Meditation mit dem Atem und einem passenden Grundwort, Meditation mit den Sinnen, Wahrnehmung der inneren Bewegungen und deren Unterscheidung), Übungen der kontemplativen Tradition (z.b. Da-sein in der Gegenwart, die Haltung der Achtsamkeit, des Nicht-Festhaltens und des Nicht-Wegdrängens).

Eine wichtige methodische Brücke zwischen der Arbeit an der sozialen Realität und der spirituellen Zugangsweise ist das Prinzip des Hier und Jetzt, das Wahrnehmen und In-Kontakt-Kommen mit dem, was im Vordergrund steht, das In-Kontakt-Kommen mit dem Hintergrund und dem eigentlichen Grund menschlicher Existenz.[2]

## 2. DEFINITION VON SPIRITUALITÄT UND SOLIDARITÄT

Unter Spiritualität[3] verstehe ich den Kontakt zum innersten existentiellen „Grund" (Meister Eckart), zu der heilenden und befreienden Kraft (dynamis), die aus diesem Grund erwächst, die in die Gesamtpersönlichkeit integriert wird und zu einer erwachsenen Grundhaltung und Hingabe an Gott und die Mitmenschen führt. Diese integrierende und leiblich fundierte Spiritualität führt zu einer ethischen Mystik der „Ehrfurcht vor dem Leben",[4] in die Haltung eines „contemplativus in actione" (Ignatius von Loyola) oder der Solidarität, d.h. zu einer Frieden, Würde und Selbstverantwortung fördernden Verbundenheit mit den dazugehörigen gerechten Strukturen.

---

[1] Hilarion Petzold: Integrative Therapie Bd. 2, Paderborn, 1993, 617-645.

[2] Felix Helg: Psychotherapie und Spiritualität, Düsseldorf, 2000, 199f.

[3] Vgl. Josef Sudbrack: Spiritualität-Modewort oder Zeichen der Zeit; in: Geist und Leben, 3/1998, 198-211.

[4] Vgl. Ludwig Frambach: Der ethische Mystiker Albert Schweizer; in: Transpersonale Psychologie und Psychotherapie 7/1, 2001, 4-16.

Martin Luther King, der sich mit gewaltfreien Aktionen für die Rechte der Schwarzen in den USA einsetzte, erlitt am eigenen Leib den Terror der Rassisten. Seine eigene Auseinandersetzung mit Gewalt und Tod führte ihn zur grundlegenden spirituellen Erfahrung der Wirklichkeit Gottes und er verstand, dass bei gewaltfreien und solidarische Aktionen „letztlich ... das Gefühl der eigenen Stärke von innen kommen" muss.[5] Der Evangelist Markus beschreibt bei der Begegnung Jesu mit der blutflüssigen Frau, wie „eine Kraft (dynamis) von ihm ausströmte" (Mk 5,30), an anderer Stelle berichtet er: „es ging eine Kraft von ihm aus, die alle heilte" ( Mk 6,19). Die Seligpreisungen (makarios, griech.: selig, glücklich, reich) im Matthäusevangelium beschreiben im Gesamt diese spirituelle und solidarische Grundhaltung: den „Armen im Geiste", der frei und leer geworden ist von sich selbst und im göttlichen Grund, in Gott verankert ist und darin Gottes Kraft (dynamis) erfährt (erste Seligpreisung). Der in Kontakt mit der (eigenen und fremden) Trauer, dem Schmerz, dem Leid, Unglück, Elend gekommen ist (zweite Seligpreisung), frei geworden ist von Gewalt und Groll (dritte Seligpreisung), geöffnet zur Barmherzigkeit, d.h. zu einer liebevollen Empathie (fünfte Seligpreisung) und gleichzeitig auf Gerechtigkeit und Frieden engagiert ausgerichtet ist (vierte, siebte und achte Seligpreisung).

Spiritualität kann auch dysfunktional sein, ein „spiritual bypassing" (J. Welwood)[6] ein Ausweichen vor religiöser Selbstständigkeit, eine religiöse Über-Ich-Krücke, eine äußerliche religiöse Pflicht, die man/frau besonders in „Tendenzbetrieben" zu erfüllen hat. Das sieht vielleicht nach außen fromm, gläubig und angepasst aus, ist jedoch innen leer. Diese Spiritualität ist kraft- und wirkungslos.

Es geht mir hier um die Einübung in eine integrierte, leiblich fundierte Spiritualität, die zu solidarischem Handeln führt. Dies ist sozusagen der Unterbau für eine kompetente soziale Arbeit. Keinesfalls darf eine spirituelle Fundierung gegen eine solide theoretische Ausbildung in Sozialarbeit ausgespielt werden. Ein spiritueller Sozialarbeiter, der sich nur auf die Spiritualität verlässt, kann zu kurz greifen oder in seinem Tun blind werden, ein Sozialarbeiter ohne Spiritualität wird vielleicht „wie Salz, das seinen Geschmack verliert". Beides ist notwendig, „unvermischt und ungetrennt".[7]

---

[5] Dorothee Sölle: Mystik und Widerstand, Hamburg, 2000, 3. Aufl., 337-340.

[6] Helg, a.a.O. 164.

[7] Vgl. die christologisch Formel von Chalzedon, hier als Strukturformel angewendet.

## 3. ALLGEMEINE ANTHROPOLOGISCHE VORAUSSETZUNGEN UND GRUNDPERSPEKTIVEN

Vier Dimensionen beschreiben den Menschen: die soziale (z.b. Kontakt, Beziehung, Bindung, Kommunikation, Rollen, Regulation von Nähe und Distanz), die somatische (z.b. Vitalität, körperlicher Ausdruck, Atmung, Haltung, biologische Rhythmen), die psychische (z.b. Emotionen, Wollen, Wahrnehmen, Denken, Selbstbild) und die spirituelle (z.b. Gott, Transzendenz, geistig-geistliche Zustände von Friede, Ruhe).[8] Diese vier Bereiche formen sich in der Sozialisation zu einer differenzierten Einheit zum Leib-Subjekt mit ganz eigenen individuellen Mustern und Schemata. Der Mensch ist immer Leib-Subjekt im Kontext,[9] verbunden mit der Lebenswelt, den Milieus, der Gesellschaft mit ihren Strukturen und der Schöpfung. In dieser leiblichen Einheit öffnet sich dem Menschen eine „ahnende Verbindung zum Grund der menschlichen Existenz und zu der geistigen Kraft, die alles Leben durchweht."[10] Der Mensch bekommt zum Innersten seiner selbst einen Bezug und öffnet sich dem Bereich der Spiritualität, der alles umfasst und verbindet.

Aufgrund der vorausgegangenen Überlegungen bestimmen vier Grundperspektiven die Übungen:

- die Leib-Perspektive,

- die Welt/Kontext-Perspektive,

- die biographisch-geschichtliche Perspektive,

- die spirituelle Perspektive.

Diese Grundperspektiven durchziehen alle praktischen Übungen, wobei die eine oder andere Grundperspektive mehr im Vorder- oder Hintergrund steht. Sie können auch wechseln. Geübt wird prozessorientiert. Der Prozess wird davon gesteuert, was beim Einzelnen oder in der ganzen Gruppe im Vordergrund steht und sich als Thema zeigen will. Daraus ergibt sich die

---

[8] Christian Scharfetter nennt diese vier Dimensionen: somatisch-physiologischer, psychologischer, sozialer und transpersonaler Bereich; in Scharfetter: Ganzheit und Ganzheitlichkeit in der Psychotherapie; in: Transpersonale Psychologie und Psychotherapie 1/4, 1998, 60-67; Ähnlich nennt Ulrich Niemann SJ diese vier Dimensionen: psychologisch, somatisch, sozial, final.

[9] Vgl. Hilarion Petzold: Integrative Therapie Bd. 2, Paderborn, 1993, 495.

[10] Bettina Hausmann, Renate Neddermeyer: Bewegt sein, Paderborn 1996, 33.

stärkere Betonung der einen oder anderen Grundperspektive und die passenden Methoden und Übungen.

### 4. BESCHREIBUNG EINES SEMINARS ANHAND IDEALTYPISCHER PHASEN

In der Beschreibung lehne ich mich an die Prozesstheorie von H. Petzold an, der idealtypisch vier Phasen beschreibt:[11]

• die Initialphase,

• die Aktionsphase,

• die Integrationsphase,

• die Neuorientierungsphase.

Durch die Beschreibung der Phasen in ihrer inneren Logik und eine kleine Auswahl von Übungen versuche ich einen Eindruck eines Seminars zu vermitteln.

### Initialphase

In der Anfangsphase geht es besonders um das Finden des eigenen Raumes in der Gruppe, um den guten Kontakt zum eigenen Leib und die Einübung einer Meditationshaltung.
An dem dreitägigen Seminar nehmen zehn Personen teil. In einer ausführlichen Anfangsrunde stellen sich alle vor, beschreiben ihre Arbeitsbereiche und den momentanen Zugang zur eigenen Spiritualität. Ziele, Inhalt und Rahmen werden danach miteinander geklärt.
Die erste Übung ist eine Körper- und Raumkontaktübung: Gehen durch den Raum im eigenen wohltuenden Tempo, Strecken und Dehnen des Körpers und Ausschütteln der Spannungen. Gleich am Anfang lenke ich die Wahrnehmung auf das Hier und Jetzt und auf den Atem. Besonders ermuntere ich zum eigenleiblichen Spüren. Die TeilnehmerInnen sollen ihre passenden Bewegungen und ihren Rhythmus finden. Das Innere wird ausgedrückt. Danach nehmen sie mit dem Raum Kontakt auf und lassen ihn auf sich wirken. Sie nehmen jetzt den Raum als den ihren an. Dann lenke ich die Aufmerksamkeit auf den Kontakt untereinander, mit den Augen, später durch vorsichtige Berührungen. Die TeilnehmerInnen suchen ihren Platz

---

[11] Petzold. a.a.O. 626.

im Raum. Mit Armen, Händen und Füßen markieren sie den äußeren Raum, den sie jetzt brauchen und einnehmen wollen. Danach lassen sie die Übung nachklingen, nehmen sich als Ganze(n), im Raum, mit den anderen wahr. Es folgt eine Anhörrunde, in der die Erfahrungen mitgeteilt werden. Auf jede Übung folgt eine Anhörrunde, um das Erlebte auszudrücken und wenn nötig zu besprechen. Das wirkt zurück auf den Gruppenprozess. Gleichzeitig entscheidet sich hier, welche Übung sich anschließt. Das kann eine Partnerübung sein, eine Übung im Liegen usw.[12] Am Anfang geht es darum, den eigenen Raum zu finden, den Platz und die Sicherheit in der Gruppe, in unmittelbareren Kontakt mit sich selbst zu kommen. Das ist der „Boden" für das eigentliche Thema des Seminars. Mit der Zeit zeigen sich Atmosphären, verborgene Gefühle und Stimmungen, Erinnerungen oder Phantasien steigen auf. Vorsichtig zeigen sich erste Themen der Einzelnen und der Gruppe.

Die spirituellen Übungen stehen in der Anfangsphase zunächst in einer Polarität zu den Übungen der leiblichen Wahrnehmung (Ich, andere, Gruppe, Kontext). Ging es bisher vor allem um den leiblichen Kontakt und den Kontakt nach außen, so liegt jetzt der Fokus auf der vertieften Selbstwahrnehmung, also im Kontakt nach innen.

Gegen Ende der ersten Phase führe ich in die meditative Haltung ein. Jede(r) sucht sich einen Stuhl, ein Sitzhöckerchen oder Sitzkissen. Wir sitzen im Kreis. Das richtige Sitzen wird vorgestellt. Angeleitet wird der Kontakt zum Boden, zum Leib, zum Atem. Wir bleiben in einer achtsamen und wachen Haltung im Hier und Jetzt. Anfang und Ende wird mit der Klangschale markiert.

In der sich anschließenden Übung besprechen wir die Erfahrung, z.B. Umgang mit den endlosen Gedanken, mit Gefühlen, mit Leistungsdenken, mit Abschweifen.

Die Länge der Übungen, die Form und der Inhalt, die Art und Weise der Anleitung hängen immer davon ab, wo die Gruppe steht und welche Vorerfahrungen vorhanden sind.

---

[12] Hausmann, Neddermeyer, a.a.O.: Dieses Buch ist eine Fundgrube für unterschiedliche leibliche Übungen.

## Aktionsphase

Die zweite Phase legt den Fokus auf die soziale Realität. Jede Sozialarbeiterin nimmt nun Kontakt mit relevanten Erfahrungen der eigenen Arbeitsrealität auf.

Meist steht eine Phantasiereise am Anfang, in der eine erlebte Szenen wachgerufen wird, mit den beteiligten Personen, den Atmosphären, den begleitenden Gefühlen, der Umgebung, den Räumen, der Natur. Es kann um Konfliktsituationen gehen, um komplizierte Strukturen, um Ungerechtigkeit oder Gewalt, um ein Misslingen mit dem dazugehörigen Frust und der Ohnmacht usw.

In dieser Phase kann hervorragend mit kreativen Methoden gearbeitet werden, mit der Expression durch Malen mit Wachsmalkreide oder mit Ton. Die Methode des psychodramatischen Rollenspiels kann eingesetzt werden oder die Stuhlarbeit der Gestalttherapie etc.

Einer Teilnehmerin kommt eine Beratungssequenz mit einer Asylbewerberin in den Sinn. In der Exploration erzählt sie, dass die afrikanische Frau wegen einer schwerwiegenden medizinischen Indikation Asyl beantragt hat und ihr sowohl Asyl als auch eine angemessene medizinische Hilfe verweigert wurde. Deswegen kam sie zur Rechts- und Sozialberatung. Wir arbeiten zunächst an der Beratungssequenz und finden heraus, dass das komplexe Rechtssystem in Deutschland, die soziale und politische Lage eine zentrale Rolle spielt. Wir stellen die beteiligten Personen und Institutionen im System auf: die Sozialarbeiterin mit der Beratungsstelle, die Ausländerbehörde, den Amtsarzt, ein mit der Sozialarbeiterin befreundeter Arzt, das Asylbewerberheim usw. Die Sozialarbeiterin wählt aus der Gruppe Personen aus, die sich mit der jeweilige Person/Einrichtung identifizieren. Ihre Aufgabe ist es, in der Identifikation auf die inneren Resonanzen zu achten. So werden durch Identifikation, Rollentausch und Expression der Resonanzen strukturelle Konflikte, die persönliche Beteiligung und Komplizenschaft, mögliche Handlungsspielräume etc. sichtbar. Gefühle zeigen sich: Protest, Wut, Ohnmacht und Hoffnungslosigkeit, Gefühle von Missbrauch und Verletzung.

In der nachfolgenden Reflektion kann das komplizierte Geflecht durchschaubarer und verstehbarer werden. Dabei wird auch deutlicher, wo es bewusst oder unbewusst zur Identifikation mit dem Opfer oder dem Täter kommt. Die eigene Geschichte kommt mit ins Spiel. Das kann punktuell bearbeitet oder durchschaubar gemacht werden.

Wenn die soziale Realität und die sozialarbeiterische Frage und Handlungsmöglichkeit prägnant geworden ist, führt der Leiter wieder in die meditativ-kontemplative Haltung hinein. Alle nehmen Kontakt mit sich selbst auf, besonders mit dem Atem. Man kann mit dem Erlebten sitzen wie mit einem Bild oder einem „Koan". Ohne etwas verändern oder wegschieben zu wollen wird die komplexe Situation angeschaut und ausgehalten. Der Leiter achtet darauf, dass dies nicht in die Regression, Resignation oder Passivität führt, sondern zum aktiven Vertrauen auf die Gnade der inneren Wandlung und Vertiefung. Alle bleiben ganz gegenwärtig in der Wachheit und Aufmerksamkeit und beobachten die inneren Bewegungen.[13]

### Integrationsphase

In der dritten Phase richtet sich das Augenmerk besonders auf die spirituelle Vertiefung und die Basishaltung der Solidarität. Die Phasen des Meditierens werden länger. Auch hier können Imaginationsübungen hilfreich sein. Die Sozialarbeiterin ruft sich beispielsweise die Klientin oder den Amtsarzt, mit denen sie sich in der zweiten Phase beschäftigt hat in den Sinn. Sie kann eine Person auswählen und in einen vertieften Dialog mit ihm/ihr gehen. Wichtig ist dabei, dies aus der spirituellen Grundhaltung heraus zu tun. Immer wieder kehrt sie zu sich, zu ihrem Atem, ihrer Kraft zurück. Sie achtet immer mehr auf ihre inneren Impulse und darauf, was an innerer Bewegung entsteht.

Langsam führen die Übungen der dritten Phase zu mehr Ruhe und Gelassenheit. Es entsteht mit der Zeit eine kontemplative Haltung, welche die soziale Realität nicht abspaltet, sondern in der sein-lassenden Berührung hält: mit weniger Fixierung, weniger Festhalten, weniger lösen müssen, sondern mit mehr Seinlassen. Eine andere Dimension kann sich öffnen: Mitgefühl, Kraft, Liebe, Solidarität. Hier deutet sich die Basishaltung der Solidarität an.

### Neuorientierungsphase

In der vierten Phase werden die vorhergehenden Erfahrungen wieder in den Zusammenhang der sozialen Arbeit gestellt. Dabei sind neue Perspektiven, Ansätze, Haltungen möglich. Der spirituelle Bereich und das soziale Handeln können sich allmählich verzahnen und verbinden. Durch praktische

---

[13] Vgl. die „Unterscheidung der Geister", die Ignatius von Loyola in seinem Exerzitienbuch systematisiert hat.

Übungen kann dies transparenter und besser im eigenen Leben verankert werden. Rollenspiele, in denen alternative Möglichkeiten durchgespielt werden, Phantasieübungen über die Zukunft oder Übungen, die eigene Kraft zu spüren können hilfreich sein.

Wichtig ist das gemeinsame Gespräch, das Bewusstmachen neuer Chancen. Neue Identitätsmuster, und -bilder können so entstehen. Die Gruppe bietet die Möglichkeit kurzzeitiger identitätsbildender Gefährtenschaft. Auf diese Weise können wirksame Impulse für die eigene soziale Arbeit mitgenommen werden.

> *Initialphase*
> Kontakt zu Gruppe und Leib, meditative Haltung
>
> *Aktionsphase*
> Soziale Realität, meditative Zentrierung
>
> *Integrationsphase*
> Verbindung von spiritueller und solidarischer Haltung
>
> *Neuorientierungsphase*
> Neue Perspektiven und Ansätze für die soziale Arbeit

## 5. Zusammenfassung

Soziale Arbeit sollte in einer Spiritualität gegründet sein, die zu einer kraftvollen solidarischen Grundhaltung führt. Dies kann erreicht werden durch Übungen, die den Kontakt zur sozialen Realität, zum eigen Leib und dem eigenen „Grund" fördern. Dies führt zu einer Integration leiblich gegründeter Spiritualität.

# 3. Spiritualität als Grundstein einer Gemeinschaft von Leben und Arbeiten

## Arche – Leben in Gemeinschaft mit Menschen mit einer geistigen Behinderung – Spiritualität in der sozialen Arbeit als Option für eine existenzielle Partnerschaft

Ruth Joseph

Innerhalb der Reflexion zum „Ob" und „Wie" von Spiritualität in der sozialen Arbeit erscheint die Arche als mögliches – bereits bestehendes – Beispiel einer Integration dieser beiden Aspekte. Im Kern geht es dabei um die Option für eine existenzielle Partnerschaft. In ihr konkretisieren sich die Spiritualität der Arche ebenso wie ihre Anthropologie. Über das Projekt der einzelnen Gemeinschaften hinaus kommt darin ihre gesellschaftspolitische Dimension ähnlich einer prophetischen Intention zum Tragen. Sie ist der entscheidende Kristallisationspunkt, auf den die Arche sich zu bewegt und der zugleich in alle Bereiche hinein ausstrahlt. Was dies im Einzelnen bedeutet, soll im Folgenden erläutert werden.

Dies soll in zwei Hauptschritten geschehen. Zunächst in einem kurzen Abriss der Entstehungsgeschichte der Arche, die die Bewegung hin auf diesen Kristallisationspunkt der existentiellen Partnerschaft deutlich macht. Diese Hinbewegung lässt sich nicht nur in der Geschichte der Arche insgesamt, sondern – vergleichbar phylogenetischen und ontogenetischen Prozessen – ebenso in der Geschichte des einzelnen wiederfinden, der für einige Zeit oder auf Dauer in die Arche kommt. Im zweiten Hauptschritt wird das in der Geschichte entstandene Grundverständnis der Arche in drei Bereiche hinein entfaltet: in ihre Theologie und Liturgie, in ihre Anthropologie und Pädagogik sowie in ihre gesellschaftliche Vision und Relevanz.

# 1. ENTSTEHUNGSGESCHICHTE UND GRUNDZÜGE DER ARCHE

## 1.1 Die Gründung der ersten „Arche"[1]

Am Beginn der Arche steht vor allem ein Name: Jean Vanier. Er hat die Arche 1964 ins Leben gerufen und entscheidend geprägt. 1928 als Sohn einer aristokratischen Familie in Kanada geboren, war er in seiner Jugend Marineoffizier. Angezogen vom Evangelium und von der Friedensarbeit beendete er 1950 seine dort eingeschlagene Laufbahn, um in Paris Philosophie und Theologie zu studieren. Nach seiner Promotion über Aristoteles nahm er 1962 eine Lehrtätigkeit am St.Michael's College der Universität Toronto auf.

1963 folgte er einer Einladung des Dominikaners Père Thomas Philippe, in dessen Kommunität er in seiner Pariser Studienzeit gelebt hatte und der inzwischen Seelsorger in Trosly in einem Heim für geistig behinderte Männer war. Bei diesem Besuch bei ihm im Dezember 1963 kam Jean Vanier zum ersten Mal mit einer, wie er sagt, ihm bis dahin vollkommen unbekannten Welt in Berührung. Diese erste Begegnung löste in ihm sowohl Erstaunen und Begeisterung als auch Entsetzen aus – ein Erlebnis, das etwas in ihm berührte, das ihn nicht mehr loslassen sollte.

Am eindrücklichsten erlebte er die Intensität der Suche nach Beziehung, nach Freundschaft, nach Begegnung bei den behinderten Menschen, etwas das er als einen „Urschrei nach Beziehung" beschreibt.

In der vorsichtigen, aber wiederholten Frage des Père Thomas Philippe, ob er nicht „‚irgend etwas' beginnen könnte",[2] lag die eigentliche Anregung zur Gründung der Arche. Angesichts der zu dieser Zeit alles andere als erfreulichen Lebensbedingungen für die Menschen mit einer Behinderung verband sich dieses beharrliche Nachfragen mit der konkreten Not der betroffenen Menschen und wurde für Jean Vanier zu einem „zweifachen Ruf", dem Ruf Gottes und dem der „Armen".[3] So treffen hier die spirituelle und die soziale Dimension aufeinander und bilden bereits im Ursprung der Arche eine untrennbare Einheit.

---

[1] Vgl. zum Folgenden: Jean Vanier (Hrsg.): Herausfordernde Gemeinschaft. Eine praktische Hinführung zum gemeinsamen Leben. Salzburg 1985, 5; Ders.: Heilende Gemeinschaft. Salzburg o.J., 7; Ders.: Toute personne est une histoire sacrée. Paris 1994, 114 und 199f; Ders.: Heile, was gebrochen ist. Freiburg 1991, 90.
[2] Jean Vanier: Die Geschichte der Arche. Briefe der Arche. Sonderausgabe zum 25-jährigen Bestehen der Arche 1989, 2.

Nach dem Besuch einiger Einrichtungen und der Begegnung mit den behinderten Menschen, die dort lebten, entschloss sich Jean Vanier, seinen Lehrberuf aufzugeben, ein kleines verfallenes Haus in Trosly zu erwerben und Raphael und Philippe, zwei Männer mit einer geistigen Behinderung, einzuladen, mit ihm zusammen zu leben. So entsteht am 4. August 1964 die erste Gemeinschaft der „Arche".

Den Namen bekam diese kleine Gemeinschaft in Anlehnung an die „Arche Noah". Während Noah jeweils ein Paar jeder Gattung vor der Sintflut rettete, möchte die Arche Jean Vaniers Menschen mit einer geistigen Behinderung an Bord nehmen, die in der Leistungsgesellschaft schnell untergehen. Zudem bedeutet „l'arche" im Französischen nicht nur „Arche", sondern auch „Bogen" und erinnert an den im Regenbogen symbolisierten Bund Gottes mit den Menschen.

Es sollte keine weitere Institution werden. Die Dimensionen, die diese erste Gründung annehmen sollte, waren weder geplant noch abzusehen.[4] Was Jean Vanier wollte, umreißt er später so:

> „Ich wusste, dass ich mit der Aufnahme von Raphael und Philippe ein nicht rückgängig zu machendes Zeichen setzte. Mir war bewusst, dass zwischen uns ein Bündnis bestand. Damals wollte ich nicht mehr als eine Gemeinschaft bilden, in der sie der Mittelpunkt sein konnten. Ich wollte ihnen auf diese Weise eine Familie geben, einen Ort der Zugehörigkeit, wo sie sich in jedem Bereich ihres Daseins entfalten und die gute Nachricht Jesu entdecken konnten."[5]

Was in diesen knappen Sätzen angesprochen ist, bleibt das Grundmotiv der gesamten Arche-Bewegung:

- der Bund mit den „Armen",

- die Gemeinschaft mit familiärem Charakter als Ort echter Zugehörigkeit,

---

[3] Jean Vanier bezeichnet die behinderten Menschen und andere, die am Rand der Gesellschaft leben, in Anlehnung an die Seligpreisungen häufig als „die Armen". Ihnen kommt in der Botschaft Jesu ein besonderer Platz zu, den auch Jean Vanier zu unterstreichen sucht. Es sind diejenigen Menschen, die sich ihrer Angewiesenheit bewusst sind und sie anerkannt haben. Dadurch sind sie offen dafür, etwas zu empfangen. Zugleich sind sie darin eine lebendige Einladung zu Gemeinschaft.

[4] Jean Vanier war der Auffassung gewesen, die Größe der Gemeinschaft solle das Fassungsvermögen eines Autos nicht übersteigen ... Vgl. Jean Vanier: Die Geschichte der Arche. Briefe der Arche. Sonderausgabe zum 25-jährigen Bestehen der Arche 1989, 10.

[5] Ebd., 3.

- die behinderten Menschen im Mittelpunkt der Gemeinschaft,
- die Aufmerksamkeit auf ein umfassendes menschliches Wachstum,
- der Zeichencharakter dieses Lebens sowie
- die gelebte Beziehung zu Gott.

In diesem Zusammenleben geschah nun etwas, das so nicht vorgesehen war und das zu einem entscheidenden Merkmal der Arche geworden ist: Jean Vanier war angetreten als Helfender, als jemand, der sich um die behinderten Menschen kümmert, der etwas für sie tut – und hat dann entdeckt, dass etwas viel Umfassenderes geschieht: „Durch das Leben mit diesen Männern und Frauen, die mehr oder weniger entstellt waren, wollte ich ihnen ein menschliches Dasein ermöglichen. Aber nach und nach entdeckte ich, dass *sie* es waren, die *mir* zu einem menschlichen Gesicht verhalfen. Sie ließen mich entdecken, wie sehr ich Mensch bin."[6] „Ich begann zu spüren, dass das Leben mit ihnen mich verändern könnte, indem es nicht meine ‚Führungsqualitäten' oder intellektuellen Fähigkeiten weckte, sondern die Eigenschaften, die in meinem Herzen verborgen waren".[7] So begann Jean Vanier, übriggebliebene „Eigenschaften eines Marineoffiziers"[8] und die „Rolle des Retters"[9] abzulegen und von der Hierarchie des *Helfens zur wechselseitigen Beziehung* zu finden, in der die Menschen mit einer Behinderung einen sehr spezifischen und ihnen eigenen Teil beizutragen haben, der in erster Linie in der Bedeutung und Qualität der Beziehungen und in der tiefen und wesentlichen Art ihrer Menschlichkeit liegt.

Diese Erfahrung ist für die gesamte Arche prägend und zu einem Wesenszug geworden. Hier beginnt das „Abenteuer" der existenziellen Partnerschaft.

## 1.2 Ausbreitung und Entwicklung der Arche

Was mit der kleinen Hausgemeinschaft von drei Personen begonnen hatte, zog rasch Kreise und verbreitete sich erstaunlich schnell. Dabei spielten verschiedene zumeist unvorhergesehene Ereignisse eine Rolle.

---

[6] Jean Vanier: Heilende Gemeinschaft, Salzburg o.J., 8.

[7] Jean Vanier: Die Geschichte der Arche. Briefe der Arche. Sonderausgabe zum 25-jährigen Bestehen der Arche 1989, 4.

[8] Ebd., 3.

[9] Jean Vanier (Hrsg.): Herausfordernde Gemeinschaft. Eine praktische Hinführung zum gemeinsamen Leben, Salzburg 1985, 6.

Zunächst waren die drei „Initiatoren" elementar angewiesen auf Unterstützung durch andere, denn außer dem guten Willen, viel Idealismus und der Gewissheit, einem Ruf Gottes zu folgen, brachte Jean Vanier nicht viele Grundlagen mit. Diese Bedürftigkeit war wie ein offenes Tor, das es anderen ermöglichte, am Leben der Gemeinschaft auf ihre je eigene Weise teilzuhaben – sei es durch tatkräftige handwerkliche Unterstützung, durch materielle Hilfe, durch freundschaftliche Beziehungen, durch fachliche Kenntnisse, durch Gebetsgemeinschaft oder auf andere Weise. So waren gleich zu Beginn viele Menschen auf vielerlei Weisen mit der Gemeinschaft verbunden.

Ein weiterer Faktor für die rasche Ausbreitung waren verschiedene äußere Umstände wie die Übernahme der Verantwortung für ein Behindertenheim durch Jean Vanier, das dieser in kleine Hausgemeinschaften umstrukturierte, sobald genügend Assistenten[10] sowie ein kleines Haus gefunden waren. Auch die Vorträge und Besinnungstage, zu denen Jean Vanier als Referent und Leiter eingeladen wurde, trugen zur Gründung von Gemeinschaften außerhalb Troslys und außerhalb Frankreichs bei, da auf diese Weise relativ viele Menschen von der Idee und dem Anliegen der Arche erfuhren und einige so sehr davon angesprochen waren, dass sie nach Trosly kamen, das inzwischen eine Art „Mutterhaus" geworden war, und bald auch eigene Gemeinschaften in ihren Herkunftsländern gründeten. So entstanden 1969 „La Merci" im Süden Frankreichs, „Daybreak" in Kanada und „Asha Niketan Bangalore" in Indien sowie 1974 „Little Ewell" in England. Inzwischen ist die Arche mit über 120 Gemeinschaften auf allen Kontinenten vertreten.[11] Diese internationale Ausbreitung der Arche zog weitere Entwicklungen nach sich: War die Arche eindeutig auf dem katholischen Boden und in der katholischen Tradition Frankreichs entstanden, so sah sie sich nun konfrontiert mit einem z.t. völlig anderen kulturellen und religiösen Kontext. Während die Gemeinschaften in Kanada und England zwar nicht mehr ausschließlich der katholischen, so doch weiterhin der christlichen Tradition verpflichtet waren,

---

[10] In der Terminologie der Arche sind die Assistenten diejenigen, die mit den behinderten Menschen zusammen leben und arbeiten.

[11] Die Größe der Gemeinschaften ist sehr unterschiedlich. Nach der Vorstellung der Arche bilden in der Regel erst mindestens zwei Hausgemeinschaften zusammen eine Archegemeinschaft im engeren Sinn. So leben in Trosly und in Daybreak etwa 400 Menschen – zugehörig zu einer Vielzahl von Hausgemeinschaften –, während beispielsweise die „communidad del Arca" in Mexiko aus sechs Personen besteht. In der Regel gehören zu einer Hausgemeinschaft etwa sechs bis 16 Mitglieder.

lebten in Indien Christen, Hindus und später auch Moslems zusammen. Auf diese Weise bekam die Arche, wiederum eigentlich nicht beabsichtigt, einen überkonfessionellen und interreligiösen Charakter. Waren die Beziehungen der Arche-Gemeinschaften untereinander zu Beginn allein an die Person Jean Vaniers gebunden, so wurden mit dem Wachstum der internationalen Gemeinschaft auch entsprechende Strukturen nötig, um die Entwicklung einer gemeinsamen Vision zu ermöglichen, um eine gewisse Kontinuität zu gewährleisten, um einzelne Gemeinschaften oder neue Projekte zu unterstützen und um den Kontakt und Austausch unter den Gemeinschaften zu fördern. Heute sind jeweils mehrere Gemeinschaften in Regionen zusammengefasst, mehrere Regionen wiederum in Zonen. Die Zonenverantwortlichen bilden schließlich gemeinsam mit der internationalen Exekutive, bestehend aus Jean Vanier und zwei Internationalen Koordinatoren, den internationalen Rat der Arche.[12] Über diese Gremien hinaus gibt es innerhalb der Arche die Möglichkeit zu internen Ausbildungen, zu Exerzitien sowie zu den sogenannten „Interludes", einer längeren Zeit von drei Wochen bis drei Monaten, in der die Assistenten, die bereits einige Zeit in der Arche leben und sich auf Dauer engagieren wollen, dieses Leben mit seinen verschiedenen Dimensionen – wie Pädagogik, Psychologie, Spiritualität und Arbeit – vertiefen können.[13]

## 1.3 Das Zusammenleben in der Arche

Die größte Bedeutung innerhalb der Arche-Bewegung kommt den einzelnen Hausgemeinschaften zu, in denen circa sechs bis 16 Mitglieder zusammenleben, davon etwa je zur Hälfte behinderte Menschen und Assistenten. Wie der Alltag im Einzelnen aussieht, ist sehr von den Bedürfnissen und Besonderheiten der einzelnen Bewohner abhängig – in derart überschaubaren Gruppen prägt jedes einzelne Mitglied spürbar deren Gesicht. Entsprechend lassen sich auf der konkret-praktischen Ebene kaum generelle und allgemeingültige Aussagen über alle Gemeinschaften der Arche machen. Dennoch gibt es einige Grundzüge, die so oder in ähnlicher Weise für die meisten von ihnen zutreffen.

---

[12] Vgl. Briefe der Arche (1991) 6-9; vgl. auch: Jean Vanier: In Gemeinschaft leben. Meine Erfahrungen. Freiburg 1993, 283.

[13] Vgl. Lettres de l'Arche 83 (1995): „La formation des assistents (2)".

Die Betonung liegt immer auf dem Zusammenleben mit den behinderten Menschen. Gemeinsame Zeiten haben einen dementsprechend hohen Stellenwert, seien es Unternehmungen, Aktivitäten, Hausversammlungen bzw. Besprechungen, das Abendgebet oder einfach die Mahlzeiten. Auch wo pflegerische Hilfestellungen nötig sind, werden sie als besondere Zeiten der Intimität zwischen Assistenten und behinderten Menschen betrachtet. Wo immer möglich, sind alle in die alltäglichen Aufgaben im Haus sowie in die Entscheidungen, die das Zusammenleben oder den einzelnen betreffen, einbezogen und können so an der Gestaltung ihres Lebensraumes ihren Fähigkeiten entsprechend aktiv und verantwortlich teilhaben.

Neben dem Zusammenleben im Haus wird der Arbeit eine wichtige Bedeutung beigemessen, sowohl für die Entfaltung der schöpferischen Möglichkeiten des einzelnen wie auch für die Integration in die Gesellschaft. Viele Arche-Gemeinschaften haben deshalb eigene Werkstätten, in denen auch Externe zur Arbeit kommen können.

Ebenso dient die Teilnahme am öffentlichen Leben des Dorfes oder Stadtviertels zum einen der Integration der behinderten Menschen, zum anderen kann auf diesem Weg versucht werden, das Anliegen der Arche zu realisieren, „die besonderen Gaben von Menschen mit einer geistigen Behinderung erkennen zu lassen" und „ihnen ihren Platz in der Gesellschaft zurück[zu]geben."[14]

## 2. THEOLOGISCHE, ANTHROPOLOGISCHE UND GESELLSCHAFTLICHE ASPEKTE

### 2.1 Zu Theologie und Liturgie der Arche

#### 2.1.1 Biblische Grundtexte

Ein Schwerpunkt der Spiritualität Jean Vaniers[15] liegt auf der besonderen Zuwendung Gottes zu den Armen, wie sie besonders bei den alttestamentlichen Propheten als eindeutige Parteinahme für sie und in den Evangelien bis hin zur Identifikation mit ihnen zum Ausdruck kommt. Das Anliegen Jean Vaniers ist eine möglichst authentische Jesus-Nachfolge. Das Bild, das er von Jesus Christus zeichnet, ist aus der langjährigen Erfahrung des

---

[14] Charta der Gemeinschaften der Arche. In: Entschluss 50, Heft 7+8 (1995) 6.

177

Lebens mit behinderten Menschen in der Arche geschrieben[16] und stark von dieser „Option Gottes für die Armen" geprägt.

Bereits die Menschwerdung Gottes drückt seine Kenosis, seine „Selbstentäußerung" und freiwillige Erniedrigung aus, wie sie eindrücklich im Philipper-Hymnus besungen wird: „Er war Gott gleich, hielt aber nicht daran fest, wie Gott zu sein, sondern er entäußerte sich und wurde wie ein Sklave und den Menschen gleich. Sein Leben war das eines Menschen; er erniedrigte sich und war gehorsam bis zum Tod, bis zum Tod am Kreuz ..." (Phil 2, 6-8). Aus dem öffentlichen Leben Jesu zeichnet Jean Vanier vor allem seine besondere Beziehung zu den Randfiguren seiner Zeit nach. Die „Antrittsrede Jesu", die die alttestamentliche Botschaft Jesajas zitiert, kann dabei als sein „Lebensprogramm" verstanden werden: „Der Geist des Herrn ruht auf mir; denn der Herr hat mich gesalbt. Er hat mich gesandt, damit ich den Armen eine gute Nachricht bringe; damit ich den Gefangenen die Entlassung verkünde und den Blinden das Augenlicht; damit ich die Zerschlagenen in Freiheit setze und ein Gnadenjahr des Herrn ausrufe" (Lk 4, 18-19 bzw. Jes 61,1). Zugespitzt kommt die Besonderheit dieser Beziehung zu den Menschen am Rand in der sogenannten Gerichtsrede (Mt 25,31-46) zum Ausdruck, in der Jesus sich mit den Hungrigen, Durstigen, Fremden, Obdachlosen, Nackten, Kranken und Gefangenen identifiziert und deutlich macht, dass Gottes- und Nächstenliebe nicht zu trennen sind und dass, was den Menschen positiv getan oder negativ angetan wird, Gott selbst geschieht. Für Jean Vanier bedeutet diese Identifikation Gottes mit den Armen, Ausgeschlossenen oder in irgendeiner Weise Leidenden, dass ihnen eine einzigartige Würde zukommt, dass Gott in ihnen in besonderer Weise gegenwärtig ist und dass sie Träger einer Botschaft sind für die Menschen, die ihnen begegnen.

---

[15] Vgl. dazu besonders: Jean Vanier: Jesus. Geschenkte Liebe. Freiburg 1994. Dieses Buch ist eine recht umfassende Darstellung der „Theologie" Jean Vaniers, wobei er selbst betont, dass es sich dabei nicht um eine wissenschaftliche Theologie handelt, sondern eher um Meditationen. Er entwirft darin eine harmonisierende Zusammenschau der Evangelien, in die seine Erfahrungen aus dem Leben mit geistig behinderten Menschen einfließen und die den Schwerpunkt seiner Spiritualität deutlich hervortreten lässt.

[16] „Die Hoffnung des Evangeliums hat mich angeregt, die Arche zu gründen; aber das Leben in der Arche hat mir den tiefen und verborgenen Sinn des Evangeliums offenbart." Jean Vanier: Aimer jusqu'au bout. Le scandale du lavement des pieds, Ottawa 1996, 9f.

Die besondere Wertschätzung der Armen kommt auch in den Seligpreisungen (Mt 5,3-12; Lk 6,20-23) zum Ausdruck, die gewissermaßen als Kompass für das Leben in der Arche gelten und als solche in die Charta aufgenommen sind.

Das im Verständnis des christlichen Glaubens zentrale Geschehen der freiwilligen Passion Jesu und der Hingabe seines Lebens für das Heil jedes Menschen ist unverzichtbar für den Umgang Jean Vaniers mit Leid und Gebrochenheit. Diesem auf den ersten Blick destruktiven Aspekt menschlicher Wirklichkeit kommt aufgrund des Todes und der Auferstehung Jesu eine wesentliche Bedeutung für ein umfassendes Heilwerden des Menschen zu. In der Berührung mit dem eigenen Verletztsein und in dessen Annahme liegt der Weg zur Entfaltung der wesentlichen Dimensionen des Menschseins.

## 2.1.2 Zur Liturgie in der Arche

Die Liturgie der Arche ist so vielfältig wie die einzelnen Gemeinschaften. Wie bereits erwähnt ist die Arche weltweit und somit auch in den verschiedenen Konfessionen und Religionen zuhause. Jede Gemeinschaft definiert in ihrer Konstitution ihre spirituelle Zugehörigkeit, die den jeweiligen Gegebenheiten der Gemeinschaft Rechnung trägt und somit konfessionell bis interreligiös sein kann. Für die einzelnen Mitglieder ist eine religiöse Zugehörigkeit weder Bedingung noch Hinderungsgrund für die Aufnahme.[17]
Diese Vielfalt und Verschiedenartigkeit spiegelt sich auch in der Liturgie wider. Trotz der Unterschiedlichkeit der Riten gibt es einige Charakteristika, die so oder in ähnlicher Weise überall zu finden sind. Sie sind entscheidend geprägt von den Menschen mit einer Behinderung.
An vielen Orten gehört ein offenes Morgen- und/oder Abendgebet zum Grundrhythmus der Gemeinschaft ebenso wie ein Liedvers vor den Mahlzeiten. Gottesdienstfeiern entsprechend der jeweiligen religiösen Tradition

---

[17] „Die Gemeinschaften der Arche sind Glaubensgemeinschaften. Ihre Wurzeln liegen im Gebet und im Vertrauen auf Gott. Sie möchten sich führen lassen von Gott und von ihren schwächsten Gliedern, in denen etwas von Gottes Gegenwart deutlich wird. Jedes Glied der Gemeinschaft soll ermutigt werden, sein oder ihr geistliches Leben zu entdecken und zu vertiefen, innerhalb seiner eigenen Religions- oder Konfessionszugehörigkeit. Auch die Menschen ohne bestimmten Glauben werden angenommen und respektiert in ihrer Gewissensfreiheit" Charta der Gemeinschaften der Arche III 1.1.

können teils täglich, teils wöchentlich oder vierzehntägig, teils monatlich im Rahmen der Gemeinschaft stattfinden. Es sind Momente des Innehaltens und der Begegnung sowie Ausdruck einer inneren Ausrichtung des Lebens. Die Gebetsformen sind in der Regel einfach und prägnant und dadurch oft transparent für das Wesentliche. Sie sind von Liedern, kurzen Texten, Bildern und Geschichten getragen und lassen Raum für die Gebete und Fürbitten der Einzelnen. Letztere haben eine zentrale Bedeutung insbesondere für die Menschen mit einer Behinderung. Ihre Gebete sind sehr alltagsnah, konkret und mitmenschlich und verbinden auf einzigartig unmittelbare Weise die Alltagsrealität mit der spirituellen Wirklichkeit.

Eine Besonderheit innerhalb der Arche ist die Feier der Fußwaschung,[18] die in den christlichen Kirchen am Gründonnerstag ihren liturgischen Ort hat. Aufgrund der Erfahrungen, die zunächst die Gemeinschaft in Liverpool und in der Folge weitere Gemeinschaften mit diesem Ritual gemacht haben, hat es einen festen Platz in der Arche bekommen. Non-verbal, mit einer einfachen Geste drückt es eine innere Haltung aus, die sowohl eine Zusammenfassung der Botschaft Jesu als auch Ausdruck einer tieferen Gemeinschaft und gleichen Würde ist. Es wird in der Regel mit einer erstaunlichen Sammlung begangen und berührt offenbar eine tiefe Wahrheit.

Über die einzelnen Gemeinschaften hinaus besteht die Möglichkeit zu verschiedenen Formen von Exerzitien, die auf der Ebene der Zone angeboten werden.

Eine tiefe, beständige Beziehung zwischen den Mitgliedern der Gemeinschaft, wie sie in der Charta als deren Grundlage beschrieben wird, kann einen persönlichen Ausdruck finden im Aussprechen des „Bundes", einem persönlichen Ausdruck der Verbundenheit mit den Menschen der eigenen und der anderen Gemeinschaften und den wesentlichen Anliegen der Arche, wie sie in der Charta benannt sind. Es handelt sich dabei nicht um ein Gelübde. Es ist Ausdruck eines persönlichen Weges, der sich im Alltag in der Gemeinschaft vertieft. „Wir müssen uns erinnern, dass unsere erste Berufung ist, zu antworten auf einen Ruf Gottes, in der Liebe, in der inneren Freiheit, in der Heiligkeit und in der Treue zum Heiligen Geist zu wachsen. Gott lädt uns ein, unser tiefes Ich wachsen zu lassen. Es ist eine Einladung zum Wachstum und zur Reifung durch ein Leben in Gemeinschaft."[19] Die-

---

[18] Vgl. zum Folgenden Jean Vanier: Aimer jusqu'au bout. Le scandale du lavement des pieds, Ottawa 1996.

se erste Berufung ist vorrangig und kann ihren Ausdruck in vielen Formen des Lebens finden. Dieses Verständnis des Bundes lässt dem Einzelnen die Freiheit, die Arche zu verlassen, wenn seine „erste Berufung" ihn dazu drängt. „Wenn wir unserem Weg treu sind, bleibt das Engagement der Liebe, das uns in der Arche verbindet, bestehen."[20]

## 2.2 Zu Anthropologie und Pädagogik der Arche

### 2.2.1 Anthropologische Grundlinien

Wie die biblische Grundlegung, so ist auch die „Anthropologie der Arche" durch die Erfahrung des Lebens mit den Menschen mit einer geistigen Behinderung geformt worden.

Wie bereits erwähnt, war es für Jean Vanier eine überraschende Entdeckung, zu erleben, wie sehr ihn Raphael und Philippe und viele andere nach ihnen in seinem Menschsein berührt und ihm vergessene oder verborgene Qualitäten erschlossen haben, in denen er das Wesentliche des Menschseins neu erkannt hat. All diese Qualitäten liegen auf der Ebene der Beziehungen, der wahrhaftigen, aufrichtigen, tiefen Begegnung von Mensch zu Mensch, des Menschen mit sich selbst und des Menschen mit Gott.

Von dieser Erfahrung aus gesehen ist es verständlich, dass Jean Vanier den Menschen nicht der Aristotelischen Definition folgend als „animal rationale", als „vernunftbegabtes Tier" beschreibt. „Ich hätte den Menschen eher definiert als jemanden, der fähig ist zu lieben."[21] Auch das grundlegende Bedürfnis des Menschen nach Verbundenheit legt nahe, das spezifisch Menschliche im Bereich der Beziehungen zu suchen.

Nun lebt der Mensch jedoch nicht in dieser Qualität der Beziehung, in dieser umfassenden Gemeinschaft mit allen Menschen, auf die hin er angelegt ist. Die Unmittelbarkeit und Offenheit in den Begegnungen zwischen einzelnen und Gruppen ist gehemmt durch „Mauern", die ihren Ursprung in Verletzungen des Kindes haben. „Wenn das Kind entdeckt, dass die Gemeinschaft schwierig ist und Quelle des Leidens, erlebt es eine Erfahrung des inneren Todes ... wir haben alle diesen Moment des Bruchs der Gemeinschaft erlebt, der Quelle der Angst und der Schuldgefühle ist."[22]

---

[19] L'Arche internationale (Hrsg.): Une alliance à l'Arche. Expression de notre cheminement spirituel, o.O. 1999, 5.

[20] Ebd., 6.

[21] Jean Vanier: Toute personne est une histoire sacrée, Paris 1994, 15.

Um sich zu schützen wird das Kind versuchen, „seine Aufmerksamkeit von dieser Welt des Leidens abzulenken ... Es wird versuchen, sie in geheime Bereiche seines Wesens zurückzustoßen, als hätte sie niemals existiert. Aber diese Welt des Leidens bleibt in seinem Inneren wie eine Art versteckter Krankheit. So richtet sich zwischen dieser verdrängten Welt und dem Bewusstsein eine Mauer auf."[23] Diese psychische Mauer dient dem Überleben des Menschen. Gleichzeitig verbirgt sie nicht nur seine Abgründe, seinen Schmerz, seinen Schatten, sondern auch das Licht, die Freude, seine Fähigkeiten. Sie verstellt ihm den Zugang zu seiner eigenen Quelle und verhindert echte, tiefe Beziehungen mit anderen.

In der Konsequenz ist es diese Ablehnung der inneren Welt, die zur Ablehnung insbesondere derer führt, die diese Wirklichkeit in uns spiegeln. Im Grunde drängt es den Menschen jedoch nach Integration und nach dem Wiederfinden der ursprünglichen Einheit – in sich selbst und mit seiner Umgebung. Ein Wachstum auf diese innere Einheit hin ist nur möglich durch ein Wieder- oder Neuentdecken der grundlegenden menschlichen Qualitäten, d.h. dessen, was Menschsein wesentlich ausmacht. Diese Qualitäten sind nicht so sehr auf der Ebene des Handelns, der Leistung, der Intelligenz oder der handwerklichen Fertigkeiten zu suchen, sondern vielmehr auf der Ebene des Seins. Menschliche Reife wird denn auch mit Werten wie Weisheit, Beziehungsfähigkeit, Güte, Klarheit, innerer Verbundenheit usw. assoziiert, alles Qualitäten auf der Ebene des Seins, oder, wie Jean Vanier es ausdrückt: „Werte des Herzens".

Die Menschen mit einer Behinderung haben dabei eine besondere Stellung. Aufgrund ihrer Behinderung sind sie im Bereich der Intelligenz und der handwerklichen Fertigkeiten vielfach erheblich eingeschränkt, dafür aber häufig „begabter als andere auf der Ebene des Herzens und der Beziehung",[24] sie sind oft fähiger, die Gegenwart eines anderen aufzunehmen, ihm um seiner selbst willen zu begegnen und leben mehr Gemeinschaft als Konkurrenz. Die Schranken, die die Vernunft gewöhnlich errichtet, sind weniger ausgeprägt, so dass eine größere Einfachheit und Unbefangenheit möglich ist. Ihre Angewiesenheit auf andere Menschen, ihre Hilflosigkeit in manchen Bereichen, ihre „Zerbrochenheit" sind offensichtlich. Beides,

---

[22] Ebd., 71.
[23] Ebd., 75.
[24] Ebd., 11.

die Offensichtlichkeit der Angewiesenheit und „Zerbrochenheit" sowie die außergewöhnliche Beziehungsfähigkeit, Offenheit und Einfachheit können zu einer einzigartigen Chance für diejenigen werden, die ihnen als Menschen begegnen und sich auf sie einlassen. Es kann zu einer Begegnung mit deren eigener Welt „hinter der Mauer" führen, zum Erkennen des Schreckens der eigenen Wirklichkeit sowie der Befreiung des Lichts, der Fähigkeit zu wahrhaftigen Beziehungen, zu Liebe und einer tiefen Lebensfreude. Es kann geschehen, was Jean Vanier benennt als „im Hinabsteigen zur Ganzheit finden".[25] Auf dieser Ebene kann sich „existenzielle Partnerschaft" ereignen – ein Erkennen der fundamentalen Gemeinsamkeit, eine Begegnung auf der wesentlichen Ebene des Seins, ein zutiefst menschlicher Austausch, ein echtes Teilen einer entscheidenden Qualität des Lebens, ein Wiederentdecken der eigenen Menschlichkeit.

### 2.2.2 Zu pädagogischen Schwerpunkten der Arche

Aus dieser Sicht des Menschseins entsteht natürlicherweise eine Haltung, die den anderen zuerst und hauptsächlich als Menschen sieht und ihm als Mensch begegnet.

Die Aufgabe der Assistenten besteht daher vor allem darin, den Menschen mit einer Behinderung „zu helfen, sich zu erheben, die eigenen Gaben und die eigene Schönheit zu entdecken ... und an Selbständigkeit dazuzugewinnen ... und ihnen so zu helfen, ihre Menschenwürde und ihre Selbstachtung zu finden"[26] sowie darauf hinzuarbeiten, dass auch für „Außenstehende" ihr spezifischer Beitrag zu einer gelingenden menschlichen Gemeinschaft deutlich wird.

Die Priorität liegt dabei nicht auf Leistung und kognitiver professioneller Kompetenz, sondern auf der Haltungskompetenz, d.h. auf einem möglichst ungeteilten Dasein, dem Jean Vanier die eigentliche heilende und lebensfördernde Kraft beimisst. Es geht also nicht primär um ein „Tun", sondern um „Sein" und „Dasein", das eine Art Fruchtbarkeit hervorbringt, die Leben schenkt. Jean Vanier weist darauf hin, die Assistenten daran zu erinnern: „dass sie nicht hauptsächlich fürs *Machen* gekommen sind, sondern

---

[25] Jean Vanier: Heile, was gebrochen ist, Freiburg 1991, 134. Selbstverständlich kann dies eine große Herausforderung sein und erfordert, um gut gelebt werden zu können, eine solide, tragfähige Gemeinschaft sowie eine gute Begleitung.

[26] Ebd., 134.

um das *Sein* zu erlernen, und dass sie nicht wie ein Ingenieur kommen sollen, ausgerüstet mit dem Handwerkszeug des Wissens und der Theorie, um zu reparieren, was kaputtgegangen ist. Sie müssen sich auf der Suche nach einem Geheimnis befinden, das wie ein Schatz im Acker verborgen ist: ... das Geschenk der zwischenmenschlichen Beziehung, das Geschenk der Freundschaft ..., das in den Herzen ... all derer verborgen ist, die verwundbar sind und nichts mehr zu verlieren haben."[27] Die Berührung mit deren und der eigenen Schwäche und Schönheit kann ein entscheidender „Wendepunkt sein in unsere Entwicklung zur Ganzheit".[28] Assistenten und behinderte Menschen können so gegenseitig zur Entfaltung ihrer Begabungen und zu einem Wachstum zu einer größeren inneren Freiheit und zu einem tieferen und befreiteren Menschsein beitragen.

### 2.3 Zur gesellschaftlichen Dimension und Relevanz der Arche

#### *2.3.1 Zur gesellschaftlichen Vision*

Die existentielle Partnerschaft beschränkt sich nicht allein auf die Beziehungen, die innerhalb einer Arche-Gemeinschaft gelebt werden. Die Arche möchte darüber hinaus Zeichen sein, „ein Zeichen dafür, dass eine wahrhaft menschliche Gesellschaft auf der Annahme und der Achtung ihren ärmsten und schwächsten Gliedern gegenüber gegründet sein muss. In einer zerrissenen Welt möchte die Arche ein Zeichen der Hoffnung sein. Ihre Gemeinschaften gründen sich auf tiefe, beständige Beziehungen zwischen Menschen von unterschiedlichem intellektuellem Niveau und verschiedener sozialer, religiöser und kultureller Herkunft. Sie möchten so Zeichen der Einheit, der Treue und der Versöhnung sein."[29] Der Unterschied zum gesellschaftlich gängigen Paradigma ist deutlich. Nach Jean Vanier ist eines der Merkmale der westlichen Gesellschaften das ausgeprägte Wettbewerbsdenken, das Streben nach persönlichem Erfolg, nach Macht und Überlegenheit, nach Besitz, Ansehen und Unabhängigkeit. Erster zu sein und zu siegen wird zur Überlebensfrage. Wer schwach ist, für den ist kein Platz. Dabei sind es vorwiegend äußere Werte, die gegenüber inneren Werten den Vorrang bekommen. Die Qualität der Beziehungen lei-

---

[27] Ebd., 97.
[28] Ebd., 113.
[29] Charta der Gemeinschaften der Arche I 3-4.

det unter dem Zwang zur Konkurrenz. Selbst die vermeintlichen Gewinner können im Bereich der menschlichen Beziehungen letztlich Verlierer sein. Bei allem Konkurrenzdenken, das Unterschiede hervorhebt, besteht doch auch eine Angst vor Unterschiedlichkeit. Das Fremde, Andersartige beunruhigt. Ebenso das Schwache. Man versucht es abzuschieben oder aber greifbar zu machen, z.b. indem man die betroffenen Menschen in Kategorien einteilt und sie Institutionen zuweist, die betreuend für sie zu sorgen haben. So kann die bestehende Ordnung einigermaßen gewahrt und die Unsicherheit begrenzt bleiben. Wieder ist Isolation und eine Unterbindung von Beziehungen die Folge, für beide Seiten.

Der Mensch wird dabei zunehmend zum Objekt. Was in der Arbeitswelt zählt, sind die Leistungsfähigkeit in Produktionsprozessen, Effektivität und Rationalität. Machbarkeit ist ein hohes Ideal und ein erstrebenswertes Ziel. Die Genforschung weckt Hoffnungen, den Menschen nach eigenen Vorstellungen programmieren zu können und so das eigene Wunschkind „zusammenzustellen", statt sich auf einen einzigartigen und unverfügbaren Menschen einlassen zu müssen, der vielleicht nicht den eigenen Erwartungen entspricht. Möglicherweise ist auch dieses Machbarkeitsstreben eine Form, Sicherheit zu suchen in einer unüberschaubar gewordenen Welt.

Das Bild, das Jean Vanier hier von der Gesellschaft zeichnet, ist also in erster Linie bestimmt durch eine Individualisierung, die eine größere persönliche Freiheit, aber auch eine fundamentale Unsicherheit und ein stärkeres Schutzbedürfnis mit sich bringt – und in der Konsequenz eine zunehmende Isolation.

Dem stellt Jean Vanier ein anderes Paradigma entgegen, das Paradigma eines lebendigen Organismus, der wachstums- und entwicklungsfähig ist, und dies in dem Maße, wie seine einzelnen Glieder sich entwickeln und an Leben – was auch immer im Einzelfall darunter verstanden wird – dazugewinnen. Hier ist der Blick also nicht konkurrierend gegeneinander gerichtet, sondern kooperativ-solidarisch auf das Wachstum jedes einzelnen Gliedes im Gesamtzusammenhang des Organismus. Denn die Entwicklung des einzelnen ist die Voraussetzung für die Möglichkeit eines Zuwachses an Leben oder Lebensqualität für den Organismus als ganzen und dadurch wiederum für jedes einzelne Glied. Dabei hat jedes Glied seinen spezifischen Platz und kann nicht durch ein anderes ersetzt werden. Ebenso gehört ein als geringer oder weniger wichtig eingeschätztes Glied unabdingbar zum Organismus, soll dieser nicht verstümmelt sein. Eher als alle einem bestehenden gesellschaftlichen „Standard" einfügen zu wollen, müsste angestrebt werden, die Menschen am Rand als selbstverständlich zum Gesamt der gesellschaftlichen Wirklichkeit zugehörig zu sehen und auf deren spezifischen Beitrag aufmerksam zu werden sowie diesen anzuerkennen und ihn zu nutzen.

Paulus spricht davon sehr anschaulich in seiner Rede vom einen Leib und den vielen Gliedern:

„Auch der Leib besteht nicht nur aus einem Glied, sondern aus vielen Gliedern. Wenn der Fuß sagt: ich bin keine Hand, ich gehöre nicht zum Leib!, so gehört er doch zum Leib. Und wenn das Ohr sagt: ich bin kein Auge, ich gehöre nicht zum Leib!, so gehört es doch zum Leib. Wenn der ganze Leib nur Auge wäre, wo bliebe dann das Gehör? Wenn er nur Gehör wäre, wo bliebe dann der Geruchssinn? Nun aber hat Gott jedes einzelne Glied so in den Leib eingefügt, wie es seiner Absicht entsprach. Wären alle zusammen nur ein Glied, wo bliebe dann der Leib? So aber gibt es viele Glieder und doch nur einen Leib. Das Auge kann nicht zur Hand sagen: ich bin nicht auf dich angewiesen. Der Kopf kann nicht zu den Füßen sagen: ich brauche euch nicht. Im Gegenteil, gerade die schwächer scheinenden Glieder des Leibes sind unentbehrlich ..." (1 Kor 12,14-22).

## 2.3.2 Konkrete Zeichen der Einheit und Solidarität

Das Zusammenleben so unterschiedlicher Menschen wie in den Gemeinschaften der Arche ist an sich schon ein Zeichen der Einheit, ein Zeichen, dass uns als Menschen etwas verbindet, das tiefer ist als der äußere Anschein. „Das Leben in den Häusern ist der Mittelpunkt jeder Arche-Gemeinschaft. Die verschiedenen Mitglieder sind dazu berufen, einen einzigen Leib zu bilden; wie in einer Familie leben, arbeiten, beten und feiern sie gemeinsam, teilen Freuden und Leiden miteinander und verzeihen einander. Sie leben einen einfachen Lebensstil, in dem die zwischenmenschlichen Beziehungen vorrangig sind."[30] Versöhnung und Fest sind darin elementare einheitsstiftende Elemente. Jean Vanier gab seinem ersten Buch über die Arche dies als Titel: „Gemeinschaft. Ort der Versöhnung und des Festes".[31] Die Hausgemeinschaften sind Orte, an denen dieses Wachsen auf die Einheit hin im kleinen, sehr konkreten Rahmen herausgefordert ist und gelebt werden kann.

---

[30] Ebd., III 2.2

[31] Jean Vanier: Gemeinschaft. Ort der Versöhnung und des Festes, Salzburg 1983.

Auch über das Haus und die einzelne Gemeinschaft hinaus besteht ein Bewusstsein der Zusammengehörigkeit und der Zugehörigkeit zur „einen Menschheitsfamilie". Innerhalb der Arche drückt sich dies in einem Netzwerk der Solidarität zwischen den Gemeinschaften aus. Die Organisation der Arche als internationale Föderation bietet Möglichkeiten der Begegnung, des Austauschs, der Partizipation, der Fortbildung und Vertiefung auf den verschiedenen Ebenen. Konkrete materielle und personelle Unterstützung einzelner Gemeinschaften oder Regionen ist selbstverständlicher Bestandteil dieser Solidarität.[32]

In einer Zeit, in der Konflikte und kriegerische Auseinandersetzungen wieder zunehmend an der Zugehörigkeit zu unterschiedlichen konfessionellen oder religiösen Bekenntnissen festgemacht werden, ist das Zeugnis der Arche ein kleines aber konkretes Zeichen der Versöhnung. Manche Gemeinschaften haben dabei einen besonderen Auftrag wie die Gemeinschaft in Kalkutta, der die heiligen Schriften verschiedener Religionen anvertraut wurden, und die Gemeinschaft in Belfast, die sich bewusst an einem Knotenpunkt des Nordirland-Konflikts als lebendiges Zeichen dieser Versöhnung angesiedelt hat.

Diese kleinen und größeren Zeichen der Einheit und Gemeinschaft und die Achtung aller, insbesondere der als schwächer angesehenen Glieder, ist, so die Hoffnung der Arche, ein Same, der für eine menschlichere Welt gesät wird.

---

[32] Vgl. Charta der Gemeinschaften der Arche III 2.3: „Ähnliche Beziehungen verbinden die verschiedenen Gemeinschaften auf der ganzen Welt miteinander. Zusammengehalten durch Solidarität und gegenseitiges Engagement bilden sie eine weltweite Familie."

# Spiritualität und Alter – Ein Modell selbst verantworteter Sozialarbeit

Franziska Müller-Härlin

Was veranlasst mich, Jahrgang 1944, verheiratet, als Journalistin berufstätig, über neue Formen der Sozialarbeit für und im Alter nachzudenken? Drei Gründe will ich nennen:

- Als Teil der Generation, die im Begriff ist, sich in den Ruhestand zu verabschieden, sehe ich mich umgeben von Menschen, die in bester Gesundheit aus dem Arbeitsleben scheiden, überwiegend in Frührente gehen: manche aus dem Gefühl, nicht mehr gefragt zu sein, andere, um ihr Alter genießen zu können.

- Von meinem Soziologiestudium geprägt, habe ich – Mutter dreier Kinder, die zur zahlenmäßig kleinen jüngeren Generation gehören – die in Deutschland „verkehrte" Alterspyramide plastisch vor Augen, die sich nach unten zuspitzt, statt auf einer breiten Basis zu stehen. Das lässt mich immer kritischer fragen, ob wir das Zusammenleben der Generationen nicht neu begreifen müssen, auch um den sozialen Frieden zu erhalten. [1]

- Als ehrenamtliches Vorstandsmitglied in zwei Frauenverbänden schien mir die Berliner Tagung „Spiritualität in der sozialen Arbeit" hilfreich für die Frage, ob der Fundus und die Motivation, die zur Gründung christlicher Sozialvereine geführt haben, auf neue Weise für die ehrenamtliche und hauptamtliche Sozialarbeit trägt. Und ob Spiritualität nicht auch Hilfe für die Neubestimmung von Sozialarbeit für und mit alten Menschen sein könnte.

In diesem Beitrag soll über das Thema „Spiritualität und Alter" nachgedacht werden im Sinne einer kritischen Annäherung an die Utopie: Wie schön wäre es, die Probleme, die Altern mit sich bringt, mithilfe von Spiri-

---

[1] Die Studie „Zwischen Konsens und Konflikt" der Hanns-Seidel-Stiftung, München, Juni 2002, stellt fest, dass 70% der jungen Befragten die zunehmende Rentenbelastung für die ältere Generation für „nicht zumutbar" halten, 21% für „hinnehmbar", obwohl 74% meinen, dass Eltern und Kinder in Schwierigkeiten füreinander verantwortlich seien.

tualität in einer „brave new world" anzusiedeln, die diesen Lebensabschnitt (und die ihm eigenen Lasten und Leiden) mit einem tieferen Sinn umgäbe.

Zusammen mit Marina Lewkowicz wurden im Jahr 2001 Überlegungen für ein eigenverantwortliches und spirituell getragenes Netz von Alteneinrichtungen angestellt, die derzeit noch Anregung, weniger fertiges Konzept sind. Ihr Ziel ist „selbstverantwortete Sozialarbeit mit und für alte Menschen".

## ALTER UND SINNFRAGE

Alter legt die Sinnfrage nahe, wenn Bilanz gezogen wird darüber, was das gelebte Leben ausgemacht hat. Wobei die persönlichen Dispositionen, die erworbenen Fähigkeiten und die Erfahrungen als Quellen altersbedingter Neuorientierung für Lebensgefühl und Lebenseinstellung genutzt werden. Pensionierung bzw. Rentenbeginn sind der äußere Anlass, Kindheit, Jugend und Arbeitsleben zu „evaluieren" und retrospektiv zu betrachten. Zwar brechen viele „rüstige Senioren" in ihrem so genannten dritten Lebensabschnitt zu neuen Ufern auf und versuchen, das zu tun oder nachzuholen, was ihnen bisher nicht möglich war, weil andere Erfordernisse das Leben dominierten. Dennoch stellt sich – vor allem denjenigen, die der Hilfe bedürfen und nicht mehr so rüstig sind – die Frage nach dem Sinn von Alter, das auch Krankheit und Leiden mit sich bringt, werden Antworten gesucht auf die Frage, was uns nach dem Tod erwarte. „Ich vermisse das Gespräch über den Tod", sagte mir vor kurzem eine alte Dame dazu.

Je stärker Einzelne sich durch ihre Lebenserfahrung haben prägen lassen – sei sie mehr glücklich oder mehr leidvoll erlebt – desto reicher ist der Fundus, aus dem ein auch im Alter sich weiter verändernder Mensch schöpfen kann. Dies gilt vor allem dann, wenn geistige und physische Kräfte nachlassen und auf frühere Lebensabschnitte über die wacher werdende Erinnerung zurückgegriffen wird. Der Erfahrungsreichtum kann aus ganz verschiedenen „Valuta" bestehen: aus Bildung, aus Neugier, aus sozialen und emotionalen Fähigkeiten, aus Zufriedenheit, Leidensfähigkeit, Innerlichkeit, Religiosität und Spiritualität – alles positive Eigenschaften, denen negative gegenüberstehen, mit denen wir im Zwiespalt stehen: Neid, Egoismus, Gefühlsmangel oder Außensteuerung ohne Rückbindung an Reflexion und Innenleben. Ich denke, diese Erfahrungs-Biografien stellen die Basis für die Herausforderungen des Alters dar.

## ZWEI POLE

Meine Überlegungen in diesem Beitrag führen von zwei Polen aus aufeinander zu, was keineswegs der Vielfalt von Erkenntnis, Einstellungen und Handlungsweisen entspricht, die Menschen im Laufe ihres Lebens immer wieder an die Schnittstellen zwischen immanenter und transzendenter Welt bringen. Das Modell der von den Polen kommenden Wege ist ein Verlaufsmodell, das offen lässt, ob die transzendente Alternative überhaupt gedacht, anerkannt und mit der immanenten Welt verknüpft wird. Den einen Pol macht die erfahrbare Welt aus, die auch die Grundbedingungen für Sinnfragen schafft.[2] Den anderen Pol bildet die religiös-spirituelle Welt als der Ort, den Menschen zur Beantwortung der Sinnfrage in Anspruch nehmen können und in immer neuer Weise denken. Auch wenn Sinnfragen nicht erst im Alter, sondern ganz individuell in allen Altersstufen aufkommen, scheint das Alter die Lebensphase, in der die Dringlichkeit nach Antworten darauf zunimmt. Von den beiden Polen her nähern sich die Wege und kreuzen sich im Tod: Der aus der Immanenz herkommende findet dann sein Ende, während der transzendente in das Unbekannte führt, über das die Lebenden nie endgültige Klarheit haben. Die Sinnfrage bleibt also immer unbeantwortet: „Hält man daran fest, dass der Sinn erst mit dem letzten Ereignis gegeben ist, das rückwirkend alles Vergangene ergreift, dann muss man zu dem Schluss kommen, dass entweder dieses Ereignis nach dem Tode eintritt oder das Leben keinen wahren Sinn hat", schreibt Ignace Berten.[3]

## DIE GESELLSCHAFT

Die gesellschaftlichen Bedingungen pointiere ich hier bewusst im Hinblick auf den „Generationenvertrag" und innovative Ideen und Lösungen:

• Die Alterspyramide steht auf dem Kopf. Die Geburtenrate ist in Deutschland derzeit mit 9 Promille die geringste in Europa (vgl. Irland 14 Promille, gefolgt von Frankreich).[4]

---

[2] Die gesellschaftliche Vermittlung geschieht durch Sozialisation (auch religiöse), Internalisierung, Bildung, durch Einstellungen, die über Vorbilder, Kommunikation und öffentliche Thematisierung bestimmt werden.

[3] Ignace Berten: Geschichte, Offenbarung, Glaube – Eine Einführung in die Theologie Wolfhart Pannenbergs, München 1970, S. 71

- Der Sozialstaat sorgt in Deutschland (noch) für ein vergleichsweise gesichertes Rentenniveau (einschließlich Sozialversicherungen) und dafür, dass Rentner mit ihrem „arbeitslosen" Einkommen relativ gut und selbständig leben können.

- Damit verbunden sind Rechtsansprüche, die zu einem „Berechtigungsdenken" führen und sowohl Kostendeckung suggerieren wie ausreichende Personalressourcen für die Versorgung.[5] Ein Trugschluss, wie die Generationenbilanzierung zeigt.[6] Ein Beispiel: Für die 300 000 Frührenten des Jahres 1995 mussten 1996 über die Arbeitslosen- und Rentenversicherung 66 Milliarden DM (33,7 Milliarden Euro) aufgewendet werden.[7]

---

[4] Im Jahr 2001 waren noch 21% der Bevölkerung in Deutschland jünger als 20 Jahre, 16% älter als 65. 2020 wird der Anteil der unter 20-Jährigen auf 17% sinken, der über 65-Jährigen auf 22% steigen. 11. Kinder- und Jugendbericht der Bundesregierung, 20.1.2002.
Economist, 14.2.2002: „Populations in the West and Japan are no longer pyramid-shaped as they used to be, with a big base of younger people and few pensioners at the top. Instead they are becoming top-heavy, with many more older people both in the workforce and in retirement."

[5] Während das Bundesfamilienministerium von jährlich ca. 13.000 Auszubildenden in der Altenhilfe in der Bundesrepublik ausgeht, sind es nach Erkenntnissen des Berufsverbands für Altenpflege nur noch ca. 7.000 (SZ, Beilage Lernen, 19.2.2002). Die Bezahlung liegt zur Zeit im 3. Ausbildungsjahr bei 770 Euro, s.a. www.image-altenpflege.de.

[6] Bernd Raffelhüschen, Freiburg, Neue Studie zur Kranken- und Pflegeversicherung: nach SZ 14.1.2002, S. 21: „Was die Politiker aller Parteien verschweigen: die gegenwärtige Fiskalpolitik ist nicht nachhaltig. Die Regierenden lügen sich für die Gegenwart in die Tasche und bürden den nachfolgenden Generationen dann nicht mehr zu bewältigende Lasten auf ..." – Hier spielen auch die ganz anderen Arbeitsbiographien der jüngeren Generation eine Rolle, die wegen brüchiger Arbeitsverhältnisse das augenblicklich hohe Rentenniveau für sich selbst nicht mehr erwirtschaften kann, geschweige denn zusätzlich für die wachsende ältere Generation. Dazu kommt ein vierfacher Belastungsprozess (nach Raffelhüschen): 1. immer weniger Junge finanzieren 2. immer mehr Alte, die 3. immer früher ins erwerbslose Stadium wechseln und 4. immer mehr Arbeitskräfte für ihre Versorgung binden. Und Economist a.a.O.: „Ill-designed pension systems magnify the effect of population ageing by creating incentives for people to retire ever earlier. Unaffordable public-pension commitments threaten the fiscal solvency of many countries in the European Union."

191

- Bezahlte Arbeit ist das dominante Bezugssystem unserer Gesellschaft, das Geld, Einfluss und Sinn vermittelt. Nichtbezahlte Arbeit genießt geringe bis keine Reputation. Sie gewinnt an Ansehen allenfalls durch Selbststilisierung und im „Ehrenamt", der deutsche Begriff für längerfristige freiwillige und unentgeltliche Arbeit.

- Arbeit bestimmt die Lebensverhältnisse. Ihre immer noch wirksame traditionelle männlich-weibliche Strukturierung, Bezahlung und Hierarchisierung formt sich reziprok (u.U. in abgeschwächter Form) in den nicht bezahlten Lebensbereichen ab. Unbezahlte Hausarbeit oder soziale „Ehrenämter" sind nach wie vor mehr Sache von Frauen, während Männer Hauptverdiener sind und reputierte Ehrenpositionen einnehmen.

- Die Lebensarbeitszeit verkürzt sich durch längere Ausbildungszeiten und früheren Renteneintritt.[8] Langfristig stetige Arbeitsbiographien sind zugunsten zeitlich begrenzter, „gebrochener", von Arbeitslosigkeit bedrohter im Schwinden begriffen.

- Wohlstand bedeutet: immer weniger Arbeitszeit für Daseinsvorsorge einzusetzen bei immer mehr Freizeit bzw. Freizeitbeschäftigung. Freizeit genießt einen hohen Stellenwert. Sie begleitet einerseits die Erwerbsarbeit, andererseits nimmt sie statistisch ein Drittel der Lebenszeit ein. Während Arbeit primär als sinnvoll gilt, muss der wachsenden Freizeit zunehmend Sinn gegeben werden.

- Da Arbeit aufgrund verschiedener Entwicklungen als belastend bis zerstörerisch empfunden wird,[9] bezieht Freizeit ihren Sinn zunächst aus einer Hohlform: der „Nicht-Arbeit". Wenn keine Daseinsvorsorge oder sozialen Erfordernisse anstehen oder wenn die Sinnsuche hedonistisch beantwortet wird, führt Freizeit auch bei älteren Menschen mitunter zu

---

[7] Die damalige Sozialministerin in Bayern, Barbara Stamm, Perspektiven der bayer. Arbeits- und Sozialpolitik, in Politische Studien, Sonderheft 2, Zukunft der Arbeit, 1996, fährt fort: „Die Gesamtheit der Beitragszahler hätte dies nicht mehr lange verkraften können".

[8] Eine Untersuchung der IAB kommt zu dem Schluss, dass in Deutschland 60% der Betriebe keine Beschäftigten über 50 Jahre haben. Damit zusammenhängende Fragen hat Ute Leber in IABMaterialien, Nr. 2/2001 untersucht: „Ältere – ein Schatz muss gehoben werden." Das durchschnittliche Rentenalter von 60 für Männer und Frauen in Deutschland deckt sich etwa mit dem Durchschnitt in ganz Europa, Eurostat, Januar 2002.

fluchtartigem Ausstiegsverhalten (Mallorca-Effekt, in 20 Tagen um die Welt) aus dem sozialen und regionalen Gefüge.

• Bildung und Ausbildung, die sich immer mehr spezialisieren bzw. im Hinblick auf Berufstätigkeit „segmentieren", dienen zu allererst der Optimierung von Chancen auf dem Arbeitsmarkt. Bildung im „bildungsbürgerlichen" Sinn (d.h. abgekoppelt vom Arbeitsmarkt) ist auf wenige reduziert, wird aber für die Freizeitgestaltung oder im Alter als sinnstiftend betrachtet.

• Die Familie besteht in der Regel aus einer Kernfamilie mit geringer Kinderzahl. Die Einkind-Familie ist dabei prozentual am stärksten vertreten, die Mehr-Generationen-Familie mit gemeinsamer Wohnform im Schwinden begriffen. Die hohe Scheidungsquote und damit vermehrte „Patchwork-Familien" führen zu einer wachsenden Zahl von einzelerziehenden Elternteilen und einzelerzogenen Kindern. Diese Entwicklung hat meines Erachtens Auswirkungen auf die Sozialkompetenz und Frustrationstoleranz der Einzelnen, aber auch auf die Beziehung von Menschen und von Generationen untereinander: Das Trainingsfeld Familie schrumpft.

Was hat die hier aufgezeigte gesellschaftliche Entwicklung mit Sozialarbeit zu tun und mit Spiritualität in der Sozialarbeit? Diese Frage soll im Folgenden diskutiert werden in einer „Architektur", die aus den Bausteinen: Sinn – Alter – Gemeinschaft besteht. Und in neuen Ansätzen für ein „Altenprojekt" mit heterogenen, gemeinschaftlichen Lebensformen mündet, das den Schluss des Aufsatzes bildet.

## TRANSZENDENZ UND SPIRITUALITÄT

Als Instanz für die Vermittlung von Transzendenz gilt gemeinhin die Religion. Nach meiner Beobachtung hat die Generation der bis ca. 1965 Geborenen, auch bei geringer kirchlicher oder religiöser Bindung – aufgrund frü-

---

[9] Stressfaktoren sind v.a. zeitlich umfassende Inanspruchnahme junger Arbeitnehmer durch Arbeitgeber, was die Vernachlässigung von täglicher privater bzw. Familienzeit und fehlende Muße für Sinngebung und Kreativität der Lebensgestaltung zur Folge hat; weitere sind: mangelnde emotionale Anbindung an Arbeitsinhalte in abhängiger Arbeit („Job"), segmentierte Arbeitsprozesse, mangelnde Personalführung, hohe Mobilität im täglichen Arbeitseinsatz.

herer Strukturen und Sozialisation – noch Erinnerungen an religiöse Praxis und Inhalte. Doch nimmt dies in der jüngeren Generationen ebenso ab wie das Wissen um christlich-religiöse Bildungsinhalte. Dazu kommt die rationale wissenschaftsorientierte Argumentation, die der religiösen Bildung Reputation bzw. Anerkennung versagt.[10] Wie der Religionssoziologe Michael N. Ebertz in einer neuen Untersuchung allerdings festgestellt hat, lässt der Glaube an ein Leben nach dem Tod in der älteren Generation nach, während mehr als die Hälfte der unter 50-Jährigen an eine transzendente Welt glaubt.[11]

Es gibt also eine Sehnsucht nach Transzendenz oder all den „Werten", die Religion üblicherweise vermittelt. Hier taucht seit kurzem vermehrt der Begriff der Spiritualität mit ganz unterschiedlicher Konnotation auf und scheint so begehrt wie unscharf zu sein. Das mag auch daher rühren, dass er aus ganz verschiedenen Gründen in Anspruch genommen wird. „Nach all dem, was ich durchgemacht habe", sagte Konstantin Wecker in einem Interview nach Prozess und Gefängnis wegen Drogenmissbrauchs, „ist die einzige Utopie die einer neuen Spiritualität".[12] Das lässt auf Sehnsucht nach (geistiger) Orientierung schließen, die Heilung verspricht. Mit Spiritualität hofft man, den Sinn des Lebens wiederzufinden, dessen Mangel in der modernen westlichen Gesellschaft evident geworden ist.

Parallel dazu beobachten wir, dass die Institutionen, die Spiritualität über Religion traditionell vermittelt haben und vermitteln, an Anerkennung verlieren zugunsten derer, die charismatisch begründete Antworten auf Sinn-Fragen geben. Spiritualität wird in einem kritischen Akt herausgelöst aus einer als erstarrt empfundenen christlich-kirchlichen, aber auch sozialen oder politischen Tradition und eingesetzt als „Agens", das hinter den Religionen (oder anderen übergeordneten Institutionen) vermutet und über gesellschaftliche Bezugssysteme hinweg wirksam wird.

---

[10] Hans-Peter Raddatz: Von Gott zu Allah?, München 2001. Er schreibt über den Menschen der Neuzeit, S. 166: „Der Glaube weitete sich nicht mehr in die Transzendenz des christlichen Gottes aus, sondern verkürzte sich auf die Ergebnisse der wissenschaftlichen Vernunft". S. 168: „Durch die Dominanz der Vernunft, die sich der Transzendenz entfremdete, hatte der Glaube die Einbettung in das integrale Wechselspiel mit derjenigen Ratio verloren, die sich göttlicher Herkunft verdankte ... Je autonomer sich die Vernunft als Grundlage der wissenschaftlichen Fortschrittsepoche entfaltete, desto relativer wurden die Grundlagen und desto enger wurden auch die Horizonte subjektiver Erkenntnis."

[11] Sendung „Aus Religion und Gesellschaft", Deutschlandfunk, März 2002.

[12] Interview mit dem Deutschlandfunk, Frühjahr 2001.

Zur Zeit bemüht man sich von verschiedener Seite um eine Neubestimmung des Begriffs der Spiritualität.[13] So beliebt wie einfach ist er, wenn er von einem Anwendungsgebiet oder Ziel her definiert wird, etwa im Zusammenhang von Identitäts- und Legitimationsproblemen in der Ausübung sozialer Berufe.[14] Spiritualität erklärt sich oft (noch) aus persönlicher Frömmigkeit, die nach christlicher Tradition zu sozialem Handeln verpflichtet.

„In den letzten Jahren hat der Begriff Spiritualität große Verbreitung gefunden und so die früher verwendeten Begriffe Frömmigkeit, Erbauung, Gebetsleben, Aszetik umfassend ersetzt", schreibt Barbara Gerl-Falkowitz.[15] Diese Herleitung führt vom Begriff der Frömmigkeit [16] und Bußfrömmigkeit zu Spiritualität, womit sie an den christlichen Glaubensvollzug bis hin zur Theologie anknüpft: „In den bedeutenden Ausprägungen christlicher Spiritualität haben wir es sozusagen mit dem Unterbau der Theologie zu tun", schreibt Wolfhart Pannenberg.[17]

## SPIRITUALITÄT UND BILDUNG

Für mich gehören zu Bildung und Wissenschaft ein Ziel, ein Kanon, die Bescheidenheit des Fragens bzw. Neugier. Stetige Weiterbildung ist für viele Wissens- und Berufsbereiche heute ein Postulat an die Allgemeinheit, die im Fall von Religion oder Theologie diesen Ansprüchen nicht genügen muss. Suchen scheint besser als Wissen. Hier könnte ein Schlüssel dafür liegen, warum Spiritualität derzeit tendenziell ein höheres Ansehen genießt als Kirche, Religion oder Theologie. Denn es ist darüber hinaus wohl eine spezielle Forderung an Kirche und Theologie – wie an keine andere Institution und Wissenschaft –, Geist im erkennenden und Geist im charismatischen Sinne zusammenzuführen, um ihrem eigenen Gegenstand – der Er-

---

[13] Katholische Akademie und Katholische FHS Berlin, Vorträge auf der Tagung „Spiritualität in der Sozialen Arbeit", Oktober 2001. Seit Beginn 2002 bemüht sich auch die Katholische Akademie in Bayern in einer Vortragsreihe um den Begriff der Spiritualität.

[14] So spricht die wissenschaftliche Umfrage zu Sozialarbeit und Diakonie von Hans-Georg Ziebertz, Weinheim 1993, von der „Entwicklung einer Spiritualität", ohne diesen Begriff zu definieren oder in den Ausführungen weiter zu verwenden.

[15] Hanna-Barbara Gerl-Falkowitz: Eros, Glück, Tod, Gräfelfing 2001, S. 114 f.

[16] LThK, 2. Aufl., Freiburg 1957-67.

[17] Wolfhart Pannenberg: Christliche Spiritualität, Göttingen 1986, S. 6-8.

klärung von Religion und Transzendenz, Sinn- und Weltdeutung – kognitiv wie emotional gerecht zu werden. Spiritualität setzt, so meine ich, religiöse Bildung voraus, wenn man der Gefahr der Esoterik entgehen will. Sie hat aber auch mit „Herzensbildung" zu tun, die kognitive und emotionale Intelligenz miteinander verbindet.

## BRAUCHT ALTER EINE EIGENE SPIRITUALITÄT?

„Religion ist die Antwort des Menschen auf das Bewußtsein seiner Sterblichkeit", sagt Axel Michaels lapidar.[18] Wenn hier ein Zusammenhang von Alter und Sinnfrage hergestellt wird, dann könnte Spiritualität der Weg sein, Antworten zu finden mit jener pragmatischen Volte, die Spiritualität vom Ziel her definiert: Wäre es nicht klug, Spiritualität einzusetzen in jenem Lebensabschnitt, der für Sinnfragen besonders prädestiniert oder anfällig scheint? Wäre es nicht nützlich, Spiritualität im Gepäck zu haben, um die aus verschiedenen Gründen neu entstehenden Fragen, Ängste und Unsicherheiten wie mit einem Lot oder Senkblei zu binden, gar eine selbstverständliche Akzeptanz des Todes zu erreichen? Oder den Schritt in den Tod im Glauben an ein von Gott begonnenes und von ihm aufgefangenes Leben zu tun? Daneben gibt es im Alter auch die Sorgen darüber, wie das Leben in veränderter, vielleicht dezimierter und unselbständiger Form zuende gehen wird, in welchem Zustand und mit welchem Sinn der Einzelne dies erträgt. Und wie die persönliche Umgebung, aber auch die Gesellschaft damit und mit den Betroffenen umgehen. Hier schneiden sich die eingangs genannten Wege von den beiden Polen her. Dieser „Schnitt" erlaubt eine Aussage über den geistigen, religiösen und ethischen Zustand der Gesellschaft und die Einstellung, aus denen Einzelne in bestimmten Funktionen (z.B. der Altenpflege, der sozialen Dienste) und in bestimmten Lebenslagen (z.B. als Kranke oder Pflegebedürftige) handeln. Im Sinne Michael Plattigs böte das Alter die Chance für neue Offenheit und Freiheit: „Spiritualität ist die fortwährende Umformung eines Menschen, der antwortet auf den Ruf Gottes".[19] Es gibt dann Zeit für die Selbstreflexion und für das Eingehen auf den und die anderen, entsprechend Andrea

---

[18] Axel Michaels: Klassiker der Religionswissenschaft, München 1997, S. 13.

[19] Michael Plattig, Tagung Berlin, Katholische Akademie und katholische FHS Berlin, Oktober 2001.

Tafferner, die Spiritualität als ein „ganz Menschsein" definiert, als Weg zur Selbsterkenntnis, der damit dem anderen diene, eingeschlossen die Offenheit für Transzendenz, die in den Lebensvollzug eingebracht wird.[20] Die in einem solchen Prozess gewonnene Spiritualität geht in die Gesellschaft ein und wirkte über Institutionen, Bildung, Vorbild und Sozialisation auf Einzelne zurück. Dabei wird die Gesellschaft als soziales Umfeld zur Unterstützung dringend gebraucht. Pluralistisch strukturiert, kann sie – wie Luckmann/Berger meinen – aber in ihrer Gesamtheit keine existentielle Sinnstiftung leisten und keine Spiritualität produzieren. Dies ist die Aufgabe von dafür sensibilisierten Individuen, Lebensgemeinschaften und „Sekundärinstitutionen", zu denen – aufgrund von Pluralisierung und Differenzierung – auch die Kirchen zählen, „intermediäre Institutionen" die sowohl auf Einzelne wie auf die Gesamtgesellschaft sinngebend wirken.[21]

## SOZIALPSYCHOLOGIE DES ALTERNS

In den Wirtschafts- und Sozialwissenschaften wird längst über die volkswirtschaftlichen Folgen der eingangs geschilderten Alterspyramide nachgedacht und diskutiert.[22] Doch hat die Altersentwicklung auch sozialpsychologische Folgen, insofern die starke ältere Generation anders als früher in der Welt der Jüngeren präsent ist. Aus dieser Präsenz auch in Bereichen, die klassischerweise der Jugend vorbehalten waren, entsteht bei mir bisweilen die Angst, wir könnten den Nachwachsenden die Luft zum Atmen nehmen.[23] Die ältere Generation ist in allen Lebensbereichen und mit den ihr eigenen Verhaltensweisen und Einstellungen gegenwärtig, sie verlangt darüber hinaus wachsende Rücksicht auf ihre Belange bis hin zur Betreuung.

---

[20] Andrea Tafferner, Tagung Berlin, a.a.O.

[21] Peter L. Berger, Thomas Luckmann: Modernität, Pluralismus und Sinnkrise, Gütersloh 1995, S. 60 und S. 68: „Moderne Gesellschaften haben zwar spezialisierte Sinnproduktions- und Sinnvermittlungsanstalten entwickelt, sind aber nicht mehr in der Lage, übergreifende Sinn- und Wertordnungen allgemein verbindlich zu vermitteln und zu bewahren."

[22] Neben der in den Fußnoten dieses Aufsatz zitierten Literatur sei symptomatisch auf die Gründung des „Mannheim Research Institute for the Economics of Aging" im Juni 2001 an der Universität Mannheim verwiesen, das Politik und Wirtschaft im Hinblick auf die Folgen des demographischen Wandels für Arbeits-, Waren- und Kapitalmärkte beraten will.

Dem steht eine Arbeitsgesellschaft gegenüber, die bisweilen viel zu früh auf die älteren Arbeitnehmer verzichtet,[24] was – wenn Arbeit Identität vermittelt[25] – die Sinnkrise erklärt, in die einige nach der Pensionierung fallen. Die Zäsur tritt mit Rentenbeginn ein, wenn Arbeitszeit in Freizeit übergeht. Die auf dem „Altenteil" Sitzenden verfügen dann über riesige Zeitressourcen, die sie sinnvoll gestalten wollen, aber oft nicht mit den Zeitvorgaben und unter den Prämissen ihrer eben beendeten Arbeitstätigkeit. Damit fällt ein Ausgleich mit der jüngeren Generation schwer, die extrem an Zeitvorgaben gebunden ist. Dieser scheitert, nach meiner Erfahrung, oft am ausgeprägten Willen von Rentner/innen, keine regelmäßige Tätigkeit mehr übernehmen zu „müssen". Ruhe und Erhalt der Gesundheit genießen dann einen hohen Stellenwert und führen unter Umständen zu einem Rückzug von älteren Menschen aus sozialer Verpflichtung und sozialem Handeln, die sie in eine Gemeinschaft fraglos einbinden würden. Die Routinearbeit für das tägliche Leben, die in früheren Gesellschaften der älteren Generation einen Platz in Familie und Gesellschaft boten und – gerade bei schwindenden Kräften – „primär" Sinn stifteten, ist in der modernen Gesellschaft aus vielen Gründen reduziert.[26] Diesen Platz könnte die Großeltern-Generation in neuartigen, über die eigene Familie hinausreichenden Gemeinschaften wieder einnehmen, zumal ja eine dann ihrerseits älter werdende Generation nachwächst, die signifikant weniger oder keine eigenen Kinder hat. Erste Ansätze in Generationen-Häusern dazu sind schon verwirklicht.[27]

---

[23] Ein Beispiel scheint mir das Seniorenstudium dann zu sein, wenn Menschen nach ihrer Rente/Frührente als Gasthörer – nicht als regulär immatrikulierte Studierende – die Hörsäle füllen. Das Studium ist der Lebensabschnitt, in dem sich junge Leute aus dem familiären und elterlichen Umfeld lösen und emanzipieren sollen. Es gibt Vorlesungen, in denen die „Eltern und Großeltern" im übertragenen Sinne zahlreich wieder an der Seite „ihrer Kinder" sitzen. Das führt so weit, dass Senioren in manchen, für die Allgemeinheit bestimmten Vorlesungen unter sich sind.

[24] Ute Leber in IAB, Materialien Nr. 2/2001 verweist darauf, dass über 80% der Betriebe in Deutschland einen gemeinsamen Einsatz älterer und jüngerer Mitarbeiter in Arbeitsgruppen für sinnvoll halten, was mit verschiedenen „Schlüsselqualifikationen" zu tun hat.

[25] Dieter Frey: Warum braucht der Mensch Arbeit, Politische Studien, 1996, a.a.O.,

[26] Ein praktisches Beispiel ist Haushaltsarbeit: Bügeln, Essen kochen, Gemüse putzen, Nähen. Aber auch Kinder betreuen, sich mit ihnen beschäftigen, mit ihnen spielen, etwas vorlesen, Hausaufgaben machen sind Tätigkeiten, die zwar anstrengend, aber zugleich sinnvoll und befriedigend sein können.

## GEMEINSCHAFT – SINN – SPIRITUALITÄT

Wann tauchen Sinnfragen im Alter auf? – In der Regel dann, wenn Menschen alleine sind oder bleiben, wenn ihnen eine natürliche soziale Aufgabe in Arbeit oder Familie fehlt, wenn zum Ausdruck kommt, dass sie „nicht mehr gebraucht" werden. Dies kann – unabhängig vom Alter – Arbeitnehmern bei Arbeitslosigkeit widerfahren, Eltern, wenn die Kinder aus dem Hause gehen, in Ehe und langjährigen Beziehungen auftauchen, wenn die Partner gestorben sind. Altersdepression [28] könnte ein Signal dafür sein, dass es in diesem Lebensabschnitt wachsend an selbstverständlicher Gemeinschaft und sozialen Forderungen mangelt, dass die im Übermaß vorhandene Zeit nicht mehr mit sinnfälligen Aufgaben erfüllt ist und den „tieferen", also den existentiellen Sinn, nicht (mehr) erschließt:

„Nach dem Tod ihres Mannes ging Frau Sch., um ihre 5 Kinder durchzubringen, jeden Tag um 5 Uhr früh putzen, arbeitete vormittags als Verkäuferin und nachmittags als Mama. Obwohl es eine harte Zeit gewesen sein muss, ging es ihr damals besser als heute. Seit sie ihr Chef an ihrem 70. Geburtstag regelrecht in den Ruhestand zwingen musste, fühlt sie sich ‚wie ein unnützes Wesen'. Und immer öfter umfängt sie ‚meine tiefe Traurigkeit', wie ein bleierner Mantel ... Meist trifft es gerade solche Menschen, die besonders selbstlos anderen geholfen haben ... die sich überfordern und besonders von der Wärme der anderen gelebt haben", schildert Monika Maier-Albang ein bezeichnendes Beispiel. [29]

---

[27] Der Verein AlterNatives Wohnen im Dachverband der Arbeiterwohlfahrt gibt Hinweise auch über seine Links im Internet, Wilhelmshöher Allee 32 a, 34177 Kassel, Tel. 0561/109 12 67.

[28] Dipl. Psych. Helena Harms, Institut für psychotherapeutische Information, www.ipsis.de/themen/thema_altersdepression.htm: „Die gewohnten Aktivitäten fallen einem immer schwerer und sind in großem Maße von der körperlichen Form abhängig. Die soziale Isolierung macht sich immer mehr bemerkbar. Die Lebensperspektive ist ganz anders als in jüngeren Jahren – positive Veränderungen werden in der Zukunft kaum noch erwartet, dafür aber neue Verluste und Einschränkungen, die mit dem Älterwerden einhergehen". Berufsaufgabe, Sinnlosigkeit der eigenen Person, Tod der Partner und Freunde, aber auch „häufiges Nachdenken über den Tod" gelten als Auslöser für Altersdepressionen, an der 11-18% der über 60-Jährigen schwer, 15% leicht erkranken, und die in Altenheimen auf 30-50% steigt. Quelle: www.altenarbeit.de.

Was das Alter betrifft, so denken wir darüber nach, wie Menschen das Ende ihres Lebens erreichen und welchen tieferen Sinn sie selbst und diejenigen, die sie dabei begleiten, diesem Lebensabschnitt geben. „Befreiung vom Leiden", schreibt der Soziologe Heinrich Popitz, „gilt als Leistung des wissenschaftlichen, technischen, ökonomischen Fortschritts..., als heute oder spätestens morgen herstellbar und daher als akzidentiell. Die Leidhaftigkeit der menschlichen Existenz verliert ihren transzendenten Sinn ... Es scheint so, als vermöge es der Mensch immer weniger, über seinen Schatten zu springen; als könne er sich nur noch zu dem in Bezug setzen, worauf sein eigener Schatten fällt".[30]

Der Mensch ist ein „ens sociale", wie schon die Schöpfungsgeschichte sagt: „Es ist nicht gut, dass der Mensch allein sei". Er ist nicht für die reine Selbsterhaltung geschaffen, auch wenn vielen heutzutage ein hohes Maß als Selbstzuwendung und Genuss gelingt, sondern er braucht soziale Kontakte, soziales Handeln und Kommunikation, „das oder den anderen", wie Popitz feststellt. [31] Das tägliche Eingehen auf den anderen ist fraglos in Ehe, mit Kindern und Familie gegeben, in der Arbeitswelt, in selbstgewählten oder Ordens-Gemeinschaften, aber auch mit Tätigkeiten, die sich anderen zuwenden, die auch den großen Bereich ehrenamtlicher Arbeit umfassen.

Wie kann der Ruhestand sinnvoll genutzt werden? Die Antwort darauf finden viele wenn sie sich mithilfe ihrer Kenntnisse und Fähigkeiten nach der Erwerbsarbeit in den Strukturen umsehen, in denen sie auch bisher gelebt haben: Familie, Nachbarschaft, Vereine, Parteien. Manche sind über frühere Arbeitgeber als „Senior", manche werden ehrenamtlich tätig oder nehmen Niedriglohn-Beschäftigungen an. Doch fällt dieser Sprung manchen auch schwer. Hier setzen unsere Überlegungen zu einer spirituell getragenen Form von selbst verantworteter Sozialarbeit im Alter von und für die

---

[29] Monika Maier-Albang, SZ, Adventskalender für gute Werke, II, Dezember 2001.

[30] Popitz fährt fort: „Der Evidenz dieser Kategorien, die eine transzendierende Interpretation von Erfahrungen tragen – bisher getragen haben –, trifft auch die weiterführende allozentrische Phantasie ... Das Andersseiende zieht sich aus dem Lebenssinn zurück ..." A.a.O., S. 16.

[31] Heinrich Popitz: Die Kreativität religiöser Ideen, S. 2. Vortrag gehalten auf dem 29. Kongress der Deutschen Gesellschaft für Soziologie, 1997, zitiert nach dem Originalmanuskript. Er verweist in diesem Zusammenhang auf Emile Durkheim, M.E. Spiro und Güter Kehrer.

ältere Generation an. Es geht um innovative Ideen, wie diese Generation sich ihre eigenen Ressourcen, die oft brach liegen, zum eigenen Nutzen, aber auch im Sinne von „Sekundärinstitutionen" erschließt und in die Gesellschaft zurücktragen kann.[32] Damit verbindet sich auch die Hoffnung, die Sinnfrage befriedigend zu beantworten:

„Kreativ ist der Mensch, weil er fähig ist, der Welt, dem Nicht-Ich, mit allozentrischen Ideen zu begegnen; weil er dazu begabt ist, das Seiende außerhalb seiner Selbst als Anderssein in seinem Eigensinn, seinem eigenen Sinn zu begreifen, in seinem ihm eigentümlichen Sosein ... Kreativ sind wir aufgrund unserer Konfrontationsfähigkeit mit dem, was wir nicht sind," so Popitz. Wenn wir uns mit „dem anderen" beschäftigen, können wir kreativ, vom Geist begabt, spirituell sein. Über den anderen Menschen wird der Bogen zur anderen – der transzendenten – Welt geschlagen.

## DIE ENTWICKLUNG STÖSST AN GRENZEN

Dass Menschen im Alter alleine leben und leben wollen, ist ein relativ junges Phänomen in Industriestaaten, in denen der hohe Standard an Gesundheit und Wohlstand dies erlaubt. Alleine zurecht zu kommen, wird als Indikator für Vitalität gesehen; Heime sind infolgedessen die Notlösung, wenn Selbständigkeit lästig fällt oder nicht mehr möglich ist. Sie können allerdings dann nicht mehr fraglos Gemeinschaft stiften, wenn Demenz oder Krankheit auch die sozialen Valenzen verringern.[33] Wir wissen auch, dass viele Menschen im Alter nicht freiwillig alleine leben, dass aber Individualität, Eigenständigkeit und ausgeprägte Lebensformen nur noch schwer aufgegeben oder verändert werden können zugunsten von Freundschaft und Gemeinschaft.

Die Überlegungen für eigenverantwortliche und spirituell getragene Sozialarbeit sehen Alter nicht als Rückzug aus der Gesellschaft, der man sich –

---

[32] Vortrag von Annemarie Gerzer-Saas, Deutsches Jugendinstitut, bei der Vereinigung der Frauenverbände der Stadt München am 27.11.2001.
[33] So klagen Altenheime darüber, dass die Menschen erst zu ihnen finden, wenn sie Pflege brauchen, die im häuslichen Milieu nicht mehr geleistet werden kann. Weder können die dort Beschäftigten der Ent-Sozialisierung dieser Menschen dauerhaft entgegenwirken, noch sind diese rechtzeitig zu gegenseitiger Hilfe sozialisiert. Das macht den Charakter solcher Heime aus, die als „die letzte Station" gelten.

201

teils mit resignativen Zügen – nicht mehr zugehörig fühlt. Alter ist danach weder Besitz- noch Wartestand. Die ältere Generation hat die Gesellschaft, wie wir sie heute vorfinden, geprägt und ist, so meine ich, weiter verantwortlich für sie, für sich selbst und für einige Entwicklungen, die kritisch gesehen werden müssen, etwa:

- Mangel an Zeit für Menschen, Familien und vor allem Kinder,

- Mangel an Zuwendung und Aufmerksamkeit für Menschen untereinander,

- schwindende soziale und emotionale Kompetenz,

- Bindungslosigkeit, auch in Hinsicht auf Religion

- Beliebigkeit, was Menschen, aber auch Werte betrifft,

- Verwirtschaftung unseres Denkens und Handelns.[34]

Diese Stichworte sind kein Anlass für Kulturpessimismus, sondern Anregung, über Veränderungen nachzudenken. Es scheint mir die Aufgabe der älteren Generation, sich aktiv auf die Suche nach Orientierung zu begeben, die durch das Verschwinden sozialer Traditionen und traditioneller Wertorientierung notwendig geworden ist.

Die Überlegungen zu einem Modell neuer Sozialarbeit im Alter wurden aber auch ausgelöst von der Tatsache, dass die Altenversorgung und Altenpflege an personelle, zeitliche und finanzielle Grenzen stößt. Dazu einige Stichworte:

- Die Einrichtungen sind gezwungen die Zuwendungen auf das Notwendigste zu reduzieren, ganz zu schweigen von aufwendigen Gemeinschaftsprojekten (auch und besonders) für geistig oder körperlich reduzierte Menschen, die Zeit und Geduld fordern.

- Versorgung wird durch hauptberuflich Beschäftigte im arbeitsfähigen Alter geleistet, die ihren Dienst als Beruf wie andere verstehen, der denselben Gesetzen von Eingruppierung, Bezahlung, Zeit- und Arbeitsteilung unterliegt. Wie schon oben gezeigt, gibt es dafür in der jüngeren Generation immer weniger Arbeitskräfte.

- Viele Dienstleistungen im Bereich der Altenversorgung und -betreuung sind daher nicht mehr zu bezahlen bzw. so teuer geworden, dass viele

---

[34] Norbert Blüm in seiner Kritik des Grundsatzprogramms der CDU: „Mehr Obst, weniger Äpfel?", FAZ, 5.9.2001, S. 12.

Ältere, vor allem in den Heimen und/oder wenn sie pflegebedürftig werden, ihre gesamte Rente und mehr dafür aufwenden müssen.

• Darüber hinaus ist Solidarität durch den Sozialstaat aus der sozialen Eigenverantwortung herausgelöst, auf die monetäre Ebene gehoben und dem Wirtschaftlichkeitsdenken unterworfen. Für Wolfgang Böckenförde unterstützt dies eine auch im gegenwärtigen Recht nachweisbare Tendenz zur Individualisierung der Lebensverhältnisse: Das System „bildet kein gegenläufiges Korrektiv, sondern das Pendant zur Freisetzung der Einzelnen, die Vereinzelung hervorruft."[35]

• „Ruhestand", „Frühpensionierung", „die Rente" markieren die Zäsur, in der Menschen beginnen, den fraglosen Aufwand für das tägliche Leben und Grundverrichtungen zu reduzieren bzw. zu delegieren. Sie haben „das nicht mehr nötig" und stufen die einfachen Handreichungen als überflüssig oder lästig ein. Dafür gibt es bezahlte Dienstleistungen oder Service- und Betreuungseinrichtungen.

• In diesem Zusammenhang spielt der Faktor Zeit eine eigenartige Rolle: während es Jungen, die Familie und Arbeit vereinbaren müssen, auch deswegen an Zeit fehlt (siehe Fußnote 9), weil sie Serviceleistungen nicht bezahlen können oder es an Hilfskräften dafür fehlt, gewinnen ältere Menschen Zeit dadurch, dass sie sich versorgen lassen, auch wenn sie vieles noch selbst – und sei es langsamer und mit höherem Kräfteaufwand – tun könnten.

---

[35] Ernst-Wolfgang Böckenförde: Der Wandel des Menschenbildes im Recht, Vortrag am 19.6.2001, in „zur debatte" 5, Themen der Katholischen Akademie in Bayern: „Die Art, wie bei den zahlreichen Sicherungs- und Hilfesystemen, orientiert am Staatsziel des Sozialstaats, Solidarität geleistet und eingefordert wird, ist freilich auf den Einzelnen bezogen ... Sie wird organisiert und verwirklicht über das Medium Geld, finanzielle Beiträge, die von Handlungspflichten entlasten, auf ihrer Grundlage bilden sich abstrakt Organisationen und Handlungssysteme aus, die die Leistungen erbringen oder verwalten und sich dabei selbst teils als bürokratische Verwaltung, teils als Erwerbszweige organisieren ... Das fügt sich der im gegenwärtigen Recht aufweisbaren Tendenz zur Individualisierung der Lebensverhältnisse ein; es bildet kein gegenläufiges Korrektiv, sondern das Pendant zur Freisetzung der Einzelnen, die Vereinzelung hervorruft ... Insbesondere erkennen die öffentlichen Regelungen hierzu die Menschen nunmehr in Rollen und Funktionen: als Wohngeldberechtigter, Arbeitssuchender, Körperbehinderter ..." als Alte/r (Hinzufügung F.M-H.).

## Das Modell

Diese Beobachtungen und Hinweise waren der Ausgangspunkt für das eigenverantwortliche und spirituell getragene Netz von Alteneinrichtungen. Es wendet sich an ältere Menschen, die bereit sind, sich dem Gemeinwohl und einem gemeinsamen Ziel zu verpflichten und geht von der These aus, dass Menschen in einer sinnstiftenden Gemeinschaft das Alter leichter erleben. Diese Einrichtungen können je nach Interessen und Bedürfnissen von den Beteiligten aktiv getragen sein, womit sich ihnen primärer und existentieller Sinn vermittelt.

Bestehend aus verschiedensten „Häusern", in denen sich eine überschaubare und gruppendynamisch sinnvolle Zahl von Menschen nach beruflichen, geistigen, emotionalen, sozialen Interessen zusammenfindet, könnten Handlungsziele definiert werden, denen sie sich verpflichtet fühlen, etwa

• sozial, politisch oder religiös,

• Familie und Kinder unterstützend,

• an Handwerk und Dienstleistungen interessiert, die unbezahlbar scheinen,

• in Ökologie, nachhaltiger Landwirtschaft oder als Senior Manager/in tätig,

• an Bildung und Wissenschaft (Akademiegedanke) interessiert,

• von Kunst, Kultur, Musik getragen.

Vorzustellen ist sowohl ein Leben in der Stadt wie auf dem Land. Es kann Häuser nur für Frauen oder nur für Männer geben, aber auch solche mit verschiedenen Generationen unter einem Dach oder auf einem Areal. Auch ordensähnliche, meditative, religiöse Gemeinschaften sind denkbar. Selbstverständlich scheinen uns dabei die Unterstützung von Hospizeinrichtungen oder Krankenhäusern. Aber auch schützenswerte Bauwerke oder Natur könnte mit diesem Modell erhalten werden.

Die Beteiligung setzt eine Minimalverpflichtung voraus im Hinblick auf Selbständigkeit, sozialen Ausgleich, gegenseitige Hilfs-Bereitschaft unter den Bewohner/innen, Verzicht auf Rendite oder Gewinne aus dem selbst verwalteten Haus und maximale Eigenleistung in der Daseinsvorsorge. Das Modell geht von sozialer Verantwortung aus und davon, dass die Häuser von ihrem spirituellen Ziel her leben.

Das Netzwerk kann sich zunächst unabhängig von gemeinsamen Wohnformen entwickeln, doch ist langfristig an solche gedacht, um das Ziel einer neu verstandenen Gemeinschaft, verbunden mit aktiver Sozialarbeit zu erreichen. Diese versucht, Dienste und soziale Dienste so weit wie möglich selbst zu übernehmen, darüber alle Vorteile von Gemeinschaft zu vermitteln. Das sind vor allem die zeitintensiven Arbeiten im Haushalt, die Daseinsvorsorge, die Pflege der Menschen, die in den Einrichtungen wohnen und die Pflege der Einrichtungen selbst. Das Netz könnte sich über die Häuser hinweg durch gegenseitige Dienstleistungen unterstützen. Die Finanzierung der Häuser ist nach dem Modell Eigentumswohnung denkbar, das aber einen sozialen Ausgleich einbezieht, damit nicht die Höhe der Altersversorgung darüber entscheidet, wer sich an dem Modell beteiligen kann bzw. ausgeschlossen wird.

Mit einem hohen Maß an Selbstverantwortung, Selbstversorgung und Eigeninitiative könnte es gelingen, dem Denken vom Sozialstaat konstruktive Alternativen und kritische Impulse entgegenzusetzen. Ältere Menschen können – diskret und ohne Dominanz – weiterhin ihr soziales und regionales Umfeld gestalten und ihre Ressourcen sowohl für sich privat, für die eigene Generation wie da zur Verfügung stellen, wo die jüngere Generation sie braucht, wenn es z.b. an Zeit, Geld und menschlicher Zuwendung fehlt. Die regelmäßige, selbstverpflichtete Arbeit dient zunächst der eigenen Versorgung wie dem Erhalt der verschiedenen Häuser. Sie ist auf die gegenseitige Sorge der darin lebenden Menschen gerade da gerichtet, wo Zeit und Geduld, aber auch ein Ausgleich verschiedener Fähigkeiten gefragt sind. Die Häuser können aber auch Dienste kompensatorisch anbieten, wo es „draußen" an Geld, Zeit und Menschen fehlt. Das reicht über den engeren sozialen Bedarf hinaus bis zu Bildung, Freizeitgestaltung oder Sinnstiftung. Die Bezahlung innerhalb und außerhalb des Netzwerks könnte über komplementäre Währung (Zeiteinheiten z.b.) laufen.

Professionalität ist erwünscht und notwendig. Das professionelle Angebot der Häuser nach draußen wäre von den Berufen der Bewohner/innen her bestimmt, verbunden mit sozialer Selbstverpflichtung und bezogen auf die Menschen, denen gedient wird.

Wer dem Netzwerk beitritt, tut dies in einem Vertrag, der von beiden Seiten kündbar ist. Nur so können sich der Einzelne wie die Institution Selbständigkeit bewahren.

• Die Selbständigkeit des Einzelnen bestünde in der Möglichkeit, die je eigene Kultur und Lebensführung mitzubringen. Die Selbständigkeit anderer, kranker oder schwächerer Mitbewohner/innen z.b., aber auch von Menschen, denen das Haus seine Dienste anbietet, wäre dabei mit allem

Einsatz an Zeit, Geduld und Gewährenlassen zu erhalten (im Gegensatz zu Zeitnot oder wirtschaftlicher Effizienz). Nur wenn die gemeinsamen Kräfte an Grenzen stoßen, ist an die Hilfe des Sozialstaats zu denken. Die täglichen Routinebeschäftigungen für die persönliche Pflege wie die Hausarbeit sind als Strukturelemente und primäre Sinnstiftung gedacht, besonders, wenn manche Menschen wegen Schwäche, Krankheit und nachlassenden geistigen Kräften nur noch Teile davon selbständig leisten können. Sie sollen zur Mitarbeit in der Gemeinschaft ermuntert, von dieser Gemeinschaft gepflegt und von ihr getragen werden.

• Die Selbständigkeit der einzelnen Häuser ist gewährleistet durch den Konsens über das vereinbarte Ziel, durch selbständige Finanz- und Wirtschaftsführung bzw. den Ausgleich innerhalb des Netzwerks, durch selbst erbrachte Dienstleistungen intern und extern, durch verbindliche Verträge.

Weitgehend Neuland ist die spirituelle Idee, die dem Netzwerk zugrunde liegt. Die Kernfrage ist, ob spirituell getragene Gemeinschaften dauerhaft aus einer Übereinkunft von Individuen leben können, die ein – wenn auch hochgestecktes – gemeinsames Ziel anstreben, ihren Impetus, aber nicht dem Charisma eines Einzelnen verdanken. Und dies in einer Zeit zunehmend privat begründeter religiöser Vorstellungen und Bewältigungsstrategien. Hier ist zu überlegen, wie Übereinkunft erzielt, aber auch wie diese über die Jahre weiter getragen oder bei Bedarf neu definiert werden kann und wie man sie kontrolliert umsetzt. Aus der Berliner Tagung kommen Anregungen über authentische Kommunikation („von mir reden"), die langfristig zu Sinnfragen führt. Sicher sind dabei bereits gemachte Erfahrungen und Ansätze, sowie Ideen der an dem Netzwerk interessierten Mitglieder zu sammeln und zu diskutieren. Dieser kommunikative Prozess sollte zu einer Kernaussage führen, auf die sich das Netzwerk jederzeit bezieht, die aber auch die Nutznießer außerhalb anerkennen, denen die Häuser ihre Dienstleistungen anbieten.

# 4. Konzepte spiritueller Bildungsarbeit

## Spirituell-politische Arbeit mit Jugendlichen

### Anna Gamma

„Die Kreativität, die Ideale und der Mut der Jugend auf der ganzen Welt
sollten mobilisiert werden,
die globale Partnerschaft weiter auszubauen,
eine nachhaltige Entwicklung zu erreichen und
eine bessere Zukunft für alle zu sichern."

Grundsatz 21. Erklärung von Rio de Janeiro, UNCED 1992
Weltkonferenz für Umwelt und Entwicklung

### 1. WACHSEN DIE GEFAHREN, SO IST DAS RETTENDE NAH

Wir leben in einer Zeit des Übergangs, in einer Zeit, in der das Paradigma der
Postmoderne das positivistisch-mechanistische Weltbild ablöst. In diesem
Weltverständnis, das von den Naturwissenschaften wesentlich bestimmt
wurde, war die Welt aus Atomen zusammengesetzt, die durch Aktion und
Reaktion miteinander in Beziehung stehen, ansonsten aber unabhängig voneinander existieren. Die objektive Wissenschaft trennte zwischen dem Beobachter, dem Subjekt, und dem Objekt der Forschung, den Geschehnissen im
Umfeld. Es wurde postuliert, dass in der physikalischen Welt Gesetze herrschen, die alles zum Vornherein bestimmen. Aus diesem Determinismus entstand die Vorstellung, dass alles in der Welt letztlich plan- und kontrollierbar
ist. Dies führte zu Machbarkeitsvorstellungen mit fatalen Folgen für den
Menschen wie für die Biosphäre unseres Planeten.
Die mechanistische Sicht der Welt bestimmte auch die Geisteswissenschaften, Theologie wie Psychologie, Soziologie und Philosophie. Die mentale
Intelligenz und mit ihr die kritische Vernunft wurden dabei zum dominan-

ten und wertvollsten Forschungsinstrument erkoren. Es schien nur eine Frage der Zeit, bis Welt und Mensch als eine perfekte Maschine beschrieben werden konnten. Mit Begriffen wie „unwissenschaftliche Spekulation" und „Illusion" wurden Forschungsarbeiten disqualifiziert, die sich darüber hinaus mit den unsichtbaren Dimensionen der Wirklichkeit befassten. Rationales Denken und Ich-Bezogenes Handeln prägten die moderne Wertekultur. Der Mensch lebt auf der Erde, er erfährt sich jedoch nicht als Teil der Welt. Er steht vielmehr über den Dingen, die ihm als Bedingung wie auch zum Werkzeug von Glück und Fortschritt dienen. Die Errungenschaften dieser Welterfassung sind groß, Wohlstand, Bildungsmöglichkeiten, Freiheit, Demokratie ... Gleichzeitig zeigen sich die Grenzen fast täglich deutlicher: Instrumentalisierung des Menschen, Verlust an Lebenssinn, drohende ökologische Krise, zunehmende Verarmung und Ausgrenzung, entsprechende Radikalisierung, Terrorismus ...

Wachsen die Gefahren, so ist das Rettende nahe. Erstaunlicherweise waren es gerade die so genannten exakten Wissenschaften, die im vergangenen Jahrhundert mit ihren Forschungsergebnissen am mechanistischen Weltbild rüttelten. Physiker der Quantenmechanik und Astrophysik entdeckten bei der Erforschung des unendlich Großen und unendlich Kleinen verborgene Variablen, die nicht messbar und direkt zu beobachten sind. Und nicht nur dies. Einstein und Heisenberg erkannten, dass eine von Wissenschaftlern beschworene objektive, unpersönliche Beobachtung nicht möglich ist, denn der Beobachter ist mitbestimmend für die Wahrnehmung der Wirklichkeit.[1] Forschungsarbeiten der Molekularbiologie förderten zudem zutage, dass alle Lebewesen denselben universalen genetischen Kode besitzen.[2] Diese Erkenntnisse sind erstaunlich und haben als Konsequenz revolutionäre Folgerungen, in denen wir mittendrin stehen. Sie besagen, dass wir alle, Mensch, Pflanze, Tier und Stern, miteinander verbunden und im Gewebe des Universums vernetzt sind, auch wenn wir uns physisch getrennt erfahren.

Im Urgrund sind Welt und Mensch von einem Wesen. Eine neue Verbindung scheint sich damit aufzutun zwischen der geistig-spirituellen und naturwissenschaftlichen Erfassung der Welt. Was die oben genannten Naturwissenschaftler in ihren Forschungsergebnissen beschrieben, gehört zum tradierten, spirituellen Erfahrungsschatz der Mystikerinnen und Mystiker aller Religionen: Die Erfahrung der Einheit von allen mit allem. Diese Erfahrung lässt den Ergriffenen aussprechen: „Ich bin eins mit dem Univer-

---

[1] Talbot, Michael, Mystik und neue Physik, Heyne Verlag, 1980.
[2] Boff, Leonardo, Unser Haus die Erde, Patmos Verlag, 1996.

sum. Für einen Augenblick spüre ich die Grenze meiner Person fallen; der Intellekt, der den ganzen Tag im selben Hirnwinkel verbracht hat, scheint sich grenzenlos auszubreiten."[3] Unser Austausch mit dem Universum scheint unauslotbar. Er sprengt jedenfalls die Grenzen der naturwissenschaftlich-technischen Forschung. Die mentale Intelligenz verliert dabei, zwar nicht kampflos, die Vorrangstellung. Immer häufiger werden in den Humanwissenschaften Forschungsarbeiten veröffentlicht, in denen die Tiefendimension, d.h. weitere Formen menschlicher Intelligenz erforscht und beschrieben werden, die emotionale und spirituelle Intelligenz.

Die emotionale Intelligenz befähigt zu einem angemessenen Umgang mit den eigenen Gefühlen wie auch mit denen anderer Menschen. Sie umfasst die Fähigkeit zur Empathie, zur Versöhnung und zum Mitgefühl. Sie ist zudem eine grundlegende Voraussetzung für den effizienten Gebrauch des IQ.[4]

Spirituelle Intelligenz hilft Sinn- und Wertprobleme anzugehen und zu lösen und unser Leben in einen Sinnzusammenhang zu stellen. Mit anderen Worten, „spirituelle Intelligenz ist die Intelligenz der Seele. Es ist die Intelligenz, mit deren Hilfe wir uns selbst heilen und ein Ganzes aus uns machen".[5] Die Autoren Zohar und Marshall machen deutlich, dass die spirituelle Intelligenz die höchste Intelligenzform ist, da sie Fundament für ein wirkungsvolles Funktionieren von IQ und EQ ist.

Im Zuge der notwendigen Professionalisierung der Sozialarbeit wurden vielfach Brücken abgebrochen zum religiös-spirituellen Umfeld, in dem die Sozialarbeit ihre Wurzeln hat. Neben dem Aufkommen des neuen Wissenschaftsparadigmas, das auch in die Geisteswissenschaften vermehrt Einzug haben wird, scheint es mir ein Zeichen der Stärke, dass Fachtagungen wie „Spiritualität in der sozialen Arbeit" geplant werden und offensichtlich gefragt sind.

Religiöse Gemeinschaften, die zu Beginn der institutionalisierten sozialen Arbeit noch die meisten Erziehungseinrichtungen führten, sind selten geworden. Das St. Katharina-Werk mit dem Hauptsitz in Basel/CH gehört zu diesen Raritäten. Im Folgenden werde ich Geschichte und Arbeit dieser Gemeinschaft und ihren Beitrag zur spirituell-politischen Jugendarbeit vorstellen.

---

[3] Benz, Arnold, Die Zukunft des Universums, Patmos Verlag, 1995.
[4] Goleman, Daniel, Emotionale Intelligenz, Hanser Verlag, 1996.
[5] Zohar, Danah und Ian, Marshall, Spirituelle Intelligenz, Scherz Verlag, 2000.

## 2. DIENST AN DER VERSÖHNUNG FÜR DAS WACHSTUM VON EINHEIT UND LIEBE IN DER WELT

Das St. Katharina-Werk wurde 1913 von einer einfachen Frau, Frieda Albiez, in Basel gegründet. Während mehreren Jahrzehnten war der Schwerpunkt des Tätigkeitsbereiches dieser Gemeinschaft die stationäre Fürsorge von weiblichen Jugendlichen. Sie hatte in der Schweiz in diesem Bereich eine Pionierrolle inne. Die sozial-pädagogische Arbeit hat im letzten Jahrhundert eine bedeutende Entwicklung durchgemacht. Erneuerungen wurden nicht selten dramatisch eingeleitet. Ein diesbezüglicher Meilenstein war die 68er Revolution. Die Ereignisse zu dieser Zeit erschütterten nicht nur die pädagogischen Institutionen, sondern auch die Trägerschaften. Das St. Katharina-Werk war davon nicht ausgenommen. Neben der radikalen Infragestellung ihrer pädagogischen Konzepte und Institutionen forderte das II. Vatikanische Konzil alle religiösen Gemeinschaften zu einer inneren, spirituellen Erneuerung heraus. Jahre der Unsicherheit und des Suchens gingen ins Land, bis Pia Gyger den Auftrag erhielt, die traditionelle Frauengemeinschaft zu erneuern. Sie selbst stand als Zentralleiterin dem Wandlungsprozess von 1982 bis 1994 vor. Inzwischen hat die Gemeinschaft eine neue Gestalt. Männer und Ehepaare sind dazugekommen. Ursprünglich katholisch, ist sie nun ökumenisch ausgerichtet.

In der Information über die Gemeinschaft heißt es:

„Die spirituelle Mitte der Gemeinschaft ist die Verehrung des Universalen Christus, der als das Herz des Kosmos die ganze Schöpfung in ihrem evolutiven Werden bewegt und vollenden will. Die Mitglieder sind dem Dienst an der Versöhnung für das Wachstum von Einheit und Liebe in der Welt verpflichtet. Im Kontext der heutigen Weltsituation und der Jahrtausendwende stellen sich die Mitglieder ganz bewusst in den Dienst der Transformation der Welt."[6]

Menschen, die vom Dienst an der Versöhnung angesprochen sind, haben bei sich selbst zu beginnen. Versöhnung kreist um die Fragen: Bin ich versöhnt mit meiner Geschichte? Versöhnt mit meinem Geworden sein? Meinen Eltern, Geschwistern, mit den Menschen, die mich wesentlich prägten? Versöhnung ist nicht nur vergangenheitsbezogen. Sie ist eine Haltung, die täglich im „Hier und Jetzt" eingeübt werden kann, in der Familie, am Arbeitsplatz. Sie umkreist die Fragen: Lasse ich Konflikte und Spannungen

---

[6] Pia Gyger, Mensch verbinde Erde und Himmel, rex verlag, 1993.

stehen, oder spreche ich sie an? Schneide ich Menschen innerlich ab, die mich verletzt haben, oder spreche ich sie an? Bleibe ich in meinem Herzen mit Menschen verbunden, auch wenn im Aussen Versöhnung (noch) nicht möglich scheint? Wird Versöhnung zu einem Lebensprogramm, führt dies konsequenterweise in ein politisches Engagement. Diese Entwicklung fand auch im Gemeinschaftsprozess statt. Um weiter zu wachsen, stand nach zehn Jahren intensiven Einübens der Versöhnung eine Öffnung zum politischen Engagement an. Äußere Auslöser waren die Kriege im Golf und auf dem Balkan sowie die UNO – Umweltkonferenz in Rio de Janeiro.

## 3. SPIRITUELL-POLITISCHE JUGENDARBEIT

In Rio de Janeiro fand 1992 die erste Weltkonferenz der Vereinten Nationen über Umwelt und Entwicklung statt. Erstmals in der Menschheitsgeschichte kamen Regierungsvertreterinnen und Regierungsvertreter aus der ganzen Welt zusammen, um über die drohende ökologische Krise auf unserem Planeten zu beraten und gemeinsam neue Strategien der Problemlösung zu suchen und in Vereinbarungen festzulegen.

Die Ergebnisse dieses Erdgipfels sind in der Agenda 21 zusammengefasst. Im selben Jahr legte Butros Butros-Ghali den Mitgliedern der Vereinten Nationen eine globale Agenda für den Frieden vor. Er beschreibt vier Strategien zur Sicherung des globalen Friedens: präventive Diplomatie, Friedensstiftung, Friedensbewahrung und Friedenssicherung nach Ende eines Konfliktes.

Inspiriert von der Agenda 21 und der Agenda für den Frieden entwickelte Pia Gyger, die selbst eine NGO-Delegation an der Konferenz in Rio leitete, eine dreijährige Ausbildung zur spirituell-politischen Bewusstseinsentwicklung für junge Menschen LaboRio 21. Das internationale Peace Camp „Eine Welt für alle" ist Teil dieses Ausbildungsprogrammes.[7]

### 3.1 LaboRio 21

LaboRio 21 ist eine berufsbegleitende, dreijährige Ausbildung zur spirituell-politischen Bewusstseinentwicklung für junge und junggebliebene Erwachsene. Ziel dieser Ausbildung ist, die Teilnehmenden in eine vertiefte

---

[7] Pia Gyger, Die Erde ruft, rex verlag, 1996.

Selbst- und Welterfahrung einzuführen. Aus der spirituellen Erfahrung der Verbundenheit von allem mit allem sollen sie befähigt werden, ihr eigenes Leben zu gestalten und sich tatkräftig für die Umsetzung der Ziele der Agenda 21 einzusetzen. Der Lernprozess wird in der Weise strukturiert, dass neben der mentalen auch die emotionale, soziale und spirituelle Ebene angesprochen und gefördert wird. Im Rahmen der vorgegebenen Themenkreise haben die Teilnehmenden die Möglichkeit partizipierend mitzuwirken, d.h. die Teilnehmenden planen und tragen das Programm bezüglich Inhalt, Form und Gestaltung mit. Insgesamt werden jährlich sechs Wochenenden durchgeführt, nebst Peace Camp und Pfingsttreffen. Die meisten Wochenenden sind offen ausgeschrieben, es können auch Interessierte teilnehmen. Allein die selbsterfahrungsorientierten Wochenenden finden im geschlossenen Rahmen statt. Im miteinander erarbeiteten Programm stehen folgende drei Themenkreise im Mittelpunkt:

*Ich bin ein Teil der Erde*

In diesem Themenkreis wird in das Wissenschaftsparadigma der Postmoderne einführt. Es geht dabei um die ganzheitliche Erkenntnis, dass alles Leben, Welt und Mensch, miteinander verbunden und voneinander abhängig sind.

An den Wochenenden zum Thema „ich bin Kosmogenese" geht es zunächst um die Schulung des evolutiven Blicks. Das All, unser Sonnensystem, die Erde, Pflanzen, Tiere und der Mensch haben sich nach dem evolutiven Gesetz der integrierenden Vereinigung entwickelt. Diesem gilt es nachzuspüren. Denn die Evolution auf unserem Planeten geht mit und durch den Menschen weiter. Der Mensch ist verantwortlicher Mitgestalter der Zukunft auf unserem Planeten. Er lebt nicht nur auf der Erde, sondern ist integraler Teil von ihr. Ja, der Mensch ist ein kosmisches Wesen. Das Universum ist nicht außerhalb von ihm, er ist vielmehr ein einmaliger Ausdruck des Universums, Frucht einer 15 Milliarden langen Geschichte.

Ein Astrophysiker führt eigens in das Wunder des Universums ein.

Im Themenbereich „ich bin Teil der Erde" wird folgenden Fragen nachgespürt:

• Weshalb ist Leben auf der Erde entstanden?

• Was ist die Bedeutung des Menschen im Universum?

• Was ist die Bestimmung des Planeten Erde?

• Welche Aufgabe hat die Menschheit im Universum?

Diese Fragen werden am Wochenende zum Thema „ich bin einmaliger Ausdruck des Universums" weiter verdichtet:

- Was ist meine ganz persönliche Berufung?
- Wo liegen meine besonderen Begabungen und Talente?
- Was kann ich tun, damit das Wissen um die Würde jedes Menschen in gesellschaftlicher, wirtschaftlicher und politischer Hinsicht wächst?
- Wie kann ich meine Verantwortung dem Universum gegenüber wahrnehmen?
- Wie kann ich der Erde und damit dem Universum am besten dienen?

An den Wochenenden zum Thema „Türen nach Innen" werden die Tiefendimensionen des Menschseins angesprochen. Die Teilnehmenden werden angeleitet, sich für die Erfahrung der inneren Einheit allen Lebens zu öffnen. Meditative Übungen (Visualisierung, Imagination), Klang-, Licht- und Heilungsmeditationen, Kontemplation, Schweigemeditation und Gebet sind Wege zur Einheitserfahrung.

Schließlich gehören zu diesem Themenkreis auch alle Wochenenden mit dem Schwerpunkt der Selbsterfahrung. Das Leben der Menschen ist wesentlich geprägt durch die drei stärksten Triebkräfte: Besitztrieb, Machttrieb und Sexualität. Zunächst geht es darum, diese Kräfte bejahend anzunehmen und sie in einem zweiten Schritt in der Kraft des Herzens zu gestalten. Dadurch wird der Mensch mehr und mehr befähigt, dem Leben in all seinen Ausdrucksformen zu dienen. Als Frucht dieses Weges wandelt sich sein egozentrisches Ich in das teilnehmende Ich einer starken Persönlichkeit. Seine Habensmacht wird zur Seinsmacht.

### Die Erde ruft

Im zweiten Themenkreis werden die Teilnehmenden konfrontiert mit den Problemen der heutigen Weltsituation. Unter Mitwirkung von Fachkräften werden politische Themen bearbeitet: Agenda 21, Ökologie, Menschenrechte, Friedenssicherung, Weltwirtschaft sowie Strukturen und Aufgaben der UNO. Folgende Fragen sind wegleitend bei der Durchführung der Veranstaltungen:

- Was können wir tun, damit Einheit und Frieden innerhalb der Menschheit wachsen?
- Welche politischen Veränderungen sind nötig, damit eine demokratisch-föderalistische Weltgemeinschaft entstehen kann?

- Welche Veränderungen sind notwendig, damit die Wirtschaft zum Wohl der Menschheit und der Erde beiträgt?
- Wo und wie kann ich mich einsetzen für die Respektierung jedes Menschen?
- Wo und wie kann ich mich einsetzen für die Respektierung des tierischen und pflanzlichen Lebens?
- Wo und wie kann ich mich einsetzen für die Heilung des Planeten Erde?

Die jährlich stattfindenden internationalen Pfingsttreffen und internationalen Peace Camps sind ideale Übungsfelder zur Umsetzung der Vision einer gerechteren und friedvolleren Weltgemeinschaft. Zu Themenkreis „die Erde ruft" gehört auch ein zweiwöchiges Praktikum auf einem Bio-Bauernhof. In der alltäglichen Arbeit auf dem Bauernhof wird die Erfahrung der Verbundenheit von allem mit allem vertieft und Achtsamkeit für die Schöpfung konkret eingeübt.

### Wir gestalten Zukunft

Zum dritten Themenkreis der Ausbildung gehört einerseits die Vermittlung von Techniken der Gesprächsführung, Gruppenleitung und Vortragstätigkeit. Andererseits werden die Teilnehmenden auch in der Umsetzung ihres eigenen Lebensentwurfes gefördert. Entsprechend den Fähigkeiten werden einzelne zur Teilnahme an internationalen Tagungen und Kongressen eingeladen. Dies gibt die Möglichkeit, konkrete Erfahrungen auf der internationalen Ebene zu machen.
Zu diesem Themenschwerpunkt gehören auch spirituell-politische Aktionen, die der Heilung und Befreiung von Erde und Menschheit dienen.
Nach erfolgreichem Abschluss der Ausbildung werden einzelne als Praktikantinnen und Praktikanten ins Leitungsteam des folgenden Kurses aufgenommen. Die Ausbildung zur spirituell-politischen Bewusstseinsentwicklung wurde bereits zweimal durchgeführt. Zurzeit ist der dritte Ausbildungszyklus im Gange.

### 3.2 Peace Camp „Eine Welt für Alle"

Das Peace Camp „eine Welt für Alle" ist eine einwöchige Schule des Friedens. Entsprechend der Vision „eine Welt für Alle" schafft das Camp einen Rahmen, der hilft, Brücken zu schlagen zwischen Menschen aus Nord und Süd, Ost und West, zwischen Menschen verfeindeter Völker und Nationen.

In den letzten zehn Jahren sind insgesamt dreizehn Peace Camps im In-[8] und Ausland[9] (Philippinen und Bosnien) durchgeführt worden. Es nahmen jeweils zwischen 50 und 60 Personen aus über zehn Nationen teil. Obwohl sich die Alterspanne zwischen 15 und 62 Jahren bewegt, ist die Altersgruppe der 20- bis 30-Jährigen am stärksten vertreten.

## Friedensstiftung und Friedenssicherung

Das internationale Peace Camp ist ein Beitrag sowohl zur Friedensstiftung als auch zur Friedenssicherung nach Ende eines Konfliktes. Nach Butros-Ghali führt die Maßnahme der „Friedensstiftung" feindliche Parteien zu einer Einigung unter Anwendung von friedlichen Mitteln.

Zu den Peace Camps werden junge Menschen aus einem der aktuellen Kriegsgebiete zusammen mit jungen Menschen aus nicht kriegsbetroffenen Ländern eingeladen. Bedingung ist ihre Bereitschaft, sich auf den konkreten Krieg einzulassen. Werden verfeindete Menschen aus Kriegsgebieten zusammengeführt, dann ist die Rolle der Vermittlung durch nicht betroffene Dritte eine absolute Notwendigkeit.

Es hat sich gezeigt, dass eine nachhaltige Wirkung vor allem dann erzielt werden kann, wenn dieselben Teilnehmerinnen und Teilnehmer aus dem Ausland über mehrere Jahre eingeladen werden.

Inhaltlich wird auf fünf Ebenen gearbeitet:

* Kriegswunden, Kriegsverletzungen und Wege der Heilung,

* Konfrontation mit der Geschichte von Opfer und Täter und Schritte der Versöhnung,

* politische Situation des Landes und Maßnahmen der Friedensstiftung,

* aktuelle politische Weltlage und Maßnahmen der Friedenssicherung,

* neue politische und strukturelle Ansätze zur Problemlösung.

Nach der Darstellung und Diskussion über die spezifische Sicht des Konfliktes jeder Partei wird gemeinsam nach Möglichkeiten gesucht, wie Kräfte der Heilung und Transformation geweckt werden können.

Die Struktur des Peace Camp ist entsprechend der Komplexität der Aufgabe bezüglich der Thematik und der Verschiedenheit der Teilnehmenden mit

---

[8] www.fernblick.ch
[9] www.peace-web.org

215

folgenden Elementen aufgebaut: spirituell-politisch, informativ, therapeutisch, gruppendynamisch, energetisch und mediativ.

• Die spirituellen Übungen helfen, die in jedem Menschen angelegten heilenden Kräfte zu befreien. Interreligiöse Feiern und Rituale schaffen ein Gefäß, das es möglich macht, mit tiefen Verletzungen in Berührung zu kommen und die häufig damit verbundenen starken Emotionen überhaupt erst zuzulassen. Übungen und Rituale fördern die spirituelle Intelligenz. Sie wecken insbesondere die Kraft zur Versöhnung, aber auch die Intuitionskraft und das visionäre Potential.

• Neben der Informationsvermittlung haben die Vorträge eine wesentliche gestaltende Funktion. Die Anomieforschung (Studien über die mangelnde oder zerstörte soziale Ordnung in Völkern, deren Ursache und Entwicklung) machte deutlich, dass gesellschaftliche Zusammenbrüche dann zu gewaltsamen Auseinandersetzungen führen, wenn das Chaos nicht mehr gedeutet werden kann. So werden die Vortragenden gebeten, sowohl Deutungshilfen vorzustellen als auch politische Perspektiven für das friedliche Zusammenleben der Konfliktparteien zu skizzieren. Die jungen Menschen hungern geradezu nach Visionen, die dem Leben im eigenen Land wieder eine sinnstiftende Perspektive eröffnen.

• Die Gruppenarbeit, der Austausch in der Gruppe ist ein zentrales Element des Camp. Die Anwesenden werden so weit gemischt, dass die Konfliktparteien und damit die verschiedenen Perspektiven in jeder Gruppe vertreten sind. Um im teilnehmenden Zuhören und in der Betroffenheit nicht stehen zu bleiben, sondern die Intuition und das Potential anzuzapfen, stellt die Leitung immer wieder die Frage: Was braucht es, um für das Fehlende da zu sein? Zur Aufgabe der Gruppenleitung gehört es, eine Atmosphäre in der Gruppe aufzubauen, die das Einüben folgender Grundhaltungen fördert:

(1) Auf die Stimme des eigenen Herzens hören, damit die Verbundenheit mit dem eigenen tiefsten Kern gestärkt wird.

(2) Einander zuhören und voneinander lernen, damit Wertschätzung und Selbstwertgefühl wachsen.

(3) Kulturelle, religiöse und weltanschauliche Unterschiede wahrnehmen und feiern, damit Einheit und Einzigartigkeit in der Verschiedenheit möglich wird.

(4) Gegensätze zulassen und nicht nivellieren, damit durch deren Synthese Neues entstehen kann.

(5) Konflikte konstruktiv austragen, damit Friede wird.

Es ist hilfreich für die Gruppenleitung, über therapeutische und gruppendynamische Erfahrungen und Kenntnisse zu verfügen.

In den Maßnahmen zur „Friedenssicherung nach Ende eines Konfliktes" werden entsprechend Butros-Ghali Strukturen gesucht und gefestigt, die den Frieden stärken und sichern, um einen Rückfall in einen Konflikt zu vermeiden.

Sowohl in der Schweiz wie in anderen Ländern werden Peace Camps durchgeführt, in denen Probleme aufgegriffen werden, deren Bearbeitung den Frieden nach dem Ende einer gewaltsamen Auseinandersetzung zwischen Völkern sichern sollen. Das Thema der Woche wird jeweils partizipativ festgelegt, d.h. die Menschen aus dem ehemaligen Kriegsgebiet bestimmen die Wahl des Themas wesentlich mit.

*Ein Tag in einem Peace Camp*

Der Tag in einem Peace Camp beginnt mit einem fakultativen Vorprogramm, den Körperübungen. Der Körper ist das Instrument, in dem Heilung und Transformation geschehen kann. Durch die Entspannungsübungen werden der Kontakt mit der eigenen Leiblichkeit und die Beheimatung im Körper gefördert. Sie stärken das Wohlbefinden, wecken die Konzentrationskraft und die physisch-psychische Elastizität.

Die interreligiöse Morgenliturgie ist der gemeinsame offizielle Tagesbeginn. In der Rückbindung an die letzte Wirklichkeit, deren Verehrung allen Religionen gemeinsam ist, wird der Boden bereitet für den Tag. Das Gebet wird gestaltet und geleitet von den Vertreterinnen und Vertretern der anwesenden Religionen und Konfessionen. Es versteht sich von selbst, dass alle spirituellen Angebote freiwillig sind. Jeder Zwang verhindert heilsame spirituelle Erfahrungen.

Nach dem Frühstück folgt ein Vortrag zum Wochenthema. Am ersten Tag wird über die Geschichte des Peace Camp berichtet und ein spirituelles Konfliktlösungsmodell[10] vorgestellt. Es bildet die gemeinsame Basis, auf der in Krisensituationen während der Woche gearbeitet wird.

Nach einer Pause treffen sich die Leute in den Gruppen zum Austausch.

---

[10] Siehe Anhang.

Der Nachmittag dient der Erholung und steht zur freien Verfügung. Vor dem Nachtessen wird meditatives Tanzen und Singen angeboten. Das Tanzen fordert heraus, ganz in der Gegenwart und in unserem Körper zu sein. Sorgen und Gedanken an Vergangenes und Zukünftiges können losgelassen werden. Deshalb ist es nicht erstaunlich, dass dieses Angebot von den jungen Männern und Frauen rege genutzt wird. Der meditative Kreistanz ermöglicht zudem spirituelle Erfahrungen auf eine lebendige und freudvolle Weise.

Das Abendprogramm wird von einer Volksgruppe gestaltet, die ihr Land oder ihren Kontinent vorstellt mit ihrer Geschichte, der aktuellen gesellschaftlichen, kulturellen und politischen Situation. Es ist ein Geschichtsunterricht besonderer Art.

Das offizielle Tagesprogramm wird mit einem meditativen Tanz oder Lied abgeschlossen.

Ein Höhepunkt der Woche ist das Fest am letzten gemeinsamen Abend. Alle Programmpunkte werden in den Gruppen vorbereitet. Aufgabe ist, das Thema der Woche spielerisch zu gestalten. Der Zugang zum schöpferischen Potential der Gruppe ist nach einer Woche, in der Freude und Resignation, Kampf und Zärtlichkeit miteinander geteilt wurden, leicht und begleitet von Lust und Freude am gemeinsamen Spiel.

Der Abend, der jeweils ein wahres Feuerwerk an Kreativität ist, wird von einer Teilnehmerin und einem Teilnehmer gemeinsam moderiert. Als spezielle Einlage kommen alle künstlerischen Talente der Anwesenden zum Zug wie Gesang, Tanz, Pantomime, usw.

In der Auswertungsrunde am letzten Morgen werden Themen gesammelt für das nächste Peace Camp im kommenden Jahr. Die jüngsten Berichte können unter www.peace-web nachgelesen werden.

Das St. Katharina-Werk hat mit LaboRio 21 und mit dem Peace Camp „Eine Welt für Alle" die üblichen Wege sozial-pädagogischer Arbeit bereits verlassen. Zusammen mit Niklaus Brantschen hat Pia Gyger den spirituell-politischen Ansatz weiterentwickelt zur Bewusstseinsbildung von Leadern in Wirtschaft und Politik. Zu diesem Zweck haben sie das Lassalle-Institut gegründet, das im Folgenden kurz vorgestellt wird.[11]

---

[11] www.lassalle-institut.org

## 4. LASSALLE-INSTITUT

### *Zen. Ethik. Leadership.*

Das Lassalle-Institut richtet sich an Führungskräfte in Wirtschaft, Politik und Gesellschaft mit dem Schwerpunkt einer Ethik aus ganzheitlichem Bewusstsein. Durch Vorträge, Seminare, Workshops und ein spezielles Beratungsangebot fördert das Team des Lassalle-Instituts eine ethisch getragene Wertekultur.

### *Zen – die Kunst des klaren Blickes*

Zen ist eine ganzheitliche Übung im Alltag. Zen-Meditation heißt, einen Schritt zurücktreten, alles Denken und Planen für eine bestimmte Zeit aufgeben, den Geist leeren, um dann mit klarem Blick und innerer Gelassenheit Zusammenhänge und Situationen neu zu sehen. Zen befähigt zu kreativer Flexibilität. Kurz gesagt fördert die Zen-Meditation die Konzentrationsfähigkeit, führt zu innerer Gelassenheit und lenkt den Blick auf das Wesentliche.

### *Ethik – mehr als nur ein gutes Gewissen*

Ethik ist eine Kultur der Werte, die Grundlage einer zukunftsfähigen Gesellschaft und Wirtschaft ist. Ethikworkshops und -Symposien fördern das achtsame Wahrnehmen des Lebens in all seinen Formen, kluges Urteilen und nachhaltiges Handeln.

Das Lassalle-Institut führt alle zwei bis drei Jahre in den größten Schweizer Unternehmen eine Ethik-Studie durch. Die Studie erhebt Informationen über ethische Standards und Trends sowie offene Fragen im Bereich der nachhaltigen Unternehmensführung. Es ist ein praxisbezogenes Nachschlagewerk für Großunternehmen und KMUs.

### *Leadership – Menschen, die Visionen entwickeln und umsetzen*

Zur Besonderheit des Instituts zählt ein integraler Ansatz, das Schönbrunner Modell, das Führungskräfte in ihrer mentalen, emotionalen und spirituellen Intelligenz anspricht und fördert. Die ganzheitlich entfaltete Intelligenz macht erfahrbar, dass Einheit, Verschiedenheit und Einzigartigkeit zur Struktur von Mensch und Welt gehören. Menschen, die sich mit dem Schönbrunner Modell vertraut gemacht haben, werden zum ethischen Handeln aus eigener Erfahrung befähigt. Sie werden zudem ermächtigt, eine Verantwortung zu leben, die über das persönliche Umfeld auch die Welt mit einschließt.

## ANHANG: KONFLIKTLÖSUNGSMODELL[12]

(1) Ich bin eins mit dem Universum und mit jedem Menschen! Aus dieser Haltung heraus verbiete ich mir, jemals einen Menschen in der Tiefe meines Herzens zu verurteilen oder abzuschneiden.

(2) Ich lasse Gefühle der Frustration (Trauer, Schmerz, Enttäuschung, Zorn, Ärger) in mir zu. Ich verdränge meine negativen Affekte nicht, sondern lasse sie zu und nehme sie wahr. Ich lerne, dass ich mehr bin als meine Gefühle. Ich habe Angst, Zorn, Aggression, aber ich bin nicht meine Angst, mein Zorn, meine Aggression. Ich lerne, in all meinen Beziehungen (Familie, Arbeit, etc.) Gefühlen der Frustration in sozial-konstruktiver Form Ausdruck zu geben.

(3) Ich bin mir bewusst, dass meine Sichtweise nur ein Teil des Ganzen ist. Insofern versuche ich mich in meine Konfliktpartner hineinzuversetzen und diesen Teil zu verstehen. Wenn es nötig ist, beziehe ich eine dritte Person zu einem Gespräch mit ein.

(4) Ich verpflichte mich, Konflikte nicht einfach stehen zu lassen. Ich spreche schwierige Situationen an, decke negative Spannungen auf. Ich vermeide falsche Harmonisierungen. Ich bin bereit, nicht nur die barmherzige, sondern auch die „fordernde Liebe" und den lebensspendenden Druck zu leben, wenn dies notwendig ist.

(5) Ich suche die stimmige Nähe und Distanz in Beziehungen zu finden.

(6) Ich lerne mein eigenes, sozial negatives Verhalten zu bewerten und „bitte um Verzeihung", wenn ich gegen die Liebe gefehlt habe.

(7) Ich übe mich in der positiven Gedankenkontrolle. Ich realisiere in mir aufgebaute Feindbilder und nehme negative Projektionen zurück. Das Hängen bleiben in Gefühlen der Frustration verbiete ich mir, indem ich den jeweiligen positiven Gegenpol in mir aktiviere. z.B. „Friede und Versöhnung in Christus, mit ..."!

* „Licht, Liebe, Heil und Frieden in Christus mit mir und mit ..."
* „Ich erbitte Segen und Frieden für mich und meinen Konfliktpartner, etc."

---

[12] Pia Gyger, 1993, S. 96f.

# Workshop: Spiritualität in der kirchlichen Jugend(verbands)arbeit

Simone Honecker, Martin Lechner

Im Rahmen einer Dokumentation ist es nicht möglich, den inhaltlichen Prozess des Workshops und die lebendige Diskussion wiederzugeben. Rein formal sei hier darauf hingewiesen, dass der Gesprächsrunde vor allem Vertreter/-innen aus der kirchlichen Jugendarbeit teilnahmen und dass mit einer partizipativen Methode gearbeitet wurde. Von den beiden Referenten wurden – entlang eines Thesenblattes – abwechselnd kurze inhaltliche Impulse vorgegeben, die mit Erfahrungen und Wissen der Teilnehmer/-innen angereichert, kontrovers diskutiert und auf Handlungsorientierungen hin zugespitzt wurden. Dies trug zu einer großen Zufriedenheit mit der Arbeit im Workshop bei. In der Folge wird die inhaltliche Struktur des Workshops anhand von Themenkreisen rekonstruiert und erweitert.

## 1. „SPIRITUALITÄT FÜR DIE JUGEND" VERSUS „SPIRITUALITÄT DER JUGEND"?

Die Spiritualitätsgeschichte kirchlicher Jugendarbeit kann man als Pendelbewegung zwischen zwei Polen begreifen: zwischen einer „Spiritualität von oben" (männlich-klerikal, allgemein verpflichtend, bewahrend) und einer „Spiritualität von unten" (jugendspezifisch, provokativ und innovativ). Erkennbar ist, dass spirituelle Aufbrüche in der Jugend (z.B. Jugendbewegung, liturgische, ökumenische bzw. ökologische Bewegung) von Seiten Erwachsener in der Kirche (Laien, Amtsträger) zwar zunächst skeptisch beäugt, verdächtigt und zum Teil heftig kritisiert wurden, nach einer bestimmten „Läuterungszeit" aber aufgegriffen und als Allgemeingut in der Kirche zur Geltung kommen konnten.

Diese Beobachtung drängt dazu, sich auch heute bezüglich einer Spiritualität in der kirchlichen Jugendarbeit zu positionieren. Jugendliche sind nicht nur Adressaten einer wie auch immer gearteten christlichen Spiritualität, die von den Erwachsenen kultiviert und tradiert wird, sondern sie sind auch im besten Sinne des Wortes „Co-Produzenten" einer christlichen Spiritualität, insofern der Geist Gottes sich durch sie in der Welt von heute ausdrücken will.

221

## 2. SPIRITUALITÄT ZWISCHEN TRADITION UND MODERNE

Spiritualität in der kirchlichen Jugendarbeit steht im Spannungsfeld zwischen Tradition und Fortschritt. Die jungen Menschen als „Vorboten künftiger Lebensstile" (H. Keupp) können den Erwachsenen in der Kirche die künftigen Herausforderungen für die in der Kirche zu überliefernde spirituelle Tradition erschließen. Offenkundig sind heute tiefe Fremdheitserfahrungen des überwiegenden Teils Jugendlicher zum christlichen Glauben und seinen Kulturformen. Statt eines kontinuierlichen Hineinwachsens in eine vorgegebene (christlich geprägte) Kultur ist der Trend zur sog. Patchwork-Religion unübersehbar. Jede/r junge Mensch *kann* und *muss* sich seine religiöse Einbindung selbst herstellen. Ein plurales Angebot von religiösen Anbietern – von den großen Kirchen, über neue traditionalistische Strömungen bis hin zu kleinsten spirituellen Gruppen – steht zur Verfügung, um die spirituelle Suche der Individuen zu „bedienen". Der Slogan Ende der 90er Jahre heißt daher: „Was Gott ist, bestimme ich";[1] darin spiegelt sich das Credo der (Post-)Moderne – „Ein eigenes Leben führen" (U. Beck) – auch in religiöser Hinsicht wider. Es gilt künftig, Jugendliche bei ihrer „Suche nach eigenem Glauben" (F. Schweitzer) zu unterstützen.

Einige Fragen drängen sich somit auf: Kann angesichts solcher Pluralität heute überhaupt noch „eine gemeinsame spirituelle Kultur" in der kirchlichen Jugendarbeit entwickelt werden, etwa eine „Spiritualität des BDKJ"? Sind die sog. „religiösen Events" eine dem christlichen Glauben angemessene Form gemeinschaftlicher Spiritualität?[2] Muss nicht stärker auf die Entwicklung einer spezifisch männlichen bzw. weiblichen Spiritualität Wert gelegt werden? Wie ist der Suche Jugendlicher nach verlässlichen Antworten, Orientierung und Halt in einer pluralen Gesellschaft mit schnelllebigen Trends, in Zeiten der Unsicherheit und diverser Zukunftsängste, zu begegnen? Bieten die christlichen Kirchen und ihre Jugendarbeit dafür den notwendigen Raum?

---

[1] *Höhn, Hans-Joachim,* Glaube nach Wahl – oder: Wie sind Menschen heute religiös?, in: LS 45 (1998) H. 2/3, S. 78-86, hier S. 81.
[2] Vgl. *Hobelsberger, Hans,* Erlebnis und Struktur. Überlegungen zur „Eventisierung" kirchlicher Jugendarbeit, in: E. Garhammer/H. Scheuchenpflug/H. Windisch (Hg.), Provokation Seelsorge, Freiburg 2000, S. 220-235.

## 3. WAS IST SPIRITUALITÄT? – EINE BEGRIFFSBESTIMMUNG

Spiritualität ist ein Phänomen, dessen Definition nicht einfach ist; trotzdem ist das Wort „Spiritualität" heute in aller Munde. Der Büchermarkt, die Nachfrage nach spirituellen Gruppen und spirituellen Erfahrungswegen sowie die Entdeckung der Spiritualität in Managementtrainings und Führungsetagen der Wirtschaft geben für die spirituelle Renaissance ein beredtes Zeugnis. Allerdings ergibt sich daraus die Notwendigkeit, eine christliche Spiritualität von anderen (berechtigten) spirituellen Formen abzuheben und auch abzugrenzen. Hilfreich sind dabei zwei Unterscheidungen: Spiritualität und Religiosität bzw. Spiritualität und Frömmigkeit.

### 3.1 Spiritualität und Religiosität

Das Verhältnis von Spiritualität und Religiosität kann mit einer Kurzformel umrissen werden: Wenn von Gott gesprochen wird, geht es stets um Religion; aber es geht nicht notwendigerweise um Gott, wenn man es mit Religion zu tun hat. So tragen etwa viele profane Rituale wie Rockkonzert, Fußballspiele, Olympische Spiele etc. durchaus religiöse Züge. Und es gibt viele jugendkulturelle Ausdrucksformen, die spirituellen Charakter haben, ohne jedoch etwas mit Gott zu tun zu haben.

### 3.2 Spiritualität und Frömmigkeit

Wenn es um eine „Geisteshaltung", um den lebendigen Ausdruck einer inneren Einstellung geht, so hat Spiritualität mit Frömmigkeit zu tun. Um von einer christlichen Spiritualität sprechen zu können, müssen jedoch folgende Aspekte immanent sein:

1. Orientierung auf Gott hin.

2. Eine Fähigkeit zum Mitleiden, die an Jesus Christus erinnert.

3. Konsequent solidarisches Leben mit einer besonderen Option für die Notleidenden.

4. Bereitschaft zur Versöhnung, Einsatz für Frieden und Gerechtigkeit.

Die Aspekte drei und vier sind wichtig, damit Spiritualität nicht zum „frommen" Gefühl verkommt.[3]

Formal könnte man sagen: Religiosität und Frömmigkeit bilden die Pole, zwischen denen sich Spiritualität ereignet.

### 3.3 Christliche Spiritualität

Geht man vom lateinischen Wort „spiritus" (Geist) bzw. „spiritualis" (geistlich) aus, so ist mit Spiritualität zunächst ganz generell all das gemeint, was menschliches Leben mit „Geist" erfüllt, was es „inspiriert", ihm Sinn, Tiefe, Mitte gibt. Zunächst ist also geistliches Leben darunter zu verstehen, und in unserem Kontext einer christlichen Spiritualität, ein geistliches Leben, das seinen Ursprung, sein Fundament in der hl. Schrift hat. Geistliches Leben als Leben aus dem Geist Gottes, im Geist Jesu Christi. Damit wird schon erkennbar, warum es nicht die Spiritualität geben kann, denn sie ist so multikulturell wie das Leben selbst und wie die jeweilige Gestaltung der Beziehung zu Gott.

Spiritualität aber ist eine so abwechslungsreiche Größe wie das Leben selbst und wie die „Vielgestaltigkeit möglicher Beziehungen zu Gott" (G. Greshake). Drei Definitionen aus der Literatur sollen hier genügen, um das Phänomen Spiritualität begrifflich zu fassen, Spiritualität heißt:

- „Sich der Tiefe öffnen" (Günter Stachel),
- „Leben aus dem Geist" (Karl Rahner),
- „Verwirklichung des Glaubens unter konkreten Lebensbedingungen" (P. M. Zulehner).

### 4. SPIRITUALITÄT IN DER KIRCHLICHEN JUGENDARBEIT

Seit je her haben junge Menschen, junge Christen in der kirchlichen Jugendarbeit einen Raum gefunden, wo sie „Leben erfahren, verstehen und gestalten" lernen konnten.[4] Von diesem Grundsatz her, der zutiefst ein „gelingendes Leben unter den Augen Gottes" (R. Zerfaß) intendiert, sind auch die heutigen Bemühungen um eine Spiritualität in der kirchlichen Jugendarbeit zu konzipieren.

Einen theoretischen Ansatz dafür bietet der mystagogische Ansatz kirchlicher Jugendarbeit.[5] Dieser beruht auf der theologischen Voraussetzung, dass Gott mit jedem Menschen von Anfang an bereits eine Liebesgeschichte

---

[3] Ähnliche Merkmale führt Schütz in seiner Definition einer christlichen Spiritualität auf: Christozentrik, Dialog, Alltäglichkeit, Humanität – *Vgl. Schütz, Christian (Hrsg.),* Lexikon der christlichen Spiritualität, Freiburg 1988, S. 1171.

[4] Vgl. Synodenbeschluss „Ziele und Aufgaben kirchlicher Jugendarbeit" (1975) S. 289.

hat. Die Aufgabe einer Mystagogie als Hinführung zum Geheimnis Gottes besteht folglich darin, dem Menschen so zu begegnen, dass er sich seiner ursprünglichen Beziehung zu Gott und seines unschätzbaren Wertes vor Gott bewusst werden kann und dass sich dies bis in die Gestaltung seines Lebens auswirkt. Dies kann nur in einer Atmosphäre der gegenseitigen Wertschätzung, der Empathie, der Echtheit, der Kommunikation, Partizipation und Solidarität gelingen. Ziel einer mystagogischen Jugendarbeit ist es, Jugendlichen einen „„haltenden Raum' zur Verfügung zu stellen, der ihnen in der Kombination von Freiheit und Bindung, von Akzeptanz und Anforderung einen Halt verleiht, damit sie Werte und Kompetenzen für die gemeinsame verträgliche Gestaltung von sozialen Lebensräumen ausbilden können".[6] Wo dies gelingt, da verwirklicht sich bereits etwas von der Reich-Gottes-Botschaft, denn zu ihrem praktischen Gehalt gehört bereits die Ermutigung zum Subjekt-Sein, die Bereitschaft zum Umdenken und zur Veränderung. Dies bedeutet konkret, auch das kritische Potential der Reich-Gottes-Botschaft zur Wirkung kommen zu lassen, in dem „die systemisch bedingten Ursachen von Not, also strukturell verfestigte Mechanismen der sozialen, politischen, ökonomischen oder kulturellen Unterdrückung"[7] besonders von Kindern und Jugendlichen angeklagt und bearbeitet werden. Spiritualität in der kirchlichen Jugendarbeit zu leben, bedeutet demnach, Orte zu schaffen und zu fördern, in denen Jugendliche miteinander und zusammen mit den Verantwortlichen einen Glauben erfahren und praktizieren können, der sie in ihrem Mensch-sein-Können unterstützt. Dies schließt eine solidarische Existenz mit ein; dies gerade dort, wo das Menschen-Sein anderer bedroht oder eingeschränkt ist. Eingeschlossen in eine solche Spiritualität ist auch der Einsatz für Frieden und Gerechtigkeit und ein nachhaltiger Umgang mit den Ressourcen der Schöpfung. „Das Prinzip, ‚um des Menschen willen', das Gott selbst vorzeichnete, indem er sich in seiner Menschwerdung in Jesus von Nazareth an die Menschen verausgabt hat, muss sich in der Gestalt kirchlicher Praxis niederschlagen".[8] Eine wirklich christliche Spiritualität in der kirchlichen Jugendarbeit wird sich also an ihren Früchten erkennen lassen – an ihrer Praxis!

---

[5] Vgl. *Haslinger, Herbert,* Sich selbst entdecken – Gott erfahren. Für eine mystagogische Praxis kirchlicher Jugendarbeit, Mainz 1991.
[6] Ebd., S.18.
[7] *Haslinger, Herbert,* Diakonische Jugendarbeit – eine Antwort auf die Zeichen der Zeit, in: Arbeiterfragen 3/99, Oswald-von-Nell-Breuning-Haus (Hrsg), Herzogenrath, 1999, S.14.
[8] Ebd., S. 20.

## EXKURS: WEIBLICHE SPIRITUALITÄT

Schon bei der Entscheidung für eine Überschrift wird der Problemhorizont erkennbar. „Reden wir von ‚weiblicher Spiritualität', von ‚weiblicher Dimension christlicher Spiritualität', von ‚Frauenspiritualität' oder von einer ‚Spiritualität für das Leben in dieser Welt', die dann Frauen verwirklichen in ihrer Weise und ihren Lebenskontexten?".[9] Ich entscheide mich, von „weiblicher Spiritualität" zu sprechen, wodurch die Andersartigkeit des jeweiligen Geschlechts achtet und die gleiche Würde hervorhebt.

Ein erneuter Blick auf den Begriff macht bereits etwas deutlicher, um was es geht: Im Gegensatz zum lateinischen Wort „spiritus" (maskulin) oder dem griechischen Ausdruck „pneuma" (neutrum) hat der hebräische Begriff „ruach" eine weibliche Form und ist wörtlich mit „die Geist" oder „die göttliche Lebenskraft" zu übersetzen. Ein weiterer wichtiger Hinweis findet sich in Spr 8 über die Weisheit: Die Gestalt der Weisheit „vereinigt die Transzendenz mit dem Weiblichen, Gott mit der menschlichen Erfahrung, die Theologie mit dem Alltag, die Lehrerin mit der Lehre, die Schöpferin mit dem Schöpfungsprinzip".[10] Die jüdische Wurzel unseres Glaubens benennt also in verschiedener Weise die weibliche Dimension Gottes.

Auch heute betonen daher diejenigen AutorInnen, die sich mit weiblichen Gottesbildern auseinander setzen, diese weibliche Dimension Gottes: „Vor allem sind es die großen biblischen Frauengestalten wie Mirjam, Hagar, Debora, Ester, Maria und Maria Magdalena als auch die Begegnungen Jesu mit Frauen, die in ihrer Vielfalt und ihrem Mut, ihrer Wärme und ihrer Menschlichkeit zur inspirierenden Quelle werden, den Wert des eigenen Frauseins zu entdecken und einen eigenständigen Lebens- und Glaubensweg zu wagen."[11] Weibliche Gottesbilder – so etwa die barocke Darstellung des Heiligen Geistes in weiblicher Gestalt im süddeutschen Raum – sind also wichtige spirituelle Ressourcen, die von Frauen gesucht und entdeckt werden sollen. Dass diesbezüglich eine große Entwicklung angestossen worden ist, darf der feministischen Theologie als Verdienst angerechnet werden.

„Umbrüche im Selbstverständnis der Menschen haben über die Jahrhunderte immer wieder zu neuen Ausprägungen von Spiritualität geführt. Deshalb ist es legitim, wenn sich auch das neue Selbstverständnis von Frauen an der Schwelle

---

[9] *Spendel, Stefanie,* Weibliche Spiritualität im Christentum, Regensburg 1996, S.10.

[10] So beschreibt es *Sudbrack, Josef,* Art. „Spiritualität. I. Begriff", in: LThK[3] Bd. 9, Sp. 856.

[11] *Steichele, Hanneliese,* Spiritualität, a.a.O., S.1062.

zu einer nachpatriarchalen Zeit in der Suche nach einer spezifisch weiblichen Spiritualität manifestiert."[12]

## 5. SPIRITUELLE KOMPETENZ VON MITARBEITER(INNE)N IN DER KIRCHLICHEN JUGENDARBEIT

Seit 25 Jahren gibt es – etwa gleichzeitig mit dem Rückgang der Priester in der kirchlichen Jugendarbeit – eine Diskussion über die adäquate Spiritualität von hauptamtlichen Mitarbeiter(inne)n. Diese besitzen zwar eine sozialpädagogische Fachkompetenz, in theologischen Fragen aber sind sie nicht angemessen ausgebildet und manchmal verfügen sie auch nicht über eine spirituelle Praxis (R. Bleistein, 1980). Bei vielen fehle auch ein Wissen über Kirche und ihre Sendung. Es stellt sich die Frage, welche Akzente die Aus- und Fortbildung setzen muss, um Studierende für die spirituellen Erfordernisse der kirchlichen Jugendarbeit auszubilden! So wie der Glaube nicht nur Information ist, sondern wesentlich Formation (H. Küng), und zwar Ausrichtung an der Person und am Leben Jesu Christi, ist auch für eine christliche Spiritualität die Feststellung zu machen: man kann sie nicht lernen, sie muss auf dem Weg der Einübung entwickelt werden. Es geht also um eine persönliche Formation. Das darf aber nicht zu einer Haltung des „Alles-selbst-leisten-Müssens" führen, denn Spiritualität steht zuerst und immer im Modus des „Empfangens", der Gratuität. F. Steffensky hat auf der Jahreskonferenz Jugendseelsorge 1998 *acht Schritte auf dem Weg zur religiösen Aufmerksamkeit* vorgelegt, die hier für den je eigenen spirituellen Weg weiterempfohlen werden:

(1) Entschließe dich zu einem bescheidenen Vorhaben auf dem Weg zur religiösen Aufmerksamkeit (so übersetze ich am liebsten das Wort Spiritualität)! Ein bescheidener Schritt könnte sein, am Abend oder am Morgen ei-

---

[12] Ebd., S.1063; weiterführende Literatur: *Lissner, Anneliese/Süssmuth, Rita/Walter, Karin (Hrsg.),* Frauenlexikon. Traditionen, Fakten, Perspektiven, Freiburg, Basel, Wien 1989: darin bes. *Catharina Halkes,* Art. „Theologie, feministische", in: A. Lissner/R. Süßmuth/K. Walter (Hrsg.), Frauenlexikon. Traditionen, Fakten, Perspektiven. Freiburg; Basel, Wien 1989; *Hojenski, Christine/Hübner, Birgit/ Hundrup, Reinhild/Meyer, Martina (Hrsg.),* Meine Seele sieht das Land der Freiheit. Feministische Liturgien-Modelle für die Praxis, Münster, 1990; *Hertel, Bettina/Petersen, Birte (Hrsg.),* Erinnert euch an den Regenbogen. Texte, die den Himmel suchen, Freiburg i. Br.,1999.

nen Psalm in Ruhe zu beten, sich Minuten für eine ruhige Lesung freizuhalten, ein Bild zu betrachten, ein Musikstück zu hören. Wenn Sie dies nicht können, liegt es nicht an der Hektik und Überlastetheit Ihres Berufes, sondern daran, dass Sie falsch leben.

(2) Gib deinem Vorhaben eine feste Zeit. Bete nicht, wenn es dir nach Beten zumute ist, sondern wenn es Zeit dazu ist. Gute Zeiten sind Zeiten des Anfangs und des Endes: der Morgen, der Abend, das Ende einer Woche, der Anfang einer neuen Jahreszeit. Regelmäßig beachtete Zeiten sind Rhythmen, Rhythmen sind gegliederte Zeiten, und erst gegliederte Zeiten sind erträgliche Zeiten. Lineare und nicht gegliederte Zeiten sind öde und schwer erträgliche Zeiten.

(3) Gib deinem Vorhaben einen festen Ort! Orte sprechen, Orte bauen an unserer Innerlichkeit.

(4) Sei streng mit dir selber! Mache deine Gestimmtheit und deine augenblicklichen Bedürfnisse nicht zum Maßstab deines Handelns! Stimmungen und Augenblicksbedürfnisse sind zwielichtig. Die Beachtung von Zeiten, Orten und Methoden reinigt unser Herz.

(5) Rechne damit, dass dein Vorhaben kein Seelenbad ist, sondern Arbeit – labor! –, manchmal schön und erfüllend, oft langweilig und trocken. Das Gefühl innerer Erfülltheit rechtfertigt die Sache nicht, das Gefühl innerer Leere verurteilt sie nicht. Meditieren, Beten, Lesen sind Bildungsvorgänge. Bildung ist ein langfristiges Unternehmen.

(6) Sei nicht auf Erfüllung aus, sei vielmehr dankbar für geglückte Halbheit. Es gibt Ganzheitszwänge, die unsere Handlungen lähmen und die uns entmutigen.

(7) Beten und Meditieren sind kein Nachdenken. Es sind Stellen hoher Passivität. Man sieht die Bilder eines Psalms oder eines Bibelverses und lässt sie behutsam bei sich verweilen. Meditieren heißt, frei werden vom Jagen, Beabsichtigen und Fassen. Man will nichts, außer kommen lassen, was kommen will. Man ist Gastgeber der Bilder wie Maria, nicht wie Martha.

(8) Sei nicht gewaltsam mit dir selber! Zwing dich nicht zur Gesammeltheit! Wie fast alle Unternehmungen, ist auch dieses brüchig, es soll uns der Humor über dem Misslingen nicht verloren gehen. Auch das Misslingen ist unsere Schwester und nicht unser Todfeind.

# Jetzt auch noch fromm?
## Zur Spiritualität von Erzieherinnen

Matthias Hugoth

Heutige Erzieherinnen sind Frauen, die ihre Einrichtungen eher als Dienstleistungsunternehmen denn als Verwahr- und Erziehungsanstalten verstehen und die sich entsprechend ihrem differenzierten, multifunktionalen Arbeitsfeld zu Expertinnen mit vielfältigen Vorzügen etabliert haben – sie sind Bildungsexpertinnen, Teamworkerinnen, Netzwerkspezialistinnen, Erziehungspartnerinnen für die Eltern und Lobbyistinnen für Kinder und Familien. Sie kennen sich mit Qualitätsmanagementsystemen aus, verfügen über betriebswirtschaftliche Grundkenntnisse und sind in der Regel in elementarpädagogischen Fragen up to date. Selbstbewusst, souverän, kreativ, aufgeschlossen, flexibel, teamfähig, innovativ, emanzipiert zu sein, gehört zum Idealbild einer modernen Erzieherin. Wie lässt sich mit einer solchen Frauenpower so etwas wie Spiritualität vereinbaren? Wie halten's unsere Erzieherinnen mit der Religion? So fragen sich zumindest die Träger konfessioneller Kindertageseinrichtungen – und nicht selten auch die Eltern, denen eine wertorientierte und religiöse Erziehung ihrer Kinder wichtig ist. Welche Einstellungen und Mentalitäten bestimmen Erzieherinnen von heute und gehört dazu tatsächlich auch ein Interesse an Religion? Was ist bei ihnen und in ihren Einrichtungen von den neuen religiösen Aufbrüchen zu spüren, die von vielen kritischen Beobachtern der Zeitszene für unsere Gesellschaft konstatiert werden? Und wie wirken sich diese jüngsten religiösen Entwicklungen auf ihre Spiritualität aus? Die Antworten, die dieser Beitrag zu geben versucht, entstanden aus Erfahrungen in der Fortbildungs-Arbeit mit Erzieherinnen. Sie sind als Anregungen und Gesprächsbeiträge zu verstehen.

VERÄNDERUNGEN IN DER RELIGIÖSEN LANDSCHAFT

Noch in den 80er Jahren sagten zahlreiche Soziologen und andere kritische Analytiker des Zeitgeistes und der Denk- und Mentalitätsentwicklungen der westlichen Welt einen radikalen Bedeutungsverlust der Religion und ihr baldiges Aussterben voraus. „Die wirklich moderne Gesellschaft würde

‚enttraditionalisiert' sein. Moderne und Religion wurden als Antipoden verstanden, wobei der Sieg der Moderne über die Religion als sicher galt."[1] Heute steht aufgrund jüngster soziologischer und religionswissenschaftlicher Befunde[2] fest: Die Rede vom Verfall der Religion trifft nicht zu. Auch wenn das Verhältnis der Menschen von heute zur kirchlich-institutionell vermittelten Religion sich weithin radikal geändert hat, ihre religiöse Empfindsamkeit und ihre Suche nach entsprechenden Erfahrungen, tragenden Botschaften und religiösen Sinnvorgaben sind ungebrochen. „Jedenfalls ist der utopische Gehalt, der sich einstmals mit der Vorstellung und Idee einer religionslosen Zukunft verband, gründlich entzaubert."[3] Stattdessen gibt es eine „beobachtbare neue Bedarfsanmeldung für Religion",[4] und gehört „der Zauber des Religiösen zu den Megatrends am Ende des Jahrtausends."[5]

Eine Bearbeitung des aufgezeigten Problemfeldes gehört gewiss nicht zum Aufgabengebiet von Kindertageseinrichtungen und der in ihnen tätigen Erzieherinnen. Doch deren Arbeit und deren persönliche Spiritualität bleiben nicht unberührt von diesen „Großwetterlagen" in Kirche und Gesellschaft. Wenn aber die Feststellung, „dass die Begegnung mit dem Göttlichen, wenn sie denn überhaupt stattfindet, sich im Glauben des Individuums und nicht in den gesellschaftlich verbreiteten Formen der Religion ereignet",[6] tatsächlich so generell zutrifft, dann sind mehr oder weniger alle religiös in-

---

[1] Hans-Georg Ziebertz: Religion, Christentum und Moderne. Veränderte Religionspräsenz als Herausforderung. Stuttgart: Kohlhammer 1999, S. 33.

[2] Exemplarisch ist auf folgende Autoren zu verweisen: Hans-Georg Ziebertz (s. Am. 2), Karl Gabriel (s. Anm. 4), Hermann Kochanek (Hrsg.): Ich habe meine eigene Religion. Sinnsuche jenseits der Kirchen. Zürich: Benziger 1999; Michael N. Ebertz: Kirche im Gegenwind. Zum Umbruch der religiösen Landschaft. Freiburg: Herder 1997.

[3] Karl Gabriel: Formen heutiger Religiosität im Umbruch der Moderne, in: Heinrich Schmidinger (Hrsg.): Religiosität am Rande der Moderne. Krise oder Aufbruch? Innsbruck: Tyrolia 1999, S. 193-227, hier: S. 193 (Jahrbuch Salzburger Hochschulwochen).

[4] Ebd. S. 212.

[5] Christian Friesl/Paul M. Zulehner: Gottlose Respiritualisierung. Querige Anmerkungen zu einem jugendrelevanten Trend, in: Hans Asmann/Gerhard Kruip/Martin Lechner (Hrsg.): Kundschafter des Volkes Gottes. Festschrift Roman Bleistein. München: Don Bosco 1998, S. 81-93, hier: S. 81 (Studien zur Jugendpastoral; 4).

[6] Franz-Xaver Kaufmann: Religion und Modernität. Sozialwissenschaftliche Perspektiven. Tübingen: Mohr 1989, S. 202.

teressierten Zeitgenossen davon betroffen. Für pädagogische Mitarbeiterinnen in Kindertageseinrichtungen hat dies zur Folge:

*   Sie haben es im *Umgang mit den Kindern und ihren Familien* zunehmend mit einer größeren Vielfalt religiöser Überzeugungen, Mentalitäten und Lebensstile zu tun. Dementsprechend werden sie auch mit unterschiedlichen Erwartungen hinsichtlich ihrer wertbezogenen und religionspädagogischen Arbeit konfrontiert.

*   Folglich haben sich vielfach auch die Ansprüche an ihre *(religions)pädagogischen Kompetenzen* erweitert: Es reicht nicht mehr aus, mit einem ethisch vorbildlichen Verhalten und mit frommem Herzen ans Werk zu gehen. Mehr als in früheren Zeiten dürfte heute gelten, dass Erzieherinnen bei ihrer Wert- und religiösen Erziehung um so mehr überzeugen, je mehr das, was sie an Werthaltungen und religiösen Auffassungen nach außen darstellen, mit dem übereinstimmt, was sie wirklich für wert und heilig halten. Damit stehen Erzieherinnen auch hinsichtlich ihrer persönlichen Spiritualität, also ihrer religiösen Einstellungen und Lebensstile, zunehmend mehr auf dem Prüfstand. Andererseits erhalten sie dadurch auch die Chance, ihre wertbezogenen Standpunkte und religiösen Überzeugungen stärker einzubringen und damit ihrer pädagogischen Arbeit mit den Kindern und ihren Eltern eine persönliche Note zu geben.

*   Unter anderem hat auch die *Entinstitutionalisierung des religiösen Lebens und der Bedeutungsverlust der Kirche* als lange Zeit einzig maßgebender Instanz in Sachen Religion dazu geführt, dass die Begründung für religiöse Erziehung in kirchlichen Kindertageseinrichtungen nicht mehr allein ekklesiologisch erfolgt – in kirchlichen Kindertageseinrichtungen findet religiöse Erziehung statt, weil es dem Auftrag der Kirche entspricht. Eine anthropologische Begründung ist heute mindestens gleichbedeutend geworden – religiöse Erziehung erfolgt deshalb, weil Religion eine wesentliche Dimension des Menschseins ist und Kinder so früh wie möglich einen Zugang dazu erhalten sollen.[7] Die Perspektive des Kindes einzunehmen und seine konkrete Lebenssituation zum Ausgangspunkt religionspädagogischer Arbeit zu machen, entspricht den in den meisten Kindertageseinrichtungen geltenden Prinzipien des Situati-

---

[7] Vgl. Lebensräume erschließen. Überlegungen zur religiösen Erziehung im Elementarbereich. Eine Handreichung zur grundlegenden Orientierung. Redaktion: Matthias Hugoth. Freiburg: Verband Katholischer Tageseinrichtungen für Kinder (KTK) – Bundesverband 1996.

onsansatzes. Dieser lässt sich in einer religiös offenen, den individuellen Erfahrungen, Fragen und Vorstellungen Raum gebenden Atmosphäre bedeutend effektiver umsetzen als dort, wo die Erkenntnisprozesse und Inhalte bereits weitgehend vorgegeben sind.

- Eine *wertorientierte und religiöse Erziehung,* die nicht darauf bedacht ist, vorgegebene Inhalte und Handlungsmuster beizubringen, die sich statt dessen auf Erfahrungs-, Erkundungs- und Erkenntnisprozesse einlässt und Kindern dazu verhilft, eigene Anschauungen und Haltungen zu entwickeln, erfordert von den Erziehenden eine bestimmte Einstellung. Diese kann mit Begriffen wie „Begleiter sein", „Weggenossenschaft anbieten", „als Mitschöpferinnen bei der Errichtung einer religiös-spirituellen Welt agieren" umschrieben werden. Für eine solche Haltung ist eine „Spiritualität der Hebammenkunst"[8] erforderlich, die dazu führt, die „Arsenale von Fertigkeiten und Antworten (einer institutionell und traditionell vermittelten Religion, M.H.) einer Revision zu unterziehen." (ebd.)

- Auch Erzieherinnen sind *eingebunden in den allgemeinen Trend zur Individualisierung.* Was ihre Werthaltungen und religiösen Überzeugungen betrifft, so richten sie ebenfalls kritische Anfragen an die von den Institutionen Staat und Kirche tradierten Werten bzw. Glaubensauffassungen. Sie machen sich in der Regel ihren eigenen Reim auf das, was bisher als wahr und verbindlich von diesen Instanzen vertreten wurde. Sie entwickeln durchaus Affinitäten zu dem oben beschriebenen Trend, eine eigene Gewichtung dessen vorzunehmen, was als elementar bedeutsam gelten soll, Glaubensmomente aus anderen Religionen und Weltanschauungen mit den christlich tradierten zu verbinden, Symbole, Bilder, Vorstellungen und Rituale entsprechend ihrem persönlichen Bedürfnis und ihrer individuellen Lebenslage zu verwenden.

- Geben sie diesem *Trend zur Individualisierung des religiösen Lebens* nach, indem sie eigene Glaubensüberzeugungen und -haltungen entwickeln und vertreten, können sie – zumindest in konfessionell gebunden Einrichtungen – mit dem Träger in Konflikt geraten. Solche Auseinandersetzungen belasten häufig die Arbeit, sie können aber auch Chancen

---

[8] Gotthard Fuchs: Docta ignorantia. Christlicher Glaube in einer Welt schneller Antworten und gefährlicher Fraglosigkeiten, in: Udo Zelinka (Hrsg.): Über-Gänge – Forum Zukunft. Die Kirche im 3. Jahrtausend. Paderborn: Bonifatius 2000, S. 49-62, hier: S. 56.

eröffnen, sich über die Werte, religiösen Inhalten und Stile, die der Arbeit der Tageseinrichtung zugrunde liegen sollen, zu verständigen und mit zu bestimmen, welcher Geist in der Einrichtung herrschen soll.

• Indem das in der Regel aus Frauen bestehende Team einer Kindertageseinrichtung eine *gemeinschaftliche Spiritualität* entwickelt, also eine kollektive Geisteshaltung, die aus religiösen und ethischen Überzeugungen erwächst (was noch ausführlicher erörtert wird), eröffnen sich ihm Möglichkeiten, spezifische Momente einer weiblichen Spiritualität zu kultivieren. Geschieht dies schließlich über die Grenzen der Einrichtung hinaus in Verbindung mit weiteren von Frauen getragenen Diensten und Organisationen der Kirchengemeinde, dann erfahren deren spirituelle Standards eine Differenzierung und Bereicherung.[9]

## KONTUREN EINER ZEITGEMÄSSEN SPIRITUALITÄT

Bei der Frage nach der Spiritualität von Erzieherinnen geht es also nicht nur um persönliche und damit vereinzelte religiöse Einstellungen und Lebensstile. Das Thema Spiritualität interessiert, weil es zu einem öffentlichen Thema geworden ist, und weil heute alle – von Wirtschaftsunternehmen und Produktionsbetrieben über soziale Dienste und Einrichtungen bis hin zu Vereinen und Verbänden – den Geist hervorheben, von dem sie inspiriert sind und der ihrer geschäftlichen Praxis, ihren Dienstleistungen, ihrer Arbeit zugrunde liegt.

Spiritualität bezeichnet ein Leben aus einem bestimmten Geist heraus. Dabei sind alle Bereiche des Lebens gemeint, und nicht – wie die landläufigen Klischees von spirituell gestimmten Menschen als verinnerlicht, in sich gekehrt, abgehoben und weltfremd lebend unterstellen – eine Lebensführung, die sich völlig aus den „Geschäften der Welt" heraus hält und in Gebet, Meditation, Nachsinnen und Versenkung den Geheimnissen des Daseins und religiösen Wahrheiten auf die Spur zu kommen sucht. Ein spiritueller Mensch besitzt eine „Lebens- und Bewusstseinshaltung, die ‚inspiriert' ist

---

[9] Vgl. Matthias Hugoth: Die Erzieherin als pastorale Mitarbeiterin? Feministisch-theologische Anhaltspunkte für die berufliche Identität von Erzieherinnen in katholischen Tageseinrichtungen für Kinder, in: Jahrbuch 1998/99 „Qualitätsmanagement" des Bayerischen Landesverbandes katholischer Tageseinrichtungen für Kinder. München 1998, S. 143-157.

oder – in die theologische Rede übersetzt – mit Geist gefüllt ist."[10] Christliche Spiritualität ist ein Leben aus dem Geist Gottes, wie er sich in der Geschichte Gottes mit seinem Volk Israel und dann vor allem in den Worten und Taten des Jesus von Nazareth manifestiert hat. Dieses Zeugnis Jesu erfolgte stets in konkreten Lebenskontexten und in der unmittelbaren Beziehung zu den Menschen um ihn her. So hat die christliche Spiritualität schon immer „Lebenspraxis und religiöse Erkenntnis vereint" (ebd.). Diese beiden Perspektiven wurden in der Tradition der christlichen Spiritualität oftmals gegeneinander abgewogen, und dabei kam die Weltzugewandtheit meist schlechter weg. Denn die Welt galt als sündhaft, verführerisch, hinfällig, erlösungsbedürftig und vorläufig. Eine weltoffene Spiritualität war eher suspekt. Der Umgang mit den Dingen der Welt und des alltäglich Notwendigen regelte sich nach den Maßgaben der christlichen Moral. Spiritualität hatte in erster Linie etwas zu tun mit der Hinwendung des Menschen auf Gott, und dabei waren die Geschäfte der Welt eher störend und führten, wenn man nicht acht gab, dazu, dass man sich in ihnen verlor. Eine solche sich von der Welt und den Menschen distanzierende Spiritualität – sie wird in der aktuellen Spiritualitätsliteratur häufig auch als „Spiritualität von oben" bezeichnet[11] – hat für viele religiös offene Zeitgenossen einen ausgesprochen elitären Charakter und wird deshalb meist abgelehnt. Gesucht wird vielmehr eine „Spiritualität von unten", die alles, was zum Menschsein gehört, gelten lässt und den Menschen bei den „Geschäften dieser Welt" trägt. Was gemeint ist, zeigt eine Geschichte, die bereits im 4. Jahrhundert verbreitet war:

> In ihr wird erzählt, „wie ein berühmter Theologe von weit her in die ägyptische Wüste kommt, um mit dem Altvater Poimen über das geistliche Leben zu sprechen. Der Theologe fängt an, über das Leben im Himmel und über die Ziele unseres spirituellen Strebens zu sprechen. Poimen sitzt schweigend dabei und sagt kein Wort dazu. Der Theologe wird ärgerlich, steht auf und geht weg. Ein Schüler macht Poimen heftige Vorwürfe, dass er diesen berühmten Theologen so ungastlich behandelt habe. Poimen antwortet: Dieser Theologe ist von oben, Poimen von unten. Wenn er von den Leidenschaften der Seele geredet hätte,

---

[10] Hedwig Meyer-Wilmes: Feministische Spiritualität, in: Der Glaube der Christen. Bd. I: Ein ökumenisches Handbuch. Hrsg. von Eugen Biser/Ferdinand Hahn/Michael Langer. München/Stuttgart: Pattloch/Calwer 1999, S. 319-331, hier: S. 319.

[11] Vgl. Anselm Grün: Spiritualität von unten, in: Walter H. Lechler: So kann's mit mir nicht weitergehn! Neubeginn durch spirituelle Erfahrungen und Therapie. Stuttgart: Kreuz 1996, S. 151-167.

dann hätte ich mitreden können. Der Schüler läuft dem Theologen nach und berichtet ihm, was Poimen gesagt hat. Er kehrt zurück, und sie unterhalten sich angeregt über die Leidenschaften der Seele. Jetzt reden sie ehrlich über sich, und gerade so berühren sie Gott, das Ziel ihres Suchens."[12]

Die beschriebene Dynamik in der Wechselbeziehung zwischen „Welt" und „Glaube" ist ein konstitutives Element einer „diakonischen Spiritualität". Als eine solche lässt sich auch die Spiritualität von Erzieherinnen charakterisieren. Die Leitbegriffe, die in Ausführungen zu einer diakonischen Spiritualität benutzt werden – „Lebenswelt, gelebte Religion, Alltagswelt, der Alltag, die Biografie, das Individuum, das Subjekt"[13] – zeigen an, wo sich eine solche Spiritualität auch für Erzieherinnen verorten lässt: Sie erwächst aus der Begegnung mit den Kindern und ihren Familien, mit den Kolleginnen und Kollegen, aus der Beziehung zur Kirchengemeinde, aus dem alltäglichen Geschäft der politischen Anwaltschaft, aus der Erfahrung in Fortbildungen – also aus unmittelbaren Lebens- und Beziehungskontexten, aus denen heraus die Erzieherinnen Bezüge zu ihren religiösen und Wert-Überzeugungen herstellen. Und umgekehrt: Diese Überzeugungen bestimmen mit, wie sie ihre Lebens- und Arbeitswelt und den Umgang miteinander gestalten. Diakonische Spiritualität entfaltet sich in der Wechselbeziehung zwischen religiösen Überzeugungen und Haltungen und den Begebenheiten und Erfahrungen der Alltagswelt.

In einer Fortbildung für Erzieherinnen zum Thema „Wie machen's die anderen? Wie man in den unterschiedlichen Kulturen Kinder erzieht" stand natürlich bald der Islam im Mittelpunkt – schließlich haben die meisten Einrichtungen einschlägige Erfahrungen mit muslimischen Kindern gemacht. Vor allem die Frage, welche Rolle Frauen in der muslimischen Familie und Gesellschaft haben und wie es ihnen mit ihren „weiblichen" Sehnsüchten und Wünschen und ihren Erwartungen an das Leben geht, interessierte die überwiegend jungen Teilnehmerinnen sehr. Sie waren beeindruckt von den Berichten einiger muslimischer Frauen, denen es offensichtlich gelang, eine Balance zwischen den traditionellen, vom patriarchalischen Denken bestimmten Rollenzuschreibungen und Ansprüchen ihres

---

[12] Ebd. S. 151.

[13] Kathrin Althans: Zwischen den Hüllen lesen. Sensibilisierung für alltägliche Transzendenzen anhand der Kleidergepflogenheiten auf dem Spielplatz, in: Kathrin Althans/Inken Mädler/Barbara Schoppelreich (Hrsg.): Inmitten von Lust und Last. Frauenalltag und Religiosität. München: Don Bosco 2000, S. 149-166 hier: S. 150 (Topos plus; 323).

Umfeldes und ihren eigenen Vorstellungen, Wünschen und Zielen zu finden. Erstaunlich war für die Zuhörerinnen vor allem, dass es eine muslimische Frauenspiritualität gibt, die offensichtlich eine enorme integrierende Kraft hat. Und einige Teilnehmerinnen des Kurses fragten sich, warum „bei uns" ständig die Dinge unterschieden, voneinander abgesetzt, verglichen und bewertet werden und welche Spiritualität in unserer Kultur zu finden ist, die man mit der jener muslimischen Frauen vergleichen kann. Wie immer sich die Wahrnehmungs-, Empfindungs- und Denkart von Frauen und Männern unterscheiden mag – das Ernstnehmen der je eigenen Lebens- und Glaubensgeschichte ist die Voraussetzung für die Entwicklung einer Ich-Identität; werden Leben und Glauben dabei in ihrer wechselseitigen Beziehung gesehen, erwächst daraus eine Form von Spiritualität, die eine identitätsbildende und -stabilisierende Kraft haben kann.

## THESEN ZUR SPIRITUALITÄT VON ERZIEHERINNEN

• Die Spiritualität von Erzieherinnen ist eine Spiritualität von Frauen.

Sie ist eingebunden in ihre Lebens- und Glaubensgeschichte, die sie aus der Sichtweise von Frauen deuten. Sie wollen sich in ihr als Subjekte und Regisseurinnen erleben und suchen Grundlagen und Anhaltspunkte für die Gestaltung ihrer Geschichte auch in religiösen Überlieferungen, vor allem in den Erfahrungen, die Frauen gemacht haben. Als Spiritualität von Christinnen erwächst diese vor allem aus ihrer Beziehung zu Gott und zu der Art und Weise, wie sie seine Botschaft des Zuspruchs und des Anspruchs für sich und ihr Leben übersetzen. Sie realisiert sich darin, wie sie sich selbst, die Welt, das Leben, die Menschen und die Umwelt verstehen und wie sie allem begegnen.

Wo erfahre ich mich als Regisseurin meines alltäglichen Lebens, und welche Bedeutung haben dafür meine religiösen Überzeugungen? Wo kommt mein Glaube zur Geltung bei meiner Beziehung zu mir selbst, zu den Menschen um mich her und am Arbeitsplatz, zur Umwelt, zum Leben?

• Die Spiritualität von Erzieherinnen hat nachhaltige Auswirkungen auf ihre Arbeit, wenn sie als diakonische Spiritualität praktiziert wird.[14]

Das Erleben von Kindern kann die elementaren Bedingungen des Menschseins bewusst machen: das Angewiesensein auf andere, die Zukunftsoffenheit des Lebens, die Ambivalenz menschlicher Beziehungen, die aufbauen und bereichern, aber auch gefährden und zerstören kann, die Sehnsucht nach Zuflucht, Heimat und Aufgehobensein, die Unabgeschlossenheit im Fragen, Suchen, Erkunden, Ersehnen, Wissen und Wollen. In allem zeigt sich die Verwiesenheit des Menschen als ein Merkmal seiner Existenz. Der Umgang mit Kindern erinnert immer wieder daran und zwingt dazu, sich darüber Rechenschaft zu geben, worin die eigene Hoffnung gründet, was das Leben lebenswert macht, was trägt und Zuflucht gibt, welche Möglichkeiten sich bewährt haben, sich mit der eigenen Unzulänglichkeit und der seiner Mitmenschen und des Lebens überhaupt zu versöhnen.[15]

Wo gelingt es mir, Kindern Hoffnung und Zuversicht zu geben und woraus schöpfe ich diese für mich selbst? Welche Einstellungen zum Menschen und zum Leben kommen zum Tragen bei meinem Bemühen, Kinder in ihrer Entwicklung zu begleiten und zu fördern? Hat der Glaube eine Bedeutung, wenn ich Erfahrungen menschlicher Unzulänglichkeit, die Erfahrung von Leid, von Ungerechtigkeit, von Angst und Trauer mache, und wirkt sich das auf meine Arbeit aus?

- Die Spiritualität von Erzieherinnen ist offen für Veränderungen und Entwicklungen und nimmt die dafür nötige Dynamik auch aus der Begegnung mit den Menschen bei ihrer pädagogischen Arbeit

In den meisten Kindertageseinrichtungen spiegelt sich unsere multikulturelle Gesellschaft wieder: Die Kinder kommen aus unterschiedlichen Nati-

---

[14] Vgl. Otto Weismantel: Erwägungen zur Spiritualität des Helfens, in: Martin Lechner/Anna Zahalka (Hrsg.): Hilfen zur Erziehung. Der Dienst der Kirche für beeinträchtigte und gefährdete Kinder und Jugendliche. München: Don Bosco 1997, S. 58-65 (Benediktbeurer Beiträge zur Jugendpastoral; 4); Reinhold Lanz: Diakonie und Spiritualität, in: Diakonie Jahrbuch 1996/97. Stuttgart: Diakonisches Werk der Evangelischen Kirche Deutschlands 1997, S. 46-54.

[15] Zahlreiche Ausführungen zur Bedeutung der Hoffnung für das Leben von Christen und der Kirche finden sich in: Ottmar Fuchs/Maria Widl (Hrsg.): Ein Haus der Hoffnung. Festschrift Rolf Zerfaß. Düsseldorf: Patmos 1999; davon sind für unsere Gedanken besonders aufschlussreich: Alfred Jäger: Provozierte Existenz zwischen Hoffnung und Lebensangst. Dogmatische Leitfrage: Inwiefern ist Lebenstheologie eschatologisch bestimmt? (S. 115-125), Stephanie Klein: Hoffnung, Macht und Sehnsucht (Frauen in der Kirche, S 134-143), Cornelia Knobling: Visionen – Hoffnungsbilder für Entwicklung. „Ich sage Dir: Jedes starke Bild wird Wirklichkeit" Antoine Saint Exupery (S. 151-160).

onen und Kulturen und gehören verschiedenen Religionen an. In zunehmend mehr Einrichtungen wird deshalb auf eine interkulturelle und interreligiöse Erziehung Wert gelegt, d.h. die Kinder sollen das, was sie an kulturellem und religiösem „Erbe" mitbringen, praktizieren und weiterentwickeln und zugleich in die Begegnung mit den Kindern und den Erziehenden, die zum Teil aus anderen kulturellen und religiösen Kontexten kommen, einbeziehen können. Das setzt allerdings bei den Erzieherinnen eine grundsätzliche Offenheit und ein Interesse für andere Kulturen und Religionen voraus. Die Beschäftigung mit ihnen kann zu einer Erweiterung des eigenen religiösen und ethischen Horizontes führen und zu einer weiterführenden Auseinandersetzung mit den eigenen Überzeugungen und Haltungen. Erzieherinnen, die sich der multireligiösen Situation unserer Gesellschaft stellen und der Konfrontation mit ihr in ihrem eigenen Arbeitsbereich nicht ausweichen, können erfahren, dass „Vielfalt bereichert".[16]

> Was löst die Begegnung mit Kindern und Eltern aus anderen Ländern und Kulturen bei mir aus? Wie stehe ich zu ihren religiösen Überzeugungen und Praktiken? Was befremdet, was interessiert mich daran? Wo entdecke ich Beziehungen zu meiner eigenen Religion? In welchen Bereichen kann eine Begegnung, kann der Austausch und die gegenseitige Partizipation an spirituellen Vollzügen für mich und für die anderen bereichernd sein?

- Die Spiritualität von Erzieherinnen erwächst aus der Auseinandersetzung mit den spirituellen Traditionen, in den sie aufgewachsen sind bzw. denen sie in ihrer Lebens- und Arbeitswelt begegnen.

Über die Konfrontation mit den unterschiedlich kulturell und religiös geprägten Mentalitäten und Lebensstilen der Kinder und ihrer Familien in ihrem Arbeitsfeld hinaus machen Erzieherinnen auch in anderen Lebens- und Wirkbereichen Erfahrungen mit verschiedenen weltanschaulichen Positionen und Praktiken. Nehmen sie dies bewusst wahr, und setzen sie ihre Beobachtungen und Erlebnisse in Bezug zu ihrer eigenen Biografie, dann kann das durchaus auch zu einer Erweiterung und Vertiefung ihrer persönlichen Spiritualität führen. Denn die Auseinandersetzung mit unserer pluralistischen Lebenswelt führt zwangsläufig dazu – wenn man sich nicht von

---

[16] Vgl. Vielfalt bereichert. Interkulturelles Engagement katholischer Tageseinrichtungen für Kinder. Positionen und Materialien. Redaktion: Matthias Hugoth/Theresia Wunderlich. Freiburg: Verband Katholischer Tageseinrichtungen für Kinder (KTK) – Bundesverband 1999.

den jeweiligen Trends der Zeit einfach treiben lassen will –, die eigenen Überzeugungen und Lebenshaltungen zu überprüfen, ihnen Ausdruck und Profil zu geben und zugleich offen zu bleiben für neue Erfahrungen, Erkenntnisse und Anregungen, die aus der Beschäftigung mit anderen religiösen und ethischen Traditionen und spirituellen Vollzügen gewonnen werden können. Dabei dürfte von besonderem Interesse sein, wie die Frauen anderer Kulturen und Religionen ihre Identität begründen und ihr Leben gestalten.

Wie bewusst nehme ich wahr, dass es in meiner unmittelbaren Lebenswelt und in unserer Gesellschaft einen Pluralismus von Wertvorstellungen, weltanschaulichen Überzeugungen und religiösen Lebensformen gibt? Wie gelingt es mir, inmitten dieser Vielfalt meine eigenen Überzeugungen zu begründen und zu vertreten? Auf welche Traditionen greife ich dabei zurück? Wer sind meine Gesprächspartner? Kenne ich Vorbilder für die Entwicklung einer Frauenspiritualität?

• Viele Erzieherinnen suchen ihre Spiritualität individuell und gemeinschaftlich in der Kirche zu verorten.

Die Kirche weist eine lange Tradition spiritueller Erfahrungen und Vollzugsformen auf und bietet zahlreiche Orte und Gelegenheiten, neue Formen zu entwickeln, Symbole und Handlungsweisen zu finden und zu erproben. Zu keiner Zeit der Kirche hatten Frauen so viel Freiraum für die Entfaltung einer weiblichen Spiritualität. Dabei bietet sich ihnen die Möglichkeit, sich sowohl zu Frauengestalten der Bibel und Kirchengeschichte als auch zu zeitgenössischen Denkerinnen, Künstlerinnen und sonstwie spirituell erfahrenen Frauen in Beziehung zu setzen. Die bereits etablierten Ansätze zur Entwicklung einer „Frauenkirche" werden von immer mehr Frauen wahrgenommen, die bewusst im Raum der Kirche leben und arbeiten wollen.[17]

Ist mir schon mal der Gedanke gekommen, über die kritischen Anfragen, die ich an die institutionelle Kirche habe, hinaus nach dem zu suchen, was es in ihr an spirituellen Erfahrungen und Traditionen, an Symbolen, Bildern und Ritua-

---

[17] Die Frage nach den Möglichkeiten einer kirchlichen Identität von modernen, selbst- und lebensbewussten Frauen und der Entwicklung einer Frauenkirche erörtert engagiert und überzeugend: Hedwig Meyer-Wilmes: Zwischen lila und lavendel. Schritte feministischer Theologie. Regensburg: F. Pustet 1996; praxisrelevante Anregungen finden sich auch bei Stefanie Spendel (s. Anm. 20).

len, an Orten und Personen zu finden gibt, die mich in meiner eigenen Religiosität und bei meiner Suche nach tragenden und lohnenden Werten weiterbringen? Wo entdecke ich Frauen, die ebenfalls einen Ort in der Kirche haben wollen, an dem sie sich mit ihren Erfahrungen, Vorstellungen, Ideen, ihren Bedürfnissen, ihren Begabungen (Charismen) und ihrer Arbeit zu Hause fühlen können?

Gelingt es Erzieherinnen, ihre persönliche und ihre berufliche Identität in Einklang zu bringen, dann dürften auch die religiösen und ethischen Überzeugungen und die aus ihnen erwachsende Spiritualität, sofern diese für ihre Lebensgeschichte bedeutsam sind, zu einem bestimmenden Moment für die Entwicklung ihres beruflichen Selbstverständnisses werden.

Dass für diese eine irgendwie geartete Spiritualität notwendig sein dürfte, bestätigt ein Grundsatzpapier über die Voraussetzungen für Mitarbeiterinnen und Mitarbeiter in der Sozialen Arbeit von einer Organisation, von der solche Aussagen nicht so ohne weiteres erwartet werden:

„Es ist erstaunlich, dass das ‚Manual für die Ausbildungsstätten für Soziale Arbeit und für die Profession Soziale Arbeit' der UNO an mehreren Stellen die grundlegende spirituelle Dimension jeglicher Sozialer Arbeit anmahnt."[18] Zu den fünf Kontexten, in denen Soziale Arbeit nach diesem Papier stattfindet, zählt auch ein spiritueller Kontext. Hierzu heißt es wörtlich:

„Keine Gesellschaft, in der Soziale Arbeit praktiziert wird, ist wertfrei. Für die Soziale Arbeit und eine humanere Praxis ist es entscheidend, dass man dem Geist, den Werten, Einstellungen, Moralvorstellungen und auch den Hoffnungen und Idealen der KlientInnen Beachtung schenkt und dass (sich) die SozialarbeiterInnen zugleich ihrer eigenen Wertvorstellungen bewusst sind." Ein „ernsthaftes Nachdenken darüber, was im Blick auf biologische Faktoren, auf psychische, soziale, kulturelle und spirituelle Bedürfnisse sowie auf Leistungen des Einzelnen im Dienste seiner Mitmenschen als gerechtfertigte oder ungerechtfertigte Gleichheit oder Ungleichheit gelten kann", müsse ein unverzichtbarer Bestandteil ihrer Ausbildung sein.[19]

---

[18] Martin Lechner: Theologie in der Sozialen Arbeit. Begründung und Konzeption einer Theologie an Fachhochschulen für Soziale Arbeit. München: Don Bosco 2000, S. 186 (Benediktbeurer Studien; Bd. 8).

[19] Menschenrechte und Soziale Arbeit. Ein Manual für die Ausbildungsstätten für Soziale Arbeit und für die Profession Soziale Arbeit, in: Wolf Rainer Wendt: Soziale Arbeit im Wandel ihres Selbstverständnisses. Beruf und Identität. Freiburg: Lambertus 1995, S. 81-99, hier: S. 88; 95.

# III. Überlegungen zur Spiritualität in Institutionen

# Wie betreibt die Kirche ihr Kerngeschäft?

Joachim Wanke

Besucher der früheren Sowjetunion bekamen manchmal auf die Frage, ob eine Kirche noch als Kirche genutzt würde, die Antwort: „Ja, diese Kirche arbeitet noch!" Diese Formulierung mag zum Schmunzeln veranlassen, aber irgendwie enthält sie auch ein Körnchen Wahrheit. Die Kirche als ein aus Menschen bestehendes Gebilde, als ein „Sozialkörper" mit diversen Strukturen, Untergliederungen, Einrichtungen und Organisationsformen „arbeitet". „Ich habe Sonntags Dienst", sagt der Pfarrer. Ob er den Gottesdienst als Arbeit empfindet, mag dahingestellt sein. Aber nach der dritten Hl. Messe mit Predigt ist man auch als Pfarrer froh, „Feierabend" zu haben. Die ganze Ambivalenz dessen, was wir Arbeit nennen, trifft auch kirchliches Handeln. Zudem ist sofort zu unterscheiden zwischen dem Handeln und Tätigsein des einzelnen Kirchenmitgliedes bzw. dem Handeln einer Person im kirchlichen Auftrag in oder außerhalb der Kirche einerseits und dem Handeln der Kirche als Institution, das meistens im Agieren ihrer Repräsentanten bzw. im öffentlichen Urteil etwa der Medien über Kirche wahrgenommen wird. Es ist bekannt, dass diese Wahrnehmung sehr auseinanderdriften kann, etwa nach dem Motto: Die Kirche insgesamt ist ein lahmer Verein, aber unser Pfarrer vor Ort ist ein engagierter Mann! Diese Fragestellung tritt natürlich in jeder Institution auf, seien es Parteien, Gewerkschaften, Verbände oder andere Sozialorganisationen. Das ist hier nicht weiter zu verfolgen. Mein Anliegen ist es, einige Antworten zu der Frage beizusteuern, ob und was zur spirituellen Seite des kirchlichen Wirkens bzw. des Christseins überhaupt gesagt werden kann.

## WAS JEDEM CHRISTEN AUFGETRAGEN IST

Das mir vorgegebene Thema spricht vom „Kerngeschäft" der Kirche. Ich setze voraus, dass nicht nur Pfarrer und Bischöfe das „Kerngeschäft" der Kirche betreiben. Ein Christenmensch in der Welt, auch wenn er nicht kirchlich angestellt ist, ist und stellt Kirche dar, aber er tut natürlich noch mehr als nur das, was der Kirche, was jedem einzelnen Christen aufgetragen ist. Der Christ baut als Ingenieur etwa eine Fabrikhalle, er fährt mit

Frau und Kindern in den Urlaub und hört ab und zu mit Genuss ein gutes Konzert. Aber er geht eben auch in die Kirche, liest in der Bibel und gibt im Kollegenkreis zu erkennen, dass er an Gott glaubt und an „richtiges" Leben mitten im „falschen", um einmal mit dieser Formulierung Adornos den Glauben an Neugeburt aus Taufe und an zeitloses Leben in Gott zu umschreiben. Ähnliches wäre auch von jedem Sozialarbeiter zu sagen, auch wenn er bei der Caritas oder der Diakonie angestellt ist. Somit überlappen sich die Arbeitsfelder von Kirche bzw. die Praxis des christlichen Alltagslebens in eigentümlicher Weise mit denen, die jedem Menschen zur Bewältigung und zur Gestaltung aufgetragen sind. Jeder Mensch muss sich mit Arbeit seinen Lebensunterhalt verdienen. Jeder Mensch hat das Bestreben, sich in Arbeit und durch schöpferische Tätigkeit zu „verwirklichen", wie wir heute gern sagen (und ich vermeide jeden negativen Unterton bei dieser Formulierung!).

Für den Christen freilich ergibt sich die Eigenart, dass er nicht nur das eine oder andere noch zusätzlich „leistet" (was oben mit dem Stichwort Gottesdienstbesuch anklang), sondern dass er auch seine scheinbar rein profanen Tätigkeiten (also etwas Konstruktionsarbeit am Reißbrett, Sekretärsarbeit im Büro, Schaffen am Fließband, Unterrichten von Kindern, Ausfüllen eines politischen Amtes usw.) nochmals in einen besonderen Kontext setzt, in ein besonderes „Licht" hält. Diese Arbeit, darüberhinaus natürlich der ganze Lebensentwurf eines Menschen, erhält gleichsam noch einmal eine besondere „Einfärbung", eine Art von Fermentierung, die weithin nicht von der Substanz der eigentlichen Alltagtätigkeit zu trennen ist, so wie Salz oder Zucker sich normalerweise in einer Flüssigkeit für das Auge unerkennbar in diese auflöst. Oder man könnte auch sagen: Der Christ setzt vor seine Tätigkeit in der Welt oder auch in der Kirche wie bei einer mathematischen Klammer ein Vorzeichen, ein Plus, das den gesamten Inhalt der Klammer neu definiert. Nur in Einzelmomenten, gleichsam im Verborgenen und wie im Nebenbei kann aufleuchten, dass zwei Menschen dasselbe tun, etwa einen Kranken pflegen, aber dies auf eigentümliche Weise doch jeweils anders tun. Am deutlichsten wird dieser Unterschied zwischen Glaubendem und Nichtglaubendem im Moment des Sterbens, wobei ich einkalkuliere, dass der Glaubende auch Angst vor dem Sterben hat, er aber doch im Glauben an Gott die Furcht vor dem Ausgelöschtwerden überwinden kann, was sich dann in der willigen Annahme des Sterbens als letztem und glaubwürdigstem Akt der Lebenshingabe ausdrücken mag.

243

## Das „Kerngeschäft" der Kirche

Damit berühre ich das, was ich unter dem Begriff „Kerngeschäft der Kirche" verstehe. Einziger Zweck der Kirche ist es, um einmal so verkürzt zu sprechen, den Menschen jeder Zeit und jeder Generation den Gotteshorizont zu erschließen, so wie das der irdische Jesus von Nazareth getan hat. Die Kirche tut dies im Wissen und im Glauben daran, dass dieser Jesus mehr als ein religiöser Lehrer war, dass er in seiner Person selbst Zugang zur Gotteswirklichkeit eröffnet, also gleichsam eine „Tür" ist, durch die Gott in unser Leben, in diese Welt eintritt und umgekehrt wir Zugang zur Gotteswirklichkeit erhalten. Mit diesem Bildwort von der Tür kennzeichnet ja der 4. Evangelist das gesamte Wirken Jesu, das eben mit seinem Tode nicht aufhörte, sondern bis zur Weltvollendung am Ende im Wirken der Kirche fortdauert (vgl. Joh 10,9). Um es nochmals anders zu sagen: Die Kirche ist um des Evangeliums willen da. Evangelium meint in diesem Zusammenhang nicht nur die Botschaft des irdischen Jesus von Nazareth. Evangelium im christlichen Sinn meint auch die Proklamation eines grundlegenden Machtwechsels, die Ablösung aller weltimmanenten Mächte und Gewalten aus ihren Machtpositionen und die Einsetzung des Auferstandenen zum Herrn über alle Welt, auch über die Kirche. Dieser Botschaft, diesem Evangelium soll in jeder Generation ein „Resonanzraum" geschaffen werden. Instrumente benötigen bekanntlich einen Resonanzraum, in welchem der erzeugte Ton zum Klingen kommen kann. Der „Ton", die Botschaft von Jesu Leben, Sterben und Auferstehung ist in der Welt. Diese Botschaft ist ein geschichtsmächtiges Faktum. Aber diese Botschaft will immer neu gehört und angenommen werden. Sie will und soll ein „Echo" bewirken im Leben, im Herzen der Menschen. Paulus sagt einmal, als er sich Rechenschaft gibt über sein rastloses Wirken als Missionar und Gemeindegründer im Raum des Mittelmeeres: „Das alles tun wir euretwegen, damit immer mehr Menschen aufgrund der überreich gewordenen Gnade den Dank vervielfachen, Gott zur Ehre" (2 Kor 4,15). Das ist eine glückliche Formulierung für das, was wir das „Kerngeschäft" der Kirche nennen können: Sie ist dazu da, den Dank, die eucharistia an Gott zu vervielfältigen. Und dazu trägt jeder einzelne Christ bei, ob kirchlich angestellt oder nicht. So kann die Kirche Kirche bleiben.

Darum, um diese Anstiftung zur „Danksagung" bemühe ich mich in Thüringen als Bischof. Dazu tragen aber auch kirchliche Sozialarbeiter bei, die eine andere Facette dieser Dankesaufgabe von Kirche verwirklichen, die Diakonie. Dazu trägt eine Mutter bei, die ihr Kind beten lehrt, oder ein Katechet, der jungen Leuten den Sinn des Christseins erschließt. Möglichst viele Menschen sollen durch den Dienst der Kirche und das Lebenszeugnis jedes einzelnen Christen entdecken, dass sie Grund haben zum Danken, ja, dass sie sich in einem letzten und tiefsten Sinne Gott „verdanken". Dazu aber ist es notwendig, dass wir alle mehr und mehr lernen, uns in geistlichen Dingen von den Zeitgenossen ins Herz schauen zu lassen. Glaube kann sich nur an Glauben entzünden. Darum muss unsere je eigene Gottesbeziehung „sprechend" werden. Ob das gelingt, ist meines Erachtens die wichtigste Frage im Blick auf die Zukunft von Kirche und Christentum in Deutschland – und im Blick auf die Christlichkeit unserer Einrichtungen.

Ich möchte noch etwas genauer das WIE einer sozialen Arbeit in den Blick nehmen, hier in meinem Falle das WIE des kirchlichen Agierens auf den diversen Tätigkeitsfeldern, die man mit diesen Stichworten umreißen kann: Gottesdienst feiern, den Gottesglauben verkündigen und vertiefen, religiöse Bildungsarbeit leisten, Gemeinden bauen und dem Nächsten und dem Gemeinwesen dienen. Gemeinhin fassen wir Theologen diese Lebensvollzüge von Kirche in die Bezeichnungen: Liturgia, Martyria, Diakonia; und wenn man den Selbstaufbau von Kirche in jeder neuen Generation mit einschließen will, auch die Aufgabe: Communio ermöglichen, also Vernetzung der Gläubigen in den diversen kirchlichen Strukturen, wobei ich nicht nur an Pfarrgemeinden denke.

## „WIE DIE AUGEN DER KNECHTE AUF DIE HAND IHRES HERREN ..."
### (PS 123,2)

Ich benutze, um die merkwürdige Einfärbung, diese besondere Fermentierung des kirchlichen bzw. christlichen Handelns zu beschreiben, eine uns vertraute Erfahrung. Es ist ein Unterschied, ob ein Kind vor den Augen der Mutter einer Tätigkeit nachgeht, beispielsweise Aufgaben erledigt oder einfach auch nur spielt, oder ob es sich dabei selbst überlassen bleibt, dies also allein, ohne „Beobachtung" tun muss. Ich will das Bild jetzt nicht sonderlich vertiefen. Ich weiß auch nicht, ob meine Beobachtung vor dem kritischen Blick von Sozialpädagogen standhält. Aber ich habe den Eindruck, dass Kinder (manchmal auch Erwachsene) unter Beobachtung sich anders verhalten, als wenn sie allein sind. Mir jedenfalls geht es so. Ich sage es einmal ganz wertfrei: Ein Kind, das eine Bezugsperson in der Nähe weiß, fühlt sich angeschaut. Es kann bei jedweder Tätigkeit, selbst beim Spiel, nicht davon absehen, dass da jemand da ist, der zu ihm eine besondere Beziehung hat. Wir alle wissen, wie wichtig für Kinder Bezugspersonen sind, Personen, die mehr sind als Aufpasser, als Betreuer, als Lehrer, als Garanten der biologischen Existenz des Kindes. Kinder wollen „angenommen" sein, gleichsam unter Absehung ihrer möglichen Leistungsfähigkeit, ihrer menschlichen oder sonstigen Qualitäten. Sie brauchen Personen, die zu ihnen sagen: „Es ist gut, dass du da bist; dass es dich gibt!" Wer das erfahren hat oder auch als Erwachsener erfährt, dessen Leben kann gelingen.

Eben das ist mein Vergleichspunkt. Die Kirche bzw. jeder, der im Auftrag der Kirche handelt, betreibt das, was Aufgabe von Kirche ist, richtig und gut, wenn er aus diesem Wissen, diesem Vertrauen heraus agiert: Ich werde von Gott angeschaut, nicht von einem Aufpassergott (à la Eugen Roth!), sondern von einem Gott, der mir (in Menschenweise rede ich!) sein Herz zuwendet. Denn daraus verändert sich das WIE meines Verhaltens und meines Tuns. Inwiefern? Es wird

## 1. gelassen

werden. Zumindest ansatzweise.

Ein Kind wird vor den Augen der Mutter nie in existentielle Bedrängnis kommen. Zugegeben, es mag sich ängstigen, es mag auch manchmal unter Stress stehen. Doch „vor" der liebenden Anwesenheit einer Mutter kommt eine Gelassenheit zum Tragen, die jedem normalen Kind, dass unter guten familiären Bedingungen aufwachsen darf, ohnehin zu eigen ist. Das Wissen, im Letzten, was immer auch kommen mag, „aufgefangen" zu sein, „gehalten", nicht allein gelassen zu werden, wenn wirkliche Bedrohungen sich ergeben, ist die kostbarste Mitgift, die Eltern ihren Kindern vermitteln können.

Die Anwendung auf das WIE des kirchlichen und christlichen Handelns liegt auf der Hand. Es gibt nichts Schlimmeres als nervöse, hektische Pfarrer und kirchliche Angestellte, die andere mit ihren kirchlichen Untergangsvisionen bedrängen. Ich halte es geradezu für ein Kennzeichen wahrer Christlichkeit, bei allem Engagement, bei aller Pfiffigkeit, die uns als Kirchen und Christen auszeichen sollte, diese Gelassenheit zu wahren, die weiß, dass wir Gott nicht mit unserer kirchlichen Betriebsamkeit unter die Arme greifen müssen, als sei er ohne uns hilflos.

Und ein weiterer Aspekt ist in diesem Stichwort Gelassenheit enthalten: der hilfreiche Gedanke an die noch ausstehende Vollendung. Im Bild gesprochen: Eltern freuen sich auch über windschiefe Strichzeichnungen ihrer Kleinen. Nicht die Perfektion eines Bildes erfreut das elterliche Herz, sondern die Geste des Hinhaltens einer Gabe, bei der das Kind sagt: „Sieh, das hab ich für dich gemalt!" Und es erfreut Eltern, wenn sie Anlagen und Begabungen ihres Kindes erkennen, die sich später einmal entfalten werden. Wirklich Liebende schauen auf den geliebten Menschen gleichsam im Potentialis. Sie sehen, was aus ihm werden könnte, nicht so sehr auf das, was im Augenblick bei ihm Fakt ist.

Auf unser Thema hin gewendet: Die Vollendung dessen, was auf uns wartet, ist Gottes Werk, nicht das unserer menschlichen und kirchlichen Tüchtigkeit. Wir Theologen sagen: Die Eschatologie, der Glaube an eine Vollendung, die kommt, bewahrt uns vor der Ideologie, schon hier auf Erden das Vollkommene schaffen zu müssen. Wer das meint, muss eine kommunistische Partei gründen – oder zum Terroristen werden. Kirchliches Handeln erkannt man an der Haltung der Gelassenheit. Freilich: Es muss eine engagierte Gelassenheit sein.

Das meint mein zweites Stichwort in diesem Zusammenhang: Das Tun oder Spielen des Kindes vor den Augen der Mutter mag kindgemäß sein, aber es wird

## 2. ernsthaft

sein. Kirche kann ihr „Kerngeschäft" nur ernsthaft betreiben, also sachbezogen und menschenorientiert, soweit das eben nur möglich ist. Auch kindliches Tun ist durchaus ernsthaft, sachbezogen. Es wünscht sich Anerkennung, es erwartet Lob. Das kann aber nicht erfolgen, wenn nur Allotria getrieben oder gar Unsinn gemacht wird.

Die Kirche weiß sich ständig vor den Augen ihres Herrn. Er wird einmal richten in Gerechtigkeit, und er wird dabei bei seiner Kirche anfangen. Man darf die Gnadenbotschaft des Christentums, wie sie etwa Paulus in seiner theologischen Begriffsfigur von der Rechtfertigung des Sünders aus Glauben („der Mensch wird gerecht durch Glauben, unabhängig von Werken des Gesetzes", Röm 3,28) nicht als „Laissez-faire-Christentum" missverstehen. Dagegen musste sich Paulus schon zu Lebzeiten verteidigen. Natürlich gilt: Aus Gnade, aber es gilt eine Gnade, die uns zu Werken der Liebe ermächtigt, ja herausfordert. Wer nicht antwortet, hat den Ruf umsonst gehört. Wer die Hand des Retters nicht ergreift, bleibt in seiner Eisspalte und erfriert. Auch für uns Getaufte und Gerechtfertigte bleibt die Aussage des Apostels bestehen: „Denn wir alle müssen vor dem Richterstuhl Christi offenbar werden, damit jeder seinen Lohn empfängt für das Gute oder Böse, das er im irdischen Leben getan hat" (2 Kor 5,10). Das meine ich mit der Ernsthaftigkeit des Tuns der Kirche insgesamt, aber auch jedes einzelnen Christen, insofern er wirklich Christ sein will. Die Nachfolge Christi ist kein Spazierweg, und unsere eigene Existenzverwandlung in die Christus-Gleichförmigkeit wird uns nicht erlassen, nach dem Motto: „Das ist alles nicht so ernst gemeint, was da in der Bergpredigt steht!" Natürlich wird uns letztlich das Heil geschenkt, aber nur dann, wenn wir der Art und Weise zustimmen, wie Gott es uns schenken will, d.h. wenn wir uns selbst loslassen, wenn wir – um mit Paulus zu sprechen – nicht unsere Gerechtigkeit suchen, sondern die, mit der uns Christus umkleiden kann (vgl. Phil 3,9). Und diese Gottesgerechtigkeit ist an der Lebensart Christi abzubuchstabieren.

Dennoch, bei aller Ernsthaftigkeit, die im Blick auf das anstehende Handeln und auf die ersehnte Anerkennung, sei sie von Menschen erwartet oder als von Gott her zugesprochene ersehnt: Die Kirche wird nie aufhören, ihr ganzes Selbstverständnis und damit auch die christliche Einzelexistenz als eine Art Spiel zu verstehen. Ja, ich wage dieses Wort, wiewohl es Missverständnisse auslösen kann. Aber es gehört als notwendige Korrektur zu dem eben Bedachten. Ein Kind vor den Augen seiner Mutter wird auch das Ernsthafte

## 3. spielerisch

verrichten. In diesem Wort schwingen für mich zwei Dimensionen mit. Zum einen ein dialogischer Aspekt. Ein Spiel kann es nur zwischen Spielpartnern geben. Mit sich selber spielen ist eine Ersatzhandlung, die letztlich nicht befriedigt. Wahre menschliche Existenz kommt ja nur zustande, wenn ich das DU entdecke, den Anderen, letztlich Gott. Wer in dieser Hinsicht der Botschaft der Bibel nicht traut, die dies auf jeder ihrer Seiten verkündet, der sollte beispielsweise den französischen Philosophen Emanuel Levinas (1905-1995) lesen oder noch besser in sein eigenes Herz schauen und seinen eigenen Sehnsüchten nachspüren.

Ich kann mir letztlich die ganze Schöpfung, bei aller Theodizee-Problematik, die sich dabei auftut, nur als ein grandioses Spiel der Liebe Gottes denken, eines Gottes, der den Überschwang seiner Liebe „spielerisch" weitergeben möchte in eine von ihm geschaffene Wirklichkeit hinein, eben die des Menschen. Das merkwürdige Jesuswort von den „Kindern, die auf dem Marktplatz sitzen und einander zurufen: Wir haben für euch auf der Flöte (Hochzeitslieder) gespielt, und ihr habt nicht getanzt; wir haben Klagelieder gesungen, und ihr habt nicht geweint" (Lk 7,32) verstehe ich in diesem Sinn: Gottes Liebe will nicht echolos, nicht resonanzlos bleiben. So dürfte Jesus seine Sendung verstanden haben. Er lädt zum Spiel der Liebe ein. Seine Gleichnisreden sind voll von Gastmahl-Geschichten. Wir sind zu einem Fest geladen. Die Metapher des Festes ist mehr als ein Bild. Es enthält die Sache des Reiches Gottes. Es zielt in der Sache auf einen Dialog nie endender, spielerischer, seliger Liebe.

Und eine zweite Dimension ist mit dem Bild des Spieles darin schon angesprochen: Im Spiel kommt es darauf an, dass der Partner reagiert. Ein Kind wird immer wieder, auch mitten in seiner Beschäftigung, seinem Spiel hin zur Mutter schauen oder laufen. Es wird sich vergewissern, ob und vor allem wie sie da ist. Das Kind wird antworten, so oder so, auf die Zuwendung der Mutter, mag diese nun verbal sein oder nonverbal.

Letztlich ist die Liturgie der Kirche ein solches „Spielen" vor dem Angesicht Gottes. Die Liturgie ist in ihrem Kern „Antwort" auf die vom Himmel herabsteigende Liebesofferte Gottes. Unsere Antwort darauf wird immer ungenügend bleiben. Aber wir binden sie an die Lebensantwort des Menschensohnes Jesus Christus, der in seinem Lebens- und Sterbensgehorsam den Dialog zwischen Gott und den Menschen wieder eröffnet hat. „Durch ihn", „mit ihm" und „in ihm" wird Gott von der Kirche und jedem Einzelnen der Gottesdienstteilnehmer geantwortet. So, nur so sind wir für Gott ebenbürtige Spielpartner. Und die in unserem Bild herangezogene Kind-Mutter/Kind-Vater-Relation mag andeuten, dass darin letztlich doch das Wissen um den ganz anderen, unendlich erhabenen Gott gewahrt bleibt.

Wie betreibt die Kirche ihr Kerngeschäft? Meine Anwort hat beides in den Blick genommen: das „Kerngeschäft" und das WIE, also die Art und Weise, wie die Kirche, wie der Christ zu agieren hat. Gelassen, ernsthaft, aber letztlich wie in einem Spiel, dessen Gelingen gesichert ist und dessen Seligkeit schon jetzt geschenkt wird, darf die Kirche, darf jeder Christ vor Gott das tun, was ihm aufgetragen ist.

Der alttestamentliche Prophet Micha hat das einmal so ausgedrückt: „Es ist dir gesagt worden, Mensch, was gut ist und was der Herr von dir erwartet: Nichts anderes als dies: Recht tun, Güte und Treue lieben und in Ehrfurcht den Weg gehen mit deinem Gott" (Micha 6,8). Das Wort Mensch in diesem Prophetenspruch könnte durch das Wort Kirche ersetzt werden.

# Hinz und Kunzt – Ein Statement

## Stephan Reimers

Er hatte etwas Sanftes, fast Kindliches – er war ein lieber, ruhiger, zurückhaltender Typ. So einen „schließt man gleich ins Herz". So beschreibt ihn eine Kollegin von Hinz & Kunzt. Dass ich die Nachricht von Volkers Tod zunächst gar nicht verstehen konnte, hängt wohl auch mit der Situation zusammen, in der ich ihn kennen gelernt hatte. Am 6. November 1993 beim ersten Verkaufstag von Hinz & Kunzt hatte ich ihn gesehen. Mein Sohn, der damals zwölfjährige Johannes, ging mit ihm als Ausrufer und bewegliche Litfaß-Säule. Zunächst tat sich wenig in der Mönckebergstraße. Viele der 25 Verkäuferinnen und Verkäufer standen schüchtern, einige stumm wie Zeugen Jehovas an die Hauswände gedrückt. Ganz anders Volker und Johannes. Sie hatten sich vor Karstadt aufgestellt. Sie riefen die neue Zeitung aus, redeten mit Passanten. Damals gab es noch keine Obdachlosenzeitung in Deutschland. Die Neuheit musste erklärt werden. Als ich vorbeiging, raunte mir mein Sohn zu: „Es läuft toll." Und als ich ihn später zum Essen abholen wollte, widersprach mir Volker lachend und selbstbewusst: „Das geht jetzt nicht, wir sind ein zu gutes Team. Ich brauche den Johannes." Mein Sohn nickte.

Ich sehe die beiden noch genau vor mir: Fast gleich groß – mit den Hinz & Kunzt-Mützen auf dem Kopf, optimistisch und mit Feuereifer dabei, einer neuen guten Sache zum Leben zu verhelfen – zwei Kinder Gottes am Werk.

Später, als Volker seine Einnahmen zählte, zeigte er ein Fünf-Mark-Stück ab und schob es meinem Sohn zu. Der überlegte einen Augenblick, dann nahm er es an.

Die Schöpfung seufzt und liegt in Wehen, aber nicht nur sie, sondern auch wir selbst, die wir den Geist als Erstlingsgabe haben, seufzen in uns selbst und warten auf die Kindschaft, die Erlösung unseres Landes. – Das sind nicht nur Worte aus dem Paulus-Brief an die Römer. Es ist zugleich Tatbestandsbeschreibung für den Lebensweg von Volker. Mit vierzehn Jahren gerät der Schuljunge in die gnadenlosen Mühlen der DDR-Justiz. Gemeinsam mit anderen hatte er Menschen bei der Flucht geholfen. Während die Volljährigen zu lebenslanger Haft verurteilt werden, heißt sein Strafmaß sieben Jahre. Über sein Elternhaus erhielt ich nur die Information, dass sich seine Eltern damals von dem Verurteilten distanziert haben. Der als Einzelkind Aufgewachsene gerät in noch größere Isolation. Er selbst hat von Isolationshaft und Psychoterror und Folter erzählt. Nach der Haft wird er 1984 in den Westen abgeschoben. Mit schlechten Startchancen betritt der Neubürger eine Leistungsgesellschaft, die schon damals unter Arbeitslosigkeit in Millionenhöhe leidet. Er hat keine Ausbildung, keine Wohnung, kein Geld, keine Familie. Er macht Gelegenheitsjobs auf Jahrmärkten. Schließlich bekommt er Kontakt zur Drogenszene. Im Sommer 1992 dann ein neuer Anfang. Er zieht in das Bodelschwingh-Haus ein und beginnt eine Drogentherapie. Die Idee mit Hinz & Kunzt fand er gut. Die Zeitung war für ihn eine neue Hoffnung. Er war Verkäufer von der ersten Stunde an und einer ihrer Sprecher. Er hatte einen besonders guten Kontakt zur Bahnhofsmission. Die warteten immer bis er kam und kauften nur bei ihm. Überhaupt war er als Verkäufer überwiegend am Hauptbahnhof eingesetzt.

Das ist ein gefährlicher Bereich für einen Menschen, der schon einmal „auf Droge" war. Nachträglich wurden uns viele Hinweise bewusst, dass Volker rückfällig geworden war: Die Mietschulden im Heim, seine Versuche, sich von allen möglichen Leuten Geld zu leihen – in den letzten Tagen vor seinem Tod.

In den Jahren von 1992-1999 bei meiner Arbeit in der Diakonie ist mir ein Wort des Philosophen Emanuel Levinas besonders wichtig geworden. Es lautet:

„Wenn wir zum Anderen uns wenden, dann sind wir hinterher nicht mehr dieselben. Der Andere ist Antlitz, mit dem er mich anruft und durch seine Nacktheit, durch seine Not, eine Anordnung zu verstehen gibt. Seine Gegenwart ist eine Aufforderung zur Antwort. Das Ich wird sich nicht nur der Notwendigkeit zu antworten bewusst, so als handle es sich um eine Schuldigkeit, oder eine Verpflichtung, über die es zu entscheiden hätte. In seiner Stellung selbst ist es durch und durch Verantwortlichkeit oder Diakonie. Von daher bedeutet Ichsein, sich der Verantwortung nicht entziehen können."

Die Zeitung Hinz & Kunzt, die Volker mit auf den Weg brachte, hat viel bewirkt: in Deutschland hat sie viele Neugründungen von Obdachlosenzeitungen inspiriert und beraten. In Hamburg hatte sie zur Folge, dass Menschen, die vorher beflissen voneinander weggesehen hatten, sich in einem erstaunlichen Maß einander zuwandten. Nach einem Vierteljahr lag die Auflage bei 180.000. Bis heute ist sie die größte Monatszeitung der Stadt. Menschen entdeckten einander mit ihrem Witz, ihrer Schlagfertigkeit und ihrer Menschlichkeit. Aus den hunderttausenden Dialogen zwischen Verkäufern und ihren Kunden sind mir etliche zugetragen worden.

Die Kultursenatorin Frau Goehler, damals Präsidentin der Kunsthochschule, erzählte mir eines Tages: „Hinz und Kunzt haben aber schlagfertige Verkäufer. Ich sag' zu dem einen: ,Ich hab schon eine'. Da sieht er mich an und sagt: ,So, was steht denn drin?'" Eine andere Frau erzählte mir: „Ich merkte, als ich bezahlte, dass ich gerade mein letztes Geld, wovon ich mir Kaffee kaufen wollte, ausgegeben hatte. Der Verkäufer sagte nur: ,Wieso, macht doch nichts, dann lade ich Sie eben ein.'" Beziehungen zwischen Menschen konnten sich verändern. – „Wenn wir uns zum Anderen wenden, sind wir hinterher nicht mehr dieselben." Sagt Levinas. Eine unwahrscheinliche Kreativität entstand aus der neuen Situation einer sich massenhaft ereignenden Zuwendung. Jedes Jahr entstand nun mindestens ein neues soziales Projekt aus dem Kreis der Hinz & Kunzt-Begeisterten.

| 1994 | – | Hamburger Tafel |
| 1995 | – | Kirchenkaten – kleine Holzhäuser für Obdachlose |
| 1995 | – | Erstes Spendenparlament |
| 1996 | – | Mitternachtsbus |
| 1997/98 | – | Rathauspassage – Arbeitsplätze für Langzeitarbeitslose |

In Jesaja 58 lesen wir die Verse:

> Brich dem Hungrigen dein Brot, und die im Elend ohne Obdach sind, führe ins Haus! Wenn du einen nackt siehst, so kleide ihn, und entzieh dich nicht deinem Fleisch und Blut! Dann wird dein Licht hervorbrechen wie die Morgenröte, und deine Heilung wird schnell voranschreiten, und deine Gerechtigkeit wird vor dir hergehen und die Herrlichkeit des HERRN wird deinen Zug beschließen.

Ich hatte vor einiger Zeit über diesen Text zu predigen und fand in einer Predigtvorbereitung eine Auslegung von Thaddäus Troll über die Stelle: dein Licht wird hervorbrechen ... Er schreibt: „Dem Auftrag folgt die Verheißung. Ich erkenne in ihr nicht das Versprechen des Lohns für eine gute Tat. Ich sehe darin weniger eine äußere Illumination, eine lichtvolle Auszeichnung, vor den Menschen ins rechte Licht gerückt zu werden, als vielmehr einen inneren Vorgang, Aufhellung des Gemüts, innere Zufriedenheit, Geborgensein im Transzendenten, im Göttlichen." Diese Auslegung hat mich an Gespräche in Hamburg mit den Freiwilligen des Mitternachtsbusses erinnert, der schon im sechsten Winter jede Nacht im Einsatz ist. 7.000 Wohnungslose werden in Hamburg gezählt. 1.000 von ihnen haben überhaupt keine Bleibe, schlafen in Erdhöhlen, Baustellen oder Hauseingängen. Das Busteam besucht sie, bringt heiße Getränke, erste Hilfe, Gespräche und insgesamt die menschliche Geste und Botschaft: Wir haben euch nicht vergessen. „Entzieh dich nicht deinem Fleisch und Blut", heißt es in dem Bibeltext. Ein 62-jähriger Lehrer berichtete von der unglaublichen Offenheit und Nähe dieser Begegnungen um Mitternacht in klirrender Kälte rund um den Hauptbahnhof, wie bedeutsam sein Einsatz für andere ist und was es ihm bedeutet, wie er selbst bereichert wird, Licht – wie Morgenröte. In allen Projekten bildete sich übrigens ein gutes Verhältnis zwischen Ehrenamtlichen und Hauptamtlichen heraus. Dieses Miteinander von Freiwilligen und Hauptamtlichen ist ein besonderes Kennzeichen kirchlich-sozialer Arbeit. In ihr liegen große Chancen, denn die darin geschenkte Flexibilität macht es ja möglich schnell auf neue Herausforderungen zu reagieren, sich unterbrechen zu lassen.

Ein Schlussgedanke: Bedenkt man Jesus' Lebensweg im Licht des Levinas-Wortes – ist dieser Weg nicht eine einzige Kette von Unterbrechungen? Er lässt sich immer wieder anrühren. Die blutflüssige Frau tut es mit der Hand. Aber sonst geschieht es so, dass er einfach hinsieht und sich nicht mehr abwenden kann von dem Blinden, von den Aussätzigen, von der Verzweifelten. „Von daher bedeutet Ich-sein, sich der Verantwortung nicht entziehen können."

# Beruf aus Berufung – Spiritualität in der Unternehmensberatung

Jutta Isis Herzog

Als Marina Lewkowicz mich fragte, ob ich gerne hier vor Ihnen sprechen würde, hat sich spontan ein inneres Ja gebildet. Als Zweites kamen Unsicherheit, Zweifel und das Bekenntnis: Ich habe so einen Vortrag noch nie gehalten. Aber dann waren wir sofort in einem spannenden und ehrlichen Gespräch, einem Austausch über unser Leben und wie wir Spiritualität im beruflichen Alltag sehen. Und darüber – habe ich vor ungefähr einem halben Jahr gesagt – kann und würde ich gern sprechen. Es wird also kein wissenschaftlicher, sondern ein sehr persönlicher Vortrag sein. Ehrlich gesagt, ich kann auch gar nichts anderes, als Ihnen von meinem eigenen Weg zu erzählen.

### Persönlicher Weg

Dazu beginne ich mit meinem spirituellen und beruflichen Werdegang: Ich verbrachte eine normale und glückliche Kindheit in einem katholischen Elternhaus. Wir beteten zum Essen und am Abend, bei der Beerdigung meiner Uromi und meines kleinen Bruders. Und selbstverständlich gingen wir in die Kirche. Einmal hielt ein Missionar einen Vortrag über seine Arbeit in China. Er sprach von Strapazen und von hunderten von Kilometern, die er zu Fuß hinter sich brachte, um die Menschen in den entlegendsten Gebieten aufzusuchen. Er war sehr groß, in meinen Kinderaugen wunderschön und – er leuchtete. Als wir uns alle um ihn drängten, um sein Buch signieren zu lassen, stand ich mit so weit offenem Mund und verzücktem Gesicht vor ihm, dass mich meine Brüder auslachten.

Zu Erstkommunionzeiten gab es einen weisen und liebevollen Dechanten, später wurde ich die erste Messdienerin unserer Gemeinde, und als Jugendliche verbrachte ich viele Nachmittage in der Kirche um im Neuen Testament zu lesen. Ich hatte Sehnsucht nach Gott und verschlang Bücher von heiligen Frauen, die in strengem klösterlichem Rückzug die Begegnung mit Gott suchten. Mich berührte die Totalität, mit der sie sich dieser Suche hingaben. Mein Berufswunsch: Nonne in Missionsgebieten.

254

Der Bruch kam mit den typischen Enttäuschungen, die das Leben als junge Frau mit sich brachte. Und damit, dass die Nachfolger unseres Dechanten in meinen Augen keine guten Priester waren. Ich nahm bei ihnen diese authentische Suche und diese Hingabe nicht wahr und hatte oftmals das Gefühl, mit Phrasen gefüttert zu werden. Es folgten Abkehr und der Austritt aus der Kirche.

Aber ich habe nie aufgehört, zu suchen ... im Gegenteil. Eine tiefe Sehnsucht nach Wahrheit hat mich weiter suchen lassen. Heute befinde ich mich jenseits der Kirche meiner Kindheit – nicht dagegen und nicht dafür – einfach jenseits ... aber nicht jenseits von Gott!

Diese Sehnsucht nach Gott und nach der Einheit mit ihm hat sich in meiner Alltagsrealität über das sehr langsame Wachsen von Authentizität und Wahrhaftigkeit ausgedrückt. Da aber zu Ganzheit immer auch das polare Gegenstück einer Sache gehört, habe ich erst einmal viel, viel Erfahrung mit Lügen gemacht. Und mit ihren Folgen. Ich habe anderen Schmerz zugefügt und das Gleiche von anderen empfangen. Lange habe ich dann in Beziehungen gesucht, wozu ich als Kind noch einen natürlichen Zugang hatte: Das Gefühl von zu Hause sein, von verbunden sein. Aber es hat nicht wirklich geklappt. Statt dessen gab es Krankheit, Schmerzen, psychische Not, Esssucht und immer wieder den Gedanken an Selbstmord.

Als dann schließlich noch meine Ehe an meiner (und seiner) Unfähigkeit zu echter Kommunikation und echter Begegnung scheiterte, hatte ich das Gefühl totalen Versagens: Als Mutter, als Tochter, als Frau, als Geliebte – als Mensch überhaupt. Der Schmerz war sehr groß und ging sehr tief. Heute bin ich dankbar dafür, denn es war, als wäre ein großer Teil meines Ichs beim Aufprall auf dem Grund dieser Enttäuschung zersprungen. Mit Hilfe von Therapien, Seminaren zur Persönlichkeitsentwicklung, Körperarbeit, Meditation und dem tiefer und tiefer gehen in der Selbsterforschung habe ich meinen Weg der Suche voller Intensität wieder aufgenommen. Und ich habe dabei erfahren, dass diese Geschichte, die ich Ihnen gerade erzählt habe, eine ziemlich normale Menschen-Geschichte ist.

Aber nicht so normal ist, dass wir den Mut haben, sie mit den anderen zu teilen. Und das ist sehr schade, denn authentische Kommunikation heilt. Nicht nur den Einzelnen, sondern – davon bin ich überzeugt – letztlich die Gesellschaft und die Menschheit. Denn immer dann, wenn wir authentisch kommunizieren, sprechen wir von dem was wirklich ist, und Begegnung findet statt. Und wo wirkliche Begegnung stattfindet, spüren wir die Wahrheit – und dann geschieht Liebe.

## BERUFLICHER WEG

Ich hatte Ihnen angekündigt, auch über meinen Beruf zu sprechen. Ursprünglich war ich eine begeisterte Journalistin. Erst Tageszeitung, später Süddeutscher Rundfunk. Aufgehört habe ich damit, als meine Kinder kamen. Nicht wieder angefangen habe ich damit, weil ich mir inzwischen nicht mehr vorstellen konnte, andauernd Negatives wiederzugeben. Skeptizismus um seiner selbst willen, Kritik um ihrer selbst willen waren in allen Redaktionen höher geschätzt als die Suche nach Nachahmenswertem oder nach Möglichkeiten, über die Medien lebensstärkende Impulse zu senden. Dort war nicht mehr mein Platz.

Aber den neuen – das, was ich heute mache – hatte ich noch längst nicht gefunden. Letztlich brauchte es noch über zehn Jahre der intensiven Heilung und Selbsterforschung, des Aufräumens, parallelen Lernens und Weiterbildens in eine ungewisse Zukunft hinein. Beruflich habe ich Unterschiedliches getan und war zwischendurch ein Jahr arbeitslos. Es gab viel Unsicherheit in dieser Zeit und keinerlei Idee, wo ich einmal landen würde. Nur eines wurde immer klarer – ich würde letztlich nichts mehr tun können, bei dem ich mich verraten musste: Es schälte sich in den Dingen, die ich zwischendurch machte, eindeutig heraus, dass meine Fähigkeiten immer dann versagten, wenn ich in irgendeiner Weise etwas tat, mit dem ich nicht in Einklang war.

Ein Beispiel: Ich war in einer Firma, die Mentales Training und Mind Machines auf den deutschen Markt brachte und sollte dort den Vertrieb übernehmen. Dabei stieß ich immer und immer wieder auf Menschen, die davon sprachen, dass sie meditieren und „so etwas" nicht brauchten. Ich spürte eine starke innere Resonanz zu dem was sie sagten, versuchte aber weiter verzweifelt, ihnen unsere Produkte zu verkaufen. Aber es ging einfach nicht mehr.

Mir ging es ziemlich mies damit. Ich bekam ein gutes Gehalt und was ich täglich dafür tat war: so tun als ob ich die Richtige wäre für diese Position. Das allerdings tat ich mit vollem Einsatz und der Folge, dass es mir immer schlechter ging. Und davon die Folge war, dass ich umso intensiver suchte.

Erst suchte ich nach einem Trick, besser zu werden, was soviel bedeutete wie: meinen und den Vorstellungen anderer angepasster – im Beruf, als Mutter, als Lebensgefährtin, als Tochter meiner Eltern und und und. Und dann suchte ich Heilung. Und je bewusster mir auf diesem Weg wurde, dass Heilung und Heilwerdung sehr viel gemeinsam haben, umso weniger sträubte ich mich gegen Heiligwerdung. Ich spürte und spüre auf diesem Weg immer deutlicher, dass genau das meine einzige Sehnsucht, mein einziges Ziel ist: wieder ganz heil, wieder heil-ig, wieder mit Gott vereinigt zu sein. Ja – und ich bin sicher, dass jeder Mensch diesen Wunsch hat. Letztlich. Oft ist er versteckt hinter vielen anderen. In der Welt, in der wir hier leben, scheint er geradezu verbuddelt zu sein unter einem gigantischen Haufen von Autos, Fernsehern, Plastikspielzeug, zu viel und ungesunder Nahrung, Geld usw. Das Verrückte aber ist, dass nichts von diesen Dingen wirklich böse wäre. Es sind nur Versuchungen, die wir geschaffen haben, die so lange die Kraft haben, uns zu verführen und von unserem einzigen Wunsch abzulenken, bis der Schmerz unerträglich wird. Der Schmerz der inneren Leere und Haltlosigkeit.

## ZUKUNFTSKONFERENZ – STOLZ UND BEDAUERN

Mich hat dieses Übermaß an Schmerz vor gut vier Jahren unter anderem in einen Workshop geführt, der endlich auch mein berufliches Leben komplett veränderte. Darin lernten 63 Kollegen und ich, Menschen in sogenannten Zukunftskonferenzen in eine von allen gemeinsam gewünschte Zukunft zu begleiten. Zum ersten Mal hatte ich Kontakt mit der Arbeit, die ich heute mache. Zukunftskonferenzen und andere sogenannte Großgruppenkonferenzen haben etwas gemeinsam: Es sind immer partizipative Methoden. Sie holen vom Vorstand bis zum Lehrling oder Fließbandarbeiter alle Beteiligten eines Systems für bis zu drei Tage in einen Raum, manchmal sind das bis zu 1.000 Menschen. Und dann arbeiten alle gemeinsam an ihren gemeinsam verabredeten Zielen. Bei dem Ringen um diese Ziele, die gemeinsame Vision, das Leitbild, die Strategie oder einfach nur die Führungskultur schauen sie sich z.B. an, „was uns stolz macht und was wir bedauern".
Ein Arbeitsschritt in Zukunftskonferenzen heißt so: „Stolz und Bedauern". Dabei geht es darum, dass die in Abteilungsgruppen sitzenden Menschen einmal schauen sollen, was von ihren Tätigkeiten in der Vergangenheit sie eigentlich so schätzen können, dass sie stolz darauf sind. Aber auch, was sie an ihrem eigenen Tun bedauern, was sie hätten besser machen können. Es geht dabei ganz explizit darum, bei mir selbst zu schauen und die Verantwortung für mein Handeln zu übernehmen. Es geht darum, in Kontakt mit meinen Werten zu kommen und zu schauen, ob mein Handeln damit kongruent ist. Es geht darum, nicht immer mit dem Finger auf die anderen zu zeigen, sondern bei mir selbst anzufangen. Mit Stolz – und mit Bedau-

ern. Und dann erzählen die Gruppen vor dem großen Plenum, was sie erkannt haben. Ein wichtiger Schritt, bevor es um die Gestaltung der gemeinsamen Zukunft geht!

Vielleicht können Sie sich vorstellen, was in einem Raum geschehen kann, in dem Menschen öffentlich die Verantwortung für ihr Handeln übernehmen. Einmal sagte eine Gruppe in der Zukunftskonferenz einer Stadt: „Wir bedauern, dass wir uns nicht mehr um die Menschen gekümmert haben, die unsere Hilfe brauchen. Das bedauern wir sehr." Da war sie – die Berührung. Und typischerweise war es für einen Moment still im Raum.

Ähnlich bei der Zukunftskonferenz für eine Behindertenwerkstatt mit 900 körperlich und geistig behinderten und 300 nicht behinderten Menschen. In der Zukunftskonferenz gab es eine Gruppe mit Verwaltungsangestellten, eine mit Betreuern, eine mit Kunden, eine mit den Trägern und eine mit Nachbarn der Werkstatt, eine mit Eltern der behinderten Menschen, und eine Gruppe mit körperlich oder geistig behinderten und gesunden Mitarbeitern. Für zweieinhalb Tage arbeiteten alle gemeinsam in einem Raum an ihrer Vision und den dafür notwendigen konkreten Umsetzungsschritten. Alles lief normal, bis zu dem Moment, wo einer der behinderten Mitarbeiter aufstand und vor über 60 Menschen frei ins Mikrophon sprach: „Ihr redet hier immer darüber, was ihr alles für uns tun wollt, aber wir sind für euch doch immer noch Menschen zweiter Klasse. Wir dürfen nicht eure Toiletten benutzen und werden abhängig gehalten von eurer Hilfe. Dabei könnten wir uns viel mehr selber helfen, wenn ihr uns dabei unterstützen würdet. Der eine kann lesen und schreiben, dafür kann der andere laufen und einen Rollstuhl schieben. Wir sind nicht so hilflos, wie ihr uns immer noch behandelt."

Der Mann war sehr aufgeregt und er zitterte als er sprach – aber da war sie wieder, diese Berührtheit, die durch authentische Kommunikation entsteht. Und Stille. Danach ging die Konferenz in einer völlig neuen Qualität weiter. Die Wortmeldungen wurden ehrlicher, gingen tiefer ins Persönliche hinein, und eine besondere Energie erfüllte den Raum. Es war, als wenn eine tiefere Würdigung des Lebens in seinen unterschiedlichen Ausdrucksformen stattfände.

## Profit und die Illusion des Getrenntseins

Für mich ist so etwas lebendige Spiritualität, denn immer, wenn es gelingt, aus dem Herzen heraus die Wahrheit zu sprechen, findet Berührung statt. Und wenn Berührung stattfindet, sind wir offen und imstande, die Schönheit und die Göttlichkeit in allem was ist zu erkennen. Und interessanterweise findet dann auch immer so eine Art Erleichterung statt. Denn plötzlich haben wir wieder Kontakt zu dem, worum es wirklich geht. Es geht um Authentizität, zu sein und zu zeigen, wer wir wirklich sind.

Und wenn wir wirklich Kinder Gottes und nach seinem Ebenbild erschaffen sind, dann ist es Teil meines beruflichen Auftrages, genau das auch meinen Auftraggebern zu spiegeln, sie dabei zu unterstützen, zu coachen und zu begleiten. Und das bedeutet konkret, einen Chef bei dem zu bestätigen, was ihn wirklich befriedigt und wirklich erfüllt. Ihm zu helfen, seine Mitarbeiter zu lieben, ehrlich und authentisch zu kommunizieren, den zu Mut haben zu spüren, wenn Ziele des Unternehmens nicht wirklich kongruent sind mit seinen innersten Werten – und entsprechend zu handeln.

Wenn z.B. ein Vorstand vielleicht einfach nur eine neue Strategie bei seinen Leuten durchbringen wollte, klären wir ihn über die Kraftlosigkeit und auch das letztliche Nicht-funktionieren dieses Vorgehens auf und begleiten ihn durch einen Prozess, in dem Partizipation gelebt wird. Dazu kann auch gehören, ihm dabei zu helfen, die Trennung zwischen profitorientiertem und nicht profitorientiertem Denken und Handeln aufzuheben. Denn natürlich soll ein Unternehmen auch Profit machen. Aber nichtprofitorientierte Werte von den profitorientierten zu trennen, das ist fatal. im Gegenteil: wenn wir aus einer spirituellen Grundhaltung heraus arbeiten, muss diese Trennung doch aufgehoben werden. Genau das ist doch das Wesen einer jeden Spiritualität – die Getrenntheit zu überwinden.

Denn die Getrenntheit – und da ist es meiner Meinung nach gleichgültig, in welchem Bereich – ist immer ein absondern, ein nicht sehen wollen, ein nicht haben wollen, ein aufteilen in Gut und Böse. Aber dieses Absondern, dieses Abgesondertsein, ist das nicht die wahre Sünde? Etwas aufzuteilen in liebenswert und nicht des Liebens wert, gewollt und nicht gewollt? So wie ich Gott verstehe, kommt alles Erschaffene von ihm und ist somit gewollt. Also gehört zur Einheit mit Gott alles, was ist und da geht es eher um Integration all dessen was ist und nicht um Vertiefung von Abspaltungen.

Für das Geschäftsleben bedeutet das in meinen Augen, auch Profit (also Nutzen und Gewinn) willkommen zu heißen – nicht aber Profit um seiner selbst willen auf Kosten all dessen, was der tiefere Nutzen, der tiefere Gewinn ist! Und das bedeutet, wieder aufmerksam zu werden auf dieses Tiefere, sich gegenseitig an die Sehnsucht danach zu erinnern und die Erfüllung meines Auftrages ernst zu nehmen.

Das ist etwas, was mich in meiner Arbeit jetzt so erfüllt: mich mit anderen zu treffen und uns gegenseitig dabei zu helfen, uns unseres Auftrages zu erinnern. Inklusive, ein Geschäft profitabel zu führen. Aber eben inklusive! Nicht umsonst wird heute so viel von Visionen, Leitbildern etc. gesprochen, weil immer bewusster wird, dass es darum geht, wiederzufinden, was mein Bestes ist, was unser aller Bestes ist, und die Gemeinsamkeiten zu finden, um dann gemeinsam in diesem Sinne an dem größeren Ganzen zu arbeiten.

## FÜHRUNG

Deshalb sind auch die partizipativen Methoden in der Organisationsentwicklung so stark im Kommen. Sicher, nicht immer erblühen sie in ihrem vollen Potential, aber jeder Versuch eines Missbrauchs entwickelt keine wirkliche Kraft oder geht sogar nach hinten los. Denn wenn hundert oder mehrere hundert Menschen in einem Raum sind, spüren sie sehr wohl, ob ihre Stimme wirklich Gewicht haben soll, oder ob hier nur eine Motivationsveranstaltung abgezogen wird. Und wenn das geschieht, sind innere Verweigerung und Kündigung in noch stärkerem Maße die Folge, als wäre keine Veranstaltung gewesen.

Deshalb ist es so wichtig, dass wir in der Beratung immer erst bei der Führung beginnen. Denn ein Bewusster führt die weniger Bewussten. Ein echter Leader geht für das Ganze und realisiert bei jedem Schritt den er macht, dass Mikro und Makro dasselbe sind. Er ist gewahr, dass alles was er denkt, spricht und tut einen Effekt auf das Ganze hat.

In Führung zu gehen für eine ganzheitliche Qualität von Führung heißt meiner Meinung nach, zuallererst einmal für diese Qualität im eigenen Leben in Führung zu gehen. Ganzheitlich meint ja wirklich das Ganze. Und ganz ist gleich heil, heil-ig. Üblicherweise verhalten wir uns aber un-heil-ig, im Sinne von: etwas ausklammern, nicht sehen wollen, nicht akzeptieren, nicht entsprechend der Bedarfe des Ganzen handeln.

Ein Chef, der aber im Sinne des Ganzen führen will, muss bei sich sein, er selbst, zentriert und ausgeglichen sein. Nur so kann er alle seine Aufgaben meistern: mit Freude, vollem Einsatz und mit der ganzen Kraft seiner visionären Energie, selbst wenn die Umstände schwer und mühsam sind. Sich als Führender um diese Qualität wirklich zu bemühen – jeden Moment von Neuem – auch das verstehe ich als lebendige Spiritualität.

Denn ein solcher Chef steht permanent in einem Prozess des inneren und äußeren Managements und kümmert sich um eine Balance von Körper und

Geist und Seele. Ein solcher Chef brennt für seine Sache und kann so auch die visionäre Energie in seinen Leuten entfachen. Und auch das, die visionäre Energie eines jeden Mitarbeiters wertzuschätzen und zum brennen zu bringen, ist meiner Meinung nach ein konkreter spiritueller Akt. Denn wenn es ein Unternehmensführer in Bezug auf die ihm Anvertrauten mit Kreativität, Selbstverantwortung, Partizipation, Teamarbeit, Aufteilung des Profits, Gleichstellung aller, Unterstützung des persönlichen Wachstums und, und, und wirklich ernst meint, hilft er ihnen, ihr Bestes hervorzubringen. Und so würdigt er das Leben selbst. Denn es ist das Beste in jedem von uns, das hervorgebracht werden will. Es ist dieses Beste, das uns zum Leuchten bringt. Und es ist dieses Beste, das jeder von uns als die kraftspendende und sich verströmen wollende Gabe für sein Leben mitbekommen hat.

## BERUF AUS BERUFUNG

So zu arbeiten ist für mich Beruf aus Berufung. Und das heißt für mich zu allererst, meiner ersten Be-rufung, dem „gerufen-sein-ein-Ebenbild-Gottes-zu-sein" nicht untreu zu werden. Und damit meinerseits in Führung zu gehen. Auch wenn ich mich dabei ängstige. Vor ein paar Wochen hörte ich von einem spirituellen Lehrer den Satz: „Wenn Du nicht bereit bist, für die Wahrheit alles in Kauf zu nehmen, was willst Du dann von der Wahrheit?" Seitdem hallt dieser Satz in mir nach wie ein gigantischer Gong. Und während ich z.b. diesen Vortrag vorbereitet habe, hat er in meinem Kopf gedröhnt. Es kostet mich Einiges, hier zu sprechen. Und so zu sprechen, wie ich es tue. Aber dieser Gong dröhnt in meinem Kopf und ich kann einfach nicht anders, als ihm so zu folgen, wie ich nun einmal bin!
Wir wissen heute, dass wir als menschliche Gemeinschaft einen Quantensprung machen müssen – und zwar bald. Aber der kann nur durch eine deutliche Beschleunigung des gemeinsamen Lernens und Wachsens erreicht werden. Das wiederum hat mit Bewusstheit zu tun. Und Bewusstheit – wenn wir es denn nun ernst damit meinen und die Berührung im Innersten zulassen, die sie letztlich auslöst – gibt sich irgend wann als Spiritualität, als Geistigkeit zu erkennen.
Der spirituelle Weg ist immer ein persönlicher Weg. Aber meinen spirituellen Weg hörbar zu sprechen, ihn als ausgesprochene Grundlage auch des beruflichen Seins zu erkennen zu geben, ihn als die Quelle aus der man schöpft öffentlich zu machen, das braucht Mut. Ich jedenfalls brauche dafür Mut.

## Kerngeschäft

Die Podiumsdiskussion nachher steht unter der Frage, wie die Kirche mit ihrem Kerngeschäft der Spiritualität umgeht. Ich denke, wir können ruhig noch weiter gehen und fragen, ob die Spiritualität nicht das Kerngeschäft eines jeden Menschen ist? Wirklich ernst genommen, packt mich diese Frage an meinem Innersten, und ihre Kompromisslosigkeit löst Angst bei mir aus. Denn ich spüre: Hier geht es ums Ganze – um meinen vollen Einsatz. Und an diesem Punkt ist jeder, auch der Kirchenmensch erst einmal ein Mensch. Aber gerade die Angestellten und Vertreter der Kirche, die ich persönlich gut kenne, leiden darunter, dass sie sich so leicht in dem instrumentalisierten Teil ihres Auftrages verirren.

Aber ob Mitarbeiter der Kirche oder nicht, ich glaube ganz fest, dass es für uns alle letztlich darum geht, uns unserer eigenen Spiritualität wieder zu erinnern. Und das bedeutet, bereit zur Stille zu sein. Jenseits aller Rituale eine innere Stille zuzulassen, aus der letztlich von ganz allein diese tiefe Sehnsucht nach Gott auftaucht. Nach meiner eigenen Göttlichkeit, nach der Quelle des Seins.

Und dann – bereit zu sein für den Schmerz. Da existiert nämlich eine tiefe innere Wunde in jedem von uns. Das ist die Wunde der Abgetrenntheit von Gott. Und die erzeugen wir selbst. Wieder und wieder und immer wieder in einem permanenten Selbstverrat. So wie Petrus Christus verraten hat, verrät unser Verstand und sein ewiges Geplapper das göttliche Sein, das wir sind. Wenn Gott uns nach seinem Ebenbild geschaffen hat, dann sind wir alles, was er ist. Und Gott selbst ist – alles was ist. Für mich geht es in meinem Leben immer und immer wieder darum, das anzuerkennen. Dafür die Verantwortung zu übernehmen und das in seiner ganzen Ungeheuerlichkeit und Schmerzlichkeit anzuerkennen. Nicht nur da, wo ich das Strahlen und Leuchten Gottes sehe, sondern auch da, wo seine dunkle Seite ist. Die ist es nämlich, die wir nicht als göttlich anerkennen wollen. Und schon gar nicht wollen wir sie fühlen. Und wie sollten wir sie erst lieben? Deshalb sagen wir, das Böse sei da draußen, jener Bombenwerfer, Waffenhersteller, Vergewaltiger, Lügner, Verräter oder jener mordende Selbstmörder. Aber zu fühlen, dass ich selbst alle diese Teile in mir habe, und trotzdem – oder sogar erst recht – liebevoll und voller Mitgefühl mit diesen Teilen meiner selbst zu sein, das bringt Furcht und Einsamkeit mit sich, die manchmal sehr schwer auszuhalten sind.

### SPRACHE

Für mich geht es in der Spiritualität immer um Integration. Integration aller Teile meines Selbst. Der Kranke, den ich pflege, der Süchtige, dem ich Metadon gebe, der Obdachlose, den ich beherberge, der Vorstand, den ich coache, das Kind, das ich taufe, das Paar, das ich verheirate, der Sünder, der dem ich vergebe sind alles äußere Abbilder und lebendige Projektionen des kranken, süchtigen, heimatlosen, Mitarbeiter führenden, unschuldigen, liebenden und sündigen Selbst, das ich auch bin. In mir ist Petrus der Verräter und Christus der Verratene. Wenn ich Gottes Ebenbild bin und Gott alles ist, was ist, dann bin auch ich all das.

Und wenn ich bereit bin, mich diesem innersten Wissen zu stellen, bedeutet das gleichzeitig ein permanentes Ringen mit mir selbst. Zum Beispiel darum, die Wahrheit zu sprechen. Integer und authentisch genau das auszudrücken, was ist. Und zwar, was in meinem eigenen Leben ist. Ganz konkret, ganz praktisch und ganz natürlich das Schweigen und Verschweigen zu brechen und das Herz sprechen zu lassen.

Mir fällt das oft schwer. Viel schwerer, als ich es manchmal zu ertragen glaube. Es wäre wunderschön, wenn wir alle uns dabei gegenseitig unterstützen würden. Ob als Lehrer im Klassenzimmer, als Priester von der Kanzel herab, als Arzt, Schwester und Pfleger im Krankenzimmer, in der Sucht- oder Unternehmensberatung und überall in authentischer Sprache davon zu berichten, wie meine eigene innere Suche aussieht. Wenn wir so Zeugnis geben vom Ringen um die Wahrheit und nicht als (Besser-)wissender (weil studiert), sondern als innigst suchender Mensch auftreten, wird unsere Sprache nie abgestanden und phrasenhaft sein.

Für mich ist das unsere wertvollste Aufgabe: Einander zu er-innern! Daran, was unsere tiefste Sehnsucht ist. Denn da sind wir einander gleich. Und immer wenn wir das wirklich tun – welchen Beruf auch immer wir ausüben – ist Göttlichkeit spürbar.

Dabei brauchen wir nicht einmal eine spirituelle Sprache zu sprechen. In meinem Beruf z.B. geht das nicht sehr gut, denn ich werde ja nicht dafür bezahlt, eine Predigt zu halten, oder über mein Verhältnis zu Gott zu sprechen, sondern eine Konferenz zu moderieren. Ich mag Ihnen mal ein Beispiel geben.

Es ist eine Kleinigkeit, aber ich glaube an ihre Wirkung. Wenn ich eine sogenannte Open-Space-Konferenz mit manchmal mehreren hundert Menschen beende, schließe ich den Kreis, in dem sie sitzen, indem ich ihn langsam abschreite, jedem kurz in die Augen schaue und z.B. folgende Worte sage:

„Nie wieder wird genau diese Gruppe zusammen kommen. Deshalb bitte ich Sie: füllen Sie noch einmal diesen Kreis mit dem Besten, das Sie haben: mit Ihrer ungeteilten Aufmerksamkeit. Schauen Sie sich Ihre Kolleginnen und Kollegen noch einmal an und machen sie sich das Potential bewusst, das hier sitzt. Es ist ein unglaubliches, ein enorm großes Potential in jedem Einzelnen von Ihnen.

Und während ich den Kreis wieder schließe, erinnern Sie sich noch einmal, welche Erkenntnisse Sie in diesen Tagen gewonnen haben. Denken Sie dabei auch an die vielen kleinen synergetischen Effekte. Daran, was Sie so ganz nebenbei von Ihren Kolleginnen und Kollegen lernen konnten. So manche Information ist einfach und auf eine ganz andere Weise geflossen, leicht und wie von dem Sog der gemeinschaftlichen Zusammenarbeit mitgetragen.

Denken Sie vielleicht auch an die Wahrnehmung, dass Trennung in Wirklichkeit eine Illusion ist. In einem Unternehmen taucht dieses Gefühl ja gerne auf: ‚Wir sind getrennt von der Zentrale und auch in der Horizontalen voneinander abgeschnitten'. In diesen Tagen haben Sie vielleicht eine Idee davon bekommen, dass es oft nur eines kleinen Schrittes bedarf, einer unkonventionellen Herangehensweise, um diese Trennungslinie zu überschreiten. Nehmen Sie diese Erfahrung mit nach Hause und wirken Sie dort im Sinne des Ganzen. Meine besten Gedanken und Wünsche begleiten Sie dabei!"

Ich bin schon vorsichtig, wenn ich mich im Kontext meiner unternehmensberaterischen Arbeit ausdrücke. Aber ich versuche zu lernen, wie ich mehr und immer mehr authentisch sein und die Wahrheit sagen kann. Mit „Die Wahrnehmung, dass Trennung eine Illusion ist" meine ich z.B., dass wir ja nicht wirklich getrennt sind voneinander, sondern alle zu dem einen großen Leib gehören, der die Schöpfung ist.

Und das Schöne ist: Wann immer es mir gelingt, eine Sprache zu sprechen oder eine Konferenz-Aufgabe zu kreieren, die in diesem Sinne wirkt, verschreckt sie weniger, als dass sie auf Resonanz stößt. Manchmal wird gelacht, manchmal schlägt mir Abneigung entgegen, aber meistens passiert Folgendes: Wenn es erlaubt ist, mit unserem innersten Wesen in Kontakt zu sein, spüren wir etwas. Wir spüren eine Berührtheit. Manchmal zeigt sie sich als Freude oder als Trauer oder als Mitgefühl oder einfach nur durch einen tiefen Atemzug. Manchmal steigen sogar Tränen auf. Das ist heikel und deshalb versuchen wir, sie nicht zu zeigen.

## PEINLICH?

Und manchmal trauen wir uns, sie zu zeigen. Und dann geschieht wieder Berührung. Es kann sein, dass wir schauen, wie denn die anderen reagieren, dass es uns peinlich ist oder ähnliches. Aber wenn auch andere spür- und sichtbar ihre Berührtheit zulassen, ist wieder diese Resonanz da, kann ich mich auch trauen und eine tiefe Entspannung tritt ein. Denn kaum etwas anderes ersehnen wir mehr, als wir selbst zu sein. Einfach zu sein, wer wir wirklich sind. Aber das bedeutet auch, sichtbar zu werden. Sichtbar, angreifbar und verletzlich. Will ich das wirklich? Will ich wirklich Christus' Ruf „folge mir" folgen? Auch unter der Bedingung, dass es „gefährlich" für mich wird? Bin ich dazu wirklich bereit? Ich wünsche mir, dass vor allem auch die Menschen, die im Namen der Spiritualität wirken wollen, ermutigt werden, genau in dieser Weise voran zu gehen. Ihre Suche, ihren Schmerz, ihre Erkenntnisse und alles dazugehörige mit anderen zu teilen. Und wenn Selbstverrat geschieht – und der geschieht ständig, permanent, täglich und in jedem von uns – das vor uns selbst aufzudecken. Und vor den anderen. Dem Ausdruck zu geben, darüber zu sprechen, zu zeigen, dass es uns traurig macht und dass keiner von uns allein ist mit diesem inneren Ringen.

Ganz zum Schluss mag ich Mahatma Gandhi mit einem Satz zitieren, den ich im Sinne authentischen Sprechens als sehr mutmachend empfinde: „Wenn man etwas wirklich Wichtiges bewirken will, muss man nicht nur die Vernunft befriedigen, sondern zugleich das Herz berühren".

## ANHANG
### INTERVIEW-LEITFADEN ZU APPRECIATIVE INQUIRY

*Tipps für den Interviewer*

Fragen, die Sie zusätzlich stellen können.:
- Erzählen Sie mir bitte mehr!
- Warum empfinden Sie das so?
- Warum war das so wichtig für Sie?
- Wie wirkte das auf Sie?
- Wie haben Sie sich dabei gefühlt?

- Was war Ihr Beitrag in dieser Sache?
- Was hat Ihre Organisation dazu beigetragen, dass Sie so handeln konnten?
- Was, glauben Sie, hat tatsächlich bewirkt, dass es so gut lief?
- Wie hat es Sie selbst verändert?

Lassen Sie Ihren Partner seine Geschichte erzählen. Bitte erzählen Sie ihm nicht gleichzeitig Ihre Geschichte und äußern Sie auch nicht Ihre Meinung zu seinen Erfahrungen.

Machen Sie sich sehr genaue Notizen und achten Sie auf gute Geschichten und Zitate.

Seien Sie wirklich neugierig auf die Erfahrungen des anderen, auf seine Gedanken und Gefühle.

Manche Menschen brauchen länger, um über Ihre Antwort nachzudenken – lassen Sie Ihnen einfach Zeit.

Möchte oder kann Ihr Gesprächspartner auf eine der Fragen nicht antworten, dann ist das in Ordnung.

Es braucht etwas tiefgreifend Revolutionäres, um unserer Gesellschaft und unserem Planeten die Heilimpulse zu geben, die so dringend vonnöten sind. Und es braucht, dass sich dieses Revolutionäre konkret in unserer täglichen Arbeit ausdrückt. Es geht darum, den Sinn der Arbeit neu zu verstehen, Berufe anders auszufüllen und vor allem, unsere Spiritualität nicht mehr als etwas von der Arbeit getrenntes zu leben.

Es geht darum, den Sinn unserer Arbeit in Einklang mit dem Wohl der Schöpfung zu bringen. Das kann uns gelingen, indem wir in unserem eigenen Leben die spirituelle Motivation jeglicher Tätigkeit wiederentdecken. Dieses Interview kann uns dabei helfen. Es unterstützt uns, die dazu notwendigen Werte zu erforschen, die in uns wirksam sind und zunehmend wirksam werden könnten.

Ich wünsche Ihnen viel Freude!

1. Um zu beginnen, erzählen Sie mir bitte von Ihrer Arbeit und Ihrem Arbeitsplatz.
- Wann kamen Sie dorthin?
- Was hat Sie angezogen?

• Was machen Sie heute dort?

## 2. Ein herausragend positives Erlebnis

Während dieser Berufstätigkeit haben Sie wahrscheinlich Höhen und Tiefen erlebt. Ich möchte Sie für einen Moment bitten, sich an eine Zeit zu erinnern, welche für Sie ein echter Höhepunkt war, eine Zeit, in der alles gut lief, in der Sie sich besonders lebendig gefühlt haben, in der Sie besonders kreativ gearbeitet haben und stolz auf Ihren Beitrag waren. Ich möchte, dass Sie sich an ein herausragend positives Erlebnis erinnern, an etwas, wo Sie effektiv, wirksam und in vollkommener Kongruenz mit Ihren innersten Werten gearbeitet haben. Gleichgültig, ob aus der jüngsten oder ferneren Vergangenheit. Erzählen Sie mir bitte diese Geschichte.

## 3. Wertschätzung Ihrer Arbeit und Ihrer Person

Lassen Sie uns jetzt über einige Dinge sprechen, die Sie in Bezug auf sich selbst und Ihre Arbeit am meisten wertschätzen.

(a) Ohne zu bescheiden zu sein, was schätzen Sie an sich selbst am meisten? Was macht Sie stolz?

Erinnern Sie einen Moment daran, wo Ihre Arbeit ein Segen für die anderen war.

(b) Was schätzen Sie an der Arbeit, die Sie machen, am meisten?

Was ist das Interessanteste für Sie?

Was gibt Ihnen Ihre Arbeit?

Was tut sie für Ihr Leben?

## 4. Eine Geschichte aus Ihrer Lebensreise

Thomas von Aquin sagt: „Jedes Geschöpf versucht durch seine Tätigkeit, sein vollkommenes Sein einem anderen auf seine jeweilige Weise mitzuteilen. Dadurch neigt es zur Ähnlichkeit mit der göttlichen Verursachung." Wenn wir unsere Arbeit bewusst als einen Ausdruck der göttlichen Verursachung verstehen, wird das, was wir tun, von einer neuen Kraft durchströmt. So wie in jenen Momenten, wo wir von Innen heraus ganz genau „wissen", wozu wir auf der Welt sind, wo wir hellwach sind und so etwas wie einen „inneren Ruf" wahrnehmen.

(a) Können Sie von einem Moment oder einer Zeit aus Ihrem Leben erzählen, als Ihr Lebenssinn vollkommen klar auftauchte?

Wann haben Sie Ihren Lebenssinn zum ersten Mal wahrgenommen?

(b) Welche Quellen der Inspiration haben Sie?

5. Mein Geschenk an die Welt
Jenseits persönlicher und äußerer Umstände und Begrenzungen in Ihrem Leben: Stellen Sie sich vor, Sie könnten eine enorm wertvolle Arbeit leisten, etwas, das Sie selbst zutiefst erfüllt und was die Welt dringend braucht. Was würden Sie tun?
Was ist das größte Geschenk, das Sie anderen geben könnten?
Und was würden sie bewirken?

6. Ihre Vision einer besseren Welt
Der ehemalige UN Generalsekretär Dag Hammarskjoeld sagte einmal: „Ich sehe keine Hoffnung für einen permanenten Weltfrieden. Wir haben es versucht und sind fürchterlich gescheitert. Entweder es findet eine spirituelle Wiedergeburt statt, oder die Zivilisation ist zum Scheitern verurteilt. Es wurde gesagt, das nächste Jahrhundert findet entweder als ein spirituelles statt, oder gar nicht."
Und nun stellen Sie sich vor, über Nacht sei ein Wunder geschehen: Die spirituelle Wiedergeburt hat stattgefunden! Sie wachen am Morgen auf und finden Sie sich in der Art von Welt wieder, die Sie wirklich wollen. Sie sind begeistert, glücklich und berührt, das erleben zu dürfen.

(a) Was sehen Sie in Ihrer Vision einer besseren Welt?
Was gibt es jetzt in der Welt?
Was können Sie beobachten, hören oder fühlen?
Was sind die drei ersten Dinge, die Ihnen in den Sinn kommen?

(b) Wie würden Sie sich fühlen, wenn diese drei Dinge realisiert würden?

7. Inspiriert durch dieses Interview:
Was könnten Sie tun?

# Die Autorinnen und Autoren

Susanne Drewes, geboren 1968 in Koblenz, war elf Jahre in einer caritativen Ordensgemeinschaft, Studium der Sozialarbeit/Sozialpädagogik in Saarbrücken, seit 1998 in der Erziehungs-/Ehe-/Familien- und Lebensberatungsstelle in Neunkirchen/Saar tätig. Nebentätigkeit in der Kinder- und Jugendpsychiatrie Homburg/Saar.

Johannes Fischer, Jesuit und Gestalttherapeut (FPI), seit 1999 Leiter der „Offenen Tür Berlin", war davor in verschiedenen sozialen und pastoralen Projekten und Einrichtungen tätig (soziale Brennpunktarbeit, Beratung von Asylbewerbern, Gefängnisseelsorge). www. ot-berlin.de.

Anna Gamma, Dr. phil., Psychologin und Mitglied der ökumenischen Gemeinschaft St. Katharinawerk in Basel. Seit Beginn der 90er Jahre leitet sie regelmäßig Peace Camps in der Schweiz und in den Ländern des Balkans. Zur Zeit ist sie Mitglied der operativen Leitung des Lassalle-Instituts in Edlibach/CH, einem Institut für spirituelle Bewusstseinsbildung für Führungskräfte in Wirtschaft, Politik und Gesellschaft.

Jutta Isis Herzog ist Unternehmensberaterin und Partnerin in der Sozietät „all•in•one zur Bonsen & Associates".

Simone Honecker, Dipl. Theologin, geboren 1967, Tätigkeit in der kirchlichen Jugendarbeit; seit 1997 Referentin für Glaubensbildung bei der Arbeitsstelle für Jugendseelsorge der Deutschen Bischofskonferenz in Düsseldorf.

Matthias Hugoth, geb. 1954; Dipl. Theol., Dipl. Päd., Dipl. Caritaswiss. Mehrere Jahre Assistent am Arbeitsbereich „Caritaswissenschaft und Christliche Sozialarbeit" der Theologischen Fakultät der Universität Freiburg, Lehrbeauftragter an der Katholischen Fachhochschule für Sozialwesen in Berlin und Freiburg, persönlicher Referent des Präsidenten des Deutschen Caritasverbandes. Seit 1994 Referent im Referat „Familie, Frauen, Kinder" des Deutschen Caritasverbandes (DCV) und in der Geschäftsstelle des Verbandes Katholischer Tageseinrichtungen für Kinder (KTK) – Bundesverband, einem Fachverband des DCV.

Willigis Jäger ist einer der bekanntesten Zen-Meister Europas. Als Benediktinermönch ist er tief in der mystisch-kontemplativen Tradition des abendländischen Christentums verwurzelt. Als Zen-Meister, nach zwölf Jahren Zen-Training in Kamakura, Japan, ist er den radikalen Weg der östlichen Leere gegangen. Er gründete das Meditationszentrum „Haus St. Benedikt" in Würzburg.

Ruth Joseph, Dipl.-Theologin, Dipl.-Sozialpädagogin. Seit zwölf Jahren in Kontakt mit der Arche. Seit 1997 in der Communauté de la Grotte in Fribourg/Schweiz.

Martin Lechner, Dr. phil., Dipl.-Sozialpäd. (FH) und Theologe, seit 2001 Professor für Jugendpastoral an der Theologischen Fakultät Benediktbeuern. Promotion: Pastoraltheologie der Jugend (1990); Habilitation: Theologie in der Sozialen Arbeit (2000). Beschäftigt sich schwerpunktmäßig mit aktuellen Fragen der Kinder- und Jugendhilfe aus sozialpädagogischer wie theologischer Perspektive und mit Grenzfragen zwischen Sozialer Arbeit und Theologie.

Walter Lesch, geb. 1958 in Duisburg. Dr. phil., Dipl.-Theol. Nach elfjähriger Tätigkeit an der Universität Fribourg (Schweiz) ist er seit 1999 Professor für Sozialethik und Moralphilosophie an der Theologischen und der Philosophischen Fakultät der Katholischen Universität Löwen in Louvain-la-Neuve (Belgien). Von 1998 bis 2001 war er außerdem Gastprofessor für Ethik an der Katholischen Fachhochschule Berlin. Anschrift: Université catholique de Louvain, Faculté de théologie, Grand-Place 45, B-1348 Louvain-la-Neuve. e-mail: lesch@mora.ucl.ac.be

Marina Lewkowicz, Dr. phil., Professorin für Soziologie an der Kath Fachhochschule Berlin. Seit 1991 Praxis in zenmediation und Kontemplation. Schülerin und Assistentin von Pia Gyger im Lasalle-Haus/Schweiz.

Franziska Müller-Härlin, verheiratet, drei Kinder, leitet die Kontaktstelle Gymnasien der Universität München. Ehrenamtlich ist sie im Vorstand von „Frauen beraten e.V. München" tätig, einem staatlich anerkannten Verein für Schwangeren- und Schwangerenkonfliktberatung. Er ist aus dem „Sozialdienst katholischer Frauen e.V. München" hervorgegangen, den sie als Vorstandsmitglied auch im Diözesanrat des Bistums München-Freising vertritt.

Leo Joseph Penta, geb. 1952, Dr. phil., Mag. Theol., stammt aus New York und ist Priester, Community Organizer und Wissenschaftler. Als „reflektierender Praktiker" betätigte er sich beim Aufbau zweier großer Bürgerorganisationen in New York und Philadelphia sowie als Hochschullehrer. 1990 gründete er in Zusammenarbeit mit der Industrial Areas Foundation „IAF Reflects", ein Institut für praxisnahes Nachdenken über Community Organizing. Seit 1996 ist er Professor an der Katholischen Fachhochschule für Sozialwesen in Berlin und begleitet den Aufbau von einigen Organizing-Vorhaben in Deutschland. E-mail: penta@kfb-berlin.de.

Michael Plattig O.Carm., geb. 1960; Karmelit; Dr. theol.; Dr. phil.; Professor für Theologie der Spiritualität an der Phil.-Theol. Hochschule Münster; Leiter des Instituts für Spiritualität in Münster; Veröffentlichungen zur Spiritualität des Christentums.

Stephan Reimers, Dr. theol., Prälat, ist derzeit Beauftragter des Rates der Evangelischen Kirche in Deutschland bei der Bundesregierung Deutschland und der Europäischen Union. Zuvor hat er als Leiter des Diakonischen Werkes in Hamburg, neben „Hinz und Kunzt", viele innovative Projekte in der Stadt angestoßen.

Barbara Seipp, geb. 1966 in Immenstadt, Diplomtheologin, Diplomsozialpädagogin (FH), Heilpraktikerin für Psychotherapie (HPG), 1992-1996 wissenschaftliche Mitarbeiterin am Lehrstuhl für Moraltheologie/Ludwig-Maximilians-Universität München, 1994-2000 Mitarbeit bei ANAD (Beratungsstelle bei Essstörungen, München), seit Herbst 2000 Praxis für Essberatung in Kempten/Allgäu.

Andrea Tafferner, geb. 1961 in München, Dr. theol., Professorin für Theologie an der Katholischen Fachhochschule Nordrhein-Westfalen, Abteilung Münster (Studiengänge: Soziale Arbeit und Heilpädagogik).

Carmen Tatschmurat OSB, geb. 1950, Benediktinerin, Dr. rer. pol.; Professorin für Soziologie in der Sozialen Arbeit an der Katholischen Stiftungsfachhochschule München. Arbeits- und Interessensschwerpunkte: Praxisberatung/Supervision, Straffälligen- und Obdachlosenarbeit, Spiritualität in der Sozialen Arbeit, Gesprächsführung. Mitglied der Kommunität Venio, München. In diesem Rahmen u.a. Geistliche Begleitung, Exerzitienbegleitung.

Joachim Wanke, Dr. theol., ist Bischof von Erfurt und Vorsitzender der Pastoralkommission der Deutschen Bischofskonferenz.